# BIOLOGIA
## PARA UM *planeta sustentável*

### Armênio Uzunian

Mestre em Ciências, na área de Histologia,
pela Universidade Federal de São Paulo.

Médico pela Universidade Federal de São Paulo.

Professor e Supervisor de Biologia
em cursos pré-vestibulares da cidade de São Paulo.

### Ernesto Birner

Licenciado em Ciências Biológicas
pelo Instituto de Biociências da Universidade de São Paulo.

Professor de Biologia na cidade de São Paulo.

**Direção Geral:** Julio E. Emöd

**Supervisão Editorial:** Maria Pia Castiglia

**Revisão de Texto:** Estevam Vieira Lédo Jr.

**Revisão de Provas:** Camila C. Diasas

**Programação Visual:** Grasiele L. Favatto Cortez
Mônica Roberta Suguiyama

**Editoração Eletrônica:** AM Produções Gráficas Ltda.

**Ilustrações:** Luis Moura
Mônica Roberta Suguiyama
Uenderson Rocha
Vagner Coelho

**Capa:** Grasiele L. Favatto Cortez

**Fotografias da Capa:** Shutterstock

**Impressão e Acabamento:** Cromosete Gráfica e Editora Ltda.

## CIP-BRASIL. CATALOGAÇÃO NA PUBLICAÇÃO
## SINDICATO NACIONAL DOS EDITORES DE LIVROS, RJ

U99b

    Uzunian, Armênio
        Biologia para um planeta sustentável / Armênio Uzunian, Ernesto Birner. - 1. ed. -
São Paulo : HARBRA, 2017.
        712 p. : il. ; 28 cm

        Inclui bibliografia
        Caderno de exercícios
        ISBN 978-85-294-0488-2

        1. Biologia - Estudo e ensino (Ensino Médio) I. Birner, Ernesto. II. Título.

16-36201
                              CDD: 574
                              CDU: 573

### BIOLOGIA PARA UM PLANETA SUSTENTÁVEL

Copyright © 2017 por editora HARBRA ltda.
Rua Joaquim Távora, 629
04015-001 – São Paulo – SP
Tel.: (0.xx.11) 5084-2482. Fax: (0.xx.11) 5575-6876
Site: www.harbra.com.br

Todos os direitos reservados. Nenhuma parte desta edição pode ser utilizada ou reproduzida –
em qualquer meio ou forma, seja mecânico ou eletrônico, fotocópia, gravação etc. –
nem apropriada ou estocada em sistema de banco de dados, sem a expressa autorização da editora.

ISBN 978-85-294-0488-2

Impresso no Brasil                                            Printed in Brazil

# APRESENTAÇÃO

Nossa sociedade futura será formada por vocês, jovens de hoje, e engajá-los no esforço de buscar um desenvolvimento sustentável é absolutamente crucial. E é nesse sentido – com o objetivo de discutirmos a sustentabilidade de nosso planeta sob a ótica da Biologia – que escrevemos este livro.

Dividido em três partes para facilitar seu manuseio, e estas em unidades e capítulos, o conteúdo desta obra foi organizado em uma sequência didática lógica, que facilita a compreensão dos temas e permite sua correlação com outras áreas do conhecimento, tecnologia, saúde, cotidiano. Buscou-se exaustivamente a abordagem do conteúdo de forma integrada de modo a que, vocês, estudantes, se reconheçam participantes dos eventos descritos.

Na abertura de todos os capítulos, texto e imagem procuram mostrar a relação do assunto a ser estudado com o meio ambiente, a sustentabilidade, o cotidiano, objetivando despertar sua curiosidade e motivá-los aos estudos.

Procuramos apresentar uma primorosa seleção de imagens, pois temos ciência da importância desse recurso. Fotos, diagramas e ilustrações têm por objetivo tornar o conteúdo mais agradável, facilitar o entendimento, incentivar a leitura e instigar a descoberta de novos saberes. Por isso, é importante que elas sejam exploradas, analisadas e interpretadas.

Para facilitar o desenvolvimento dos temas, os textos foram enriquecidos com seções que apresentam características próprias; assim, ao longo de toda a obra, temos as seguintes seções:

- **Anote!:** pequenos lembretes dispostos à margem do texto principal. Chamam a atenção do leitor para detalhes relevantes.
- **Saiba mais:** novos conhecimentos científicos são produzidos e divulgados continuamente e, para contemplar esse dinamismo, essa seção traz textos de aprofundamento com algumas das mais recentes novidades sobre o tema abordado.
- **Estabelecendo conexões:** os textos desta seção buscam relacionar os temas estudados ao cotidiano, à biotecnologia, saúde e outras áreas do conhecimento, em um perfeito entrelaçamento dos conteúdos, que resultará no benefício do aprendizado das ciências naturais. Buscamos com isso que vocês, estudantes, se envolvam de forma agradável pela atividade científica e percebam que o conhecimento não é estanque.
- **Leitura:** a seção apresenta textos que se reportam ao conteúdo trabalhado ao longo do capítulo, seguidos de perguntas que estimulam a discussão.
- **Questão socioambiental:** textos sobre temas atuais, que por sua complexidade geram receio, dúvida e preocupação, são apresentados de modo a que, vocês, estudantes, se posicionem frente às grandes questões ligadas ao meio ambiente, à sustentabilidade – utilização econômica dos recursos de forma responsável –, e ética & cidadania. As perguntas ao final desses textos objetivam a reflexão e a tomada de decisões.

A fixação da aprendizagem pode ser facilitada se vocês realizarem os exercícios que são apresentados ao final de cada capítulo e que se encontram agrupados em blocos distintos:

- **Passo a passo:** formado por questões para revisão do capítulo, tem por objetivo a autoavaliação e a sistematização dos conceitos e conhecimentos adquiridos ao longo dos estudos.
- **A caminho do ENEM:** questões que buscam desenvolver as habilidades que constam da Matriz de Referência do ENEM, priorizando o desenvolvimento da autonomia de pensamento e valorizando a seleção de conhecimentos que, encadeados, levam à solução dos problemas apresentados. No início de cada questão estão indicadas as habilidades a serem trabalhadas.
- **Teste seus conhecimentos:** nesse bloco são incluídos testes aplicados em diferentes processos seletivos de todo o Brasil. Essa grande variedade de fontes reflete a realidade brasileira nos diferentes contextos socioculturais e regionais. Há testes com **questões objetivas**, **dissertativas** e há questões dos programas de **avaliação seriada** realizados por diversas universidades federais e estaduais.
- Ao final de cada volume deste livro é apresentado, ainda, o **gabarito** das questões objetivas.

Com essa organização, pretendemos, ainda, atingir outros objetivos, que são contextualizar sempre que possível os conteúdos aprendidos, preparar, vocês, estudantes, para o futuro, habilitá-los como cidadãos pensantes e participativos, fazendo-os capazes de enfrentar os desafios oferecidos pela vida e compreender as novidades científicas.

Esperamos, sinceramente, que vocês, estudantes, ao lerem as páginas deste livro e os temas nele abordados, percebam a importância da Biologia para um planeta sustentável. Os desafios não são só nossos, mas de toda a sociedade, à procura de um mundo cada vez melhor para se habitar. Os beneficiados seremos todos nós e os seres vivos que habitam nossa biosfera.

Grande abraço,

*Os autores*

# SUMÁRIO

## PARTE I

**INTRODUÇÃO** .................................... 12

I-1. O que a Biologia estuda? ...................... 13

I-2. Níveis de organização em Biologia ............. 13

    Do átomo ao organismo .......................... 14

    Do organismo à biosfera ........................ 15

I-3. O método científico ............................ 16

I-4. Origem do Universo e do Sistema Solar ........ 17

    A teoria do *Big Bang* .......................... 17

    A formação do Sistema Solar .................... 17

I-5. Origem da vida no planeta Terra .............. 17

    Abiogênese (geração espontânea) *versus*
    biogênese ...................................... 17

    A hipótese de Oparin e Haldane ................. 19

    A teoria da origem extraterrestre da vida ...... 20

I-6. Hipóteses sobre a evolução do metabolismo ..... 20

    Hipótese heterotrófica ......................... 21

    Hipótese autotrófica ........................... 21

*Passo a passo* ..................................... 22

*A caminho do ENEM* ................................ 24

*Teste seus conhecimentos* ......................... 25

### ECOLOGIA 27

**UNIDADE 1**

**CAPÍTULO 1 – Fluxo de energia e ciclos da matéria nos ecossistemas** ........................ 28

1-1. Alguns conceitos importantes .................. 29

    Bioma: agrupamento de ecossistemas
    com as mesmas características .................... 29

    O componente biótico dos ecossistemas ......... 30

    Cadeias alimentares, teias alimentares e
    níveis tróficos ................................ 31

    Fluxo unidirecional de energia no ecossistema .. 32

1-2. Pirâmides ecológicas: quantificando os
    ecossistemas .................................. 33

    Pirâmide de números ............................ 33

    Pirâmide de biomassa ........................... 33

    Pirâmide de energia ............................ 34

    Biomagnificação trófica ou amplificação trófica .... 34

    A produtividade e o ecossistema ................ 36

1-3. Fatores limitantes do ecossistema ............ 37

1-4. Ciclos biogeoquímicos ......................... 37

    Ciclo da água .................................. 38

    Ciclo do carbono ............................... 38

    Ciclo do oxigênio .............................. 40

    Ciclo do nitrogênio ............................ 41

    Ciclo do fósforo ............................... 42

*Passo a passo* ..................................... 43

*A caminho do ENEM* ................................ 46

*Teste seus conhecimentos* ......................... 48

**CAPÍTULO 2 – Dinâmica das populações e das comunidades** ....................... 50

2-1. Dinâmica das populações ....................... 51

    Curvas de crescimento .......................... 51

    Fatores que regulam o crescimento populacional .. 51

    Os ciclos e os desequilíbrios populacionais .... 52

    A espécie humana e a capacidade limite ......... 52

2-2. Dinâmica das comunidades ...................... 52

    Relações intraespecíficas ...................... 53

    Relações interespecíficas ...................... 54

2-3. Sucessão ecológica ............................ 58

    Sucessão primária .............................. 58

    Sucessão secundária ............................ 59

*Passo a passo* ..................................... 60

*A caminho do ENEM* ................................ 61

*Teste seus conhecimentos* ......................... 62

**CAPÍTULO 3 – Biomas e fitogeografia do Brasil** .... 65

3-1. Principais biomas do ambiente terrestre ....... 66

    Tundra ......................................... 67

    Floresta de coníferas (taiga) .................. 67

    Floresta decídua temperada ..................... 67

    Desertos ....................................... 67

    Floresta pluvial tropical ...................... 68

    Savanas, campos e estepes ...................... 68

3-2. Principais biomas do ambiente marinho ........ 68

    Comunidades marinhas ........................... 69

3-3. Principais biomas de água doce ................ 70

3-4. Fitogeografia brasileira ...................... 70

    Caatinga ....................................... 71

    Cerrado ........................................ 71

    Mata Atlântica ................................. 71

    Manguezal ...................................... 72

    Pampas ......................................... 72

    Mata de Araucárias ............................. 72

    Pantanal ....................................... 73

    Floresta Amazônica ............................. 73

    Zona de Cocais ................................. 73

*Passo a passo* ..................................... 75

*A caminho do ENEM* ................................ 76

*Teste seus conhecimentos* ......................... 79

**CAPÍTULO 4 – A biosfera agredida** .............. 81

4-1. O aquecimento global .......................... 82

    O que está sendo feito ......................... 83

4-2. Poluição .................................................... 84
4-3. Inversão térmica ..................................... 84
4-4. Chuva ácida ............................................ 85
4-5. CFC e o buraco na camada de ozônio ................... 86
4-6. Poluição da água e eutrofização ................... 86
    Eutrofização causada por poluição ................... 86
4-7. O destino do lixo nas grandes cidades ................ 87
    Compostagem e lixo urbano .................... 88
4-8. Controle biológico de pragas ..................... 88
*Passo a passo* .................................................... 89
*A caminho do ENEM* .................................... 90
*Teste seus conhecimentos* ............................ 92

# O ESTUDO DA CÉLULA 93

UNIDADE **2**

▶ **CAPÍTULO 5 – A química da vida** .......................... **94**

**5-1. Principais constituintes dos seres vivos** .............. **95**
**5-2. Água** .................................................... **96**
    Características que fazem a diferença ....................... 97
    Solvente praticamente universal e meio
    de transporte nos seres vivos ........................ 98
**5-3 Sais inorgânicos** .................................... **99**
**5-4 Compostos orgânicos dos seres vivos** .......... **100**
    Carboidratos .................................... 100
    Lipídios .................................... 101
**5-5 Vitaminas** .................................... **103**
**5-6 Proteínas** .................................... **105**
    Aminoácidos .................................... 105
    A forma espacial de uma proteína .................... 107
    Enzimas .................................... 108
    Anticorpos .................................... 110
    As proteínas e a nossa alimentação .................... 112
**5-7. Como nos defendemos das doenças:**
    **as imunizações** .................................... **113**
    A resposta à imunização ativa .................... 113
    Imunização passiva .................................... 114
*Passo a passo* .................................... 115
*A caminho do ENEM* .................................... 116
*Teste seus conhecimentos* .................................... 117

▶ **CAPÍTULO 6 – Membrana celular, permeabilidade**
    **e citoplasma** .................................... **119**
**6-1. A célula** .................................... **120**
**6-2. Um pouco da história da Citologia** .................... **120**
**6-3. Qual é o tamanho de uma célula?** .................... **121**
    Microscópios .................................... 122
**6-4. Os modelos celulares** .................................... **124**
**6-5. Os revestimentos celulares** .................... **124**
    Membrana plasmática .................................... 125
    Glicocálice ou glicocálix .................... 125
    Membrana celulósica .................................... 125
**6-6. Entrada e saída de substâncias através**
    **da membrana plasmática** .................... **126**
    Processos físicos de transporte nas células ............. 126
    Processos biológicos de transporte nas células...... 130

6-7. O interior da célula .................................... 133
6-8. Hialoplasma (citosol) .................................... 134
6-9. Como são os organoides? .................................... 134
    Ribossomos .................................... 134
    Retículo endoplasmático .................................... 135
    Vacúolos .................................... 136
    Sistema golgiense (ou complexo de Golgi) ........ 136
    Lisossomos .................................... 138
    Mitocôndrias .................................... 139
    Peroxissomos .................................... 140
    Cloroplastos .................................... 140
    Centríolos .................................... 141
    Cílios e flagelos .................................... 141
6-10. Citoesqueleto .................................... 142
    Citoesqueleto e emissão de pseudópodes .............. 143
6-11. A célula bacteriana .................................... 144
6-12. As características em comum .................... 144
*Passo a passo* .................................... 146
*A caminho do ENEM* .................................... 148
*Teste seus conhecimentos* .................................... 149

▶ **CAPÍTULO 7 – Núcleo e divisões celulares** ............ **151**

**7-1. Núcleo: o centro de comando da célula**
    **eucariótica** .................................... **152**
    Cromatina e cromossomos .................... 152
    Nucléolos .................................... 153
**7-2. O DNA e os genes** .................................... **154**
    A duplicação do DNA: uma breve descrição ........... 154
**7-3. O ciclo celular** .................................... **155**
    Cromátides .................................... 155
**7-4. Células haploides e diploides** .................... **156**
    Cromossomos .................................... 156
    Genoma .................................... 158
**7-5. A divisão celular** .................................... **158**
    Interfase – a fase que precede a mitose .................... 158
    Mitose .................................... 159
    Meiose .................................... 163
**7-6. Fecundação: a volta à diploidia** .................... **168**
*Passo a passo* .................................... 169
*A caminho do ENEM* .................................... 171
*Teste seus conhecimentos* .................................... 172

▶ **CAPÍTULO 8 – Metabolismo energético** ................ **174**

**8-1. A liberação da energia armazenada** .................... **175**
    Como os seres vivos conseguem a glicose .............. 175
    Energia sob a forma de ATP .................... 176
**8-2. Respiração aeróbia** .................................... **177**
    Glicólise .................................... 177
    Oxidação do ácido pirúvico .................... 177
    Ciclo de Krebs .................................... 178
    Cadeia respiratória e fosforilação oxidativa............ 179
    Saldo energético da respiração aeróbia ........ 179
    O papel da mitocôndria .................... 179
**8-3. Fermentação** .................................... **180**
    Fermentação alcoólica .................... 180
    Fermentação láctica .................... 181
**8-4. Fotossíntese** .................................... **182**
    Onde ocorre a fotossíntese? .................... 182
    O papel da clorofila e de outros pigmentos............ 184

Sumário **5**

8-5. As etapas da fotossíntese .......................... 187
    Fase de claro ou fotoquímica........................ 187
    Fase de escuro ou química ............................ 188
8-6. Fotossíntese e quimiossíntese em bactérias ....... 189
*Passo a passo*............................................... 190
*A caminho do ENEM* ...................................... 192
*Teste seus conhecimentos*.............................. 193

▶ **CAPÍTULO 9 – Metabolismo de controle**.................................. 195
9-1. Ácidos nucleicos ................................. 196
    DNA........................................................ 196
    RNA ........................................................ 197
9-2. O código genético............................... 198

9-3. Tradução: síntese de proteínas ............................ 200
    Quem participa da síntese de proteínas?................ 200
    A tradução passo a passo ............................ 201
    Os polirribossomos ..................................... 202
    O processamento do RNAm em eucariotos:
        introns e exons ..................................... 202
9-4. O mundo do RNA .......................................... 203
9-5. Mutação gênica ........................................... 204
    As causas das mutações................................ 204
*Passo a passo*............................................... 205
*A caminho do ENEM* ...................................... 206
*Teste seus conhecimentos*.............................. 207

*Gabarito das questões objetivas – Parte I* .................. 208

## PARTE II

## REPRODUÇÃO, EMBRIOLOGIA, HISTOLOGIA ANIMAL   209

UNIDADE 3

▶ **CAPÍTULO 10 – Reprodução** ................... 210
10-1. Mecanismo de perpetuação das espécies........... 211
    Reprodução assexuada................................ 211
    Reprodução sexuada.................................. 212
10-2. Sistema genital ................................. 212
    Sistema genital feminino.............................. 212
    Sistema genital masculino ............................ 213
10-3. Do zigoto ao embrião .......................... 213
    Gêmeos .................................................. 214
10-4. Parto................................................ 215
    Parto normal é melhor do que cesariano?.............. 215
10-5. Sexualidade ..................................... 216
10-6. Métodos contraceptivos ...................... 217
    Métodos naturais...................................... 217
    Métodos artificiais .................................... 217
10-7. Doenças Sexualmente Transmissíveis (DST) ....... 218
    AIDS – prevenção é o melhor remédio ................ 219
*Passo a passo*............................................... 220
*A caminho do ENEM* ...................................... 221
*Teste seus conhecimentos*.............................. 222

▶ **CAPÍTULO 11 – Embriologia animal** ..................... 223
11-1. O encontro dos gametas ........................ 224
    Os núcleos se fundem.................................. 224
    O anfioxo é o nosso modelo .......................... 225
11-2. O zigoto .......................................... 225
11-3. A segmentação ................................. 225
11-4. A gastrulação ................................... 228
11-5. A nêurula......................................... 229
11-6. A mesoderme e a notocorda.................... 230
11-7. Os anexos embrionários ....................... 231
11-8. A placenta ...................................... 232
11-9. Células-tronco .................................. 233

    A potência e a obtenção de células-tronco.............. 234
    Aspectos éticos sobre a utilização das
        células-tronco embrionárias ..................... 234
*Passo a passo*............................................... 235
*A caminho do ENEM* ...................................... 236
*Teste seus conhecimentos*.............................. 238

▶ **CAPÍTULO 12 – Histologia animal**........................ 239
12-1. O que é Histologia?................................... 240
12-2. Tecido epitelial ..................................... 241
    Epitélio de revestimento.............................. 241
    Epitélio glandular ..................................... 242
12-3. Tecidos conjuntivos ................................ 243
    Fibras do tecido conjuntivo........................... 244
    Classificação dos tecidos conjuntivos.................. 245
    Tecido cartilaginoso .................................. 246
    Tecido ósseo ........................................... 246
    Tecido sanguíneo ..................................... 248
12-4. Tecido nervoso ...................................... 250
    Neurônio: condutor de informação.................... 250
    Um trabalho em conjunto.............................. 251
    Células da glia (neuróglia)............................. 253
    Como o neurônio trabalha............................. 254
12-5. Tecido muscular .................................... 257
    Arquitetura da célula muscular esquelética............ 258
    Correr, caminhar, pedalar, jogar futebol... .............. 260
*Passo a passo*............................................... 262
*A caminho do ENEM* ...................................... 265
*Teste seus conhecimentos*.............................. 266

## OS ORGANISMOS MAIS SIMPLES   269

UNIDADE 4

▶ **CAPÍTULO 13 – Vírus** ............................................ 270
13-1. Classificação dos seres vivos........................ 271
    Novas ideias: os domínios ............................ 272
    Seres acelulares........................................ 273
    A filogênese dos seres vivos........................... 273

**6**   Sumário

**13-2. A nomenclatura biológica** ...................... **274**
Lineu e o sistema binomial ........................ 275
Níveis de classificação ............................. 275
**13-3. Vírus** .................................................. **276**
Bacteriófagos ........................................... 276
Doenças causadas por vírus ...................... 278
*Passo a passo* ............................................. 284
*A caminho do ENEM* .................................... 285
*Teste seus conhecimentos* ........................... 288

▶ **CAPÍTULO 14 – Reino Monera** ................ **290**
**14-1. Bactérias** ............................................ **291**
Estrutura da célula bacteriana .................. 291
Diversidade metabólica das bactérias ........ 292
Reprodução e recombinação gênica nas bactérias... 293
Doenças causadas por bactérias ................ 295
**14-2. Cianobactérias** ................................... **297**
*Passo a passo* ............................................. 299
*A caminho do ENEM* .................................... 300
*Teste seus conhecimentos* ........................... 301

▶ **CAPÍTULO 15 – Reino Protoctista (ou Protista)** ..... **303**
**15-1. Tipos de protozoário** .......................... **304**
Rizópodes ................................................ 304
Flagelados ............................................... 306
Ciliados ................................................... 307
Apicomplexos (esporozoários) ................... 308
**15-2. Doenças causadas por protozoários** ..... **308**
Malária .................................................... 308
Amebíase ................................................. 310
Doença de Chagas .................................... 311
Outras protozooses ................................... 312
**15-3. Algas** ................................................. **313**
*Habitat* e importância das algas ................ 313
Reprodução das algas ............................... 314
*Passo a passo* ............................................. 316
*A caminho do ENEM* .................................... 317
*Teste seus conhecimentos* ........................... 318

▶ **CAPÍTULO 16 – Reino *Fungi*** ................... **320**
**16-1. Característica dos fungos** ..................... **321**
Tipos de hifa ............................................ 322
*Habitat* dos fungos .................................. 322
**16-2. Importância dos fungos** ...................... **322**
Ecológica ................................................. 322
Doenças causadas por fungos .................... 322
Fungos comestíveis ................................... 323
**16-3. Reprodução dos fungos** ...................... **323**
Reprodução assexuada .............................. 323
Reprodução sexuada ................................. 324
**16-4. Classificação dos fungos** ..................... **324**
Quitridiomicetos ...................................... 325
Zigomicetos ............................................. 325
Ascomicetos ............................................. 325
Basidiomicetos ......................................... 325
**16-5. Associações ecológicas com fungos** ...... **326**
*Passo a passo* ............................................. 327
*A caminho do ENEM* .................................... 328
*Teste seus conhecimentos* ........................... 329

**UNIDADE 5**

**REINO *ANIMALIA* 331**

▶ **CAPÍTULO 17 – Invertebrados I** ................ **332**
**17-1 Características que distinguem os animais** .......... **333**
Simetria e locomoção ............................... 334
Classificação dos animais de acordo com a Embriologia ............................................. 334
**17-2 Poríferos** ............................................. **336**
Tipos de esponja ...................................... 337
Reprodução das esponjas .......................... 337
**17-3. Cnidários (celenterados)** ..................... **338**
Hidra: um típico representante dos cnidários ....... 339
Reprodução dos cnidários .......................... 340
Classificação dos cnidários ........................ 341
**17-4. Platelmintos** ...................................... **345**
Classificação dos platelmintos ................... 345
Planária como padrão dos platelmintos ....... 345
Doenças causadas por platelmintos ............ 348
**17-5. Nematódeos** ....................................... **350**
Lombriga: um típico representante dos nematódeos ....... 350
Doenças causadas por nematódeos ............. 352
*Passo a passo* ............................................. 355
*A caminho do ENEM* .................................... 356
*Teste seus conhecimentos* ........................... 357

▶ **CAPÍTULO 18 – Invertebrados II** ............... **359**
**18-1. Moluscos** ........................................... **360**
Classificação dos moluscos ........................ 360
Gastrópodos ............................................ 360
Bivalves ................................................... 362
Cefalópodos (ou sifonópodos) ................... 363
**18-2. Anelídeos** .......................................... **364**
Classificação dos anelídeos ........................ 364
Minhoca: um típico oligoqueta ................... 365
Poliquetas ............................................... 368
Hirudíneos ............................................... 369
**18-3. Artrópodes** ........................................ **370**
Classificação dos artrópodes ...................... 370
Insetos .................................................... 371
Crustáceos ............................................... 375
Aracnídeos .............................................. 376
Miriápodes: quilópodes e diplópodes .......... 379
**18-4. Equinodermos** .................................... **380**
Ouriço-do-mar: representante dos equinodermos ....... 381
Estrelas-do-mar ........................................ 382
*Passo a passo* ............................................. 383
*A caminho do ENEM* .................................... 384
*Teste seus conhecimentos* ........................... 386

▶ **CAPÍTULO 19 – Cordados** .......................... **367**
**19-1. Características e classificação dos cordados** ...... **388**
**19-2. Urocordados** ....................................... **390**
**19-3. Cefalocordados** ................................... **390**

Sumário **7**

19-4. Vertebrados.................................................. 391
    Ágnatos ou ciclostomados........................... 391
    Peixes ............................................................ 391
    Anfíbios ......................................................... 396
    Répteis .......................................................... 398
    Aves .............................................................. 402
    Mamíferos..................................................... 405
*Passo a passo*...................................................... 408
*A caminho do ENEM* .......................................... 409
*Teste seus conhecimentos*.................................. 410

## FISIOLOGIA ANIMAL 413
### UNIDADE 6

▶ **CAPÍTULO 20 – Digestão e circulação** .................. **414**
**20-1. Digestão** ................................................... 415
    Tipos de digestão ......................................... 415
    Tubo digestório humano............................... 415
    Ação hormonal e digestão ........................... 418
**20-2. Circulação** ............................................... 419
    Tipos de circulação ...................................... 420
    Coração humano e circulação sanguínea ..... 420
    Vasos sanguíneos ........................................ 421
    Sangue.......................................................... 423
*Passo a passo*...................................................... 425
*A caminho do ENEM* .......................................... 426
*Teste seus conhecimentos*.................................. 427

▶ **CAPÍTULO 21 – Respiração, excreção e**
               **homeostase** ................................. **429**
**21-1. Respiração** .............................................. 430
    Órgãos respiratórios ..................................... 430
**21-2. Excreção** ................................................. 434
    Compostos nitrogenados.............................. 434
    Excreção nos seres humanos ....................... 434

21-3. Manutenção da homeostase................................ 437
*Passo a passo* ..................................................... 438
*A caminho do ENEM* .......................................... 438
*Teste seus conhecimentos*.................................. 440

▶ **CAPÍTULO 22 – Sistema nervoso,**
               **órgãos dos sentidos**
               **e regulação hormonal** .................. **441**
**22-1. Sistema nervoso** ...................................... 442
    Neurônio ....................................................... 442
    Organização do sistema nervoso ................. 446
**22-2. Órgãos dos sentidos** ............................... 451
    Receptores de contato .................................. 451
    Receptores de distância ................................ 452
**22-3. Regulação hormonal** ............................... 454
    Glândulas endócrinas humanas.................... 454
    Controle hormonal na reprodução humana .......... 458
*Passo a passo*...................................................... 461
*A caminho do ENEM* .......................................... 462
*Teste seus conhecimentos*.................................. 463

▶ **CAPÍTULO 23 – Revestimento, suporte e**
               **movimento** .................................... **465**
**23-1. Pele**.......................................................... 466
    Histologia da pele......................................... 466
    Sensores da pele .......................................... 467
    Anexos da pele ............................................. 468
    Funções dos revestimentos .......................... 468
**23-2. Sistema esquelético**................................. 468
    Esqueleto humano ........................................ 469
**23-3. Sistema muscular** .................................... 471
    Contração muscular....................................... 472
*Passo a passo*...................................................... 474
*A caminho do ENEM* .......................................... 475
*Teste seus conhecimentos*.................................. 476

***Gabarito das questões objetivas – Parte II*** .................. **478**

## PARTE III

## REINO PLANTAE 479
### UNIDADE 7

▶ **CAPÍTULO 24 – Briófitas e pteridófitas** ................. **480**
**24-1. A conquista do meio terrestre pelos vegetais.....** 481
**24-2. A presença ou não de vasos condutores**............. 482
**24-3. Reprodução vegetal** ................................. 482
    Ciclo haplontediplonte.................................. 482
**24-4. Briófitas: plantas sem vasos condutores** .......... 482
    Ciclo haplontediplonte nos musgos ............. 483
**24-5. Pteridófitas: plantas com vasos condutores**........ 485
    Samambaias: as pteridófitas mais conhecidas ........ 486
    Ciclo haplontediplonte nas samambaias ............. 487

*Passo a passo* ..................................................... 489
*A caminho do ENEM* .......................................... 490
*Teste seus conhecimentos*.................................. 492

▶ **CAPÍTULO 25 – Gimnospermas e**
               **angiospermas**................................. **493**
**25-1. Gimnospermas: plantas com sementes**............... 495
    Ciclo haplontediplonte nas coníferas ........... 495
    *Cycas* ........................................................... 497
**25-2. Angiospermas: plantas com flores e frutos** ........ 498
    Características principais de uma angiosperma ..... 498
    Reprodução sexuada nas angiospermas ................. 506
    Reprodução assexuada nas angiospermas............. 508
*Passo a passo*...................................................... 509
*A caminho do ENEM* .......................................... 510
*Teste seus conhecimentos*.................................. 512

**8**    Sumário

## MORFOLOGIA E FISIOLOGIA VEGETAL 513

**UNIDADE 8**

▶ **CAPÍTULO 26 – Órgãos vegetativos, nutrição vegetal e transporte das seivas.... 514**

26-1. Órgãos vegetativos de uma planta ...................... 515
- Raiz........................................................................ 515
- Caule...................................................................... 516
- Folha...................................................................... 517

26-2. Nutrição vegetal .................................................. 518
- Nutrição inorgânica ............................................. 518
- Nutrição orgânica e fotossíntese ....................... 519

26-3. Tecidos vegetais de proteção .......................... 521
- Súber ..................................................................... 521
- Epiderme............................................................... 522

26-4. Sustentação das traqueófitas .......................... 522
- Colênquima .......................................................... 522
- Esclerênquima ..................................................... 523

26-5. Tecidos condutores de água e de nutrientes em traqueófitas ............................................... 523
- Xilema ................................................................... 523
- Floema .................................................................. 525

26-6. Organização dos tecidos nas raízes e nos caules 525
- Estrutura primária da raiz ................................... 525
- Estrutura primária do caule ............................... 527

26-7. Condução da seiva inorgânica ........................ 527
- Estômatos e a regulação hídrica ....................... 528

26-8. Condução da seiva elaborada .......................... 530
- Hipótese de Münch ............................................. 530

*Passo a passo*......................................................... 531
*A caminho do ENEM* ............................................. 533
*Teste seus conhecimentos*.................................... 534

▶ **CAPÍTULO 27 – Crescimento, desenvolvimento e reguladores .......................... 536**

27-1. Diferença entre crescimento e desenvolvimento vegetal.............................. 537

27-2. Meristema .......................................................... 537
- Características do meristema............................... 537
- Crescimento em comprimento ........................... 538
- Crescimento em espessura de caule e raiz ........ 538
- Cerne, alburno e casca........................................ 538

27-3. Hormônios vegetais........................................... 539
- Auxinas ................................................................. 539
- Giberelinas ........................................................... 540
- Citocininas ........................................................... 540
- Etileno .................................................................. 540
- Ácido abscísico .................................................... 540

27-4. Fotoperiodismo ................................................. 541
- Fitocromo e percepção da luz............................. 541
- Floração e fotoperiodicidade............................. 541

27-5. Germinação de sementes ................................. 542

27-6. Movimentos vegetais ........................................ 543
- Tactismos ............................................................. 543
- Tropismos ............................................................ 544
- Nastismos ............................................................ 544

*Passo a passo*......................................................... 546
*A caminho do ENEM* ............................................. 547
*Teste seus conhecimentos*.................................... 549

## GENÉTICA 551

**UNIDADE 9**

▶ **CAPÍTULO 28 – Primeira Lei de Mendel ................. 552**

28-1. A Ciência está cheia de histórias inusitadas ........ 553

28-2. Mendel, o iniciador da Genética ........................... 553
- A escolha das ervilhas para o estudo.................. 553
- Os cruzamentos realizados por Mendel.............. 555

28-3. A Primeira Lei de Mendel...................................... 558

28-4. Conceitos fundamentais em Genética................. 559
- Genótipo e fenótipo ............................................ 559
- Homozigotos e heterozigotos ............................. 559
- Cromossomos autossômicos .............................. 560
- Árvores genealógicas .......................................... 560
- Dominância incompleta ou parcial...................... 563
- Codominância....................................................... 565
- Alelos letais: os genes que matam...................... 565

28-5. Como os genes se manifestam............................ 567

28-6. Homozigoto dominante ou heterozigoto?......... 567
- Cruzamento-teste................................................ 568

28-7. Introdução à probabilidade ................................ 569
- Resultados observados *versus* resultados esperados ............................... 569
- Probabilidade de ocorrência de dois ou mais eventos mutuamente excludentes: a regra do "OU"....... 570
- Probabilidade de ocorrência simultânea de dois ou mais eventos independentes: a regra do "E" ... 571
- Probabilidade condicional .................................. 572

28-8. Alelos múltiplos na determinação de um caráter................................................... 573
- Cor da pelagem em coelhos................................ 573
- Determinação dos grupos sanguíneos no sistema ABO .................................................. 575
- Sistema Rh de grupos sanguíneos...................... 578

*Passo a passo*......................................................... 581
*A caminho do ENEM* ............................................. 582
*Teste seus conhecimentos*.................................... 584

▶ **CAPÍTULO 29 – Segunda Lei de Mendel e *linkage* .......................................... 586**

29-1. Experimentos de Mendel sobre di-hibridismo ... 587
- Análise dos resultados......................................... 587
- Obtendo a proporção 9 : 3 : 3 : 1 sem utilizar o quadro de cruzamentos ................................. 589
- Segregação independente e poli-hibridismo.......... 590
- Relação meiose-Segunda Lei de Mendel............... 591
- A Segunda Lei de Mendel é sempre obedecida? ... 593

29-2. *Linkage* .............................................................. 593
- União entre dois pares de genes ........................ 593
- Um dos cruzamentos efetuados por Morgan........ 595
- Como diferenciar segregação independente (Segunda Lei de Mendel) de *linkage*? ................. 598

Sumário **9**

**29-3. Ordem dos genes nos cromossomos: disposição CIS e TRANS**..........600
**29-4. Mapas genéticos**..........600
Unidade do mapa genético..........601
*Passo a passo*..........603
*A caminho do ENEM*..........604
*Teste seus conhecimentos*..........605

▶ **CAPÍTULO 30 – Herança e sexo**..........607
**30-1. Um resultado não esperado**..........608
**30-2. Autossomos e heterossomos**..........608
Cromossomos sexuais..........609
**30-3. Determinação genética do sexo**..........609
Sistema XY..........609
Sistema X0..........610
Sistema ZW..........610
Partenogênese em abelhas: um caso especial..........611
**30-4. Herança ligada ao sexo**..........611
Morgan e a herança da cor dos olhos em drosófilas..........613
Daltonismo..........615
Hemofilia..........617
Distrofia muscular de Duchenne..........618
**30-5. Herança parcialmente ligada ao sexo**..........619
**30-6. Herança restrita ao sexo**..........619
**30-7. Herança influenciada pelo sexo**..........619
**30-8. Herança limitada ao sexo**..........620
*Passo a passo*..........621
*A caminho do ENEM*..........622
*Teste seus conhecimentos*..........623

▶ **CAPÍTULO 31 – Interação gênica e citogenética**..........625
**31-1. Interação gênica simples**..........626
Forma da crista de galos e galinhas e interação gênica..........626
Forma dos frutos de abóbora e interação gênica..........627
Epistasia..........628
**31-2. Interação *gênica complementar***..........632
**31-3. Herança quantitativa (ou poligênica)**..........636
Herança da cor da pele na espécie humana..........636
**31-4. Citogenética**..........638
Anomalias cromossômicas numéricas..........638
Anomalias cromossômicas estruturais..........641
Erros inatos do metabolismo e a Genética..........643
*Passo a passo*..........644
*A caminho do ENEM*..........645
*Teste seus conhecimentos*..........646

▶ **CAPÍTULO 32 – Biotecnologia e engenharia genética**..........649
**32-1. Melhoramento genético e seleção artificial**..........650
Heterozigose ou vigor do híbrido..........651
Diferença entre biotecnologia e engenharia genética..........651
**32-2. Manipulação de genes**..........651
Enzimas de restrição..........652
Eletroforese em gel e separação dos fragmentos de DNA..........653

Multiplicação dos fragmentos de DNA..........654
Sondas de DNA e localização de genes..........657
**32-3. *Fingerprint*: a impressão digital do DNA**..........657
VNTR: repetições que auxiliam..........657
Exemplo de utilização do *fingerprint* na pesquisa de paternidade..........658
**32-4. Terapia gênica**..........662
*Passo a passo*..........664
*A caminho do ENEM*..........665
*Teste seus conhecimentos*..........667

## EVOLUÇÃO 669
**UNIDADE 10**

▶ **CAPÍTULO 33 – Os mecanismos da evolução**..........670
**33-1. Tempo geológico**..........671
As grandes extinções..........672
**33-2. Evolução biológica**..........673
Evidências da evolução..........673
Mimetismo, camuflagem e coloração de advertência..........676
**33-3. Lamarck e Darwin**..........679
As ideias de Lamarck..........679
Darwim e a teoria da seleção natural..........680
**33-4. Teoria Sintética da Evolução**..........683
Neodarwinismo..........683
Tipos de seleção..........685
*Passo a passo*..........686
*A caminho do ENEM*..........688
*Teste seus conhecimentos*..........690

▶ **CAPÍTULO 34 – Genética de populações, especiação e evolução humana**..........692
**34-1. As características dominantes são as mais frequentes?**..........693
**34-2. Frequências gênicas em uma população ao longo do tempo**..........693
Lei de Hardy-Weinberg..........694
**34-3. Especiação**..........694
Isolamento reprodutivo..........697
Irradiação adaptativa..........698
Convergência adaptativa..........698
Homologia e analogia..........699
**34-4. Evolução humana**..........700
A origem dos primatas..........700
Rumo à espécie humana..........700
Primeiros antropoides..........701
Australopitecos..........701
*Homo habilis*..........702
Os descendentes do *Homo erectus*..........702
O aparecimento do *Homo sapiens*..........702
Primatas atuais..........702
*Passo a passo*..........704
*A caminho do ENEM*..........706
*Teste seus conhecimentos*..........708

***Gabarito das questões objetivas – Parte III***..........712
***Bibliografia***..........713

**10** Sumário

# SUMÁRIO – PARTE I

INTRODUÇÃO .................................................................................................. 12

**UNIDADE 1 – Ecologia** ................................................................................ 27

**CAPÍTULO 1**  Fluxo de energia e ciclos da matéria nos ecossistemas ................ 28

**CAPÍTULO 2**  Dinâmica das populações e das comunidades ......................... 50

**CAPÍTULO 3**  Biomas e fitogeografia do Brasil .............................................. 65

**CAPÍTULO 4**  A biosfera agredida .................. 81

**UNIDADE 2 – O estudo da célula** ............................................................... 93

**CAPÍTULO 5**  A química da vida ..................... 94

**CAPÍTULO 6**  Membrana celular, permeabilidade e citoplasma .............. 119

**CAPÍTULO 7**  Núcleo e divisões celulares .................. 151

**CAPÍTULO 8**  Metabolismo energético ...................... 174

**CAPÍTULO 9**  Metabolismo de controle ..................... 195

*Gabarito das questões objetivas – Parte I* .............................................................. 208

# INTRODUÇÃO

KAR-TR/SHUTTERSTOCK

## Sustentabilidade e o estudo da Biologia

**Sustentabilidade**, esta é a palavra que ouviremos cada vez mais. Está relacionada à sobrevivência futura da nossa e de diversas outras espécies que habitam nosso planeta. Para isso, é necessário utilizar corretamente os recursos energéticos disponíveis. De acordo com o *Atlas de Energia Elétrica do Brasil*, da ANEEL (Agência Nacional de Energia Elétrica), "Quase todas as fontes de energia – hidráulica, biomassa, eólica, combustíveis fósseis e energia dos oceanos – são formas indiretas de energia solar. Além disso, a radiação solar pode ser utilizada diretamente como fonte de energia térmica e de eletricidade". Então, o que estamos esperando? Que tal utilizarmos bicicletas para nos deslocar? Que tal utilizarmos biomassa, a energia dos ventos e dos oceanos na geração de eletricidade? Com isso, deixaríamos de promover desmatamentos e alagamentos para a geração de energia hidráulica.

O estudo da Biologia propicia uma ótima oportunidade para avaliarmos o quanto nós, seres humanos, podemos fazer para contribuir para a sobrevivência da nossa e das demais espécies do planeta Terra.

# I-1. O QUE A BIOLOGIA ESTUDA?

Você já parou para se perguntar o que é Biologia e o que ela estuda? Essa palavra vem de duas outras: *bio*, que significa **vida**, e *logos*, que quer dizer **estudo**. Então, a Biologia é a ciência que estuda a vida e, claro, aqueles em que ela se manifesta, ou seja, os **seres vivos**.

Mais atraente do que conceituar vida, porém, é caracterizar os seres vivos, procurando neles alguns sinais de vida. Você é capaz de dizer, em poucas palavras, quais as diferenças que existem, por exemplo, entre o seu cão e uma pedra? Vamos ajudá-lo nessa tarefa.

Excetuando a presença de alguns átomos, tanto no seu cão como na pedra, podemos garantir que a vida possui uma série de características próprias, indiscutíveis. Os movimentos de inspiração e expiração executados pelo tórax do animal e os sinais elétricos emanados do seu cérebro e captados com o auxílio de um aparelho especial, o eletrencefalógrafo, são duas dessas características. Você seria capaz de reconhecer outros sinais de vida provenientes de seu cão?

Na Tabela I-1 organizamos as principais características dos seres vivos. Deixamos a você a tarefa de compará-las com as dos seres inanimados, como a pedra.

**Tabela 1-1.** Principais características dos seres vivos.

| | PAPEL BIOLÓGICO |
|---|---|
| **Composição química** | Todos os seres vivos são formados por moléculas orgânicas indispensáveis à sobrevivência, entre elas os ácidos nucleicos, as proteínas, os carboidratos (ou glicídios) e os lipídios. |
| **Organização celular** | Excetuando os vírus – seres acelulares –, os seres vivos da Terra atual possuem a célula como unidade fundamental da vida. Há seres vivos formados apenas por uma célula – os unicelulares – e os que são constituídos por diversas células – os multicelulares (células não organizadas em tecidos, como nos fungos) e os pluricelulares (células especializadas formam tecidos). |
| **Metabolismo** | Metabolismo é o conjunto das reações químicas que ocorrem em um ser vivo. O **metabolismo energético** está relacionado à liberação da energia necessária à sobrevivência; o **metabolismo plástico** ou **estrutural** é aquele no qual ocorre a construção dos tecidos. Cabe ao **metabolismo de controle** a regulação de todas as atividades que ocorrem na célula. |
| **Reprodução** | Por meio de diversas modalidades de reprodução, os seres vivos são capazes de produzir descendentes. |
| **Mutação** | Os seres vivos e o ambiente nem sempre foram como são hoje. Alterações no material genético, que afetam os gametas, podem ser transmitidas aos descendentes gerando variabilidade. |
| **Adaptação** | Os seres vivos são capazes de se ajustar continuamente às características do meio. |
| **Excitabilidade** | Habilidade de responder a estímulos provenientes do meio. |

# I-2. NÍVEIS DE ORGANIZAÇÃO EM BIOLOGIA

Você pode começar o estudo de um país por seu povo, por sua agricultura, por sua economia ou, ainda, por tantos outros aspectos a ele diretamente relacionados. É claro que, para a compreensão de alguns assuntos, muitas vezes você precisará organizar o seu estudo de forma que aprenda primeiro os conceitos básicos e depois os mais elaborados. Assim também acontece na Biologia.

Um dos modos de começar o estudo da Biologia é pela ideia de **níveis de organização**. Por meio dela, podemos compreender que a organização biológica está estruturada em diversos níveis hierárquicos, cada qual servindo como ponto de partida para a formação do seguinte.

INTRODUÇÃO **13**

## Do átomo ao organismo

Todos os seres vivos da Terra atual são constituídos por **átomos**, que se unem para formar **moléculas** fundamentais para a sobrevivência. Por sua vez, moléculas orgânicas complexas juntam-se para a formação de **organelas**, estruturas encontradas no interior das **células** dos seres vivos (veja a Figura I-1). A reunião de células com características quase sempre comuns leva à formação de um **tecido**. Tecidos diferentes se reúnem em um **órgão**. Diferentes órgãos, envolvidos em uma tarefa comum, originam um **sistema**. A integração de vários sistemas leva ao **organismo**.

### Átomo
A menor parte de um elemento, que mantém todas as propriedades químicas desse elemento.

### Molécula
Conjunto de átomos.

### Organela
Componente da célula, encarregado de executar determinada função (também chamado de organoide ou orgânulo.)

cloroplasto

mitocôndria

### Célula
Entidade encontrada na maioria dos seres vivos da Terra atual e constituída, de modo geral, por membrana plasmática, citoplasma e núcleo.

célula vegetal

célula animal (neurônio)

### Tecido
Comumente conceituado como um conjunto de células semelhantes na forma e na função.

epiderme

### Órgão
Conjunto de tecidos.

### Sistema
Conjunto de órgãos envolvidos na execução de determinada tarefa.

### Organismo
Qualquer ser capaz de executar um conjunto de reações químicas metabólicas responsáveis pela sobrevivência, pelo crescimento e pela reprodução.

### Saiba mais

Entre o organismo de uma onça-pintada e o da bactéria causadora da cólera, por exemplo, há uma semelhança. Em ambos, o nível de organização celular está presente, bem como alguns tipos de organoides, moléculas e átomos. No entanto, há muitas diferenças. O organismo da bactéria é formado por uma única célula: é um organismo **unicelular**. A onça-pintada é **pluricelular**. Como consequência, a bactéria não forma sistemas nem órgãos nem tecidos. Nela, o organismo se confunde com a célula. Os vírus, como o da AIDS, por exemplo, são organismos **acelulares**, formados por moléculas e átomos. Como vemos, nem todos os níveis de organização estão presentes nos organismos atualmente existentes na Terra.

Ilustrações: LUIS MOURA/acervo da editora

tecido nervoso

folha

cérebro

sistema foliar

sistema nervoso

planta

animal

**Figura I-1.** Do átomo ao organismo. (Cores-fantasia. Ilustrações fora de escala.)

## Do organismo à biosfera

Em geral, os organismos não vivem isolados – eles se reúnem, interagem com outros organismos e com o meio em que vivem. Assim, um conjunto de organismos da mesma espécie que habita determinada área perfeitamente delimitada, em certa época, constitui uma **população**. As jaguatiricas existentes no Pantanal Mato-grossense constituem uma população dessa espécie de mamíferos naquele ambiente. O conjunto de todas as populações de espécies diferentes encontradas em um ambiente constitui uma **comunidade**. No Pantanal, as jaguatiricas, os jaburus, as garças, as capivaras, os jacarés, as sucuris, as bactérias, os fungos e os vegetais, entre outros, constituem a comunidade de seres vivos da região. A comunidade é a parte *biótica* (viva) do ambiente. A reunião da comunidade com os componentes *abióticos*, ou seja, com os componentes não vivos (ar, água, luz, sais, solo etc.), do meio ambiente constitui um **ecossistema**. O Pantanal Mato-grossense pode ser considerado um grande ecossistema natural em que todos os seres vivos da comunidade interagem entre si e com os componentes abióticos (veja a Figura I-2). Outros exemplos de ecossistema podem ser citados: o Oceano Atlântico, diversas regiões da Floresta Amazônica, o Saara etc.

Uma visão global da Terra atual revela a existência de diversos ecossistemas naturais. A reunião de todos eles constitui a **biosfera**.

**Biosfera**
Conjunto de todos os ecossistemas da Terra.

**Ecossistema**
Interação do componente biótico (comunidade) com os fatores abióticos do meio.

**Comunidade**
Conjunto das diferentes populações encontradas em um ambiente perfeitamente delimitado. É a parte biótica do meio.

**População**
Conjunto de indivíduos de uma espécie, vivendo em local perfeitamente delimitado, em determinada época.

**Organismo**

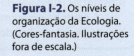

**Figura I-2.** Os níveis de organização da Ecologia. (Cores-fantasia. Ilustrações fora de escala.)

# I-3. O MÉTODO CIENTÍFICO

A Biologia é uma ciência e, como tal, procura esclarecimentos, respostas. O biólogo, enquanto cientista, observa os fatos relacionados aos seres vivos e procura explicá-los. Analisa, coleta dados, questiona, levanta hipóteses, procura soluções. Nossa vida depende em grande parte das pesquisas realizadas, dos cientistas que buscam a solução para muitas doenças, como, por exemplo, a cura para a AIDS ou para a esclerose múltipla.

A capacidade de observação da realidade é facultada a todas as pessoas. Mas, em geral, essa observação é feita de forma aleatória, não organizada. Porém, para o trabalho de investigação científica, é preciso que essa observação seja objetiva, precisa e com método. Frequentemente é preciso utilizar instrumentos capazes de coletar dados mais precisos do que aqueles que nossos sentidos conseguem obter.

Diferentes pesquisadores podem abordar um mesmo problema de formas diversas, mas todos procuram resolvê-lo utilizando um mesmo método, o chamado **método científico**.

Tudo começa com a **observação dos fatos** e a formulação de uma pergunta ou levantamento de um **problema** para o qual se procura a resposta. Ao tentar elucidar esse problema, o cientista propõe uma possível resposta, propõe uma **hipótese**. Para saber se sua hipótese é verdadeira, o biólogo utiliza-se de **experimentos controlados**, nos quais ela possa ser testada.

Em qualquer experimento controlado, sempre é preciso haver dois grupos: o *controle* e o *experimental*. Por exemplo, se o pesquisador quiser demonstrar a influência da luz na fotossíntese, basta utilizar dois tubos de ensaio, de igual tamanho, contendo água saturada com gás carbônico e uma planta aquática, ambos hermeticamente fechados com rolhas. Um dos tubos, o controle, ficará sob iluminação constante, enquanto o outro será embalado com papel-alumínio. Note que a única condição que varia é a luz, presente apenas em um dos tubos.

Desses experimentos, o cientista **obtém dados** que, analisados, confirmam ou não a hipótese inicial e elabora suas **conclusões** (veja a Figura I-3).

Caso os dados obtidos confirmem sua hipótese, o cientista realiza os experimentos várias vezes a fim de se certificar. Em caso negativo, é necessário levantar novas hipóteses e testá-las até que o problema seja solucionado.

Muitas vezes a resolução de um problema é obtida com o levantamento de várias hipóteses, esclarecimentos, evidências, que levam à formulação de uma explicação mais completa do problema. Levam à formulação de uma **teoria**. Além de explicar determinada questão, a teoria é importante porque pode auxiliar a prever resultados em outros experimentos. Mas ela não é imutável: como tudo em ciência, ela pode ser modificada a partir de novas evidências.

A experimentação é um passo fundamental no método científico. Do trabalho persistente dos pesquisadores pode depender a sobrevivência de muitas espécies, incluindo a nossa.

Observar fatos

↓

Levantar o problema

↓

Elaborar hipóteses

↓

Desenvolver experimentos controlados (testar hipóteses)

↓

Coletar dados

↓

Avaliar os experimentos

↓

Testar novamente

↓

Elaborar conclusões

**Figura I-3.** Etapas do método científico.

## Leitura

### Descobertas científicas

Muitas das descobertas científicas aconteceram em ocasiões em que o cientista não estava diretamente envolvido com o seu trabalho. Foi o que ocorreu com a descoberta da penicilina.

Alexander Fleming (1881-1955), microbiologista inglês, vivia cultivando bactérias em seu laboratório. Certo dia, em 1928, ao lavar placas de vidro nas quais havia cultivado bactérias, casualmente percebeu que algumas delas estavam contaminadas por um fungo. Verificou que, onde o fungo crescia, as bactérias não conseguiam se desenvolver.

Procurando explicar esse fato, Fleming elaborou a hipótese de que os fungos liberavam, para o meio de cultura, substâncias inibidoras do crescimento bacteriano.

A partir de experimentos efetuados por ele e seus colaboradores, foi constatado que, realmente, os fungos produ-ziam uma substância inibidora do crescimento bacteriano. A substância foi chamada *antibiótico*, palavra que literalmente quer dizer: contra a vida. E recebeu o nome de penicilina por ser produzida pelo fungo *Penicillium*, conhecido na época por provocar a formação de bolores esverdeados em frutas.

- Considerando que até o início do século XX os antibióticos não eram conhecidos, que benefícios decorreram da descoberta casual da penicilina por Fleming?
- De maneira geral, relatos históricos revelam que no tratamento de infecções os médicos do passado utilizavam infusões, derivados vegetais ou outros recursos, sendo muitas vezes bem-sucedidos. Como explicar o sucesso decorrente desse tipo de terapia, em épocas nas quais os antibióticos não eram ainda disponíveis?

# I-4. ORIGEM DO UNIVERSO E DO SISTEMA SOLAR

Como surgiu a vida no ambiente terrestre? E como ela evoluiu? Para responder a essas duas questões, pode-se recorrer a argumentos científicos ou não. Ainda é comum a crença segundo a qual a vida teria sido originada e evoluiu a partir da ação de um Criador. Por outro lado, existem muitas evidências científicas, muitas delas apoiadas por procedimentos experimentais, de que a vida surgiu e evoluiu de maneira lenta e progressiva, com a participação ativa de inúmeras substâncias e reações químicas, de processos bioenergéticos e, claro, com a participação constante do ambiente. O estudo científico da origem da vida e da evolução biológica, esta unificadora das diversas áreas biológicas, é um dos mais fascinantes desafios da Biologia atual.

## A teoria do *Big Bang*

Os cientistas supõem que, há cerca de 10 bilhões a 20 bilhões de anos, uma massa compacta de matéria explodiu – o chamado *Big Bang* –, espalhando seus inúmeros fragmentos que se movem até hoje pelo Universo. Esses cientistas acreditam que os fragmentos se deslocam continuamente e, por isso, o Universo estaria em contínua expansão.

À medida que esses fragmentos se tornavam mais frios, os átomos de diversos elementos químicos, especialmente hidrogênio e hélio, teriam sido formados.

## A formação do Sistema Solar

O Sol teria se formado por volta de 5 bilhões a 10 bilhões de anos atrás. O material que o formava teria sofrido compressões devido a forças de atração gravitacional, e ele teria entrado em ignição, liberando grande quantidade de calor. Com isso, outros elementos, derivados do hélio e do hidrogênio, teriam se formado. Da fusão de elementos liberados pelo Sol, com grandes quantidades de poeira e gases, teriam se originado inúmeros planetas, entre eles a Terra.

# I-5. ORIGEM DA VIDA NO PLANETA TERRA

Atualmente, há duas correntes de pensamento entre os cientistas com relação à origem da vida na Terra: uma, que teria surgido a partir de outros planetas (**panspermia**), e outra, que teria se desenvolvido gradativamente em um longo processo de mudança, seleção e evolução na própria Terra.

## Abiogênese (geração espontânea) *versus* biogênese

O filósofo Aristóteles (384-322 a.C.) acreditava que a luz do Sol, o material em decomposição ou o lodo poderiam, sob certas condições favoráveis, originar vida. Para ele, certos *princípios ativos* ou *forças vitais* poderiam determinar o surgimento de vida. O ovo de galinha originaria um filhote, devido a um "princípio organizador" que formava apenas esse tipo de ave. Cada tipo de ovo teria um "princípio organizador" diferente. Essas ideias embasaram a chamada origem da vida por **geração espontânea**, que vigorou até meados do século XIX. Quadros famosos do século XII retratavam o surgimento de gansos a partir de frutos de árvores que existiam nas proximidades de mares, e pessoas relatavam ter visto carneiros surgindo de árvores que produziam frutos parecidos com melões.

---

> ## *Saiba mais*
>
> ### Criacionismo: origem da vida por criação especial
>
> Anterior às tentativas científicas relacionadas à origem da vida, já era difundida a ideia de *criação especial*, segundo a qual a vida é fruto da ação consciente de um Criador. Essa corrente de pensamento, que passou a ser denominada *criacionista*, baseia-se na fé e nos textos bíblicos – principalmente no livro de Gênesis – que relatam a ideia sobre a origem da vida do ponto de vista religioso.
>
> Ao longo da História, muitas controvérsias chegaram a extremos por causa de uma interpretação errônea que não levava em conta o contexto e o caráter muitas vezes poético e simbólico dos textos da Bíblia, que não têm nenhum objetivo científico. Assim, principalmente na Idade Média, uma *interpretação literal* e, portanto, limitada dos textos bíblicos era imposta como dogma e criava uma barreira em relação à ciência que estava – e está – em constante progresso.
>
> O criacionismo, que se opõe à teoria da evolução segundo a qual a vida teria surgido da matéria bruta, tem hoje defensores, que se esforçam em demonstrar que os textos bíblicos, tomados em seu contexto próprio, em nada contradizem as mais novas descobertas científicas.

Paracelso (1493-1541), famoso médico do século XV, relatava que, por geração espontânea, ratos, camundongos, rãs e enguias surgiam de uma mistura de ar, água, palha e madeira podre.

Van Helmont (1579-1644), médico belga, tinha uma receita para gerar organismos por geração espontânea. Em uma caixa, ele colocava uma camisa suja e germe de trigo e dizia que, em 21 dias, nasceriam camundongos. Nesse caso, o "princípio ativo" seria o suor presente na camisa suja.

Havia, portanto, a crença de que a vida surgiria a partir de água, lixo e sujeira, uma ideia que foi denominada **abiogênese** (*a* = sem + *bio* = vida + *génesis* = origem).

No século XVII, o biólogo italiano Francesco Redi (1626-1697) tentou negar as ideias de geração espontânea. Ele acreditava na **biogênese**, ou seja, que *a vida só era produzida por vida preexistente*. Pesquisando sobre a origem de larvas de insetos que apareciam em carnes em putrefação, tentou provar que as larvas só apareciam se a carne fosse contaminada por ovos depositados por insetos que nela pousassem (veja a Figura I-4).

No século XVIII, em que já se sabia da existência de microrganismos, o pesquisador Needham efetuou uma série de experimentos com caldo de carne previamente aquecido, na tentativa de demonstrar a ocorrência de geração espontânea. Depois de alguns dias, o caldo ficava turvo pelo aparecimento de microrganismos, fato que, para o pesquisador, indicava a ocorrência de geração espontânea. Outro pesquisador, Spallanzani, tentando refutar a ideia de Needham, fervia o caldo de carne e o colocava em frascos hermeticamente fechados. O caldo não se turvava. Parecia que a ideia de geração espontânea era realmente falsa. Needham, então, contra-atacou, dizendo que a fervura tinha destruído o *princípio ativo* existente na carne. Essa disputa só terminou com os trabalhos de Pasteur que você verá a seguir.

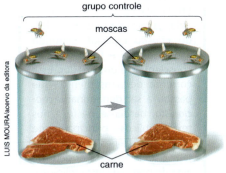
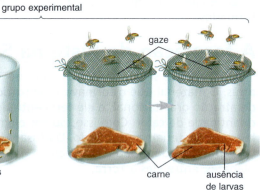

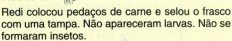

**Frasco 1:**
Redi colocou pedaços de carne e selou o frasco com uma tampa. Não apareceram larvas. Não se formaram insetos.

**Frasco 2:**
Redi colocou um pedaço de carne e deixou o frasco aberto. Apareceram larvas que depois se transformaram em insetos.

**Frasco 3:**
A fim de não impedir a renovação do ar no interior do frasco, Redi colocou um pedaço de carne e cobriu a boca com uma gaze de malha finíssima. Não apareceram larvas na carne. Os insetos, atraídos pelo cheiro da carne, pousavam na gaze e depositavam seus ovos nela. Larvas formadas a partir dos ovos tentavam penetrar pelo tecido, em direção à carne, mas eram removidas.

**Figura I-4.** Experimento controlado realizado por Francesco Redi para invalidar as ideias sobre geração espontânea. Esta experiência confirmou a hipótese de que as moscas eram responsáveis pela presença de larvas na carne em decomposição.

## Os experimentos de Pasteur

Em meados do século XIX, Louis Pasteur (1822-1895), cientista francês, elaborou uma série de experimentos que acabaram de vez com a ideia de geração espontânea e confirmaram a ideia de biogênese.

Pasteur preparou um caldo contendo água, açúcar e lêvedo (fungos) em suspensão, colocando-o em dois tipos de frasco:
- alguns frascos tinham um longo pescoço reto;
- outros tinham também longos pescoços, mas estes foram recurvados para que tivessem a forma de um "pescoço de cisne".

Os frascos com os caldos foram fervidos e deixados abertos. Queria assim mostrar que o ar poderia entrar livremente em todos eles.

Resultado: somente os frascos com pescoço reto tinham microrganismos no interior do caldo. Os de "pescoço de cisne" permaneceram estéreis por todo o tempo. Por quê? Ao recurvar os pescoços dos frascos, ele permitia a passagem livre do ar. Os microrganismos, porém, depositavam-se com a sujeira no pescoço recurvado e não contaminavam o caldo que ficava, assim, estéril.

Até hoje, no Instituto Pasteur, em Paris, os frascos originais, contendo os caldos feitos por Pasteur, continuam livres de microrganismos (veja a Figura I-5).

Poeira e bactérias retidas nas gotículas de água oriundas da condensação do vapor.

O meio de cultura em frasco comum é contaminado rapidamente por bactérias.

O meio de cultura no frasco com "pescoço de cisne" permanece indefinidamente estéril.

Se o "pescoço" do frasco é removido, o meio de cultura é rapidamente contaminado.

**Figura I-5.** Ilustração representativa dos experimentos de Pasteur.

Após as experiências de Pasteur e as pesquisas realizadas por outros cientistas, aprendeu-se muita coisa a respeito dos mecanismos das infecções, de como impedir que as pessoas adquirissem doenças bacterianas. Mulheres morriam por infecções pós-parto. Não se sabiam as causas. Lentamente, porém, com os ensinamentos de Pasteur e de outros cientistas, passou-se a esterilizar os objetos de uso nas salas de parto, tomando-se o cuidado, até, de pulverizar substâncias antimicrobianas nas paredes das salas cirúrgicas. Reduziu-se enormemente a taxa de mortalidade entre as parturientes. Começou a se generalizar a ideia de que a vida só se origina de vida preexistente, na Terra atual, e que o ar está cheio de microrganismos que contaminam objetos, alimentos e podem causar doenças.

Louis Pasteur (1822-1895).

## A hipótese de Oparin e Haldane

Na década de 1920, o bioquímico russo Aleksander Ivanovich Oparin (1894-1980) e o geneticista inglês John Burdon S. Haldane (1892-1964), de maneira independente, propuseram a hipótese de que, inicialmente, a atmosfera da Terra seria formada por uma mistura de gases (metano, amônia e hidrogênio, entre outros) e muito vapor-d'água. Sendo continuamente atingida por descargas elétricas e atravessada por raios solares, teria havido a produção de determinados compostos orgânicos a partir dessas substâncias inorgânicas supostamente existentes na primitiva atmosfera terrestre.

O resfriamento gradual do planeta fez aparecer reservas de água no estado líquido (rios, lagos, oceanos). Graças aos violentos temporais que se abatiam sobre a Terra, os compostos orgânicos teriam sido levados aos oceanos primitivos, onde teriam formado um "caldo" de substâncias orgânicas, como se fosse uma "sopa quente", que constituiu o ponto de partida para a origem da vida, há cerca de 3,6 bilhões de anos (veja a Figura I-6). À medida que as primeiras moléculas orgânicas se formaram, elas teriam se reunido com outras moléculas orgânicas em conjuntos cada vez maiores até se formarem aglomerados envoltos por uma espécie de membrana, chamados **coacervatos**. Claro que nunca ninguém viu tudo isso acontecer, por isso se tratava de uma hipótese, que deveria ser testada por um experimento. É o que veremos a seguir.

*Anote!*
Atualmente, acredita-se que a atmosfera primitiva da Terra teria composição diferente da imaginada por Oparin e Haldane. Seria constituída de gás carbônico ($CO_2$), monóxido de carbono (CO), nitrogênio ($N_2$) e vapor-d'água ($H_2O$), além de metano ($CH_4$), amônia ($NH_3$) e hidrogênio ($H_2$).

**Figura I-6.** O ar da Terra primitiva continha hidrogênio, água, metano e amônia, e era constantemente bombardeado por descargas elétricas e pela radiação ultravioleta do Sol. Fortes temporais arrastam aos oceanos primitivos os primeiros compostos orgânicos.

## O experimento de Miller e Urey

Em 1950, dois pesquisadores americanos, Stanley Lloyd Miller (1930-2007) e Harold Clayton Urey (1893-1981) montaram um aparelho no qual simularam as supostas condições da primitiva atmosfera terrestre.

Inicialmente, obtiveram com seu experimento substâncias orgânicas de pequeno tamanho que, com o passar do tempo, se combinaram formando substâncias orgânicas mais complexas, mergulhadas em um caldo que simulava a "sopa" imaginada por Oparin. Claro que não viram nada parecido com um coacervato subindo pelas paredes de vidro do aparelho! Mas, pelo menos, estava esclarecida a hipótese sugerida por Oparin e por Haldane para a formação das primeiras substâncias orgânicas complexas que teriam constituído o ponto de partida para a origem da vida na Terra (veja a Figura I-7).

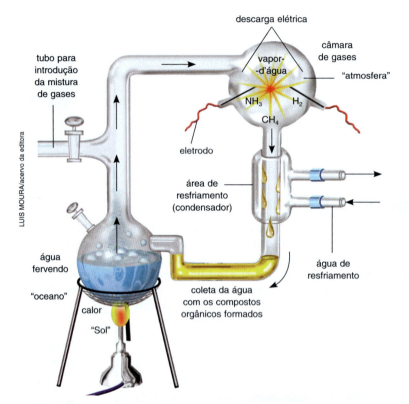

**Figura I-7.** Experimento conduzido por Stanley Miler e Harold Urey. Observe que há uma câmara em que foram colocados vapor-d'água e gases (amônia, hidrogênio e metano), simulando a suposta atmosfera nas etapas iniciais da vida na Terra. Essa câmara foi bombardeada por descargas elétricas (como se fossem raios). Um condensador com água resfriava os gases e provocava "chuvas". As gotas dessa "chuva", com quaisquer outras moléculas porventura formadas na "atmosfera", eram recolhidas para outra câmara, o "oceano primitivo", de onde eram coletadas periodicamente e analisadas. (Cores-fantasia. Ilustração fora de escala.)

## A teoria da origem extraterrestre da vida

Os cientistas Fred Hoyle (1915-2001) e Chandra Wickramasinghe divulgaram na década de 1970 uma ousada hipótese, conhecida como **panspermia**, de que a vida poderia ter surgido na Terra por meio de bactérias e vírus trazidos do espaço extraterrestre. Presentes em cometas e meteoros que bombardeavam a Terra há cerca de 4 bilhões de anos, esses seres teriam colonizado nosso planeta e iniciado a origem da vida. Para esses e outros cientistas, esse processo continua ocorrendo até os dias de hoje.

Recentemente, essa hipótese foi ressuscitada por astrônomos americanos que acreditam que meteoritos originados de outros planetas solares transportam formas simples de vida. O problema representado pela radioatividade existente no espaço seria minimizado, segundo eles, pela espessa camada protetora componente das rochas nos quais os microrganismos estão contidos.

# I-6. HIPÓTESES SOBRE A EVOLUÇÃO DO METABOLISMO

Com base na ideia dessas formas primitivas de vida, os cientistas sugeriram, então, que as primeiras células se formaram, lentamente, possuindo metabolismo próprio.

# Hipótese heterotrófica

As formas primitivas de vida teriam sido circundadas por uma membrana protetora e, em seu interior, um caldo primitivo celular apresentava um metabolismo simples. Assim, sugere-se que os primeiros organismos celulares vivos da Terra teriam sido procariontes primitivos, *formas vivas extremamente simples*, semelhantes às bactérias conhecidas atualmente, que possuíam metabolismo anaeróbio, ou seja, obtinham a energia necessária para a vida a partir de reações que não utilizavam oxigênio – possivelmente faziam fermentação, um processo primitivo e anaeróbio de liberação de energia.

> **Procarionte:** organismo cuja organização celular não apresenta núcleo diferenciado.

Na **fermentação**, a "quebra" de moléculas orgânicas é parcial, não há participação do oxigênio, libera-se pequena quantidade de energia e também são produzidos alguns resíduos. Um exemplo é a fermentação alcoólica, cuja reação simplificada é:

$$C_6H_{12}O_6 \rightarrow 2\ C_2H_5OH + 2\ CO_2 + energia$$
$$\text{glicose} \qquad \text{álcool etílico} \quad \text{gás carbônico}$$

A **fotossíntese** sem dúvida possibilitou o aumento progressivo das taxas de gás oxigênio na atmosfera terrestre. Uma equação que ilustra esse processo bioenergético é:

$$6\ CO_2 + 12\ H_2O + luz \xrightarrow{\text{clorofila}} C_6H_{12}O_6 + 6\ H_2O + 6\ O_2$$
$$\text{gás carbônico} \quad \text{água} \qquad\qquad \text{glicose} \quad \text{água} \quad \text{oxigênio}$$

A ocorrência de fotossíntese realizada por seres autótrofos dotados de clorofila proporcionou o surgimento da **respiração aeróbia**. Nesse processo, a utilização de oxigênio na oxidação de compostos orgânicos possibilitou a obtenção de maior quantidade de energia. O ar é modificado pela vida. A equação que ilustra esse processo bioenergético é:

$$C_6H_{12}O_6 + 6\ O_2 + 6\ H_2O \rightarrow 6\ CO_2 + 12\ H_2O + energia$$
$$\text{glicose} \quad \text{oxigênio} \quad \text{água} \quad \text{gás carbônico} \quad \text{água}$$

**Quimiossíntese** é uma modalidade de produção de matéria orgânica em autótrofos que não utilizam a luz solar. Ocorre tipicamente em bactérias que vivem nas profundezas dos oceanos e também no interior de rochas. Nessa modalidade bioenergética, os microrganismos utilizam substâncias inorgânicas que, ao serem oxidadas, liberam a energia que será utilizada na síntese de glicose, com utilização de gás carbônico. Um exemplo de quimiossíntese é o realizado por bactérias nas quais ocorre oxidação de compostos de enxofre. Nessa reação há liberação de energia que será utilizada na síntese de glicose, segundo as equações simplificadas a seguir:

$$HS^- + 2O_2 \rightarrow SO_4^{-2} + energia$$

$$\downarrow$$

$$CO_2 + H_2O + energia \rightarrow (CH_2O)n$$
$$\text{gás} \quad \text{água} \qquad\qquad \text{composto orgânico}$$

# Hipótese autotrófica

À medida que a vida "dava certo", os primeiros heterótrofos bem-sucedidos começaram a se multiplicar. Provavelmente, devido a mutações no material genético, algo aconteceu que possibilitou a algumas células a capacidade de produzir o seu próprio alimento a partir de gás carbônico e de água do ambiente, *utilizando a luz solar como fonte de energia para a síntese de matéria orgânica*.

Surgiram, assim, os primeiros seres autótrofos: os primeiros seres *fotossintetizantes*, provavelmente cianobactérias. Isso deve ter ocorrido há cerca de 3,6 bilhões de anos.

> **Autótrofo:** organismo que consegue sintetizar glicose a partir da fotossíntese.

INTRODUÇÃO **21**

# PASSO A PASSO

**1.** Analise as frases abaixo e indique as corretas.

a) Estudar vida é, por exemplo, entender como funcionam as árvores, os animais, o ser humano e os microrganismos que nos rodeiam.

b) A vida está presente mesmo em uma pedra, já que ela contém inúmeras substâncias que normalmente são encontradas nos seres vivos.

c) O tênis que você usa para executar algum tipo de esporte é vivo, já que a borracha da sola é, provavelmente, proveniente de uma árvore.

d) O estudo da Biologia está intimamente relacionado aos seres vivos, ou seja, àqueles em que a vida, de um modo ou de outro, se manifesta.

e) A palavra biologia é proveniente de duas outras: *bio*, que significa *vida*, e *logos*, que significa *estudo*.

**2.** Indique a alternativa que você considera correta com relação ao conceito de metabolismo.

a) Uma característica própria de qualquer reação química que ocorra entre substâncias existentes em um tubo de ensaio.

b) A composição química típica de qualquer objeto existente na Terra ou fora dela.

c) O conjunto das reações químicas que ocorrem em um ser vivo.

d) Apenas o conjunto das reações químicas que ocorrem no interior do estômago de uma pessoa.

e) O conjunto de substâncias químicas orgânicas – proteínas, ácidos nucleicos, carboidratos, lipídios, vitaminas, hormônios – existente nos seres vivos.

**3.** O estudo da Biologia pode ser iniciado de diversas maneiras. Uma delas é através da ideia de *níveis de organização*. A respeito desse assunto:

a) Relacione os níveis de organização biológicos, em ordem crescente, a partir do conhecimento prévio de que todos os seres vivos são constituídos de átomos.

b) Que relação existe entre os conceitos de população, comunidade e ecossistema?

c) Qual o nível de organização biológico que corresponde à reunião de todos os ecossistemas existentes na Terra?

**4.** "A picada da aranha-armadeira (*Phoneutria nigriventer*) costuma provocar dor local intensa e, em crianças, pode até causar a morte. (...) Mas toxinas presentes em seu veneno apresentaram potencial terapêutico (...). Quatro dessas toxinas se mostraram eficazes para arritmia cardíaca (do coração), isquemia (diminuição do fluxo do sangue) cerebral e da retina, dor e disfunção erétil. Um dos grupos do país que pesquisa as propriedades do veneno da armadeira é o da UFMG (Universidade Federal de Minas Gerais), sob coordenação do bioquímico Marcus Vinicius Gómez. (...) Gómez e seus colegas têm mostrado que algumas toxinas do veneno ini-

bem canais de cálcio ("poros" celulares) nas células nervosas."

> VERSOLATO, M. Veneno de aranha é testado contra dor. *Folha de S.Paulo*, São Paulo, 23 jun. 2011. Caderno Saúde, p. C8.

No texto acima, reconheça os níveis de organização referentes aos temas grifados, na ordem em que são citados.

**5.** Reconheça os níveis de organização correspondentes a cada um dos itens seguintes:

a) as plantas e todos os peixes de um aquário;

b) as zebras de um zoológico;

c) as carpas de um reservatório;

d) as carpas, as tilápias, os tucunarés e as traíras de um reservatório;

e) as carpas, as tilápias, os tucunarés, as traíras, toda a vegetação, as algas, as bactérias, os fungos e o meio físico, constituindo um ambiente em equilíbrio, em um reservatório.

**6.** Cientistas russos podem ter atingido o ecossistema mais isolado da Terra: o lago Vostok, na Antártida, coberto por 3,7 km de gelo. As perfurações no lago, retomadas nos últimos dias após duas décadas de interrupção, foram concluídas domingo, quando a agência de notícias russa RIA Novosti anunciou que o grupo atingira a superfície do Vostok. (...) Especula-se que a água abrigue microrganismos únicos, que têm evoluído num ambiente extremo há 15 milhões de anos. Será evidência de que pode haver vida no oceano da lua Europa, de Júpiter, coberta de gelo. O glaciologista Jefferson Simões, UFRGS, analisou amostras de gelo coletadas na década passada em Vostok. Ele diz que não é possível saber se as eventuais criaturas do lago estão isoladas ou não. "Há mais de 170 lagos sob o gelo na Antártida. Não sabemos se há comunicação entre eles."

> Sucesso de russos que perfuram lago na Antártida ainda é incerto. *Folha de S.Paulo*, São Paulo, 8 fev. 2012. Caderno Ciência, p. C17.

Utilizando as informações do texto e os seus conhecimentos sobre o assunto, responda:

a) O texto informa que o Lago Vostok pode ser o ecossistema mais isolado da Terra. Que condição básica deve existir para que esse lago seja realmente considerado um ecossistema?

b) Caso seja mesmo um ecossistema, que criaturas devem ser necessariamente encontradas no sentido de abastecer de energia os demais seres vivos? No Lago Vostok, se essas criaturas realmente existem, elas dependem diretamente da energia solar para a produção do alimento necessário à sobrevivência dos demais seres vivos? Justifique sua resposta.

**7.** As ilustrações a seguir representam esquemas do experimento efetuado por Francesco Redi, no século XVII, na tentativa de esclarecer as hipóteses acerca da origem de seres vivos nos diversos ambientes terrestres. Com a observação dos esquemas e utilizando seus conhecimentos sobre o assunto, responda:

**22** INTRODUÇÃO

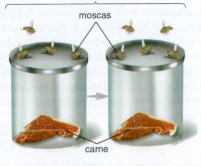
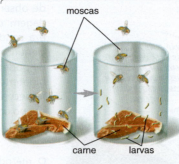
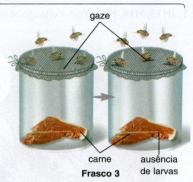

a) Qual era a hipótese a ser testada pelo biólogo italiano ao efetuar o experimento ilustrado?
b) Qual era a hipótese a ser contestada por meio dos experimentos efetuados por Redi? Quais eram os defensores dessa hipótese a ser contestada?
c) Qual foi o papel do grupo controle, no experimento efetuado por Redi?

**8.** Pescadores costumam criar larvas de moscas em alimentos cozidos, com o intuito de utilizá-las como isca de pesca. Por muito tempo, acreditou-se que as larvas surgiam espontaneamente a partir do alimento em decomposição. No entanto, à medida que os conhecimentos científicos se avolumaram, essa noção passou a ser rejeitada. A partir do século XVII, a noção de que seres vivos surgiam a partir de matéria inanimada passou a ser refutada por alguns pesquisadores, tais como Redi e Pasteur. A respeito desse assunto, responda:

a) A que teoria se refere a crença de que seres vivos, como as larvas de moscas citadas, surgem espontaneamente a partir de alimentos em decomposição e objetos tais como palha e madeira podre?
b) Descreva, brevemente, os procedimentos utilizados por Redi e Pasteur na tentativa de refutar a crença de que seres vivos surgiam a partir de matéria inanimada ou alimentos em decomposição.
c) Que princípio geral foi estabelecido por Pasteur, após a realização dos seus procedimentos experimentais?

**9.** Com a aceitação da hipótese de Oparin, surgiu um novo desafio: que modalidade de metabolismo energético os primitivos procariotos realizavam? Duas hipóteses foram sugeridas: a autotrófica, tendo como base a fotossíntese, e a heterotrófica, provavelmente tendo como princípio a fermentação. Utilizando seus conhecimentos sobre o assunto, responda:

a) Tudo leva a crer que os primeiros procariotos foram heterótrofos fermentadores, valorizando, então, a hipótese heterotrófica. Que justificativas foram utilizadas para a aceitação dessa hipótese? Cite a sequência de surgimento dos seres vivos, em termos de metabolismo energético, com a aceitação mais provável da hipótese heterotrófica.
b) Justifique, em poucas palavras, por qual razão a hipótese autotrófica, tendo como base a ocorrência de fotossíntese, é menos provável.

**10.** Louis Pasteur (1822-1895) demonstrou brilhantemente e de modo conclusivo que a vida não podia surgir por geração espontânea. Ele repetiu experimentos que já haviam sido realizados, mas fez um grande esforço para excluir todas as possibilidades de contaminação. Estudiosos anteriores tinham passado pelo processo de ferver um caldo de água e feno em frascos vedados para matar qualquer coisa que vivesse na água ou no ar dentro dos frascos. Mas, apesar dessas precauções, eles ainda encontraram organismos microscópicos vivendo na água e Pasteur afirmou que os germes entravam nos recipientes quando estes eram esfriados em uma tina de mercúrio. Então, ele repetiu os experimentos, esterilizando os utensílios de vidro e a água nos frascos, garantindo que o ar do laboratório não entrasse nas misturas de refrigeração. Com o ar excluído, nada vivo foi detectado na água fervida, mesmo muitos meses depois.

BENTON, M. J. *História da Vida*.
Porto Alegre: L&PM Pocket, 2012. v. 1008, p. 22-23.

Utilizando as informações do texto e seus conhecimentos sobre o assunto, responda:

a) Os experimentos de Pasteur serviram para refutar definitivamente uma importante teoria a respeito da origem dos seres vivos na Terra. Qual é essa teoria?
b) Qual foi a importante contribuição de Pasteur para a compreensão dos mecanismos geradores de vida, após a realização de seus experimentos? Que teoria foi confirmada com a execução dos experimentos realizados pelo cientista francês?

# A CAMINHO DO ENEM

**1. (H13, H14, H17)** Veja a charge abaixo:

Disponível em: <http://amolandoafala.blogspot.com.br/2011/09/charge-sobre-biologia.html>. Acesso em: 20 maio 2016.

A charge explora uma das grandes áreas da Biologia, a Taxonomia, que lida com a classificação dos organismos. Sobre o conhecimento biológico responda:

a) Cite três aspectos que fazem a Biologia ser uma ciência de grande importância.
b) Quais as principais características dos seres vivos?

**2. (H13, H14, H15)** Considerando a imagem a seguir, responda:

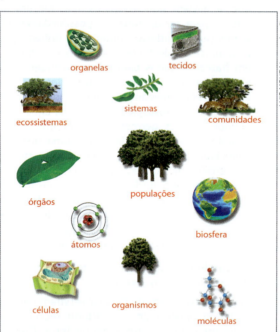

a) Os níveis de organização biológica ou espectro biológico apresentados acima não estão organizados, coloque-os em ordem crescente de complexidade, ou seja, do mais simples para o mais complexo.
b) Defina população, comunidade e ecossistema.

**3. (H15, H17)** As observações conduzem a questionamentos que são respondidos pelos cientistas por meio de observações adicionais e de experimentos. A abordagem conceitual, que fundamenta o planejamento e a condução da maioria das modernas investigações científicas, é chamada de **método científico**. Trata-se de poderosa ferramenta, também chamada de método hipotético-dedutivo (H-P), cuja abordagem conceitual fornece uma forte fundamentação para produzir avanços no conhecimento biológico.

SADAVA, D. et al. Vida: a ciência da biologia. 8. ed. Porto Alegre: Artmed, 2009. p 14.

O método científico segue uma sequência lógica de passos, que se apresentam desorganizados abaixo. Coloque-os em ordem e explique de maneira sucinta essa ordem:

I – formular questões;
II – fazer observações;
III – análise dos resultados;
IV – experimento controlado;
V – formular hipóteses ou tentativas de responder às questões.

**4. (H13, H14, H16, H17)** Há aproximadamente 1 bilhão de anos, todos os organismos que existiam – procariontes e eucariontes – eram unicelulares. Outro importante passo evolucionário ocorreu quando alguns eucariotos falharam em se separar após a divisão celular, permanecendo ligados uns aos outros. A permanente associação das células possibilitou que algumas células se especializassem em certas funções, como a reprodução, enquanto outras se especializassem em outras finalidades, como absorção de nutrientes e sua distribuição para células vizinhas.

Fonte: SADAVA, D. et al. Vida: a ciência da biologia. 8. ed. Porto Alegre: Artmed, 2009. p 12.

A história evolutiva dos organismos vivos passou por diversas etapas que ainda não estão bem elucidadas, mas existem hipóteses bem aceitas para explicá-la. Com base no texto e em seus conhecimentos, responda:

a) Cite duas adaptações que ocorreram nos organismos eucariotos devido ao surgimento da multicelularidade e a especialização celular.
b) Cite dois tipos de organismos unicelulares e dois tipos multicelulares.

**5. (H10, H12, H13, H14, H17, H19, H28)** Leia a tirinha abaixo:

Disponível em: <http://tirasarmandinho.tumblr.com/>. Acesso em: 20 maio 2016.

O desmatamento das florestas tem sido um problema constante e de difícil solução, principalmente na Floresta Amazônica e Mata Atlântica. Quais os principais impactos desse ato?

INTRODUÇÃO

## TESTE SEUS CONHECIMENTOS

**1.** (PSC – UFAM) De um modo geral podemos considerar os seguintes níveis de organização dos seres vivos:

1º – Célula → 2º – Tecido → 3º – Órgão →
→ 4º – Sistema → 5º – Organismos → 6º – População →
→ 7º – Comunidade → 8º – Ecossistema

Analise as proposições a seguir e assinale a alternativa correta.

I – Os níveis de organização citados no esquema são comuns a todos os seres vivos durante seu ciclo vital.
II – São obrigatoriamente da mesma espécie os indivíduos que compõem o 6º nível.
III – No 8º nível, não ocorre transferência de energia e de matéria, porque neste nível ocorre a extinção das cadeias tróficas.
IV – No 7º nível ocorrem espécies diferentes que estão inter-relacionadas pelas necessidades de adaptação e sobrevivência.

a) Apenas I e III são corretas.
b) Apenas II e III são corretas.
c) Apenas II e IV são corretas.
d) Apenas IV é correta.
e) Todas as proposições são corretas.

**2.** (PAES – UNIMONTES – MG) A complexidade envolvida com a área de Biologia é muito grande, e é possível relacionar a maioria dos conteúdos dessa área com o cotidiano. Observe a figura ao lado.

MÔNICA ROBERTA SUGUIYAMA/acervo da editora

Considerando a figura e o assunto abordado, analise as alternativas a seguir e assinale a **etapa** do método científico utilizada para que o personagem tenha feito o comentário evidenciado acima.

a) experimentação
b) conclusão
c) observação
d) hipótese

**3.** (UPE) Leia o texto a seguir:

... Com sua teoria dos micróbios como agentes causadores de doenças e seus preceitos antissépticos, suas vacinas e seu tratamento inovador contra a raiva (que salvou vidas que, do contrário, estariam perdidas), Pasteur não só revolucionou a medicina como se tornou um benfeitor da humanidade. Foi ele, ainda, o principal responsável pela refutação definitiva da teoria da geração espontânea...

SILVA, E. O. *Conversando sobre Ciência.*
Ribeirão Preto: Sociedade Brasileira de Genética, 2013. 299 p. Adaptado.

Assinale a alternativa que aponta qual experimento e sua respectiva conclusão foram responsáveis pela oposição e refutação da geração espontânea.

a) O experimento com balões do tipo pescoço de cisne mostrou que um líquido fervido mantém a "força vital". Nesse caso, as gotículas de água acumuladas nesse pescoço retêm os micróbios contidos no ar atmosférico que penetram no balão.
b) O experimento com balões do tipo pescoço de cisne mostrou que um líquido fervido perde a "força vital", pois quando o pescoço do balão é quebrado, após a fervura desse líquido, surgem seres vivos.
c) O experimento com balões de vidro fechados com rolhas mostrou que um líquido fervido está isolado do ar atmosférico. Nesse caso, um líquido fervido não perde a "força vital", sendo responsável pelo surgimento de novas formas vivas.
d) O experimento com balões de vidro hermeticamente fechados mostrou que um líquido fervido, por duas vezes, destrói a "força vital" e torna o ar desfavorável ao aparecimento de vida.
e) Pasteur não ferveu o caldo de cultura contido nos vidros. Ele aqueceu e o esfriou repetidamente para não destruir a "força vital" que seria capaz de gerar micróbios.

**4.** (UDESC) Em 1942, Ernst Mayr (1904-2005), biólogo alemão e um dos maiores evolucionistas de nossa época, propôs a seguinte definição: "um grupo de populações cujos indivíduos são capazes de se cruzar e produzir descendentes férteis, em condições naturais, estando reprodutivamente isolados de indivíduos de outras espécies".

A definição proposta por Mayr se refere ao conceito de:

a) espécie.
b) comunidade.
c) ecossistema.
d) bioma.
e) população.

**5.** (UECE) Atente ao seguinte estudo de caso: em um hospital do interior do Ceará, um grupo de pesquisadores pretende investigar o efeito da adição da vitamina C à medicação rotineira para pacientes hipertensos, partindo da informação, existente em literatura, de que o ácido ascórbico combinado a medicamento para hipertensão potencializa este medicamento.

Considerando as etapas do método científico para um experimento relacionado a essa problemática, assinale a opção que NÃO corresponde a uma delas.

a) Observação.
b) Formulação de hipótese.
c) Uso do senso comum para as discussões e conclusões.
d) Realização de dedução.

**6.** (UFRGS – RS) Abaixo, a coluna iniciada com números apresenta o nome de teorias sobre a evolução da vida na Terra e, a seguir, são feitas afirmações relacionadas a três dessas teorias. Associe adequadamente a coluna iniciada com números com as afirmações que se seguem.

1 – abiogênese
2 – biogênese
3 – panspermia
4 – evolução química
5 – hipótese autotrófica

( ) Os primeiros seres vivos utilizaram compostos inorgânicos da crosta terrestre para produzir suas substâncias alimentares.

INTRODUÇÃO **25**

( ) A vida na Terra surgiu a partir de matéria proveniente do espaço cósmico.

( ) Um ser vivo só se origina de outro ser vivo.

A sequência correta de preenchimento dos parênteses, de cima para baixo, é

a) 4 – 2 – 1.
b) 4 – 3 – 2.
c) 1 – 2 – 4.
d) 5 – 1 – 3.
e) 5 – 3 – 2.

**7.** (UFSC – adaptada) Evidências indicam que a Terra tem aproximadamente 4,5 bilhões de anos de idade. A partir de sua formação até o aparecimento de condições propícias ao desenvolvimento de formas vivas, milhões de anos se passaram. Sobre a origem da vida e suas hipóteses, indique a(s) proposição(ões) CORRETA(S) e dê sua soma ao final.

(01) O aparecimento da *fotossíntese* foi muito importante, pois através deste fenômeno alguns seres vivos passaram a ter capacidade de formar moléculas energéticas.

(02) Segundo a hipótese *heterotrófica*, os primeiros seres vivos obtinham energia através de processos químicos bem simples com a respiração aeróbica.

(04) As hipóteses *heterotrófica* e *autotrófica* foram baseadas em fatos comprovados que levaram à formulação da *Lei da Evolução Química*.

(08) Os processos químicos nos seres vivos ocorrem dentro de compartimentos isolados do meio externo, em função da existência de uma membrana citoplasmática.

(16) Em 1953, Stanley L. Miller, simulando as prováveis condições ambientais da Terra no passado, comprovou a possibilidade da formação de moléculas complexas como proteínas e glicídios.

(32) Há um consenso entre os cientistas quanto à impossibilidade de serem formadas moléculas orgânicas fora do ambiente terrestre.

(64) A capacidade de duplicar moléculas orgânicas foi uma etapa crucial na origem dos seres vivos.

**8.** (UPE) Em uma gincana de Biologia, você concorre a uma vaga para representar Pernambuco na etapa nacional. O ponto sorteado foi *Origem da vida*. Você e seu adversário receberam cartas de um jogo, relacionadas às hipóteses: (1) *autotrófica* e (2) *heterotrófica*. Observe as cartas a seguir:

Carta 1

Carta 2

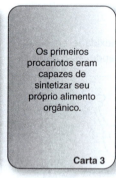
Carta 3

Carta 4

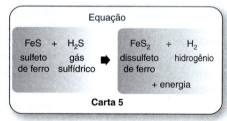
Carta 5

Vence aquele que inter-relacionar as cartas, montando uma sequência coerente com uma dessas duas hipóteses, associando as afirmações das colunas 1 e 2.

| COLUNA 1 | COLUNA 2 |
| --- | --- |
| I. Autotrófica, pois a carta 3 traz a definição dos seres autótrofos, seguida da carta 5 representando a quimiossíntese, que antecede o processo de fermentação mostrado na carta 2. | A. A carta 2 pode ser relacionada às cartas 4 e 1 associadas, respectivamente, à fotossíntese e à respiração. |
| II. Autotrófica, pois a carta 5 representa a fotossíntese, que antecede a carta 3 por trazer a definição dos seres heterótrofos relacionados aos processos de fermentação e respiração, mostrados na carta 2. | B. A carta 2 pode ser relacionada às cartas 4 e 1 associadas, respectivamente, à quimiossíntese e à fermentação. |
| III. Heterotrófica, pois as cartas 2 e 3 iniciam tratando de fermentação e, consequentemente, antecedem os processos de fotossíntese e respiração, representados, respectivamente, nas cartas 5 e 2. | |

Estão **CORRETAS** as associações

a) I e A.
b) I e B.
c) II e A.
d) III e A.
e) III e B.

# UNIDADE 1

# ECOLOGIA

**CAPÍTULO 1 -** Fluxo de energia e ciclos de matéria nos ecossistemas

**CAPÍTULO 2 -** Dinâmica das populações e das comunidades

**CAPÍTULO 3 -** Biomas e fitogeografia do Brasil

**CAPÍTULO 4 -** A biosfera agredida

# 1 FLUXO DE ENERGIA E CICLOS DA MATÉRIA NOS ECOSSISTEMAS

FELIPE GOMBOSSY/DIOMEDIA

Na verdade, a natureza não é dividida em partes. Estudar a biosfera inteira, porém, seria tarefa muito trabalhosa. Por motivos práticos, então, os ecólogos dividem a biosfera terrestre em partes às quais chamam de *ecossistemas*. Esse critério facilita o estudo de um ambiente em que os componentes biótico e abiótico interagem. E é claro que um ecossistema não é perfeitamente delimitado, fechado, em relação a outro, vizinho. Certo grau de relacionamento pode existir entre eles. Um gavião pode perfeitamente pescar uma traíra que vive em um lago. Periodicamente, detritos orgânicos provenientes do campo, por exemplo, podem ser levados para o lago, "devolvendo", assim, a matéria orgânica que os animais do campo retiram do ecossistema representado pelo lago. Há, então, um sistema de troca entre as comunidades, o que garante o equilíbrio entre elas.

O que caracteriza um ecossistema é a existência de uma comunidade em interação com o meio e um intenso fluxo energético e de materiais. Assim, até mesmo um rio poluído, como o Tietê, na cidade de São Paulo, pode ser considerado um ecossistema.

Embora ali não existam produtores, há riqueza biológica, representada por bactérias, fungos e diversos animais que se utilizam da matéria orgânica encontrada nesse meio.

# 1-1. ALGUNS CONCEITOS IMPORTANTES

Os organismos da Terra não vivem isolados; interagem uns com os outros e com o meio ambiente. Ao estudo dessas interações chamamos **Ecologia**. O termo *ecologia*, cuja criação é atribuída ao naturalista alemão Ernest Haeckel, em 1869, deriva do grego *oikos*, que significa "casa" ou "lugar para viver" e, segundo o ecólogo Eugene P. Odum, possui o significado de "estudo de organismos em sua casa".

Ao conjunto formado pelos organismos de determinada *espécie*, que vivem em um lugar perfeitamente delimitado e em uma certa época, é dado o nome de **população**. Ao conjunto de todas as populações que se encontram em interação em determinado meio dá-se o nome de **comunidade**. É a parte **biótica**, ou seja, o conjunto de todos os seres *vivos*, de espécies diferentes, encontrados no meio. Muitos ecologistas norte-americanos preferem usar o termo **biota** para se referir à *comunidade* e, entre os ecologistas europeus, é utilizado o termo **biocenose**.

O local (o espaço) onde os organismos de determinada *espécie* vivem é chamado de **habitat** – é a "residência" dos organismos, o seu lugar de vida. Já o local onde determinada *comunidade* vive é chamado de **biótopo**. Por exemplo, o *habitat* das piranhas é a *água doce*, como, por exemplo, a do Rio Amazonas ou dos rios do complexo do Pantanal; o *biótopo* Rio Amazonas é o local onde vivem todas as populações de organismos vivos desse rio, entre elas, a de piranhas.

**Nicho ecológico** é o modo de vida dos organismos de determinada espécie em seu ambiente de vida. O nicho inclui, evidentemente, o *habitat*, mas, além disso, envolve as necessidades alimentares, a temperatura ideal de sobrevivência, os locais de refúgio, as interações com os "inimigos" e com os "amigos", os locais de reprodução etc. Uma ideia que precisa ficar clara é que nicho ecológico não é um espaço; portanto, não é ocupado fisicamente. Por exemplo, considerando-se que o *habitat* da piranha é a água doce de um rio amazônico, o seu *nicho ecológico* corresponde a o que ela come (ela é predadora), as alterações ambientais que ela provoca com suas excreções etc.

O conjunto formado por uma *comunidade* e pelos componentes **abióticos**, não vivos, do meio (a água, os gases, a luz, o solo etc.) com os quais ela interage é denominado **ecossistema**.

A Terra possui três tipos de ambiente: terrestre, marinho e de água doce. Em cada um desses grandes ambientes, podemos imaginar a existência de subdivisões artificialmente construídas, com a finalidade única de facilitar o estudo da vida nesses locais.

Uma *transição* entre duas ou mais comunidades distintas, pertencentes a diferentes ecossistemas, é chamada **ecótone**. É o caso da área de transição existente, por exemplo, entre o campo e um lago. Considera-se que na área de transição de dois ecossistemas, ou seja, no ecótone, há maior diversidade em espécies.

A Terra é um grande ambiente de vida. Em uma fina camada do planeta, incluindo água, solo e ar, encontram-se os seres vivos. A **biosfera** é a reunião de todos os ecossistemas existentes na Terra e engloba a *hidrosfera* (a água existente no planeta), a *atmosfera* (os gases que circundam o planeta) e a *litosfera* (a crosta rochosa).

Apesar de algumas formigas e pulgões terem o mesmo *habitat*, eles não têm o mesmo nicho ecológico: os pulgões são parasitas, alimentam-se da seiva das plantas e as fêmeas são vivíparas; as formigas cortam folhas da vegetação para alimentar os fungos dos quais se alimentam no formigueiro e sua reprodução envolve a deposição de ovos pela rainha.

## Bioma: agrupamento de ecossistemas com as mesmas características

Certas regiões da biosfera apresentam o mesmo tipo de clima, temperaturas parecidas e praticamente o mesmo regime de chuvas todos os anos. Então, não é de estranhar que, nessas regiões, haja comunidades vegetais semelhantes. Os ecologistas agrupam essas regiões em uma categoria denominada de **bioma**. Cada bioma, então, corresponde a uma grande subdivisão artificial da biosfera terrestre.

CAPÍTULO 1 – Fluxo de energia e ciclos da matéria nos ecossistemas | 29

A Mata Amazônica pertence a esse tipo de bioma, bem como a Floresta de Kisangani, na República Democrática do Congo, e a de Kuala Lumpur, na Malásia. Assim, *bioma* é o tipo de *formação ecológica caracterizado, principalmente, pelo componente vegetal terrestre*, embora também possamos falar em bioma para o meio aquático doce e para o meio marinho. Veja o esquema abaixo. Os gráficos que o acompanham relacionam-se às médias mensais de temperatura (em vermelho) e às médias mensais de chuva (em azul). As três formações florestais representadas – dizendo de outro modo, os três *ecossistemas* – são componentes do mesmo bioma.

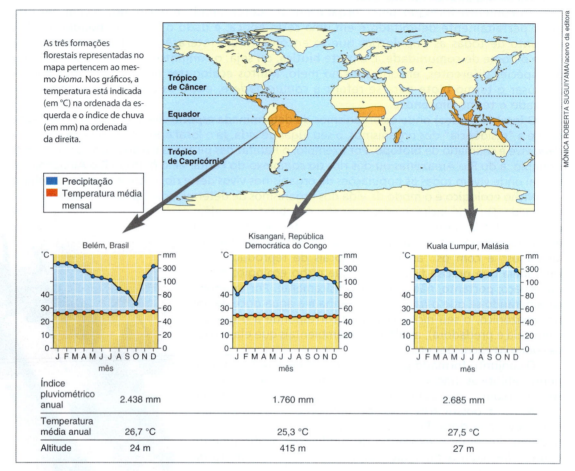

As três formações florestais representadas no mapa pertencem ao mesmo *bioma*. Nos gráficos, a temperatura está indicada (em °C) na ordenada da esquerda e o índice de chuva (em mm) na ordenada da direita.

## O componente biótico dos ecossistemas

De acordo com o modo de obtenção de alimento, a comunidade de um ecossistema, de maneira geral, é constituída por três tipos de seres:

- **produtores:** os seres autótrofos quimiossintetizantes (bactérias) e fotossintetizantes (bactérias, algas e vegetais). Esses últimos transformam a energia solar em energia química nos alimentos produzidos.

Independentemente da forma e do tamanho, os organismos autótrofos fotossintetizantes transformam a energia solar em energia química.

**30** UNIDADE 1 – Ecologia

- **consumidores**
  - **primários:** os seres herbívoros, isto é, que se alimentam dos produtores (algas, plantas etc.);
  - **secundários:** os carnívoros que se alimentam de consumidores primários (os herbívoros);
  - Poderá ainda haver consumidores **terciários** ou **quaternários**, que se alimentam, respectivamente, de consumidores secundários e terciários.

  Consumidores que se alimentam de produtores e de outros consumidores são onívoros. Por outro lado, consumidores que ocupam posições finais em uma cadeia de alimentos são também denominados de **consumidores de topo**.

Leões são consumidores secundários e zebras são consumidores primários.

- **decompositores:** as bactérias e os fungos que se alimentam dos restos alimentares dos demais seres vivos. Esses organismos (muitos microscópicos) têm o importante papel de devolver ao ambiente nutrientes minerais que existiam nesses restos alimentares e que poderão, assim, ser *reutilizados* pelos produtores.

Exemplo de fungos decompositores sobre mexerica.

## Cadeias alimentares, teias alimentares e níveis tróficos

Nos ecossistemas, existe um fluxo de energia e de nutrientes como elos interligados de uma cadeia, uma **cadeia alimentar**. Nela, os "elos" são chamados de **níveis tróficos** e incluem os produtores, os consumidores (primários, secundários, terciários etc.) e os decompositores.

Veja a cadeia alimentar esquematizada na Figura 1-1: as plantas convertem a energia luminosa do Sol em energia química contida em compostos orgânicos. O preá, alimentando-se de plantas, transfere para si energia química e os nutrientes presentes nos vegetais. A jararaca, ao comer o preá, obtém dele energia e nutrientes. O mesmo ocorre com a seriema e o lobo-guará. O lobo-guará é, portanto, um consumidor de último nível trófico dessa cadeia alimentar, sendo denominado também de consumidor de topo. Com a morte de qualquer um desses elementos, decompositores obterão sua energia e nutrientes ao decompô-los em minerais, que serão novamente utilizados por plantas ao converter a energia luminosa do Sol em energia química na fotossíntese.

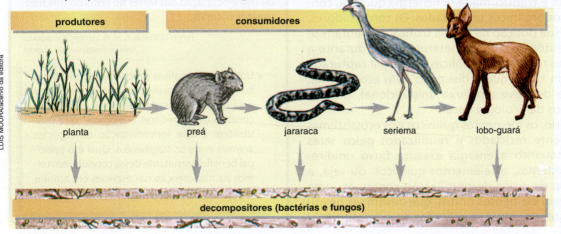

**Figura 1-1.** Exemplo de cadeia alimentar. Os decompositores, porque promovem a decomposição da matéria orgânica, são considerados *saprófitos* ou *sapróvoros*. (Cores-fantasia. Ilustrações fora de escala.)

CAPÍTULO 1 – Fluxo de energia e ciclos da matéria nos ecossistemas    **31**

Nos ecossistemas existem diversas cadeias alimentares. A reunião de todas elas constitui uma **teia alimentar**. Em uma teia, a posição de alguns consumidores pode variar de acordo com a cadeia alimentar da qual participam (veja a Figura 1-2).

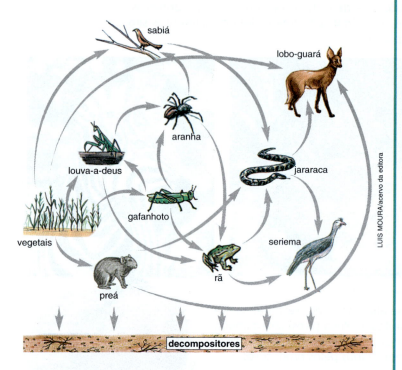

**Figura 1-2.** Um exemplo de teia alimentar brasileira. Perceba que o lobo-guará, por exemplo, participa de várias cadeias alimentares e ocupa diferentes níveis tróficos. Preá e gafanhoto atuam como consumidores primários, apenas. (Cores-fantasia. Ilustrações fora de escala.)

# Fluxo unidirecional de energia no ecossistema

A energia é essencial para a sobrevivência dos seres vivos que pertencem a uma dada comunidade de um ecossistema. De maneira geral, em um ecossistema, existem seres capazes de realizar fotossíntese. Deles dependem todos os demais seres vivos – é por meio da fotossíntese que a energia oriunda do Sol é capturada pelos organismos fotossintetizantes e transformada em energia química, contida nos alimentos orgânicos sintetizados. Os consumidores, dependendo de sua posição na cadeia trófica, alimentam-se de organismos autótrofos ou de heterótrofos e, durante a realização de suas reações metabólicas, a energia capturada se transforma em calor, que é dissipado pelo ecossistema. Assim, a energia descreve um **fluxo unidirecional**, um dos grandes princípios da Ecologia geral.

Por outro lado, os elementos químicos dos ecossistemas são constantemente reciclados e reutilizados pelos seres vivos. Assim, enquanto a energia executa fluxo unidirecional nos ecossistemas, os elementos químicos, ou seja, a matéria participa de ciclos de reutilização contínuos, uma vez que constituem elementos finitos, que devem ser devolvidos aos ecossistemas, graças à ação dos decompositores.

## Questão socioambiental

### A interferência da espécie humana nos ambientes

A fragmentação de um *ambiente* anteriormente contínuo é um fenômeno frequente quando se analisa o histórico de ocupação humana em todos os lugares do mundo. No Brasil, antes mesmo da chegada dos colonizadores portugueses, as matas já apresentavam um alto grau de degradação, devido principalmente à ação dos povos antigos que anteriormente habitavam a região.

Ao longo dos últimos 1.000 anos, as florestas das regiões temperadas vêm sendo substituídas por áreas de agricultura e urbanização. Atualmente, entretanto, o desmatamento nos trópicos tem ocorrido em áreas maiores e em ritmo bastante acelerado.

As consequências desse tipo de ação podem variar desde a degradação total de determinada área pela substituição de suas matas naturais por megalópoles ou incansáveis áreas agropastoris até o surgimento de áreas de aspecto heterogêneo, apresentando manchas dos mais diversos tipos de uso e ocupação das terras.

A fragmentação de áreas naturais tem consequências assustadoras à manutenção da biodiversidade que anteriormente se encontrava em equilíbrio em um meio contínuo, podendo (a) limitar o seu potencial de dispersão e colonização dos remanescentes de vegetação natural, ocasionando extinções por vezes irreversíveis, (b) diminuir a disponibilidade de recursos, (c) reduzir o tamanho de determinada população, confinando-a em uma área e submetendo-a a pressões genéticas capazes de ocasionar o desaparecimento da espécie, entre outras. A importância da Ecologia de Paisagens justifica-se justamente nessa nova composição "heterogênea", cada vez mais presente em regiões ocupadas pelo homem. Em vez de se considerar apenas os diversos aspectos dos fragmentos naturais e suas relações de conectividade (...), esta ciência propõe, em última análise, maior aprofundamento no estudo da paisagem como um todo, a fim de se verificar a influência dos diferentes tipos de uso e ocupação das terras no entorno dos fragmentos naturais.

Fonte: TEIXEIRA, A. M. G. *Um voo panorâmico sobre a Ecologia de Paisagens*.

- Uma das alternativas propostas por cientistas ambientais na possível solução representada pela fragmentação de *habitats* é o estabelecimento de "corredores ecológicos" que possibilitem a livre movimentação de espécies animais entre os fragmentos. Qual é o principal benefício resultante dessa conduta, em termos da manutenção das espécies em amplos ambientes florestais?

# 1-2. PIRÂMIDES ECOLÓGICAS: QUANTIFICANDO OS ECOSSISTEMAS

É habitual fazer-se uma avaliação quantitativa do que acontece nos ecossistemas, por meio da construção de diagramas ou gráficos em forma de **pirâmides**. As mais comuns são as pirâmides de **números**, de **biomassas** e de **energia**.

## Pirâmide de números

Em muitas cadeias alimentares de predatismo, o número de produtores é maior que o de consumidores primários que, por sua vez, são mais abundantes que os consumidores secundários e assim sucessivamente (veja a Figura 1-3).

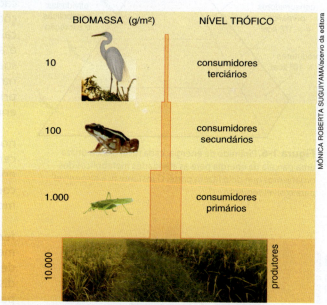

**Figura 1-5.** Pirâmide de biomassa. (Cores-fantasia. Ilustrações fora de escala.)

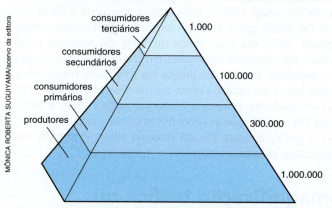

**Figura 1-3.** Uma pirâmide de números mostra a quantidade de indivíduos de cada nível trófico.

Quando a cadeia alimentar envolve a participação de parasitas, os últimos níveis tróficos são mais numerosos. A pirâmide de números, então, fica invertida.

Veja na Figura 1-4 como fica a pirâmide invertida, representada de forma plana, outra maneira de construí-la, além da forma tridimensional.

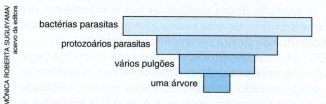

**Figura 1-4.** Pirâmide invertida.

## Pirâmide de biomassa

Pode-se também pensar em pirâmides de biomassa, em que é computada a massa corpórea (biomassa) e não o número de cada nível trófico da cadeia alimentar. O resultado será similar ao encontrado na pirâmide de números: os produtores terão a maior biomassa e constituem a base da pirâmide, decrescendo a biomassa nos níveis superiores (veja a Figura 1-5).

### Estabelecendo conexões

**Biomassa: uma energia brasileira**

Biomassa é ainda um termo pouco conhecido fora dos campos da energia e da ecologia, mas nada mais é do que a matéria orgânica, de origem animal ou vegetal, que pode ser utilizada na produção de energia. Podemos considerá-la uma forma indireta de aproveitamento da energia solar absorvida pelas plantas, já que resulta da conversão da luz do Sol em energia química. Para se ter uma ideia da sua participação na matriz energética brasileira, a biomassa responde por 25% da energia consumida no país.

Entre as matérias-primas mais utilizadas para produção da biomassa estão a cana-de-açúcar, a beterraba e o eucalipto (dos quais se extrai álcool), o lixo orgânico (que dá origem ao biogás), a lenha e o carvão vegetal, além de alguns óleos vegetais (amendoim, soja, dendê).

Segundo a Agência Nacional de Energia Elétrica (ANEEL), a imensa superfície do território nacional, quase toda localizada em regiões tropicais e chuvosas, oferece excelentes condições para a produção e o uso energético da biomassa em larga escala.

*Adaptado de:* EMPRESA DE PESQUISA ENERGÉTICA (BRASIL). *Balanço energético nacional 2015.* Rio de Janeiro: EPE, 2015. p. 24. Disponível em: <https://ben.epe.gov.br>. Acesso em: 7 abr. 2016.

- Faça uma pesquisa sobre como é formada a matriz energética brasileira?
- Por que se pode considerar a utilização da matéria orgânica existente na biomassa vegetal uma forma indireta de aproveitamento da energia solar?

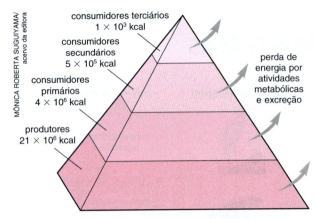

**Figura 1-6.** Pirâmide de energia: cada nível trófico utiliza uma parcela da energia para as atividades metabólicas dos organismos que dele fazem parte. O restante fica disponível para o nível seguinte.

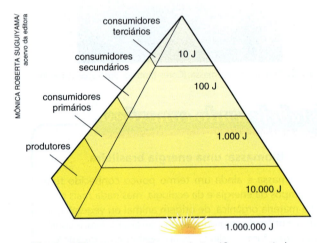

**Figura 1-7.** Energia nos diversos níveis tróficos, a partir de 1.000.000 J de luz solar. A pirâmide de energia nunca pode ser invertida, como pode ocorrer com as de número e de biomassa.

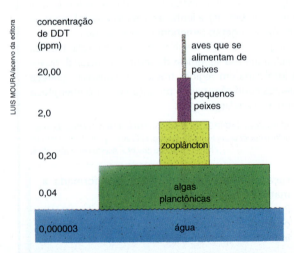

**Figura 1-8.** O efeito cumulativo do DDT. (Cores-fantasia. Ilustrações fora de escala.)

## Pirâmide de energia

O diagrama que melhor reflete o que se passa ao longo da cadeia alimentar é a pirâmide de energia. Em cada nível trófico, há grande consumo de energia nas reações metabólicas. Há liberação de energia sob a forma de calor, que é dissipado pelo ecossistema. A energia restante é armazenada nos tecidos. Os produtores consomem, para sua sobrevivência, grande parte da energia por eles fixada na fotossíntese. Sobra pouco para o nível dos consumidores primários, que utilizarão, no seu metabolismo, boa parte da energia obtida dos produtores.

Isso limita o número dos níveis tróficos a quatro ou, no máximo, cinco e explica a biomassa geralmente decrescente nas cadeias alimentares. Portanto, a quantidade de energia disponível é sempre menor, porque se deve descontar o que é gasto pelas atividades próprias dos organismos de cada nível trófico (veja a Figura 1-6).

**Eficiência ecológica** é a porcentagem de energia transferida de um nível trófico para outro, em uma cadeia alimentar. De modo geral, essa eficiência é, aproximadamente, de apenas 10%, ou seja, cerca de 90% da energia total disponível em determinado nível trófico não é transferida para o seguinte, sendo consumida na atividade metabólica dos organismos do próprio nível ou perdida como resto. Em certas comunidades, porém, a eficiência pode chegar a 20%. Note, na Figura 1-7, que os produtores conseguem converter, de modo geral, apenas 1% da energia solar absorvida em produtividade primária bruta.

## Biomagnificação trófica ou amplificação trófica

Certas substâncias químicas são associadas a importante fenômeno de acumulação ao longo dos níveis tróficos de uma cadeia alimentar. Essa bioacumulação de modo geral é relacionada à deposição dessas substâncias em tecidos e células, exercendo efeitos danosos nos consumidores em que se acumulam. É o caso do inseticida organoclorado DDT e do metilmercúrio, uma substância decorrente do lançamento de mercúrio em rios e lagos. O acúmulo dessas substâncias nos componentes dos últimos níveis tróficos de uma cadeia alimentar é denominado de **biomagnificação trófica** ou **amplificação trófica**.

O DDT (diclorodifeniltricloroetano) é um inseticida organoclorado que apresenta *efeito cumulativo* nos ecossistemas, por ser biodegradado lentamente. Possui grande afinidade pelo tecido gorduroso dos animais e é de difícil excreção. A pulverização dessa substância em uma lavoura, com o intuito de combater uma praga de gafanhotos, faz com que cada inseto acumule nos tecidos uma taxa de DDT maior do que existia no corpo de cada vegetal do qual ele se alimentou. Uma rã, ao comer alguns desses insetos, terá uma concentração maior do inseticida do que havia no corpo de cada gafanhoto. A jararaca, ao comer algumas rãs, terá nos seus tecidos uma concentração de DDT maior do que havia em cada rã. Isso acaba provocando um acúmulo indesejável de DDT nos gaviões, comedores de cobras, que atuam como consumidores de último nível trófico (veja a Figura 1-8).

A era do DDT em culturas agrícolas trouxe resultados surpreendentes, praticamente dobrando a produção de alimentos. Ainda hoje é utilizado em alguns países tropicais, no controle do pernilongo transmissor da malária. No entanto, o aparecimento cada vez mais frequente de insetos resistentes e o efeito cumulativo que passou a se perceber nos demais seres vivos condenaram o uso do DDT, pelo menos nos países desenvolvidos. Sua complexa estrutura química dificulta a ação decompositora dos microrganismos do solo. A meia-vida dessa substância é de cerca de vinte anos – ou seja, após esse período, metade do DDT aplicado ainda se encontra no ambiente. Por esse motivo é que o DDT é encontrado em tecidos gordurosos de focas e leões-marinhos de regiões polares, seres vivos que habitam locais distantes dos que receberam a aplicação dessa substância. O espalhamento do DDT ocorre pela água e, ao longo da teia alimentar marinha, acaba atingindo esses consumidores de último nível trófico.

## Questão socioambiental

### Acidente de Mariana: risco à biodiversidade e magnificação trófica

No dia 5 de novembro de 2015, rompeu-se uma barragem de rejeitos de exploração de minério de ferro da empresa Samarco, na cidade de Mariana (MG), causando um acidente ecológico de proporções inimagináveis.

De acordo com várias fontes, cerca de 40 milhões a 62 bilhões de litros de lama e rejeitos alcançaram várias localidades, principalmente a cidade de Bento Rodrigues, além do Rio Doce e seus afluentes, dirigindo-se em direção à sua foz, no Oceano Atlântico. No seu percurso, a lama atingiu uma área de 9 km de mar no litoral do Espírito Santo. Em termos biológicos, os prejuízos são incalculáveis. A lama e seus rejeitos revestiram o fundo de longos trechos dos rios, reduziu a luminosidade que penetrava nas águas e sufocou organismos que utilizam oxigênio, comprometendo sua sobrevivência. Milhares de peixes e animais terrestres que ingeriram a água morreram. Algumas espécies de peixe, que só são encontradas naquela região, como o surubim-do-doce (*Steindachneridion doceana*), correm risco de extinção.

Embora a empresa responsável pela barragem tenha afirmado que o rejeito continha apenas óxido de ferro e sílica, uma análise mais cuidadosa revelou quantidades consideráveis de alumínio, ferro, manganês e cromo na desembocadura do Rio Doce. Em água do mar próxima à foz desse rio, também foram constatadas concentrações elevadas de arsênio e metais tóxicos, como chumbo e cádmio, em corais, organismos do zooplâncton, camarões e peixes. O encontro desses resíduos pode propiciar a ocorrência do fenômeno ecológico conhecido como amplificação trófica ou biomagnificação trófica. Nesse processo, em relação aos consumidores, há aumento progressivo da concentração desses elementos tóxicos ao longo da cadeia alimentar, ocorrendo o máximo de concentração nos consumidores de topo das teias alimentares, por exemplo, nos peixes que ocupam os últimos níveis tróficos, enquanto a menor concentração desses poluentes ocorre nos organismos do zooplâncton, que atuam como consumidores primários.

De acordo com o biólogo Carlos Alfredo Joly, do Instituto de Biologia da Universidade Estadual de Campinas (Unicamp, SP), dificilmente será possível reverter o impacto da lama na biodiversidade. Para o biólogo, "... os rejeitos que se acumulam nas margens dos rios formam um sedimento duro, que altera a composição do solo, tornando-o mais compacto. Com isso, as matas ciliares serão afetadas". Enquanto isso, ainda segundo o biólogo, a perda de oxigênio da água condenará a fauna dos rios, afugentando ou dizimando os animais que nela se alimentavam.

*Adaptado das seguintes fontes:*

1. http://g1.globo.com/espirito-santo/desastre-ambiental-no-rio-doce/noticia/2016/03/contaminacao-de-peixes-do-rio-doce-e-140-vezes-maior-que-limite.html;
2. LEITE, M. Rio Doce não morreu, mas será lento, caro e difícil recuperá-lo, *Folha de S.Paulo*, São Paulo, 20 nov. 2015. Cotidiano, p. B3;
3. AUGUSTO, L; Tomazela, J. M. Barragem de mineradora rompe, mar de lama soterra bairro e mata 17 em MG. *O Estado de S. Paulo*, São Paulo, 6 nov. 2015. Metrópole, p. A13;
4. CASTRO, F.; RIBEIRO, B.; CARVALHO, M. A. Enxurrada de lama tira vida dos ecossistemas. *O Estado de S. Paulo*, São Paulo, 15 nov. 2015. Metrópole, p. A25;
5. FERRAZ, L.; PRADO, A. O Rastro das Minas. *Folha de S.Paulo*, São Paulo, 27 nov. 2015. Cotidiano, p. B6.

- Por meio das informações contidas no texto é possível concluir que, no fenômeno de amplificação trófica, os peixes de topo serão mais afetados. Explique por que isso ocorre.
- Com o escurecimento da água pela lama que a atingiu e por não haver penetração adequada de luz solar no meio aquático, a teia alimentar aquática será prejudicada. Justifique por que isso ocorrerá.

JOÃO PRUDENTE/PULSAR IMAGENS

Vista de cima do Rio Doce, poluído com rejeitos de mineração após rompimento da barragem de Fundão (nov. 2015), situada em Mariana, Minas Gerais.

CAPÍTULO 1 – Fluxo de energia e ciclos da matéria nos ecossistemas **35**

## A produtividade e o ecossistema

A atividade de um ecossistema pode ser avaliada pela **produtividade primária bruta** (PPB), que corresponde ao total de matéria orgânica produzida em gramas, durante certo tempo, em determinada área ambiental.

Descontando desse total a quantidade de matéria orgânica consumida pela comunidade, durante esse período, na respiração (R), temos a **produtividade primária líquida** (PPL), que pode ser representada pela equação:

$$PPL = PPB - R$$

A produtividade de um ecossistema depende de diversos fatores, entre os quais os mais importantes são a luz, a água, o gás carbônico e a disponibilidade de nutrientes.

Em ecossistemas estáveis, com frequência, a produção (P) iguala ao consumo (R). Nesse caso, vale a relação P/R = 1.

A produtividade primária refere-se à atividade dos produtores de um ecossistema. Ao se referir à atividade dos consumidores, fala-se em **produtividade secundária**, um termo relacionado à acumulação de matéria orgânica nos tecidos dos consumidores do ecossistema.

$$\text{produção secundária (PS)} = \text{alimento ingerido (AI)} - \left[ \text{perdido nas fezes (F)} + \text{urina (U)} + \text{perda de calor no metabolismo (respiração) (R)} \right]$$

### Questão socioambiental

**Tecnologia + bagaço de cana = aumento na transformação energética**

Este é o novo conceito na chamada "energia verde", o desenvolvimento de fontes de energia renováveis: a transformação de mais energia, através do bagaço da cana, com o uso de técnicas mais avançadas. A vantagem no novo processo é que o $CO_2$ produzido na queima do bagaço é absorvido pela própria cana, que o utilizará na fotossíntese e liberará oxigênio para a atmosfera. O $CO_2$ é um dos maiores responsáveis pelo efeito estufa e pelo aquecimento global.

O processo utilizado é conhecido como gaseificação, em que o bagaço é transformado em um combustível gasoso, podendo então ser usado para mover motores e turbinas a gás. O produto gasoso obtido do bagaço da cana passará por uma turbina a gás para geração de energia. Os gases resultantes irão para uma caldeira, que fará o reaproveitamento do calor, obtendo-se maior quantidade de energia elétrica.

O bagaço da cana surge como uma alternativa de baixo custo, eficiente e que não causa maiores danos à natureza, principalmente para o Nordeste, uma vez que o Rio São Francisco, fonte de energia para grande parte dessa região, já está sendo aproveitado em toda sua capacidade.

- Além da queima direta em processos de geração de energia, em que outra modalidade de geração de energia automotiva o bagaço da cana poderá ser utilizado?

Tratamento do bagaço da cana, resíduo da indústria do açúcar.

# 1-3. FATORES LIMITANTES DO ECOSSISTEMA

Existe um conjunto de fatores físicos considerados limitantes da sobrevivência dos seres componentes dos ecossistemas. Entre eles, quatro são de máxima importância:

- **luz** – utilizada para a realização da fotossíntese, para a visão e para os fenômenos ligados aos fotoperiodismos;

- **temperatura** – é o fator que regula a distribuição geográfica dos seres vivos. O trabalho enzimático, entre outros fatores, está diretamente relacionado à temperatura;

- **água** – é fator limitante de extrema importância para a sobrevivência de uma comunidade. Além de seu envolvimento nas atividades celulares, não podemos nos esquecer da sua importância na fisiologia vegetal (transpiração e condução das seivas). É dos solos que as raízes retiram a água necessária para a sobrevivência dos vegetais;

> **Anote!**
> O teor de água do ambiente limita a distribuição geográfica de muitos animais e vegetais (lembre-se do caso dos desertos).

- **disponibilidade de nutrientes** – é outro fator limitante que merece ser considerado, notadamente em ambientes marinhos.

## Estabelecendo conexões

### Os nutrientes e a ressurgência

É conhecido o exemplo do litoral peruano onde o teor de nutrientes mostra-se muito elevado. Isso se deve ao fenômeno da *ressurgência* provocado pela corrente fria de Humboldt. Essa corrente marinha, proveniente do Sul, se aquece, à medida que percorre o litoral peruano. Ao subir à temperatura de 4 °C, a massa de água atinge a densidade máxima e afunda. Isso provoca o deslocamento de outra massa de água que estava nas regiões profundas do mar, trazendo nutrientes que lá estavam retidos para a região superficial. É como se os nutrientes estivessem ressurgindo, após longo tempo de permanência no fundo do mar.

O fato beneficia o fitoplâncton que, tendo mais nutrientes à disposição, prolifera, aumentando a biomassa. Isso, por sua vez, favorece o aumento do zooplâncton, ou seja, haverá mais alimento para os peixes, cuja quantidade de indivíduos sofrerá um extraordinário aumento. Perceba, assim, que o aumento no teor de nutrientes na água provoca um aumento na produtividade do fitoplâncton, o que leva ao aumento da produtividade pesqueira da região.

No Brasil, litoral do Cabo Frio (RJ), há uma corrente de ressurgência responsável pela elevada produtividade da região, em virtude da ação da *corrente do Brasil*, que banha a região. Nas proximidades de Vitória (ES), a ressurgência de nutrientes no chamado Vórtice (redemoinho) de Vitória, também em consequência da corrente do Brasil, é responsável pela elevada produtividade nas águas daquela região.

- Com base em seus conhecimentos, por que o fitoplâncton pode ser considerado a base alimentar dos ecossistemas aquáticos?

# 1-4. CICLOS BIOGEOQUÍMICOS

O trajeto de uma substância do ambiente abiótico para o mundo dos seres vivos e o seu retorno ao mundo abiótico completam o que chamamos de **ciclo biogeoquímico**. O termo é derivado do fato de que há um movimento cíclico de elementos que formam os organismos vivos ("bio") e o ambiente geológico ("geo"), onde intervêm mudanças químicas. Em qualquer ecossistema existem tais ciclos.

Em qualquer ciclo biogeoquímico existe a retirada de elemento ou substância de sua fonte, sua utilização por seres vivos e posterior devolução para a sua fonte.

CAPÍTULO 1 – Fluxo de energia e ciclos da matéria nos ecossistemas **37**

## Ciclo da água

A evaporação – da água do solo, dos oceanos, rios e lagos – e a transpiração vegetal e animal enriquecem a atmosfera de vapor-d'água. Condensando-se, a água retorna a suas fontes por precipitação. A precipitação sobre o mar é cerca de três vezes superior àquela ocorrida sobre a terra. Caindo nas massas terrestres, a água pode infiltrar-se no solo, ser absorvida pelos vegetais, empregada na fotossíntese, consumida pelos animais e, finalmente, transpirada. Pode, ainda, correr pelos lençóis subterrâneos, unir-se a rios e, eventualmente, ir aos mares, onde novamente evapora, fechando o ciclo (veja a Figura 1-9).

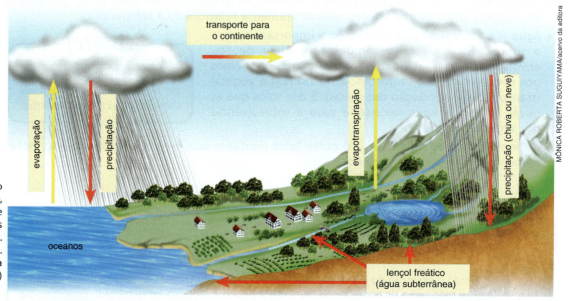

**Figura 1-9.** O ciclo da água: evaporação, transpiração e precipitação são os principais eventos. (Cores-fantasia. Ilustrações fora de escala.)

## Ciclo do carbono

O carbono existente na atmosfera, na forma de $CO_2$, entra na composição das moléculas orgânicas dos seres vivos a partir da fotossíntese, e a sua devolução ao meio se dá pela respiração aeróbia, pela decomposição e pela combustão da matéria orgânica fóssil ou não (veja a Figura 1-10).

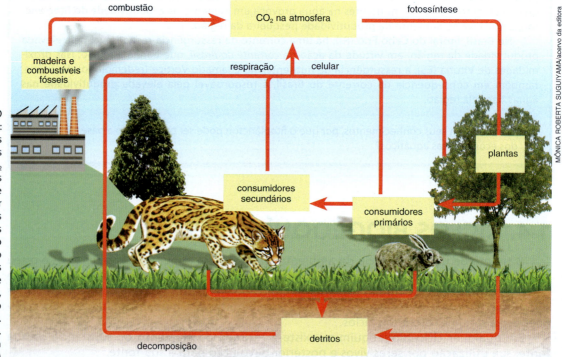

**Figura 1-10.** O ciclo do carbono: organismos fotossintetizantes fixam o $CO_2$ em compostos orgânicos que serão utilizados por outros organismos (fotossintetizantes ou não). Por meio da respiração dos organismos e da queima de combustíveis fósseis, o $CO_2$ é devolvido para a atmosfera. (Cores-fantasia. Ilustrações fora de escala.)

**38** UNIDADE 1 – Ecologia

## Efeito estufa e a vida

A radiação solar que penetra em nosso planeta atravessa uma camada de vapor-d'água e gases, e é absorvida pela superfície terrestre (rochas, vegetação etc.) sob a forma de calor. Ao retornar para o espaço, uma parte desse calor é retida pelo "cobertor" de gases (entre eles o gás carbônico). Esse calor "aprisionado" por um "cobertor" de gases aquece a Terra, transformando-a em uma *estufa*.

Perceba que essa camada de gases atua como se fosse o vidro das estufas para plantas, que deixa passar a radiação solar e retém dentro delas o calor. Daí chamarmos a esse processo de aquecimento de **efeito estufa**. Alguns gases, dentre eles o gás carbônico e o metano ($CH_4$), aumentam esse efeito (veja a Figura 1-11).

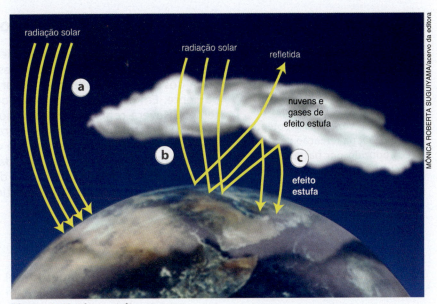

**Figura 1-11.** Efeito estufa.
(a) Parte da radiação solar atinge a superfície terrestre sob a forma de calor. (b) Grande parcela desse calor é refletida e retida pelo "cobertor" de gases que circunda a atmosfera. (c) O calor retido aquece a Terra, transformando-a em uma estufa.

## Aquecimento global: uma ameaça à vida na Terra?

É preciso deixar bem claro que o aquecimento da Terra foi e continua sendo fundamental para o desenvolvimento da vida em nosso planeta. Sem ele, a Terra congelaria. Então, por que o receio do efeito estufa? O problema é que a espessura da camada de gases está aumentando. Isso é devido principalmente à crescente emissão de gás carbônico proveniente da queima de combustíveis fósseis (derivados de petróleo, carvão mineral e gás natural) e das queimadas de florestas, notadamente nas regiões tropicais. Mais calor sendo retido, provoca um aumento da temperatura terrestre (aquecimento global).

CAPÍTULO 1 – Fluxo de energia e ciclos da matéria nos ecossistemas 39

## As consequências do aquecimento global

As chuvas já não são as mesmas. Com o aquecimento global, parece que estão aumentando em quantidade e, com elas, ocorrem enchentes e deslizamentos de terra. O nível de água dos oceanos tende a se elevar. As neves podem derreter mais rapidamente. Em outras regiões, o período de seca parece estar durando mais tempo. Haverá reflexos na produção agrícola mundial, provável substituição da Floresta Amazônica por cerrado, doenças como malária e dengue poderão ocorrer em países que, até então, não possuíam essas doenças. O que fazer? No Brasil, uma das medidas sugeridas para atenuar os efeitos do aquecimento global é a redução do desmatamento, o controle rigoroso das queimadas e, mais importante, o estímulo ao reflorestamento com espécies de árvores nativas.

> **Anote!**
> O metano ($CH_4$) é um gás de estufa 21 vezes mais potente que o $CO_2$ na retenção de calor. É produzido por bactérias anaeróbias encontradas em lixões, aterros sanitários e nos tubos digestórios de bois e cupins.

## Ciclo do oxigênio

O ciclo do oxigênio é praticamente indissociável do ciclo do carbono. Os eventos que ocorrem no ciclo do carbono também se relacionam com o oxigênio. Existe um equilíbrio entre o consumo e a produção desse gás. A respiração aeróbia, a decomposição aeróbia e a formação do gás ozônio são processos que consomem oxigênio, enquanto a fotossíntese e a decomposição do ozônio são fenômenos geradores.

A concentração do gás oxigênio no ar atmosférico – 21% do volume, ou seja, para cada 1 litro de ar atmosférico, existem 210 mL de oxigênio gasoso – tem se mantido constante ao longo dos séculos. Na queima de combustíveis fósseis, por exemplo, para cada molécula de $CO_2$ formada, uma molécula de $O_2$ é consumida. Cerca de 18 bilhões de toneladas ($18 \times 10^9$ toneladas) de oxigênio atmosférico são consumidas por ano. Esse número é irrisório, se considerarmos a massa total desse gás que circunda a Terra: $1 \times 10^{15}$ toneladas. Estima-se que seriam necessários 2.000 anos para que a concentração de oxigênio atmosférico caísse de 21% para 20%, se fosse mantido o atual nível de consumo.

A Figura 1-12 mostra os principais eventos relacionados ao ciclo do oxigênio. Perceba que a respiração e a fotossíntese são fenômenos antagônicos no sentido de que o consumo de oxigênio que ocorre no primeiro fenômeno é contrabalançado pela produção desse gás no segundo. Na realização da fotossíntese destacam-se as algas componentes do fitoplâncton e a vegetação que cobre a superfície da Terra.

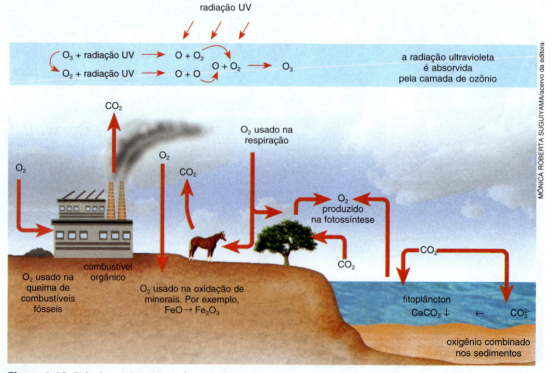

**Figura 1-12.** Ciclo do oxigênio. (Cores-fantasia. Ilustrações fora de escala.)

# Ciclo do nitrogênio

Assim como o carbono, o nitrogênio é outro elemento indispensável para os seres vivos, e faz parte de moléculas de aminoácidos, proteínas, ácidos nucleicos etc. Cerca de 79% do volume de ar contido na atmosfera é composto de $N_2$ (nitrogênio gasoso, molecular) e nessa forma ele não é utilizável biologicamente. Para isso, precisa ser transformado em compostos que possam ser absorvidos e aproveitados pelos seres vivos.

Apenas algumas bactérias e as cianobactérias conseguem fazer a chamada **fixação biológica do nitrogênio**, que consiste em convertê-lo em amônia ($NH_3$), sendo prontamente absorvida por alguns vegetais e utilizada para a síntese dos compostos orgânicos nitrogenados. No solo, no entanto, outras bactérias transformam a amônia em nitritos ($NO_2^-$) e nitratos ($NO_3^-$), em um processo denominado **nitrificação**.

Essas três substâncias são utilizadas pelos vegetais para a elaboração de seus compostos orgânicos nitrogenados. Ao longo da teia alimentar, esses compostos nitrogenados são utilizados pelos animais. A decomposição bacteriana e a excreção animal liberam resíduos nitrogenados simples, que são convertidos em amônia, que pela nitrificação é reconvertida em nitritos e nitratos.

Outras espécies de bactérias transformam nitratos em $N_2$, em um processo denominado **denitrificação** (ou desnitrificação), devolvendo, assim, o nitrogênio gasoso ($N_2$) para a atmosfera (veja a Figura 1-13).

### Anote!

Um procedimento bastante utilizado em agricultura é a **"rotação de culturas"**, na qual se alterna o plantio de não leguminosas (o milho, por exemplo), que retiram do solo os nutrientes nitrogenados, com leguminosas (feijão), que devolvem esses nutrientes para o meio. O plantio de leguminosas é frequentemente denominado de **adubação verde**, uma vez que essas plantas liberam nutrientes nitrogenados para o solo, graças à ação de bactérias fixadoras de nitrogênio. Já a **adubação orgânica** é obtida com a utilização de restos de vegetação. É comum, também, a utilização do chamado **composto**, decorrente da ação de microrganismos decompositores sobre a matéria orgânica, para o enriquecimento do solo, ou mesmo a utilização de **fertilizantes industriais**.

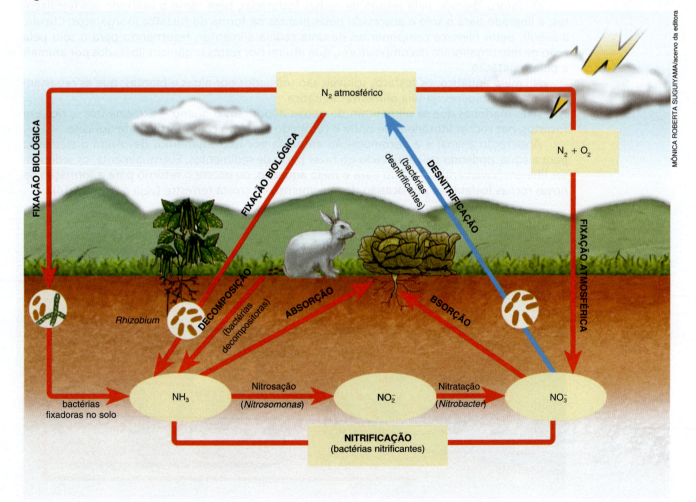

**Figura 1-13.** O ciclo do nitrogênio. (Cores-fantasia. Ilustrações fora de escala.)

## Saiba mais

### A ação das bactérias

É notável a participação de bactérias em praticamente todo o ciclo do nitrogênio. Na *fixação biológica*, entram as *fixadoras de nitrogênio*. Entre as mais importantes, citamos as do gênero *Rhizobium*, que vivem em nódulos de raízes de *leguminosas*, como o feijão e a soja. Entre os agricultores é comum a utilização dessas plantas para o enriquecimento de solos com nutrientes nitrogenados, em uma prática conhecida como "adubação verde" (não confunda com a chamada adubação orgânica em que restos de alimentos, assim como estrume de vaca ou galinha, são utilizados para o enriquecimento mineral do solo).

A **nitrificação**, realizada por espécies de bactérias diferentes das fixadoras, e que vivem livremente nos solos, é efetuada em duas etapas. Na primeira, a amônia é convertida em *nitrito*, e envolve a participação de bactérias do gênero *Nitrosomonas*. Na segunda, o nitrito é convertido em *nitrato*, sendo realizada por bactérias do gênero *Nitrobacter*. Nesses dois processos ocorre consumo de oxigênio. Ambas são bactérias quimiossintetizantes.

A **denitrificação** é executada por outras espécies de bactérias que vivem livres no solo. É um processo anaeróbio e consiste na reconversão de nitritos, nitratos e mesmo amônia em nitrogênio molecular ($N_2$).

A **amonificação** é outro processo do qual participam bactérias, que transformam os resíduos nitrogenados excretados pelos animais em amônia. O cheiro que sentimos em um banheiro de beira de estrada deve-se à ação amonificante de bactérias, que atuam na ureia por nós excretada. A amônia vai para o solo e beneficia os vegetais ao ser transformada por bactérias nitrificantes em nitritos e nitratos.

## Ciclo do fósforo

O fósforo é um dos elementos importantes para os seres vivos. Participa da molécula de ATP, da membrana plasmática e dos ácidos nucleicos DNA e RNA.

Diferentemente do que ocorre com o carbono, o nitrogênio, o oxigênio e a água, no ciclo do fósforo praticamente não existe a passagem pela atmosfera, já que não são comuns os componentes gasosos contendo fósforo.

O fósforo liberado pela erosão de rochas fosfatadas, bem como o utilizado em fertilizantes, é liberado para o solo e absorvido pelas plantas na forma de fosfatos inorgânicos. Circula, a seguir, pelos diversos componentes de uma cadeia alimentar, retornando para o solo pela ação de microrganismos decompositores, que atuam nos restos orgânicos liberados por animais e pela vegetação.

No meio aquático, os fosfatos solúveis são utilizados por algas e plantas, que os repassam para os consumidores da teia alimentar aquática.

Aves marinhas que se alimentam de peixes depositam o *guano* – excrementos –, rico em fosfatos, nas rochas litorâneas de onde é recolhido para uso como fertilizante agrícola.

A excreção animal e a decomposição efetuada por microrganismos devolvem o elemento para a água, podendo ser reutilizado ou fazer parte de sedimentos. Eventualmente, os sedimentos liberam novamente o fosfato para o meio aquático, ou ocorre o retorno para a formação de novas rochas fosfatadas, por ocasião de movimentos da crosta terrestre (veja a Figura 1-14).

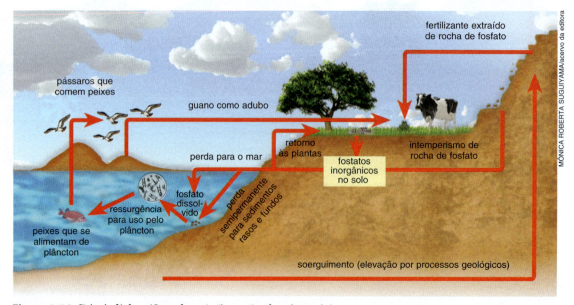

**Figura 1-14.** Ciclo do fósforo. (Cores-fantasia. Ilustrações fora de escala.)

# PASSO A PASSO

O mapa de conceitos abaixo relaciona os conceitos ecológicos mais comumente abordados em Ecologia. Utilize-o para responder às questões de **1** a **4**.

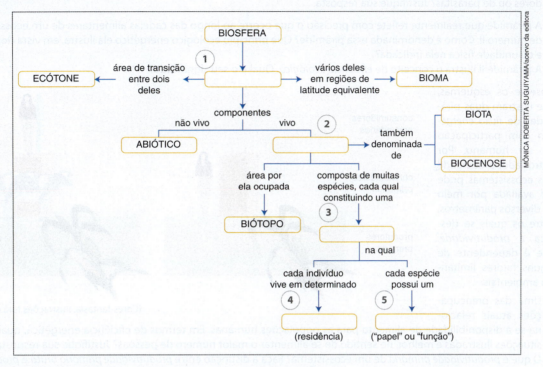

1. a) Reconheça os conceitos ecológicos referentes aos quadrinhos de 1 a 5.
   b) Que relação existe entre os conceitos referentes aos quadrinhos 2 e 3? E entre os conceitos referentes aos quadrinhos 1 e 2? Qual o significado de biosfera?

2. a) Que relação existe entre os conceitos referentes aos quadrinhos 4 e 5?
   b) É possível dizer que dois organismos de espécies diferentes – por exemplo, pulgões e formigas que vivem em um ramo de laranjeira – ocupam a mesma "residência ou endereço", embora a espécie a que pertencem exerçam "papéis ecológicos" diferentes? Justifique sua resposta.

3. a) Biocenose ou biota, biótopo e bioma. Qual o significado desses três conceitos, todos iniciados com o termo *bio*?
   b) Qual o significado de ecótone, relativamente ao conceito referente ao quadrinho 1?

4. Relativamente ao conceito ecológico referente ao quadrinho 2, ou seja, o componente vivo do ambiente:
   a) Quais são os três tipos de seres que o constituem, relativamente aos seus hábitos alimentares? Qual o significado de cadeia alimentar e de teia alimentar? Qual o significado de nível trófico?
   b) Cite as características que diferenciam cadeias alimentares de predadores, de parasitas e de detritívoros.

Os esquemas abaixo representam exemplos de pirâmides ecológicas. Utilize-os para responder às questões **5** e **6**.

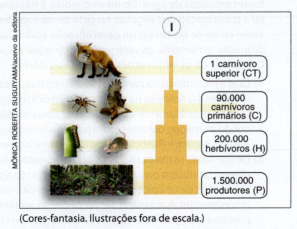

(Cores-fantasia. Ilustrações fora de escala.)

(Cores-fantasia. Ilustrações fora de escala.)

CAPÍTULO 1 – Fluxo de energia e ciclos da matéria nos ecossistemas **43**

**5.** a) A pirâmide I contém os dados numéricos relativos aos componentes dos níveis tróficos de cadeias alimentares. A que tipo de pirâmide corresponde esse esquema? Justifique sua resposta.
b) Como justificar o grande número de indivíduos produtores, relativamente aos números decrescentes dos componentes dos demais níveis tróficos? Quanto às duas cadeias alimentares representadas, elas correspondem a cadeias de predadores ou de parasitas? Justifique sua resposta.

**6.** a) A pirâmide que realmente reflete com precisão o que ocorre ao longo das cadeias alimentares de um ecossistema é a de número II. Como é denominada essa pirâmide? Que princípio ecológico energético ela ilustra, em vista dos números e da unidade física nela indicada?
b) A pirâmide II ilustra o conceito de *eficiência ecológica*. Qual é o seu significado?

**7.** Observe os esquemas, que ilustram duas pirâmides de *fluxo energético* com participação do ser humano. Por outro lado, a atividade dos ecossistemas pode ser avaliada por meio de diversos parâmetros, entre os quais se destaca a *produtividade*, que é dependente de alguns fatores limitantes ambientais.

(Cores-fantasia. Ilustrações fora de escala.)

a) Uma das preocupações atuais relaciona-se à disponibilidade de alimento para as populações humanas. Em termos de eficiência energética, qual das duas situações ilustradas é melhor, no sentido de se alimentar o maior número de pessoas? Justifique sua resposta.
b) O que é *produtividade primária* de um ecossistema? Faça a distinção entre *produtividade primária bruta* e *produtividade primária líquida*. Cite os fatores limitantes relacionados à produtividade de um ecossistema.
c) Considere que determinado agrotóxico não biodegradável, de difícil excreção pelos animais, é destinado ao controle de pragas que afetam plantações de milho, sendo pulverizado indiscriminadamente nas plantações. Que nível trófico da pirâmide representada à direita apresentará a maior concentração desse agrotóxico? Que denominação recebe esse efeito cumulativo do agrotóxico?

---

A vida na Terra depende da constante *reciclagem*, *reutilização*, de materiais entre os componentes vivos e não vivos da biosfera. É um longo e constante ir e vir de elementos químicos, ao contrário do que ocorre com a energia. A matéria executa *ciclos*, enquanto a energia *flui unidirecionalmente* pela biosfera e a ela não mais retorna. O esquema a seguir mostra um desses ciclos biogeoquímicos, o da água. Utilize-o para responder às questões **8** e **9**.

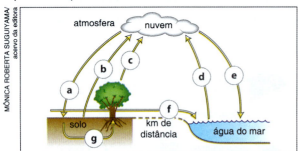

(Cores-fantasia. Ilustrações fora de escala.)

**8.** a) Conceitue em poucas palavras o significado de *ciclo biogeoquímico*, utilizando o esquema acima como modelo. Justifique o termo *biogeoquímico*, utilizado na descrição do trajeto executado pelos elementos químicos da biosfera.
b) Reconheça os processos indicados por letras que ocorrem no ciclo da água e para efetuar sua resposta utilize os seguintes termos: evaporação da água do solo, precipitação, absorção, transpiração vegetal, evaporação da água do mar, corrente de água do continente para o oceano.

**9.** As fontes de água da Terra são finitas e podem estar se esgotando, em vista de sua má utilização e de seu desperdício. Mares, rios, lagos e fontes subterrâneas são fontes preciosas de água. Do mesmo modo, é fundamental a participação dos vegetais no ciclo dessa substância, assim como os processos de desertificação podem comprometer seriamente os reservatórios de água no solo. Considerando as informações do texto, responda:
a) Qual a importância da participação dos vegetais, notadamente os das florestas, na manutenção do ciclo da água? Como o desmatamento e as queimadas florestais, seguidos do abandono das áreas assim degradadas e deixadas abertas, podem influenciar o ciclo da água na biosfera?
b) De que modo os mares, os rios, os lagos e as fontes subterrâneas contribuem para a manutenção do ciclo da água? Em termos da utilização dessas fontes hídricas, sugira procedimentos que podem ser adotados no sentido de preservá-las e permitir, assim, sua utilização correta.

O elemento carbono está presente em toda e qualquer molécula orgânica dos seres vivos. Portanto, sua reciclagem é fundamental para a manutenção da vida na biosfera. Até pouco tempo, o ciclo do carbono encontrava-se em *equilíbrio*, ou seja, a devolução do gás carbônico para a atmosfera era compensada pela sua retirada pelos seres vivos. Ocorre que a queima excessiva de combustíveis fósseis, além das queimadas florestais, provocou um *desequilíbrio*, aumentando a taxa desse gás na atmosfera. Utilize as informações do texto e o esquema ao lado para responder às questões 10 e 11.

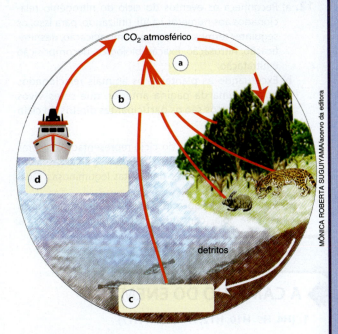

(Cores-fantasia. Ilustrações fora de escala.)

10. a) Reconheça os processos indicados pelas letras *a* a *d*.
    b) Para a realização do processo bioenergético simbolizado pela letra *a*, as plantas recorrem a três importantes "ingredientes" provenientes do ambiente. O primeiro já está representado, enquanto o segundo é aparente no esquema. Quais são esses dois "ingredientes" e qual o terceiro, fonte de energia, que foi omitido no esquema?

11. O desequilíbrio no ciclo do carbono, citado no texto, que provocou aumento da taxa de gás carbônico na atmosfera, guarda relação com o efeito estufa e a acentuação do aquecimento global decorrente do excesso de emissão de gases de estufa.
    a) Sugira algumas possíveis medidas que podem ser adotadas no sentido de atenuar a acentuação do efeito estufa e o consequente incremento da temperatura global dele decorrente.
    b) Cite os dois importantes "gases de estufa" que contêm o elemento carbono em suas moléculas, cuja emissão excessiva é devida, atualmente, à acentuação do aquecimento global.

A vida não poderia existir sem moléculas orgânicas nitrogenadas tais como aminoácidos, proteínas e ácidos nucleicos. Os átomos de nitrogênio componentes dessas moléculas biológicas são fornecidos pelos organismos produtores dos ecossistemas. As plantas assimilam nitrogênio inorgânico do meio e o utilizam para a produção de moléculas orgânicas nitrogenadas.

Nas teias alimentares, essas moléculas passam para os consumidores, que as digerem e constroem as suas moléculas orgânicas nitrogenadas. Utilize as informações do texto e o esquema a seguir para responder às questões 12, 13 e 14.

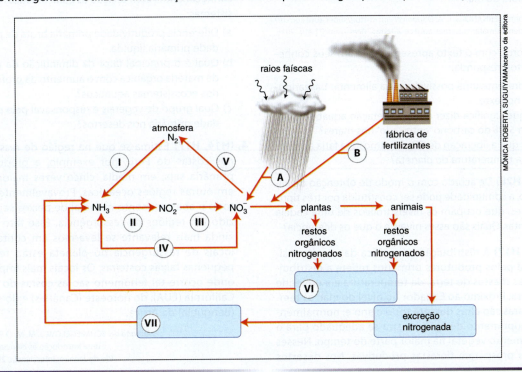

CAPÍTULO 1 – Fluxo de energia e ciclos da matéria nos ecossistemas   45

**12.** a) Reconheça os eventos do ciclo do nitrogênio relacionados aos números I a VII, utilizando, para isso, os seguintes termos: nitrificação, amonificação, desnitrificação, nitrosação, fixação biológica, decomposição e nitratação.

b) Excetuando as plantas e os animais relacionados no esquema da página anterior, que seres vivos microscópicos são os participantes diretos do ciclo representado?

**13.** a) Em uma das etapas do ciclo representado, os seres microscópicos que dele participam se encontram em associação com raízes de plantas leguminosas. Qual é essa etapa?

b) É comum dizer que o plantio de leguminosas, como feijão e soja, constitui um procedimento agrícola denominado *adubação verde*. Justifique, em poucas palavras, a razão dessa denominação.

**14.** Toneladas de nutrientes nitrogenados inorgânicos são produzidas anualmente por métodos biológicos, com a participação de microrganismos. O mesmo ocorre em ocasiões de tempestades com raios e pela atividade da indústria de fertilizantes químicos. A esse respeito e utilizando os seus conhecimentos sobre o ciclo do nitrogênio esquematizado, responda:

a) Que termo você utilizaria para substituir o evento relativo à letra A?

b) Que termo você utilizaria para designar o procedimento químico (método de Haber-Bosch) adotado nas indústrias de fertilizantes para a produção de adubos nitrogenados, simbolizado pela letra B?

# A CAMINHO DO ENEM

## 1. (H4, H9, H10, H12, H14, H16, H17)

### Matar tubarões aquece a Terra

A relação é indireta, mas faz sentido: com a morte dos tubarões, a cadeia alimentar oceânica se desequilibra. Sem tubarões, a população de presas, como tartarugas, arraias e caranguejos, cresce. E, para alimentar essa população crescente, dá-lhe algas e plantas marinhas. É aí que mora o perigo: essa vegetação aquática mantém 50% do carbono "enterrado" nos mares – 25 bilhões de toneladas. Se apenas 1% dessa vegetação for perdida, 460 mil toneladas de $CO_2$ serão lançadas na atmosfera – o que equivale a 97 mil carros. Esse cenário não está distante, já que andamos matando 11 mil tubarões a cada hora do dia.

*Fonte:* FERNANDES, L. A. *Disponível em:* <http://super.abril.com.br/ciencia/matar-tubaroes-aquece-a-terra>. *Acesso em:* 21 abr. 2016.

De acordo com o texto apresentado e com seus conhecimentos, responda:

a) Represente uma possível cadeia alimentar baseando-se no texto.

b) O que significa dizer que a vegetação aquática mantém 50% do carbono "enterrado" nos mares?

c) Por que a liberação de $CO_2$ na atmosfera faria aumentar a temperatura do planeta?

**2. (H17, H28)** De acordo com o modo de obtenção de alimento, a comunidade pode ser constituída por três tipos de seres, que ocupam os níveis tróficos de uma cadeia alimentar. Quais são esses níveis e o que os diferencia?

**3. (H16, H17)** A distribuição geográfica da energia assimilada pelos produtores primários reflete a distribuição das massas de terra, da temperatura e a umidade da Terra. Próximo ao Equador no nível do mar, as temperaturas são altas durante todo o ano e, normalmente, o suprimento de água mostra-se adequado para o crescimento vegetal na maior parte do tempo. Nesses climas prosperam florestas produtivas. Nos desertos de baixas ou médias latitudes, onde o crescimento das plantas limita-se pela falta de umidade, a produção primária é baixa. Em altas latitudes, mesmo que a umidade esteja geralmente disponível, a produção primária também é baixa porque faz frio na maior parte do ano. A produção em ambientes aquáticos limita-se pela luz, cuja penetração diminui rapidamente com a profundidade; pelos nutrientes, que se afundam e precisam ser repostos pela ressurgência da água; e pela temperatura.

*Fonte:* SADAVA, D. *et al. Vida:* a ciência da Biologia. 8. ed. Porto Alegre: Artmed, 2009. p. 842.

Considerando as informações do texto e utilizando seus conhecimentos com relação às características dos ecossistemas:

a) Diferencie produtividade primária bruta de produtividade primária líquida.

b) Qual é o principal fator da diminuição da produção de matéria orgânica com o aumento da profundidade nos ecossistemas aquáticos?

c) Qual grupo de vegetais é responsável pela produtividade primária nos desertos?

**4. (H14, H17)** Estima-se que na região de ressurgência nas costas do Peru, por exemplo, a produtividade primária seja, em média, cinco vezes maior do que em outras regiões oceânicas. Provavelmente 25% de todo o abastecimento mundial de peixes seja produzido em regiões de ressurgência. Esse fato torna-se ainda mais relevante se levarmos em conta que os locais de ressurgência do planeta estão restritos a pequenas faixas costeiras. Os locais mais importantes onde ocorre tal fenômeno são as costas do Peru, da Califórnia (EUA), do noroeste (Canárias) e do sudoeste (Benguela) da África.

*Adaptado de:* SCHMIEGELOW, J. M. M. *O Planeta Azul:* uma introdução às ciências marinhas. Rio de Janeiro: Interciência, 2004. p. 103.

**46** UNIDADE 1 – Ecologia

**Correntes, costa continental e áreas de ressurgência importantes para a pesca.**

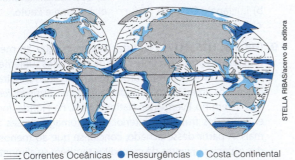

≡≡≡ Correntes Oceânicas  ● Ressurgências  ● Costa Continental

Fonte: <http://www.unicamp.br/fea/ortega/eco/iuri10a.htm>.
Acesso em: 26 abr. 2016. Adaptação.

O fenômeno da ressurgência é raro e ocorre em determinados pontos dos oceanos. Esse fenômeno ocorre devido à ação do vento e do movimento de rotação terrestre. O vento desloca as águas da camada superficial, que são mais quentes, em direção ao oceano e isso é ocasionada pela rotação da Terra. E devido às diferenças de pressão hidrostática ocorre ascensão de águas profundas, que são mais frias. Nessa elevação, são também carregados, com as águas, alguns nutrientes do fundo do mar.

Sobre a ressurgência:

a) Explique por que ocorre aumento da produtividade primária nas regiões onde ocorre o fenômeno da ressurgência. Por que essas regiões são importantes para a pesca mundial?
b) Faça uma cadeia alimentar marinha hipotética relacionando fitoplâncton, zooplâncton e peixes.
c) Como seria a pirâmide de biomassa para essa cadeia alimentar? Por que a pirâmide é apresentada dessa forma?

**5. (H9, H10, H12, H17)** O manto de gelo no Mar do Ártico atingiu o seu limite máximo para o ano no dia 24 de março de 2016 — 14,52 milhões de quilômetros quadrados. Achou muito? Pois essa é a menor cobertura já registrada por satélite, em quatro décadas, para o período de inverno na região. A informação é do Centro Nacional de Neve e Gelo da Universidade do Colorado (NSIDC) e da NASA. Esse novo recorde superou a mínima histórica do inverno passado, de 14,54 milhões de quilômetros quadrados, e isso não é nada bom. O declínio do gelo do mar tem acelerado nas duas últimas décadas, e está associado ao clima mais quente na região, que é afetado tanto pelas mudanças climáticas quanto por variabilidades temporais de curto prazo.

Imagem da NASA mostrando a menor extensão máxima de gelo já registrada no inverno do Ártico, em março de 2016.

Disponível em: <http://www.nasa.gov/feature/goddard/2016/2016-arctic-sea-ice-wintertime-extent-hits-another-record-low>.
Acesso em: 26 abr. 2016.

De acordo com as informações do texto e da imagem da NASA, responda:

a) Quais são as causas do aumento de temperatura anômalo nessa região e em muitas outras regiões do planeta?
b) Qual seria uma possível solução para atenuar o efeito estufa?

**6. (H4, H9, H14, H17)** O nitrogênio depositado no solo da China cresceu cerca de 60% em duas décadas, como consequência do uso de adubos agrícolas e de poluição emitida por indústrias, aponta um estudo publicado no site da renomada revista *Nature*. De acordo com os cientistas, a deposição anual de nitrogênio no solo chinês subiu de 13,2 kg por 10 mil m² em 1980, para 21,1 kg por 10 mil m² em 2000. O nitrogênio depositado provém na maior parte de emissões na atmosfera, que aumentaram muito com a atividade industrial crescente da China, apontam os pesquisadores.

Fonte: <http://g1.globo.com/natureza/noticia/2013/02/poluicao-por-nitrogenio-no-solo-sobe-60-em-20-anos-na-china-diz-estudo.html>.

a) Em quantidades equilibradas, o nitrogênio tem grande importância na natureza. Explique como ocorre a fixação do nitrogênio atmosférico no solo. Qual é a sua relação com as plantas leguminosas?
b) Qual é a importância desse elemento para as plantas e animais?
c) Por que em grandes concentrações no solo o nitrogênio pode ser prejudicial para os vegetais?

**7. (H4, H8, H9, H10, H12, H17)** O melhor caminho no manuseio de florestas no sentido de armazenarem carbono e mitigarem a mudança climática em curso ainda é assunto amplamente debatido. Árvores absorvem gás carbônico da atmosfera e a madeira pode ser uma boa alternativa a combustíveis derivados de petróleo e na construção civil, como substituto de concreto e aço em paredes. Nas últimas décadas, as florestas mundiais absorveram cerca de 30% das emissões anuais globais de origem antropogênica – quase a mesma quantidade também absorvida pelos oceanos. O comportamento armazenador de carbono das atuais florestas adultas tem sido atribuído a duas condições: o aumento da concentração de gás carbônico atmosférico está acelerando o crescimento de árvores no mundo e a emissão de nitrogênio por atividades industriais, agrícolas e queima de combustíveis fósseis está aumentando a fertilidade dos solos de florestas na Europa, China e leste dos Estados Unidos.

Fonte: BELLASSEN, V.; LUYSSAERT, S. Managing forests in uncertain times. *Nature*, London, v. 506, n. 7487, 13 Feb. 2013, p. 153-155.

Considerando as informações do texto, é correto concluir que:

a) as florestas atuais absorvem muito menos gás carbônico do que os oceanos.
b) a fertilidade dos solos não tem relação com o atual armazenamento de carbono nas florestas mundiais.
c) a madeira proveniente de árvores das florestas pode ser utilizada para toda e qualquer atividade industrial.
d) o armazenamento de carbono das atuais florestas adultas parece ter relação com o aumento da concentração do gás carbônico atmosférico.

e) a queima de combustíveis fósseis está provocando uma diminuição da fertilidade dos solos de florestas na Europa, China e leste dos Estados Unidos.

8. **(H8, H9, H14, H17)** Paleontólogos da USP e da Unesp descobriram os restos de uma indigestão de 85 milhões de anos em rochas do interior paulista. Trata-se de uma espécie de crocodilo extinto até então desconhecida da ciência, em cuja barriga (ou no que sobrou dela) estavam pedaços de um exemplar de outro tipo de crocodilo, devorado pelo bicho maior. (...) Deixando registrada para a posteridade a gulodice do animal, os pesquisadores decidiram batizá-lo de *Aplestosuchus sordidus* (a primeira parte do nome quer dizer simplesmente "crocodilo insaciável", enquanto a segunda dispensa traduções).

Fonte: LOPES, R. J., Paleontólogos descobrem nova espécie de crocodilo extinto em São Paulo. *Folha de S.Paulo*, São Paulo, 21 maio 2014. Ciência + saúde, p. C7.

Com base no texto e na imagem, quatro estudantes fizeram as seguintes afirmações:

Paulo – por meio da análise da imagem, pode-se perceber que o crocodilo menor certamente era carnívoro.

Luciana – com base apenas nas informações disponíveis no texto e na imagem, pode-se dizer que o crocodilo maior, ao se alimentar do crocodilo menor, certamente era carnívoro.

Osvaldo – com base apenas nas informações disponíveis no texto e na imagem, pode-se dizer que ambos os crocodilos, o maior e o menor, eram consumidores secundários.

Mariana – o nome científico do crocodilo maior está corretamente grafado, sendo o primeiro termo referente ao gênero, ao se iniciar com letra maiúscula, e o segundo é referente à espécie, ao se iniciar com letra minúscula.

Fizeram afirmações corretas, apenas:
a) Paulo e Mariana.
b) Luciana e Osvaldo.
c) Paulo e Osvaldo.
d) Luciana e Mariana.
e) Luciana e Paulo.

9. **(H8, H9, H15, H17)** Cientistas acreditam que ao menos metade das espécies conhecidas de crocodilos suplementa sua dieta carnívora com frutos. Em uma análise rotineira de crocodilos americanos da espécie *Alligator mississippiensis*, que vivem no Everglades National Park, na Flórida, foram encontrados frutos no interior do estômago desses animais. A partir desse achado, conclui-se que ao menos 13 das espécies viventes de crocodilos também se alimentam de frutos. Uma dúvida, porém, intriga os cientistas: será que esses crocodilos se alimentaram de animais que, antes de serem predados, haviam comido frutos? A dúvida é pertinente porque flagrar esses animais se alimentando é difícil, uma vez que predam preferencialmente à noite. No entanto, um pesquisador do sudeste da Ásia flagrou um crocodilo da região se alimentando de uma melancia.

Fonte: *New Scientist*, London, 3 Aug. 2013, p. 16.

Com as informações contidas no texto, é possível afirmar corretamente que, em termos de obtenção de energia, os crocodilos da espécie em questão:

a) atuam exclusivamente como consumidores primários nas cadeias alimentares de que participam.
b) podem ser considerados carnívoros exclusivos, uma vez que atuam como predadores de animais que consomem.
c) podem ser considerados onívoros, uma vez que se alimentam de derivados de produtores e recorrem a animais que ocupam diversos níveis tróficos, em sua alimentação.
d) ocupam o nível trófico dos produtores, uma vez que se alimentam de frutos, por exemplo, melancia, conforme é relatado no texto.
e) atuam apenas como consumidores de topo, ou seja, de último nível trófico, uma vez que foram encontrados apenas restos animais em seus estômagos.

## TESTE SEUS CONHECIMENTOS

1. **(UFSJ – MG)** Quanto aos níveis de organização biológica, assinale a alternativa **CORRETA**.

    a) Em um lago, peixes carnívoros se alimentam de filhotes de outros peixes carnívoros, que comem pequenos microcrustáceos aquáticos, que dependem de microalgas produtoras de alimento. O lago citado constitui um ecossistema e os seres vivos citados os componentes de sua população.
    b) Peixes de diferentes espécies de um aquário constituem a população do aquário.
    c) Uma lagoa poluída, contendo apenas vermes comedores de detritos e bactérias decompositoras, não pode ser considerada um ecossistema.
    d) Um rio, pertencente à bacia do Rio Grande, em Minas Gerais, é um ecossistema.

2. **(UFRGS – RS)** Analise o quadro abaixo que apresenta os componentes de uma cadeia alimentar aquática e de uma terrestre.

| Ecossistema aquático | aguapé | caramujo | peixe | garça |
|---|---|---|---|---|
| Ecossistema terrestre | milho | rato | cobra | gavião |

Sobre as cadeias alimentares acima citadas, assinale a afirmativa correta.

a) O caramujo, o peixe, o rato e a cobra formam o segundo nível trófico.
b) A garça e a cobra são consumidores terciários.
c) Uma onça-pintada pode ocupar o lugar do rato na cadeia acima.

d) A garça e o gavião ocupam o quarto nível trófico.
e) Uma planta carnívora pode ocupar o lugar da cobra.

**3.** (UEL – PR) ... a vida somente conseguiu se desenvolver às custas de transformar a energia recebida pelo Sol em uma forma útil, ou seja, capaz de manter a organização. Para tal, pagamos um preço alto: grande parte dessa energia é perdida, principalmente na forma de calor.

Assinale a alternativa que apresenta, corretamente, a relação entre o fluxo unidirecional de energia e o calor dissipado na cadeia alimentar.

a) A quantidade de energia disponível é maior, quanto mais distante o organismo estiver do início da cadeia alimentar.
b) A quantidade de energia disponível é maior, quanto mais próximo o organismo estiver do início da cadeia alimentar.
c) A quantidade de energia disponível é maior, quanto mais transferência ocorrer de um organismo para outro na cadeia alimentar.
d) A quantidade de energia disponível é menor, quanto menos organismos houver ao longo da cadeia alimentar.
e) A quantidade de energia disponível é menor, quanto mais próximo o organismo estiver do início da cadeia alimentar.

**4.** (UERJ) Observe a cadeia alimentar representada no esquema abaixo.

Nomeie o nível trófico no qual é encontrada a maior concentração de energia, indique a letra que o representa no esquema e justifique sua resposta.

Nomeie, também, o nível trófico responsável pela reciclagem da matéria no meio ambiente, indique a letra que o representa no esquema e justifique sua resposta.

**5.** (FUVEST – SP) Em relação ao fluxo de energia na biosfera, considere que

- A representa a energia captada pelos produtores;
- B representa a energia liberada (perdida) pelos seres vivos;
- C representa a energia retida (incorporada) pelos seres vivos.

A relação entre A, B e C na biosfera está representada em:

a) A < B < C.
b) A < C < B.
c) A = B = C.
d) A = B + C.
e) A + C = B.

**6.** (UFG – GO) O semiárido brasileiro exige do pequeno produtor estratégias para alimentação do gado durante a seca. Para garantir a sobrevivência do rebanho nesse período, uma das possibilidades é o plantio de cactáceas por adensamento, utilizando adubação com ureia ($CO(NH_2)_2$) nos períodos de chuva. Considerando-se o ciclo do nitrogênio na natureza, essa estratégia de adubação justifica-se, pois, no solo, a hidrólise desse adubo químico simula a

a) nitrificação da matéria orgânica, disponibilizando $NH_4^+$.
b) nitrificação da matéria orgânica, disponibilizando $NH_3$.
c) desnitrificação da matéria orgânica, disponibilizando $N_2$.
d) amonificação da matéria orgânica, disponibilizando NO.
e) amonificação da matéria orgânica, disponibilizando $NH_3$.

**7.** (UESC – BA) O esquema a seguir representa de forma parcial o ciclo do nitrogênio presente na natureza com alguns dos seus componentes bióticos.

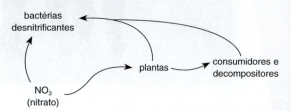

A respeito da dinâmica desse ciclo e das informações obtidas no esquema, é correto afirmar:

a) As plantas convertem o componente inorgânico em moléculas orgânicas que contêm nitrogênio, que poderá ser transferido para os outros níveis tróficos através das cadeias alimentares.
b) As bactérias desnitrificantes convertem o nitrogênio molecular, presente na atmosfera, fixando-o ao solo na forma orgânica.
c) A reciclagem dos resíduos nitrogenados pelos consumidores permite a reutilização desses compostos pelas bactérias nitrificantes.
d) O nitrato fixado pelas bactérias desnitrificantes deve ser convertido inicialmente em nitrito e finalmente em amônia para que possam estar acessíveis aos vegetais.
e) Consumidores e decompositores que consomem matéria nitrogenada se posicionam invariavelmente no 1º nível trófico das cadeias alimentares.

# 2 DINÂMICA DAS POPULAÇÕES E DAS COMUNIDADES

DAVE MONTREUIL/SHUTTERSTOCK

Um dos casos mais importantes de desequilíbrio ecológico provocado pela interferência do homem na natureza aconteceu aqui no Brasil, no Estado do Pará.

Tudo começou na década de 1950, quando 30 búfalos foram levados da ilha de Marajó para uma fazenda localizada no Estado de Rondônia, a pedido do governo estadual. Tendo sido transportados para uma região bastante carente, a intenção governamental era a de que os animais ajudassem a população, contribuindo com a produção de leite e carne, por exemplo.

O problema é que, apesar da boa intenção, o projeto governamental acabou não vingando e os 30 búfalos, dóceis e adaptados ao convívio humano, foram esquecidos na região e soltos. Com o passar do tempo, este pequeno grupo de animais, que se viu, de repente, solto na natureza, começou a se espalhar pela região e a se reproduzir.

Atualmente, mais de 50 anos depois de serem levados para a região e soltos, os búfalos se tornaram um enorme problema ecológico. Os animais encontraram condições favoráveis para sua sobrevivência e reprodução e hoje são milhares, com comportamento selvagem e violento, por falta de contato com humanos e domesticação. A situação ficou ainda mais grave quando os animais atingiram a Reserva Ecológica do Vale do Guaporé. Nessa área de conservação ambiental, muitos ecossistemas nativos estão sendo destruídos pelas manadas de búfalos que caminham sobre determinadas regiões alagadas e drenam o solo.

# 2-1. DINÂMICA DAS POPULAÇÕES

As populações possuem diversas características próprias, mensuráveis. Cada membro de uma população pode nascer, crescer e morrer, mas somente uma população como um todo possui **taxas** de **natalidade**, de **mortalidade** e de **crescimento** específicas, além de possuir um padrão de dispersão no tempo e no espaço.

O tamanho de uma população pode ser avaliado pela **densidade**.

$$\text{Densidade} = \frac{\text{número de indivíduos de uma população}}{\text{unidade de área ou volume ocupado}}$$

A densidade populacional pode sofrer alterações. Mantendo-se fixa a área de distribuição, a população pode aumentar devido a nascimentos ou a imigrações. A diminuição da densidade pode ocorrer como consequência de mortes ou de emigrações.

As taxas de alteração, principalmente as de **mortalidade** e de **natalidade**, são importantes medidas de avaliação do tamanho populacional.

Representando por N a taxa de natalidade, por M a taxa de mortalidade, por E a emigração e por I a imigração, podemos dizer que:

- a população está em crescimento quando

$$N + I > M + E$$

- a população está diminuindo quando

$$N + I < M + E$$

- a população está estabilizada quando

$$N + I = M + E$$

## Curvas de crescimento

A **curva S** é a de crescimento populacional padrão, a esperada para a maioria das populações existentes na natureza. Ela é caracterizada por uma fase inicial de crescimento lento, em que ocorre o ajuste dos organismos ao meio de vida. A seguir, ocorre um rápido crescimento, do tipo exponencial, que culmina com uma fase de estabilização, na qual a população não mais apresenta crescimento.

Pequenas oscilações em torno de um valor numérico máximo acontecem, e a população, então, permanece em estado de equilíbrio (veja a Figura 2-1).

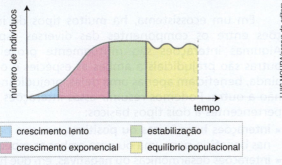

**Figura 2-1.** Curva S: crescimento populacional padrão.

A **curva J** é típica de populações de algas, por exemplo, nas quais há um crescimento explosivo, geométrico, em razão do aumento das disponibilidades de nutrientes do meio. Esse crescimento explosivo é seguido de queda brusca do número de indivíduos, pois, em decorrência do esgotamento dos recursos do meio, a taxa de mortalidade é alta, podendo, até, acarretar a extinção da população no local (veja a Figura 2-2).

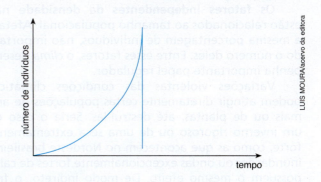

**Figura 2-2.** Curva J: a extinção em massa.

## Fatores que regulam o crescimento populacional

A fase geométrica do crescimento tende a ser ilimitada em decorrência do **potencial biótico** da espécie, ou seja, da *capacidade que possuem os indivíduos de se reproduzir e gerar descendentes em quantidade ilimitada*.

Há, porém, barreiras naturais a esse crescimento sem fim. A disponibilidade de espaço e de alimentos, o clima e a existência de predatismo, parasitismo e competição são fatores de *resistência ambiental* (ou do meio) que regulam o crescimento populacional.

O tamanho populacional acaba atingindo um valor numérico máximo permitido pelo ambiente, a chamada **capacidade limite**, também denominada **capacidade de carga** (veja a Figura 2-3).

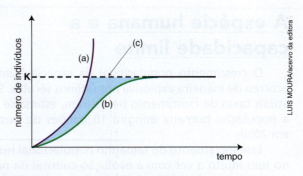

**Figura 2-3.** A curva (a) representa o potencial biótico da espécie; a curva (b) representa o crescimento populacional padrão; (c) é a capacidade limite do meio. A área entre (a) e (b) representa a resistência ambiental. K indica a capacidade limite do meio.

Os chamados **fatores dependentes da densidade** são aqueles que impedem o crescimento populacional excessivo, devido ao grande número de indivíduos existentes em uma dada população: as disputas por *espaço*, *alimento*, *parceiro sexual* acabam levando à diminuição da taxa reprodutiva e ao aumento da taxa de mortalidade. O *predatismo* e o *parasitismo* são dois outros fatores dependentes da densidade, na medida em que predadores e parasitas encontram mais facilidade de se espalhar entre os indivíduos de uma população numerosa.

Os **fatores independentes da densidade** não estão relacionados ao tamanho populacional. Afetam a mesma porcentagem de indivíduos, não importando o número deles. Entre esses fatores, o *clima* desempenha importante papel regulador.

Variações violentas das condições climáticas podem atingir diretamente certas populações de animais ou de plantas, até destruí-las. Seria o caso de um inverno rigoroso ou de uma seca extremamente forte, como as que acontecem no Nordeste brasileiro. Inundações ou ondas excepcionalmente fortes de calor possuem o mesmo efeito. De modo indireto, o frio pode diminuir a quantidade de alimentos disponíveis, provocando migrações em certas populações, comuns em algumas espécies de aves e de mamíferos.

## Os ciclos e os desequilíbrios populacionais

Estudos sugerem a ocorrência de ciclos periódicos de crescimento e diminuição do tamanho populacional em algumas espécies animais. O interessante nesses ciclos é que muitas vezes os cientistas dispõem dos dados do crescimento, mas dificilmente entram em acordo quanto às causas que o provocam.

A introdução, pelo homem, de um elemento novo nas cadeias e teias alimentares tem mostrado resultados muitas vezes desastrosos. É famoso o caso da introdução pelo homem de coelhos na Austrália, por volta de 1859. Como não havia predadores naturais para esse animal, eles puseram em risco a vegetação nativa.

## A espécie humana e a capacidade limite

O crescimento populacional da espécie humana ocorreu de maneira explosiva nos últimos séculos. Se as atuais taxas de crescimento persistirem, estima-se que a população humana atingirá 10 bilhões de pessoas em 2050.

Esse incremento do tamanho populacional humano tem muito a ver com a evolução cultural da nossa espécie e com os nossos hábitos de sobrevivência. O homem deixou de ser caçador-coletor há cerca de 10.000 anos, abandonou o nomadismo e passou a se fixar em locais definidos da Terra, constituindo grupos envolvidos com o cultivo de plantas e a criação de animais de interesse alimentar. A taxa de natalidade aumentou e, excetuando épocas de guerras, pestes e catástrofes ambientais (terremotos e tsunamis), o crescimento populacional humano passou a ser uma realidade.

Pouco a pouco, no entanto, estão sendo avaliados os riscos do crescimento populacional excessivo. Poluição crescente, aquecimento global, destruição da camada de ozônio, chuva ácida e outros problemas são evidências do desgaste que o planeta vem sofrendo.

Divergências quanto aos métodos de controle da natalidade impedem, até o momento, a adoção de soluções globalizantes, embora em alguns países medidas sérias já estejam em curso, no sentido de controlar o crescimento populacional excessivo da nossa espécie.

## 2-2. DINÂMICA DAS COMUNIDADES

Em um ecossistema, há muitos tipos de interações entre os componentes das diversas espécies. Algumas interações são mutuamente proveitosas, outras são prejudiciais a ambas as espécies e outras, ainda, beneficiam apenas uma delas, prejudicando ou não a outra. Podemos resumir essas interações como pertencentes a dois tipos básicos:
- **interações harmônicas ou positivas**, em que há apenas benefício para uma ou para ambas as espécies; e
- **interações desarmônicas ou negativas**, em que há prejuízo pelo menos para uma das espécies.

Na comunidade, também são importantes as interações intraespecíficas, ou seja, as que ocorrem entre organismos da mesma espécie. A Tabela 2-1 resume as características dos principais tipos de interações biológicas na comunidade.

**Tabela 2-1.** Principais interações biológicas na comunidade.

| INTERAÇÕES BIOLÓGICAS INTRAESPECÍFICAS (ENTRE ORGANISMOS DA MESMA ESPÉCIE) |||
|---|---|---|
| **Tipo** | **Características** | **Exemplos** |
| Sociedade | Indivíduos unidos comportamentalmente. Divisão de trabalho. | Formigas, abelhas, cupins, babuínos. |
| Colônia | Indivíduos unidos fisicamente ("grudados" uns aos outros). Pode ou não haver divisão de trabalho. | Algas clorofíceas, bactérias, cianobactérias, caravelas, esponjas, corais. |
| Competição intraespecífica | Indivíduos da mesma espécie competem por alimento, espaço, parceiro sexual ou por outro recurso do meio. | Carunchos da espécie *Tribolium castaneum* no interior de um pacote de grãos de milho; bactérias de determinada espécie crescendo em meio de cultivo; pés de laranjas-pera plantados próximos uns dos outros. |

| INTERAÇÕES BIOLÓGICAS INTERESPECÍFICAS (ENTRE ORGANISMOS DE ESPÉCIES DIFERENTES) |||||
|---|---|---|---|---|
| | **Tipo** | | **Conceito** | **Simbologia** |
| **Harmônicas (positivas)** | Cooperação (mutualismo facultativo) | | Benefício para ambos. Não obrigatória. | +/+ |
| | Mutualismo | | Benefício para ambos. Obrigatória. | +/+ |
| | Comensalismo ▪ inquilinismo ▪ epifitismo | | Benefício apenas para o comensal. | +/0 |
| **Desarmônicas (negativas)** | Parasitismo ▪ esclavagismo | | Prejuízo para o hospedeiro. Prejuízo para a espécie explorada. | +/– +/– |
| | Predação ▪ herbivorismo | | Prejuízo para a presa. | +/– |
| | Amensalismo ▪ antibiose | | Prejuízo para a espécie inibida, sem ou com benefício para a espécie inibidora. | 0/– +/– |
| | Competição | | Prejuízo para ambas as espécies. | –/– |

Observação: o sinal (+) indica benefício, (–) indica prejuízo e (0) indica que a espécie não é afetada.

# Relações intraespecíficas

Embora sejam termos pouco valorizados atualmente, as *sociedades*, as *colônias* e a *competição intraespecífica* são exemplos de interação estabelecida por organismos da *mesma espécie*.

## Sociedade

Na sociedade, os organismos reúnem-se em grandes grupos, nos quais existe um grau elevado de hierarquia e divisão de trabalho, o que aumenta a eficiência do conjunto em termos de sobrevivência da espécie.

É o caso das sociedades permanentes de formigas, cupins, abelhas etc. Nesses casos, tem-se detectado a presença de substâncias conhecidas como *feromônios*, verdadeiros hormônios "sociais" que atuam como reguladores da diferenciação das diversas castas. Entre as formigas, uma rainha de vida longa é a responsável pela produção de feromônios que mantêm as operárias estéreis. A difusão dessas substâncias dá-se boca a boca, a partir do encontro das operárias que frequentemente visitam a rainha e distribuem o hormônio esterilizador por todas elas. Isso evita o surgimento de novas rainhas e uma consequente desorganização social, com efeitos danosos para todo o grupo.

Nas abelhas, a interação entre os indivíduos é caracterizada como sociedade.

## Estabelecendo conexões

**Feromônios: uma promessa**

Na maioria dos insetos, a procura para o acasalamento ou a simples comunicação entre os indivíduos é feita pela liberação de substâncias químicas voláteis conhecidas como feromônios. São verdadeiros "hormônios de comunicação social".

Os cientistas estão pesquisando formas de atrair insetos indesejáveis, colocando feromônios específicos em armadilhas dotadas de inseticidas. Os insetos são atraídos pelos feromônios, ficam presos nas armadilhas e morrem, deixando, assim, de prejudicar as colheitas.

Tentativas bem-sucedidas de utilização dessas substâncias têm sido feitas, por exemplo, com a mariposa que põe ovos em maçãs. Os ovos originam lagartas que destroem a "fruta". O uso das armadilhas com feromônios, nesse caso, tem funcionado eficientemente.

Um ponto importante a destacar é que os feromônios são altamente específicos. A sua utilização para o controle de uma espécie não interfere em outras.

- Por que é possível dizer que a utilização de feromônios específicos, como no caso relatado no texto, não interferirá com outras espécies de insetos, dentre elas as que são consideradas úteis para a agricultura?

O coral é um exemplo de colônia de cnidários.

STEPHEN GIBSON/PANTHERMEDIA/KEYDISC

## Colônia

Na colônia, organismos da mesma espécie encontram-se fundidos uns aos outros fisicamente, constituindo um conjunto coeso. Há colônias móveis, como as de caravela (pertencente ao filo dos cnidários) e as de algas filamentosas. E há colônias fixas, como as de esponjas e as de pólipos (polipeiros), existentes nos recifes de coral.

## Competição intraespecífica

Verifica-se competição intraespecífica toda vez que os organismos de determinada espécie disputam o espaço e o alimento disponíveis, bem como, no caso dos animais, os parceiros sexuais. Duas plantas de milho, situadas bem próximas uma da outra, competirão por espaço, água, nutrientes minerais e luz. Carunchos da espécie *Tribolium castaneum* competirão por alimento e espaço no interior de pacote contendo grãos de milho ou de amendoim.

## Relações interespecíficas

### Interações harmônicas

**Anote!**
Na cooperação, os organismos das duas espécies são beneficiados e a interação não é obrigatória.

**Anote!**
Existe uma tendência atual de considerar simbiose qualquer tipo de interação biológica na comunidade. No entanto, há quem prefira dizer que simbiose é apenas a interação biológica harmônica. Houve época em que se considerava simbiose sinônimo de mutualismo.

*Cooperação (protocooperação ou mutualismo facultativo)*

Um exemplo de interação não obrigatória, que poderia ser considerada **cooperação** ou **mutualismo facultativo**, é o que ocorre entre o caranguejo *paguro* (também conhecido como **ermitão** e que vive protegido no interior de conchas vazias de caramujos) e uma ou várias *anêmonas*, que ele coloca sobre a concha. As anêmonas servem de camuflagem, aumentando a capacidade predatória do desajeitado paguro, e recebem, em troca, os restos da alimentação do caranguejo.

Outro exemplo é o de pulgões praticamente "colados" aos brotos tenros de uma laranjeira ou de uma roseira. Eles introduzem seus estiletes bucais no floema da planta hospedeira e atuam como parasitas. Pela região anal, liberam o excesso de líquido coletado, na forma de gotículas açucaradas. Isso atrai formigas, que recolhem as gotas para sua alimentação. Em troca, as formigas protegem os pulgões das joaninhas, que são suas predadoras. Esse tipo de interação também pode ser chamado de mutualismo facultativo.

Em nossas matas, é comum a ocorrência de cooperação (que também pode ser considerada mutualismo facultativo) entre árvores imbaúbas e formigas. As formigas vivem no interior dos pecíolos ocos das longas folhas e atacam animais que, inadvertidamente, tocam na planta. Em troca, as formigas obtêm alimento proteico produzido por glândulas existentes na base do longo pecíolo.

54 UNIDADE 1 – Ecologia

## Mutualismo

Trata-se de uma interação obrigatória com *benefício mútuo* para as espécies. Por exemplo:

- no tubo digestório de ruminantes (bois e vacas), vivem bactérias produtoras de substâncias que atuam na digestão da celulose obtida por aqueles animais. Em troca, as bactérias obtêm amônia, produzida no metabolismo das células dos ruminantes, e sintetizam os aminoácidos necessários para a sua sobrevivência;
- nas micorrizas, ocorre a interação entre fungos e raízes de muitos vegetais. Os fungos ampliam a capacidade de absorção de nutrientes para diversas plantas vasculares que, em troca, fornecem alimento orgânico para os fungos;
- os liquens, associação entre algas e fungos ou fungos e cianobactérias, ilustram um dos mais conhecidos exemplos de simbiose mutualística. A alga realiza fotossíntese e fornece oxigênio e alimento orgânico para o fungo; este, por sua vez, provê à alga substâncias inorgânicas fundamentais para a sua sobrevivência, oriundas do fenômeno da decomposição. O mesmo tipo de benefício mútuo ocorre quando fungos se associam a cianobactérias.

Nos liquens, as algas recebem umidade, proteção e substâncias inorgânicas do fungo que, em troca, alimenta-se da matéria orgânica produzida pelas algas.

## Comensalismo

Nessa interação biológica, há benefício apenas para uma das espécies. Para a outra, não há benefício nem prejuízo. Um exemplo é o comensalismo de transporte (também denominado de *foresia*) entre peixes conhecidos como rêmoras, que se prendem a tubarões e aproveitam os restos da alimentação destes, para os quais não há prejuízo.

### Saiba mais

Nos pastos brasileiros ocorre comensalismo entre bois e garças-vaqueiras. Ao caminharem para se alimentar de capim, os bois causam o deslocamento de pequenos animais (insetos, aranhas e pequenos vertebrados), que servem de alimento para as garças, as quais são beneficiadas, enquanto para os bois não há nem benefício nem prejuízo. No caso, as garças atuam como predadoras dos pequenos animais.

*Fonte:* COELHO, A. S.; FIGUEIRA, J. E.; OLIVEIRA, T. D. Atrás do pão de cada dia. *Ciência Hoje*, Rio de Janeiro, n. 229, ago. 2006, p. 68.

## Epifitismo

Muitas orquídeas e bromélias são *epífitas*, apoiam-se, de modo geral, em regiões elevadas de troncos de árvores, beneficiando-se da maior disponibilidade de luz para a realização de fotossíntese. Suas hospedeiras não são prejudicadas (não há parasitismo) nem beneficiadas. Considerando que nessa interação há benefício para uma das espécies (a *epífita*), sem prejuízo nem benefício para a outra (a árvore), ainda é comum caracterizá-la como uma modalidade de comensalismo.

## Inquilinismo

O inquilinismo é uma modalidade de comensalismo na qual o comensal costuma viver no interior do corpo do hospedeiro, *sem prejudicá-lo nem beneficiá-lo*. É o caso das bactérias *Escherichia coli*, que vivem no interior do intestino grosso do homem, e de certas espécies de peixes que vivem nas porções finais do tubo digestório de pepinos-do-mar.

Epífita (bromélia) apoiada sobre tronco de árvore na Mata Atlântica.

No predatismo, o predador é beneficiado e a presa é prejudicada.

## Interações desarmônicas

### Predação (predatismo)

A predação (predatismo) corresponde à relação em que uma espécie (a do predador) usa outra (a da presa) como fonte de alimento, provocando sua morte. É o tipo predominante de relação na teia alimentar, garantindo a transferência de matéria orgânica para os níveis tróficos mais elevados.

#### Saiba mais

Há um exemplo que se tornou um clássico para esclarecer a relação entre uma população de presas e uma de predadores. É o caso dos linces e de suas presas, as lebres canadenses. Como será que essas duas populações se comportam quanto ao número de indivíduos de cada uma delas?

No caso dos linces, é certo que o tamanho populacional oscila em função do tamanho populacional das presas: mais lebres, mais linces. A diminuição da população de presas leva a uma consequente diminuição da população de predadores. Já no caso das lebres, as coisas não são assim tão fáceis de explicar. A hipótese de o tamanho populacional ser regulado apenas pela população de linces tem sido muito contestada. Parece que esse não é o único fator. Existem indícios de que o aumento na quantidade de lebres acaba provocando sérios danos na vegetação que lhes serve de alimento. Com isso, os ciclos apresentados pela população de lebres não seriam regulados apenas pela população dos seus predadores, mas por ciclos apresentados pelos vegetais dos quais se alimentam e talvez por outros fatores ambientais ainda não esclarecidos (veja a Figura 2-4).

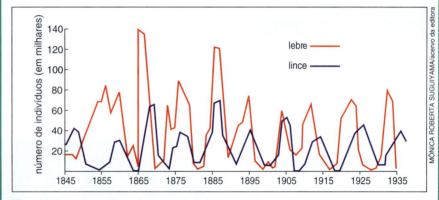

**Figura 2-4.** O ciclo populacional dos linces e das lebres canadenses.

### Parasitismo

Diferentemente de um predador, que mata sua presa para depois alimentar-se dela, o parasita *explora* seu hospedeiro durante seu ciclo de vida. As lesões provocadas pelo parasita, no entanto, podem levar o hospedeiro à morte, causando ou não também a morte do parasita. No **endoparasitismo**, o hospedeiro abriga o parasita em seu interior. Trata-se, quase sempre, de parasitismo obrigatório. É o que ocorre quando o *Trypanosoma cruzi*, os plasmódios da malária, os vermes tipo *Ascaris*, *Taenia* e muitas bactérias provocam doenças no homem. Quando o parasitismo é externo, permitindo ao parasita a mudança de hospedeiro, fala-se em **ectoparasitismo**. São exemplos os insetos hematófagos (como a pulga), carrapatos, mosquitos, *Aedes aegypti*, percevejos etc.

#### Anote!
Embora em termos individuais se diga que ocorre prejuízo para presas e para hospedeiros, as interações de predadores e presas, bem como as de parasitas e hospedeiros, são importantes na manutenção do equilíbrio populacional das espécies envolvidas.

Larva de *Trichinella*, localizada em um músculo. Ao se alimentar de carne contaminada malcozida, o homem adquire o parasita e desenvolve a doença chamada triquinose, com danos para os músculos.

## Saiba mais

### Espécies exóticas (invasoras), competição e ausência de predadores e parasitas

GRASIELE L. F. CORTEZ

O caramujo africano da espécie *Achatina fulica* foi introduzido por criadores no Brasil nos anos 1980, como alternativa ao consumo de *escargot*. Competiu com sucesso por espaço e alimento com espécies nativas e, como não há predadores naturais dessa espécie nos ambientes que invadiu, o seu número aumentou assustadoramente por todo o país. É considerada uma espécie exótica, que se transformou em uma "praga agrícola" por destruir grandes áreas de vegetação nativa e plantas consumidas por seres humanos.

Esse exemplo mostra que nos ecossistemas há equilíbrio entre as populações de presas, predadores, parasitas, hospedeiros e competidores. Mostra, também, que a introdução de uma espécie exótica, não nativa do ambiente, provoca desequilíbrios na teia alimentar, com eventual eliminação de espécies nativas.

## Competição interespecífica

A competição interespecífica quase sempre se refere à disputa por alimento, espaço, luz para a fotossíntese etc. Esse tipo de interação é bem ilustrado em laboratório, quando se cultivam microrganismos em tubos de ensaio contendo meios de cultivo. *Paramecium aurelia* e *Paramecium caudatum*, quando cultivados separadamente em condições idênticas às dos meios de cultivo, mostram um padrão de crescimento equivalente. Cultivados juntos, em um mesmo meio, os paramécios da espécie *P. aurelia* apresentam um crescimento populacional muito mais intenso que o da outra espécie, que acaba por se extinguir (veja a Figura 2-5).

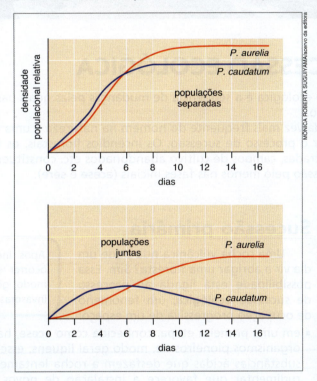

**Figura 2-5.** Vivendo separadas, as populações das duas espécies de paramécios crescem normalmente. Cultivadas juntas, há prejuízo para ambas. Note que o número máximo de indivíduos não é atingido quando as duas populações crescem juntas.

## Esclavagismo ("parasitismo social")

No esclavagismo, também denominado "parasitismo social", uma espécie, a "exploradora", beneficia-se dos serviços de outra, a "explorada", que é prejudicada.

É o caso de certos pássaros, como o chupim, que botam ovos no ninho de outra espécie, e esta passa a chocá-los como se fossem seus. Algumas espécies exploradoras chegam a jogar fora os ovos que estavam no ninho da espécie explorada. Outro exemplo é o de certas formigas que "roubam" larvas de formigueiros de outras espécies: com isso, obtêm recursos para aumentar mais o número de indivíduos, os quais incrementam o exército de trabalhadores.

## Leitura

### O princípio da exclusão competitiva

No começo do século XX, dois biólogos matemáticos, A. J. Lotka e V. Volterra, a partir de inúmeros cálculos relacionados às curvas de crescimento populacional, levantaram, independentemente, a seguinte hipótese relacionada à competição interespecífica: duas espécies com necessidades similares não poderiam coexistir na mesma comunidade. Uma delas acabaria sendo mais eficiente que a outra no aproveitamento dos recursos do meio e se reproduziria com mais intensidade. Inevitavelmente, a outra espécie seria eliminada. Em 1934, o russo G. F. Gause testou a hipótese de Lotka e Volterra com experimentos de laboratório envolvendo as duas espécies de paramécios descritas. Como vimos, ao crescerem no mesmo meio de cultivo, as espécies iniciam um processo de competição interespecífica, sendo uma delas eliminada. Esses resultados conduziram ao chamado **Princípio da Exclusão Competitiva de Gause**, confirmado, depois, por inúmeros outros experimentos.

- Relembrando o conceito de nicho ecológico, qual a principal conclusão a que se pode chegar a partir do princípio de exclusão competitiva estabelecido pelo pesquisador G. F. Gause?

CAPÍTULO 2 – Dinâmica das populações e das comunidades

> **Anote!**
> Na *antibiose*, ocorre a inibição do crescimento de uma espécie por substâncias liberadas por outra. Fungos do gênero *Penicillium*, crescendo no mesmo meio de cultivo em que existem bactérias, liberam o antibiótico *penicilina*, que mata as bactérias.

## Amensalismo

O amensalismo (ou *antibiose* para alguns autores) é uma modalidade de interação em que uma espécie inibe o desenvolvimento de outra por meio da liberação de "substâncias tóxicas". O exemplo mais notável de amensalismo ocorre nas chamadas *marés vermelhas*: a proliferação excessiva de certas algas planctônicas (dinoflagelados, pertencentes ao filo das *dinofíceas*) resulta na liberação de toxinas que acarretam a morte de crustáceos, moluscos e peixes, sendo prejudiciais até mesmo para o homem. Nessa interação não há benefício para as algas.

Dinoflagelados são seres unicelulares de grande importância ecológica. Possuem pigmentos nos cloroplastos que lhes conferem a cor marrom característica. Quando em grandes quantidades, ocasionam o fenômeno da "maré vermelha".

# 2-3. SUCESSÃO ECOLÓGICA

A sucessão ecológica é a sequência de mudanças pelas quais passa uma comunidade ao longo do tempo.

A ação cada vez mais frequente do homem na natureza é uma excelente oportunidade para se estudar o processo de sucessão. Os incêndios florestais, os terrenos decorrentes de abertura de estradas, campos de cultivo abandonados etc. constituem excelente material de estudo da sucessão pelo menos nas fases iniciais (**ecese** e **sere**).

## Sucessão primária

Uma rocha vulcânica nua pode um dia vir a abrigar uma floresta? Sim. Essa possibilidade está ligada ao processo de **sucessão ecológica**, um fenômeno de ocupação progressiva de um espaço:

> **Anote!**
> Após incêndios florestais pode ocorrer sucessão secundária. De modo geral, gramíneas e ervas invasoras são as espécies pioneiras.

- em uma primeira etapa, conhecida como **ecese**, há a invasão do meio por organismos pioneiros de, modo geral **liquens**; esses organismos produzem substâncias ácidas que desfazem a rocha lentamente, formando um solo rudimentar que favorece a instalação de novos seres, como musgos e samambaias simples;
- em uma segunda fase, a **sere**, há um período de alterações rápidas da comunidade, em que os próprios organismos modificam o meio pela sua atividade penetrante no solo. Isso, aliado à ação contínua dos ventos, da água e da variação da temperatura, acaba criando condições para a instalação de outros grupos de seres vivos. Ocorrem substituições graduais de seres vivos por outros, com mudanças completas na composição da comunidade e das características do solo;
- depois de ocorrerem alterações frequentes durante muito tempo, pode ser atingida a terceira fase, a de **clímax**, representada, por exemplo, por uma floresta exuberante. Essa fase é caracterizada pela estabilidade e maturidade da comunidade, quando poucas alterações são verificadas;

Musgos crescendo em uma fenda vulcânica.

- na fase de clímax, de maneira geral, a *produção* (*P*) se iguala ao *consumo* (*R*). Nessas condições, vale a relação $\frac{P}{R} = 1$;
- no *clímax*, as alterações promovidas pelos fatores físicos (água, ventos, temperatura) são pequenas. A diversidade biológica permanece praticamente constante, podendo haver pequenas alterações na composição da comunidade, que logo atinge novamente o estado de equilíbrio. Nessa fase, a *homeostase*, o estado de equilíbrio dinâmico da comunidade, é mantida ao longo do tempo, de maneira análoga à que ocorre em um organismo que atingiu a maturidade.

A competição é intensa ao longo de todo o processo de sucessão. A substituição de espécies por outras que desempenham a mesma função no ecossistema é uma das características marcantes da sucessão. Espécies pioneiras, próprias da primeira etapa, são substituídas por outras, mais especializadas.

No decorrer do processo de sucessão, observa-se uma *tendência de aumento*:

- da biomassa total da comunidade;
- da diversidade em espécies e, como consequência, da quantidade de nichos ecológicos;
- da produtividade primária bruta;
- da taxa respiratória.

Em contrapartida, verifica-se uma *diminuição*:

- da disponibilidade de nutrientes, uma vez que eles são retidos nos corpos dos organismos componentes da comunidade. Na fase de clímax, representada, por exemplo, por uma floresta tropical, o ciclo de nutrientes é tão rápido que o solo acaba retendo pequena quantidade dos minerais, uma vez que eles são constantemente utilizados pelos vegetais;
- da produtividade primária líquida, que tende a zero no estado de clímax, em função do elevado consumo energético existente na comunidade nessa fase $\left( \frac{P}{R} = 1 \right)$.

## Sucessão secundária

Um lago pode um dia vir a ser uma mata? Sim. O lago vai sendo ocupado por material proveniente da erosão de suas margens e de regiões vizinhas. O lago vai desaparecendo lentamente, surge um solo que é, aos poucos, invadido por sementes de plantas provenientes de matas vizinhas. Começa um processo de alterações frequentes na composição da comunidade, que culmina em uma fase de clímax, semelhante ao que acontece na sucessão primária.

> ### Anote!
>
> Nem sempre o clímax é representado por uma floresta. A vegetação herbácea de um campo pode desempenhar esse papel. O mesmo podemos afirmar com relação às sucessões que acontecem em meio aquático. Uma represa recém-construída passa por sucessão: a água é invadida, inicialmente, por algas do fitoplâncton, que inauguram uma nova comunidade. A fase de sere envolve a participação de inúmeros microrganismos heterótrofos, que conduzem a represa a um estado estabilizado de equilíbrio dinâmico.

### Questão socioambiental

#### Solidariedade, um conceito ecológico

Estudos envolvendo interações entre indivíduos de algumas comunidades podem apresentar resultados inesperados. Durante uma pesquisa realizada na Universidade de Regensburg, Alemanha, cientistas se surpreenderam com o comportamento solidário de uma colônia de formigas. Foram introduzidas, na colônia, formigas infectadas por um fungo; as formigas saudáveis, em vez de as rejeitarem, empenharam-se em retirar os esporos de fungo das formigas doentes e aumentar a higiene do ninho. Como resultado, não apenas a infecção dos fungos não aumentou nas formigas que estavam saudáveis como, ainda, estas ficaram mais resistentes à infecção.

Em outro continente, na cidade de Detroit, EUA, um estudo realizado com casais de idosos, observados durante cinco anos, mostrou que quando o idoso cuida, não apenas do parceiro, mas de familiares, amigos e vizinhos, quer realizando ações concretas (incluindo ajuda financeira), quer realizando pequenas gentilezas, sua saúde apresentava melhoras mais significativas do que aqueles que apenas recebiam o cuidado de outras pessoas.

- Independentemente de sua idade, reavalie o seu comportamento do dia a dia e verifique se você não pode realizar ações solidárias, cuidar de pessoas próximas a você – independentemente da idade que tenham – e, com isso, possivelmente, melhorar a sua própria vida.

CAPÍTULO 2 – Dinâmica das populações e das comunidades **59**

# PASSO A PASSO

1. O "tamanho" de uma população pode variar, dependendo do acréscimo ou da diminuição do número de indivíduos que ocupam uma região. Para a medida dessa variação, pode-se recorrer às *taxas* e à *densidade* populacional, que podem se alterar ao longo do tempo. Utilizando seus conhecimentos sobre esse tema:

   a) Cite as *taxas* populacionais mais comumente utilizadas para caracterizar uma população.
   b) Conceitue *densidade populacional*. Cite os mecanismos que possibilitam o aumento e a diminuição do tamanho populacional, ou seja, a sua densidade.

2. Utilizando as letras N (nascimentos), M (mortes), I (imigração) e E (emigração), estabeleça as relações que representem o aumento ou a diminuição do tamanho populacional.

3. Considere o gráfico ao lado, cujas curvas representam o crescimento hipotético de populações:

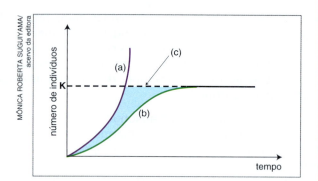

   a) Reconheça as curvas *a* e *b*. O que representa a área entre as curvas *a* e *b*, apontada pela seta *c*?
   b) Qual é o significado do valor K, indicado no eixo das ordenadas?
   c) Cite os fatores de resistência ambiental que comumente regulam o crescimento populacional excessivo de uma espécie.

---

O mapa de conceitos esquematizado ao lado relaciona as mais importantes modalidades de interação ecológica na comunidade. Utilize-o para responder às questões **4** e **5**.

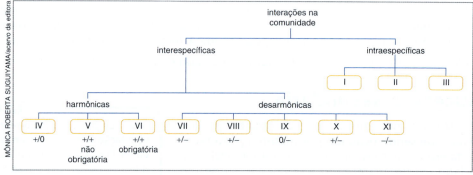

4. a) Reconheça as interações intraespecíficas simbolizadas pelos números I, II e III.
   b) Cite pelo menos um exemplo de cada uma dessas modalidades de interação intraespecífica.

5. a) Reconheça as modalidades de interações interespecíficas harmônicas simbolizadas pelos números IV, V e VI. Justifique o reconhecimento, considerando a simbologia adotada nessas caracterizações. Cite pelo menos um exemplo de cada uma dessas modalidades de interações.
   b) Reconheça as modalidades de interações interespecíficas desarmônicas simbolizadas pelos números VII a XI. Justifique o reconhecimento, considerando a simbologia adotada nessas caracterizações. Cite pelo menos um exemplo de cada uma dessas modalidades de interações.

6. O "nascimento" e o aumento de complexidade de uma comunidade em um ambiente dela desprovido é um evento de longa duração, envolvendo uma série de alterações que se sucedem, até culminar com a maturidade da comunidade, que, na fase final, se mantém praticamente estável ao longo do tempo. A ilustração ao lado simboliza a ocorrência desse processo em uma comunidade, com suas três fases típicas.

   a) A que fenômeno ecológico o texto e a ilustração se referem? Cite e caracterize as três fases (I, II e III) típicas desse fenômeno ecológico.
   b) Como se comportam a biomassa da comunidade, a diversidade em espécies, a competição interespecífica, a quantidade de nichos ecológicos, a disponibilidade de nutrientes e a taxa respiratória da comunidade, no decorrer do fenômeno descrito no texto?
   c) Como se comportam a produtividade primária bruta e a produtividade primária líquida, no decorrer desse fenômeno?

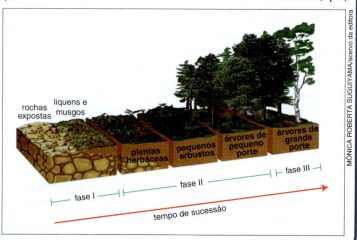

UNIDADE 1 – Ecologia

# A CAMINHO DO ENEM

**1. (H8, H14, H15, H17)** Não é comum chamar micróbios de "talentosos", mas foi assim que os cientistas se referiram a um novo grupo de bactérias encontradas em esponjas marinhas. As bactérias pertencem a um raro tipo, com grande material genético e extensa capacidade de produzir substâncias químicas naturais. (...) Essas bactérias, do gênero *Entotheonella*, vivem associadas a uma espécie de esponja, a *Theonella swinhoei*. E elas têm o potencial de criar a próxima geração de muitas drogas antibióticas e anticâncer, como tem sido o caso de outras bactérias. (...) O que faz bactérias e esponjas conviverem juntas? "O benefício para as bactérias nessa simbiose é provavelmente a provisão de um *habitat* rico em nutrientes em contraste com a água do mar. Para a esponja, tem sido mostrado, no caso de outras espécies, que as bactérias servem de defesa química contra predação ou crescimento excessivo, disse Joern Piel, do Instituto de Microbiologia do ETH de Zurique, Suíça".

*Fonte:* BONALUME NETO, R. Bactérias em esponjas marinhas podem gerar novas drogas. *Folha de S.Paulo*, São Paulo, 1º mar. 2014. Saúde + ciência, p. C9.

Relativamente à simbiose entre as bactérias e esponjas, citadas no texto, pode-se dizer que corresponde a uma modalidade de:

a) competição interespecífica, uma vez que ambas as espécies são prejudicadas na interação.
b) mutualismo ou protocooperação, a depender da existência ou não de obrigatoriedade na interação.
c) predação, uma vez que as esponjas atacam as bactérias que vivem em seu interior e delas se alimentam.
d) comensalismo, considerando que apenas as esponjas se beneficiam da interação, sendo indiferente para as bactérias.
e) parasitismo, uma vez que as bactérias se alimentam de substâncias orgânicas produzidas pelas esponjas, que são prejudicadas na interação.

**2. (H3, H13, H17, H29)** Se algo custa inicialmente R$ 10,00 e seu preço aumenta em 10% no primeiro ano, o valor passa a R$ 11,00. Novo aumento de 10% fará com que o produto passe a custar R$ 12,10, ou seja, 21% em dois anos (não 20%). Caso o PIB de um país seja originalmente R$ 100,00 e sua taxa média de crescimento seja de 4% ao ano, ao final de dez anos o produto alcançará aproximadamente R$148,00. Por fim, se uma população de bactérias dobra de tamanho a cada hora, ao final de um dia teremos pouco menos de 16,8 milhões de bactérias para cada indivíduo original. Em todos esses exemplos as taxas de expansão são "compostas", isto é, o crescimento incide não apenas sobre o valor inicial (como seria o caso do crescimento "simples"), mas sobre o valor inicial, adicionado do próprio aumento a cada período. Exatamente por esse motivo, tal crescimento é conhecido como exponencial.

*Fonte:* SCHWARTSMAN, A. Anatocismo e vergonha na cara. *Folha de S.Paulo*, São Paulo, 13 abr. 2016. Mercado, p. A21.

Considerando as informações do texto e utilizando seus conhecimentos a respeito da dinâmica do crescimento das populações de seres vivos, assinale o gráfico que corresponde ao crescimento exponencial bacteriano a que o texto se refere:

a)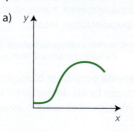

d)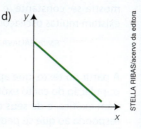

b)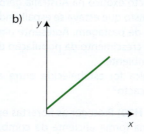

e)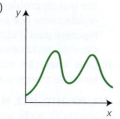

c)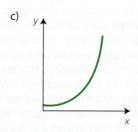

**3. (H14, H16, H17)** Águas claras e bem iluminadas são necessárias para o crescimento dos corais, pois associada aos tecidos dos corpos dos pólipos encontra-se uma alga (dinoflagelado) denominada *zooxantela*, que necessita da luz para fazer fotossíntese. Provavelmente, o segredo do grande sucesso da comunidade de corais se deve a essa relação simbiótica: o coral fornece à alga um ambiente protegido, gás carbônico e nutrientes. Por sua vez, as zooxantelas suprem os corais com substanciais quantidades de alimento, liberando também o tão necessário oxigênio para a respiração do pólipo.

*Fonte:* SCHMIEGELOW, J. M. M. *O Planeta Azul*: uma introdução às ciências marinhas. Rio de Janeiro: Interciência, 2004. p. 170.

O texto apresenta que tipo de interação simbiótica interespecífica? Descreva uma interação intraespecífica, citando um exemplo.

**4. (H4, H10, H12, H14, H16, H17)** No começo da década de 1830, alguém pensou que a espécie de cacto sul-americana *Opuntia stricta* faria uma bonita cobertura terrestre no clima semiárido da Austrália. O cacto reagiu bem à sua nova casa – em 1925 já tinha coberto mais de 25 milhões de hectares das valiosas pastagens do leste da Austrália. Em 1926, outra espécie exótica (não nativa) foi introduzida na Austrália, dessa vez para controlar o crescimento da população de *Opuntia*. A lagarta da mariposa *Cactoblastis cactorum* alimenta-se do cacto. Cerca de 2 milhões de ovos dessa mariposa, também nativa da América do Sul, foram importados e dispersos entre os espécimes de *Opuntia* na Austrália. A estratégia foi muito bem-sucedida e hoje o número de mariposas mostra-se constante e razoavelmente baixo, embora existam muitas oscilações populacionais locais.

Fonte: SADAVA, D. et. al. *Vida*: a ciência da biologia. 8. ed. Porto Alegre: Artmed, 2009. p. 798.

A partir do texto, que apresenta o controle biológico da população do cacto exótico por larvas de mariposa também exótica, e de seus conhecimentos sobre o assunto, responda ao que se pede.

a) A introdução de um cacto exótico na Austrália gerou um grande problema, visto que estava se espalhando rapidamente por áreas de pastagem. Apresente uma hipótese para o rápido crescimento da população de *Opuntia stricta* nesse ambiente.

b) Qual interação ecológica foi estabelecida entre as larvas da mariposa e o cacto?

**5.** (H4, H9, H10, H12, H17, H30) Proteger as florestas em regeneração pode ser uma forma eficiente de combater as mudanças climáticas. Metade das florestas do mundo está em recuperação e esse tipo de vegetação cresce mais rápido e sequestra mais dióxido de carbono ($CO_2$) da atmosfera do que florestas intactas, que nunca foram convertidas em pastagem ou área agrícola. Pesquisadores de algumas universidades brasileiras quantificaram a capacidade de recuperação de 1.500 parcelas florestais espalhadas por oito países da América Latina. Eles verificaram que as florestas em regeneração ou secundárias se recuperam mais rápido em regiões onde chove mais e não onde o solo é mais fértil, como se pensava até então. Segundo os autores, em 20 anos, essas florestas recuperaram 122 toneladas de biomassa por hectare. Isso corresponde à absorção de 3,05 toneladas de $CO_2$ por hectare por ano – quase 11 vezes mais do que a taxa de absorção das florestas primárias.

Adaptado de: <http://revistapesquisa.fapesp.br/2016/02/19/sorvedouros-de-carbono>. Acesso em: 22 abr. 2016

Por que uma vegetação em processo de recuperação sequestra mais dióxido de carbono ($CO_2$) da atmosfera do que florestas intactas?

**6.** (H4, H10, H16, H17) Considere a imagem e o texto a seguir:

A imagem acima parece um mero matagal? Não para um especialista em regeneração florestal. Nesta foto, o biólogo Sergius Gandolfi enxerga polinizadores, dispersores de sementes e uma variedade de microambientes. Passados 30 anos do início do projeto de restauração dessa área de floresta em Iracemápolis, no interior paulista, sementes de paineira envoltas nas características fibras brancas e plantas muito jovens, em meio a troncos de árvores adultas, são sinais de sucesso. "A restauração se dá quando os processos ecológicos que criam e mantêm as populações típicas daquela vegetação são recuperados", explica o pesquisador, e as sementes são sinal disso. "Espécies como os jequitibás florescerão 20 anos após o plantio e só então jogarão sementes no solo."

Disponível em: <http://revistapesquisa.fapesp.br/2016/02/19/a-floresta-renasce-2>. Acesso em: 22 abr.2016.

Explique o processo de sucessão ecológica, apresentado no texto.

## TESTE SEUS CONHECIMENTOS

**1.** (UFF – RJ) Os gráficos I, II e III, abaixo, esboçados em uma mesma escala, ilustram modelos teóricos que descrevem a população de três espécies de pássaros ao longo do tempo.

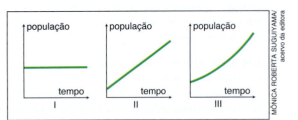

Sabe-se que a população da espécie A aumenta 20% ao ano, que a população da espécie B aumenta 100 pássaros ao ano e que a população da espécie C permanece estável ao longo dos anos.

Assim, a evolução das populações das espécies A, B e C, ao longo do tempo, corresponde, respectivamente, aos gráficos

a) I, III e II.   b) II, I e III.   c) II, III e I.   d) III, I e II.   e) III, II e I.

**2.** (UFPE) Várias espécies animais no Brasil e na América do Sul estão na lista de animais ameaçados de extinção como, por exemplo, o veado-catingueiro e a ararinha-azul, hoje encontrados raramente no semiárido nordestino. Sobre este assunto, considere as alternativas abaixo:

(0) uma das indicações da extinção de uma espécie animal é a captura frequente de indivíduos jovens, quando comparado com o número de adultos ou velhos capturados.

(1) a coleta de espécies ameaçadas no Brasil por turistas, para coleções particulares no exterior, deve ser estimulada como forma de preservação.

(2) a expansão da atividade agropecuária, como, por exemplo, a da cana-de-açúcar em vários estados brasileiros, pode ser apontada como uma das causas da extinção de espécies da fauna brasileira.
(3) manter animais da fauna ameaçados de extinção em zoológicos é uma forma de preservar espécies.
(4) a procriação em cativeiro de espécies ameaçadas e posterior soltura no ambiente não é uma alternativa viável, considerando a domesticação do animal.

**3.** (UFRGS – RS) Observe o gráfico abaixo, que representa uma curva de crescimento populacional.

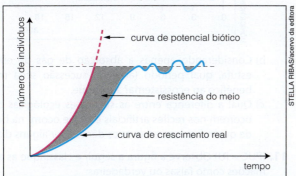

Com base neste gráfico, considere as afirmações abaixo.

I – Se um predador dominante de uma espécie X for extinto, a tendência inicial é que aumente a resistência ambiental da população da espécie X.
II – A curva de crescimento real depende da resistência do meio, que inclui a influência das condições abióticas e das interações intra e interespecíficas.
III – Uma população cuja resistência do meio se dá principalmente pela ocorrência de baixas temperaturas tenderá a aumentar com a manutenção do aquecimento global.

Quais estão corretas?

a) Apenas I.
b) Apenas II.
c) Apenas I e III.
d) Apenas II e III.
e) I, II e III.

**4.** (UNESP) Em alguns estados dos Estados Unidos, a doença de Lyme é um problema de saúde pública. Cerca de 30 mil casos são notificados por ano. A doença é causada pela bactéria *Borrelia burgdorferi*, transmitida ao homem por carrapatos que parasitam veados. Porém, um estudo de 2012 descobriu que a incidência da doença de Lyme nas últimas décadas não coincidiu com a abundância de veados, mas com um declínio na população de raposas-vermelhas, que comem camundongos-de-patas-brancas, uma espécie oportunista que prospera com a fragmentação de florestas devido à ocupação humana.

*Scientific American Brasil*, dezembro de 2013. Adaptado.

É correto inferir do texto que

a) a bactéria *Borrelia burgdorferi* está provocando um declínio na população de raposas-vermelhas.
b) as raposas-vermelhas adquirem a doença de Lyme quando comem os camundongos-de-patas-brancas.
c) a doença de Lyme acomete o homem, os veados e as raposas-vermelhas, mas não os camundongos-de-patas-brancas, por esta ser uma espécie oportunista.
d) os carrapatos que parasitam os veados também parasitam os camundongos-de-patas-brancas.
e) a fragmentação das florestas leva à abundância de veados, responsáveis pelo aumento na incidência da doença de Lyme entre os humanos.

**5.** (UECE) São exemplos de relações ecológicas harmônicas entre indivíduos de espécies diferentes:

a) comensalismo, inquilinismo, colônia.
b) sociedade, colônia, protocooperação.
c) mutualismo, competição, sociedade.
d) protocooperação. mutualismo, comensalismo.

**6.** (UFT – TO) O conceito de simbiose, criado pelo biólogo alemão Heinrich Anton de Bary (1831-1888), distingue quatro tipos de relações simbióticas:

a) comensalismo, parasitismo, herbivoria e cooperativismo.
b) inquilinismo, parasitismo, colonialismo e comensalismo.
c) mutualismo, comensalismo, socialismo e parasitismo.
d) colonialismo, comensalismo, parasitismo e mutualismo.
e) inquilinismo, comensalismo, mutualismo e parasitismo.

**7.** (UFG – GO) "A Floresta Amazônica é o pulmão do mundo." Esta frase tem sido utilizada no sentido de que esse bioma é fonte de grande quantidade de oxigênio liberado para a atmosfera. Entretanto, é preciso lembrar que esta floresta sofreu alterações frequentes durante o processo de sucessão ecológica por milhares de anos, atingindo o estágio de clímax.

a) Considerando-se o exposto, explique as características que permitem considerar esta floresta como clímax.
b) Do ponto de vista fisiológico, considerando-se a função do pulmão dos animais terrestres, por que o termo "pulmão" está equivocadamente empregado no enunciado "A Amazônia é o pulmão do mundo"?

**8.** (UDESC) A sucessão ecológica numa região desabitada pode ser esquematizada do seguinte modo:

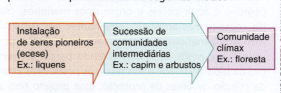

Sobre este esquema, analise as proposições abaixo.

I – As sucessões primárias ocorrem em locais onde não há vida (rocha nua, por exemplo).
II – As sucessões secundárias correspondem a uma recolonização de uma região previamente habitada (um campo de cultura abandonado, por exemplo).
III – Ao longo da sucessão há um aumento da biomassa, da diversidade de espécies e da complexidade das teias alimentares, o que pode estar relacionado à maior estabilidade da comunidade clímax, tornando-a, por exemplo, mais resistente ao ataque de pragas.

Indique a alternativa **correta**.

a) Somente a afirmativa II é verdadeira.
b) Somente as afirmativas I e III são verdadeiras.
c) Somente a afirmativa I é verdadeira.
d) Somente as afirmativas II e III são verdadeiras.
e) Todas as afirmativas são verdadeiras.

**9.** (PSS – UFS – SE) Analise as proposições abaixo referentes aos organismos vivos de um ecossistema, abordando assuntos como crescimento populacional, sucessão ecológica e relação entre os seres vivos e o ambiente. Avalie-as.

(0) Definindo-se biodiversidade de um ecossistema como a riqueza em espécies, associada à abundância de indivíduos de cada espécie, é correto que esperemos encontrar maior diversidade em uma floresta tropical do que em uma floresta temperada.

(1) Verificou-se que, em uma floresta recém-desmatada, com o passar do tempo houve regeneração da vegetação. No início predominaram gramíneas e outros vegetais rasteiros, depois arbustos e árvores. Esse processo é conhecido como sucessão primária.

(2) Considere as etapas abaixo.
 I – Densidade elevada e estável.
 II – Densidade baixa, com predominância de espécies autótrofas.
 III – Aumento da diversidade e do número de espécies heterótrofas.

Durante o processo de sucessão ecológica essas etapas ocorrem na sequência II → III → I.

(3) Em uma população formada por 500 indivíduos, em determinado ano nasceram 150, morreram 100, imigraram 25 e emigraram 75 indivíduos. Naquele ano, a população manteve-se em equilíbrio.

(4) A maré vermelha, responsável pela morte de grande número de organismos marinhos e por prejuízo nas atividades de pesca, é causada por derrames de petróleo na superfície do mar.

**10.** (UFJF – MG) Recifes de corais são conhecidos por sua beleza e grande diversidade. O programa de Recifes Artificiais de Corais do Paraná instalou estruturas pré-fabricadas de concreto na região costeira do Estado. O objetivo é atrair peixes e organismos marinhos, criando ecossistemas artificiais semelhantes aos substratos rochosos, beneficiando as atividades de mergulho, pesca esportiva e profissional, contribuindo para a conservação da biodiversidade e dos recursos pesqueiros através da criação de áreas de proteção. Esse projeto tem sua sustentação teórica no processo de sucessão ecológica.

a) Em que consiste o processo de sucessão ecológica?

O gráfico a seguir mostra o que acontece com a produção primária bruta, produção primária líquida, respiração e biomassa ao longo de uma sucessão ecológica.

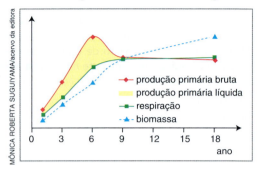

b) Considerando apenas a absorção de gás de efeito estufa, qual período (ano) da sucessão seria mais benéfico ao ecossistema? Justifique.
c) Qual a diferença entre as sucessões ecológicas que ocorrem nos recifes artificiais e o que ocorre na boca de quem fica sem escovar os dentes por alguns dias?

**11.** (PUC – RJ) Observe a figura a seguir e classifique as afirmações como falsas ou verdadeiras:

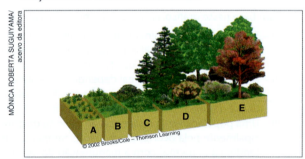

Disponível em: <http://sousa-cienciasnaturais.blogspot.com/2011/01>.

I – **C** corresponde a um ecótono.
II – **A** corresponde à comunidade pioneira.
III – A sucessão mostrada na figura é primária.
IV – A biomassa se mantém estável no sentido de **A** para **E**.

a) Apenas III é verdadeira.
b) Apenas I é falsa.
c) Todas são falsas.
d) Apenas I e III são verdadeiras.
e) Apenas II e IV são falsas.

**12.** (UFG – GO) Em 1934, o cientista russo Georgi F. Gause (1910-1986) verificou em tubo de ensaio o comportamento de população de *Paramecium aurelia* e *Paramecium caudatum*, mantidas em condições ambientais iguais. Baseando-se nos resultados obtidos, mostrados nos gráficos a seguir, Gause propôs uma explicação comumente denominada como Princípio de Gause.

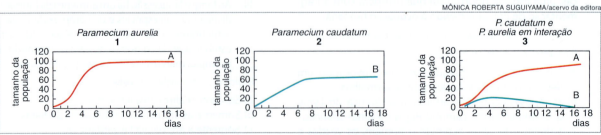

Disponível em: <www.ib.usp.br/ecologia/populaçoes_interaçoes.html>. Acesso em: 23 set. 2011. (Adaptado.)

Considerando-se esse princípio, explique os resultados apresentados nos gráficos.

# BIOMAS E FITOGEOGRAFIA DO BRASIL

3

NATURE PL/MARTIN DOHRN/DIOMEDIA

A Amazônia é quase mítica. É isso: a Amazônia é um verde e vasto mundo de águas e florestas, onde as copas de árvores imensas escondem o úmido nascimento, reprodução e morte de mais de um terço das espécies que vivem sobre a Terra. Os números são igualmente monumentais. A Amazônia é o maior bioma do Brasil: em um território de 4.196.943 km$^2$ (IBGE, 2004), crescem 2.500 espécies de árvores (ou um terço de toda a madeira tropical do mundo) e 30 mil espécies de plantas (das 100 mil da América do Sul).

A bacia amazônica é a maior bacia hidrográfica do planeta: cobre cerca de 6 milhões de km$^2$ e tem 1.100 afluentes. Seu principal rio, o Amazonas, corta a região para desaguar no Oceano Atlântico, lançando ao mar cerca de 175 milhões de litros d'água a cada segundo.

As estimativas situam a região como a maior reserva de madeira tropical do mundo. Seus recursos naturais – que, além da madeira, incluem enormes estoques de borracha, castanha, peixe e minérios, por exemplo – representam uma abundante fonte de riqueza natural.

Toda essa grandeza não esconde a fragilidade do ecossistema local, porém. A floresta vive de seu próprio material orgânico, e seu delicado equilíbrio é extremamente sensível a quaisquer interferências. Os danos causados pela ação antrópica são muitas vezes irreversíveis.

*Adaptado de:* <http://www.mma.gov.br/biomas/amazônia>. *Acesso em:* 10 maio 2013.

Certas regiões da Terra possuem o mesmo tipo de clima, apresentam temperaturas parecidas e praticamente o mesmo índice de precipitação pluviométrica (chuva). Sendo assim, não é de estranhar que tipos parecidos de vegetação sejam encontrados em regiões que apresentam tantas semelhanças de clima, caracterizando o mesmo tipo de bioma.

O mesmo tipo de bioma pode ser encontrado em regiões da Terra com as mesmas características climáticas. Por exemplo, a savana, um bioma terrestre, pode ser encontrado na África ou no Brasil (os cerrados são um exemplo de savana), se bem que a fauna nem sempre é parecida.

## 3-1. PRINCIPAIS BIOMAS DO AMBIENTE TERRESTRE

Os principais biomas da Terra atual são: **tundra, floresta de coníferas, floresta decídua temperada, desertos, floresta pluvial tropical, savanas** e **campos**.

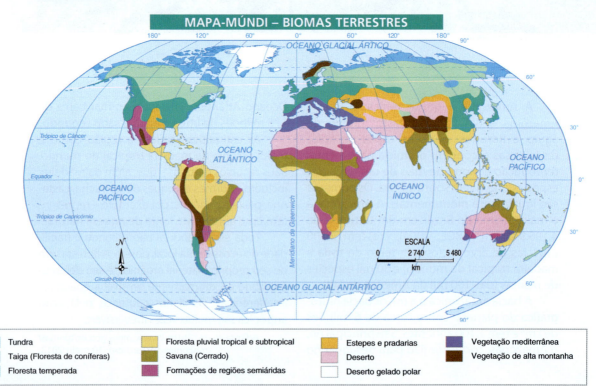

## Tundra

É um bioma de latitudes elevadas ao norte do planeta, próximo ao Círculo Polar Ártico. Não há árvores, a vegetação é rasteira, de tamanho pequeno, formada principalmente por liquens, musgos e abundantes plantas herbáceas. As temperaturas são extremamente baixas, até −20 °C, no longo inverno (cerca de dez meses) e baixas, cerca de 5 °C, no curto verão, que é a estação em que as plantas se reproduzem rapidamente e na qual proliferam milhares de insetos. O solo permanentemente congelado – *permafrost* – fica a poucos centímetros abaixo da vegetação.

É nesse bioma que se encontram ursos-polares, caribus e renas (comedores de liquens), lemingues e a coruja do Ártico. Anfíbios e répteis são praticamente inexistentes. Muitos animais, os caribus são um bom exemplo, migram para o Sul durante o outono, à procura de alimento e refúgio.

> **Anote!**
> Nas montanhas do Himalaia e nas dos Andes, a tundra é o bioma predominante. Esse fato ilustra o princípio de que o ambiente das elevadas altitudes simula o das elevadas latitudes.

Tundra.

## Floresta de coníferas (taiga)

Esse bioma está localizado no hemisfério Norte, imediatamente ao sul da tundra. A forma vegetal dominante desse bioma são as coníferas (gimnospermas), pinheiros que portam estruturas de reprodução conhecidas por cones. São também comuns algumas angiospermas decíduas, isto é, árvores que perdem folhas no outono, permanecendo nuas ao longo de todo o inverno.

A fauna é muito pobre, formada principalmente por linces, lebres, raposas, pequenos roedores e algumas aves. Os caribus migradores da tundra também são encontrados à procura de comida e abrigo entre as árvores.

Taiga: predominância de coníferas.

## Floresta decídua temperada

No hemisfério Norte, é encontrada ao sul da floresta de coníferas. É um bioma típico de regiões em que as estações do ano são bem definidas, com uma primavera chuvosa que propicia a exuberância da vegetação, verão quente e inverno rigoroso. O solo é fértil. A vegetação é estratificada, isto é, as árvores distribuem-se por níveis, existindo as de porte elevado formando um dossel (nome dado à cobertura formada pelas árvores de maior porte) uniforme, vindo a seguir as de tamanho progressivamente menor, até as plantas herbáceas. Há uma razoável diversidade de animais, incluindo praticamente todos os grupos conhecidos. A principal característica das árvores é a caducidade das folhas, isto é, em meados do outono, as folhas mudam de cor, inicialmente amarelecem, depois ficam acastanhadas e, a seguir, caem.

Floresta decídua temperada: riqueza de árvores caducifólias.

## Desertos

Baixa precipitação pluviométrica (cerca de 250 mm anuais), altas temperaturas e vegetação esparsa altamente adaptada a condições de clima seco caracterizam os desertos. Espalhados por várias partes da Terra, sua flora é específica e formada quase sempre por cactáceas que possuem inúmeras adaptações à falta de água (caules suculentos, espinhos, raízes amplamente difundidas pelo solo etc.). Durante o dia, a temperatura é extremamente elevada e as noites são frias, podendo a temperatura atingir zero grau Celsius. Muitos locais do deserto não possuem nenhuma vegetação, enquanto em outros notam-se arbustos, cactos e alguma vegetação rasteira. Poucos animais, tais como raposas, "ratos-cangurus" e alguns anfíbios e répteis, com pronunciada atividade noturna, escondem-se durante o dia em buracos ou sob pedras.

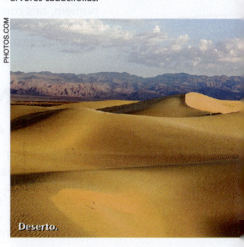
Deserto.

CAPÍTULO 3 – Biomas e fitogeografia do Brasil

## Floresta pluvial tropical

Vista aérea da floresta pluvial na região equatorial, parte da imensa Floresta Amazônica.

**Anote!** Uma vez derrubada a mata, em pouco tempo o solo fica pobre. Por esse motivo, esse bioma é o que menos se presta para fins agrícolas.

Chuva abundante, temperatura elevada o ano inteiro e clima úmido são fatores que favoreceram a formação de exuberantes matas em regiões tropicais da América do Sul, África, Sudeste da Ásia e alguns pontos da América do Norte. A vegetação é altamente estratificada, existem árvores de diversos tamanhos, a biodiversidade é magnífica. A parte fértil do solo é pouco espessa em função da rápida reciclagem de nutrientes. Há uma infinidade de fungos em associações com raízes, as conhecidas *micorrizas*. Em virtude dessa rápida reciclagem e da pequena espessura do solo fértil, pode-se dizer que a fertilidade dessas florestas deve-se à vegetação arbórea exuberante.

## Savanas, campos e estepes

**Anote!** Nossos cerrados encontram-se atualmente bastante degradados, servindo para o cultivo de espécies com fins alimentares, principalmente a soja.

Esses biomas correspondem às formações típicas da África, aos nossos cerrados (que incluem vários subtipos) e aos diversos tipos de campos distribuídos pela Terra, entre os quais os nossos pampas gaúchos.

Nas savanas, a vegetação não é exuberante, existindo praticamente dois estratos, o arbóreo – que é esparso – e o herbáceo. A fauna é típica para cada região, sendo bem conhecida a africana, formada por mamíferos de grande porte, tais como elefantes, girafas, leões e zebras, bem como algumas aves famosas, como os avestruzes.

Com relação aos campos, bioma em que predomina a vegetação herbácea, os localizados na América do Norte encontram-se atualmente bastante alterados, sendo utilizados para o cultivo de plantas destinadas à alimentação do homem, tais como soja, milho etc. No Brasil, os pampas gaúchos (chamados também de estepes) correspondem a locais cuja vegetação é predominantemente formada por gramíneas, prestando-se à criação de equinos e bovinos.

## 3-2. PRINCIPAIS BIOMAS DO AMBIENTE MARINHO

A principal característica do ambiente marinho é a estabilidade, sofrendo pequena influência das variações climáticas. A temperatura da água, por exemplo, oscila muito pouco durante o dia, o mesmo ocorrendo com suas características físico-químicas.

A vastidão dos mares e oceanos leva-nos a fazer uma divisão arbitrária de ambientes, no sentido de facilitar o estudo tanto da comunidade quanto dos fatores abióticos. Simplificadamente, podemos admitir a existência de uma **região litorânea** (ou nerítica), assentada sobre a **plataforma continental** (0 a 200 m de profundidade) e seguida de uma **região oceânica** (mar aberto). Veja a Figura 3-1.

Cada uma delas apresenta duas regiões:

- a *região pelágica*, em que os organismos nadam ativamente; e
- a *região bentônica*, em que os organismos se utilizam do fundo oceânico para se fixar ou se deslocar (o fundo oceânico, nesse caso, não possui o sentido de profundidade e, sim, o de base sólida explorada pelos seres vivos).

A vida oceânica depende da profundidade de penetração da luz na água. Fora da plataforma continental, a profundidade do oceano aumenta consideravelmente. Há pontos em que ela alcança 11.000 m (na plataforma continental, a média é de 200 m). Os organismos que vivem em grandes profundidades dependem dos que habitam regiões superficiais. Seres vivos errantes e detritos que caem de regiões superiores constituem o alimento dos habitantes das chamadas regiões abissais. A zona hadal corresponde às regiões com profundidade superior a 6.000 m.

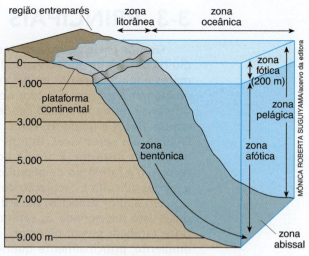

**Figura 3-1.** Esquema das zonas marinhas.

# Comunidades marinhas

Os habitantes do mar fazem parte de diferentes comunidades; na verdade, divisões da comunidade maior que existe nos oceanos. As principais são: o **plâncton**, o **bentos** e o **nécton**.

## Plâncton

O **plâncton** é constituído principalmente de organismos microscópicos livres e flutuantes na massa de água. Sua locomoção a longas distâncias é devida ao próprio movimento das marés. De modo geral, a existência do plâncton é condicionada à profundidade de penetração da luz, a chamada **região fótica**, que normalmente chega até cerca de 200 metros.

É comum considerar o plâncton como formado por dois grandes componentes: o **fitoplâncton**, composto de organismos autótrofos (algas microscópicas e cianobactérias), produtores de alimento, e o **zooplâncton**, constituído por diferentes grupos de animais, geralmente microscópicos, sendo os mais importantes os microcrustáceos. O zooplâncton é o elo da cadeia alimentar que une o fitoplâncton e os demais seres vivos dos oceanos.

Fitoplâncton marinho, visto ao microscópio eletrônico de varredura.

## Bentos

O **bentos** é uma comunidade constituída por organismos que habitam a base sólida do mar, o chamado fundo oceânico. Dele fazem parte dois tipos de organismo: os **fixos** (ou **sésseis**), como esponjas, corais, cracas, algas macroscópicas, e os **móveis** (ou **errantes**), como caramujos, caranguejos e lagostas.

## Nécton

O **nécton** é a comunidade formada por organismos nadadores ativos. É o caso de peixes, tartarugas, baleias, focas, lulas etc.

Seres nectônicos são nadadores ativos.

Seres bentônicos se apoiam no assoalho do oceano.

**69**

## 3-3. PRINCIPAIS BIOMAS DE ÁGUA DOCE

Grande parte da biosfera terrestre é hoje ocupada por água, um meio no qual a vida surgiu há bilhões de anos e expandiu-se para o meio terrestre. O volume de água existente nos mares é muito superior ao das coleções de água doce. A principal diferença entre esses dois ambientes aquáticos é o *teor de sais*, muito pequeno na água doce, ao redor de 1%. Outra diferença reside na *instabilidade* apresentada pelos ecossistemas de água doce. As características físicas e químicas, como temperatura, salinidade e pH, apresentam grande variação. Quanto aos seres vivos, muitos recorrem a formas de resistência, extremamente úteis em ambientes instáveis. É o que acontece, por exemplo, com as esponjas de água doce que recorrem à formação de gêmulas nos períodos de inverno, quando o congelamento de lagos e lagoas dificulta a circulação de oxigênio e nutrientes para esses animais de hábito filtrador.

Em alguns aspectos, no entanto, o mar e a água doce apresentam similaridades. Uma delas está relacionada às categorias de seres vivos componentes das comunidades: a água doce também possui plâncton, bentos e nécton. Há, porém, algumas peculiaridades nesse ambiente, principalmente quando levamos em conta a existência de movimento da massa de água. Assim, podemos pensar em dois tipos de ambiente aquático, quanto a essa característica: *águas paradas* e *águas correntes*. À primeira categoria pertencem os lagos, lagoas, charcos, açudes e represas. Os rios, riachos, córregos e correntezas fazem parte da segunda.

## 3-4. FITOGEOGRAFIA BRASILEIRA

O Brasil possui enorme extensão territorial e apresenta climas e solos muito variados. Em função dessas características, há uma evidente diversidade de biomas, definidos sobretudo pelo tipo de cobertura vegetal.

A ação do homem, apropriando-se dos recursos naturais de forma desregrada, sem levar em conta as consequências e os possíveis impactos ambientais, já teve como resultado a devastação de alguns biomas, como o da Zona de Cocais e o da Mata de Araucárias. Sem uma política pública firme e determinada, em pouco tempo esses biomas – que agora não mais constam no mapa do IBGE – poderão ser tidos como extintos. A Figura 3-2 mostra a *distribuição supostamente original* dos biomas brasileiros e a Figura 3-3 a cobertura atual, segundo o IBGE.

*Fonte:* EMBRAPA/SPI, Atlas do meio ambiente do Brasil, p. 70.
In: ADAS, M. *Panorama Geográfico do Brasil*. Contradições impasses e desafios socioespaciais. 3. ed. São Paulo: Moderna. 1999. p. 348.

**Figura 3-2.** Cada um desses biomas apresenta peculiaridades próprias, tornando-se razoavelmente simples a distinção entre eles pela existência de áreas bem definidas, algumas bem extensas, tais como a caatinga, a floresta pluvial tropical (Floresta Amazônica) e os cerrados.

**Figura 3-3.** Atual distribuição dos biomas brasileiros.

**70** UNIDADE 1 – Ecologia

## Caatinga

- Abundância de cactáceas. O restante da vegetação é constituído por árvores e arbustos caducifólios, ou seja, que perdem as folhas nas estações secas.
- Xerofitismo (conjunto de caracteres apresentados por vegetais de clima seco).
- Temperaturas elevadas. A água é fator limitante. Chuvas escassas (300 a 800 mm/ano). Rios secam no verão.
- 10% do território nacional (800.000 km²).
- Vegetais típicos: mandacaru, xique-xique, umbu, pau-ferro, juazeiro, barriguda, coroa-de-frade.
- Estados do Maranhão, Piauí, Ceará, Rio Grande do Norte, da Paraíba, de Pernambuco, de Sergipe, de Alagoas, da Bahia e norte de Minas Gerais.

Caatinga: riqueza em xerófitas.

## Cerrado

- Vegetação tipo savana. Árvores esparsas, de tronco retorcido, casca grossa, folhas espessas, ou seja, com características de região seca, conduzindo a um aparente xeromorfismo. Há também vegetais com características de higrofitismo.
- Solo ácido, arenoargiloso, rico em alumínio e pobre em nutrientes. Oligotrofismo do solo.
- A água não é fator limitante. O lençol subterrâneo é profundo (18 m). Estação seca de 5 a 7 meses. Chuvas regulares na estação chuvosa. Temperatura alta.
- No início, ocupava 25% do território nacional (1.500.000 km²). Hoje, está bastante alterado para fins agrícolas.
- Vegetais típicos: araticum, barbatimão, copaíba, ipê-amarelo, pequizeiro-do-cerrado, pau-terra, fruta-de-lobo, cajueiro-do-cerrado (as raízes alcançam 18 m de comprimento em direção ao lençol freático).

**Anote!** Nas plantas do cerrado, podem ser encontradas diversas estruturas subterrâneas, tais como bulbos, rizomas, tubérculos e xilopódios. Estes últimos, dotados de substâncias de reserva, correspondem a estruturas de natureza caulinar ou radicular, dos quais surgem raízes que podem ou não se aprofundar, bem como folhas e inflorescências, que se exteriorizam.

Cerrados: árvores com troncos retorcidos e cascas espessas.

- Estados de Minas Gerais, Goiás, Mato Grosso, Mato Grosso do Sul, Tocantins e São Paulo.

## Mata Atlântica

- Vegetação exuberante que lembra a Floresta Amazônica. Árvores altas, higrofitismo e epifitismo (orquídeas).
- Região úmida em função dos ventos que sopram do mar. Pluviosidade intensa (na cidade de Itapanhaú, SP, chove cerca de 4.500 mm/ano, ou seja, chove praticamente todos os dias).
- Região devastada. Área original: 1.000.000 km² (15% do território nacional). Hoje, apenas 7%.
- Vegetais típicos: manacá-da-serra, cambuci, guapuruvu, angico, suinã, ipê-roxo, pau-brasil.
- Região costeira do Rio Grande do Norte até o sul do Brasil.

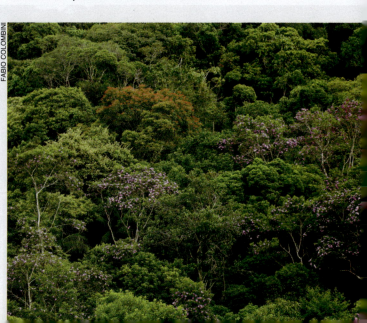

Mata Atlântica: bioma devastado.

> **Anote!**
> Recentemente, a Professora Dra. Nanuza Luiza de Menezes, da USP, demonstrou que as "raízes" de sustentação de *Rhizophora mangle* não são raízes de escora. São, na verdade, caules modificados. Assim, seria melhor denominá-las de **"caules de sustentação"**.

## Manguezal

- Faixa estreita paralela ao litoral.
- Vegetação composta de poucas espécies. Adaptações à falta de $O_2$ e ao alto teor de água no solo. Raízes respiratórias (pneumatóforos). Caules de escora.

Manguezal: santuário ecológico.

FABIO COLOMBINI

## Pampas

- Vegetação constituída predominantemente por gramíneas. Pastagens.
- Distribuição regular de chuvas.
- Estações bem demarcadas.
- Estado do Rio Grande do Sul.

Pampas: a uniformidade da vegetação.

## Mata de Araucárias

- Vegetação constituída por árvores altas (pinheiro-do-paraná), arbustos (samambaias, xaxim) e gramíneas.
- Temperaturas baixas no inverno.
- Chuvas abundantes.
- Região intensamente devastada nos últimos anos (atualmente, a porcentagem de matas preservadas não chega a 2%, sendo que esse índice já foi de 60%!).
- Estados do Paraná, de Santa Catarina e do Rio Grande do Sul.

Mata de Araucárias: a mata original de pinheiros hoje está muito reduzida.

## Pantanal

- Vegetação adaptada a solos encharcados. Fauna abundante (capivaras e jaburus, principalmente).
- Região constituída de áreas de cerrados, florestas secas e zonas alagadas.
- 4,5% do território nacional (393.000 km²).
- Vegetais típicos: guatambu, jenipapo, pau-de-novato, carandá (palmeira), guaçatonga, ingá.
- Região Centro-Oeste do Brasil.

Complexo do Pantanal: maravilha da natureza.

## Floresta Amazônica

- Vegetação densa, distribuída por diversos andares ou estratos. Plantas higrófitas. Folhas amplas e brilhantes. O estrato herbáceo é constituído por plantas de pequeno porte que vivem em condições de baixa luminosidade. No segundo estrato, encontram-se arbustos e pequenas palmeiras. A seguir, dois estratos arbóreos intercalados. O último estrato é o das *lianas*, constituído por epífitas (bromélias, orquídeas, musgos e samambaias) e trepadeiras (filodendros).
- Solos geralmente rasos (parte fértil do solo pouco espessa), bem drenados, intensamente lixiviados e ácidos, pobres em nutrientes, do tipo arenoargilosos. Algumas manchas de solo com terra preta (conhecida como terra de índio), humoso e rico em nutrientes.
- Temperatura regularmente elevada. Pluviosidade intensa.
- Grande quantidade de nichos ecológicos. Riqueza em espécies vegetais (cerca de 2.500). Elevada produtividade bruta: cerca de 30 toneladas/ha/ano.
- Elevada intensidade de decomposição de matéria orgânica no solo, na camada denominada serapilheira, gerando nutrientes que são rapidamente absorvidos pela vegetação, constituindo um ciclo de decomposição/absorção extremamente dinâmico. Por isso, a remoção da floresta para fins agrícolas é prejudicial e conduz o solo ao empobrecimento.
- 40% do território brasileiro (3.500.000 km²).
- Vegetais típicos: cacau, castanha-do-pará, cupuaçu, guaraná, jatobá, maçaranduba, seringueira, mogno, sumaúma.
- Estados do Acre, Amazonas, Pará, de Rondônia, do Amapá e de Roraima.

A exuberância da Floresta Amazônica.

## Zona de Cocais

- Temperatura média anual elevada.
- Vegetais típicos: palmeiras tipo babaçu e carnaúba.
- Chuvas abundantes.
- Estados do Maranhão e Piauí.

Zona de Cocais: babaçu e carnaúba.

## Questão socioambiental

### Animais em via de extinção

O crescimento da população humana mundial é uma realidade. Outra realidade é a necessidade cada vez maior de espaço para satisfazer as exigências de sobrevivência de nossa espécie. Os desmatamentos e a conquista de espaço fatalmente conduzem à eliminação de *habitats* anteriormente ocupados por inúmeras espécies. É conhecido o exemplo dos bisões americanos, dizimados pelos colonizadores. Hoje, essa espécie existe praticamente apenas em zoológicos ou áreas protegidas.

No Brasil, a situação não é diferente. A Mata Atlântica, por exemplo, possui hoje apenas cerca de 7% de sua formação original. É evidente que sua fauna corre riscos incalculáveis. Mas a Mata Atlântica não é o único ambiente brasileiro com risco de extinguir sua fauna, conforme se vê no mapa abaixo.

- Identifique no mapa abaixo que espécies animais estão ameaçadas de extinção no estado em que você vive. Que políticas públicas poderiam ser adotadas para a sobrevivência dessas espécies?

*Fonte:* INSTITUTO BRASILEIRO DE GEOGRAFIA E ESTATÍSTICA.

74 UNIDADE 1 – Ecologia

# PASSO A PASSO

Certas regiões da Terra possuem o mesmo tipo de formação ecológica, com climas semelhantes, temperaturas parecidas e praticamente o mesmo índice de precipitação pluviométrica (chuva). Nessas regiões, tipos parecidos de vegetação e de fauna são encontrados, embora não as mesmas espécies. Utilize o texto e a ilustração a seguir para responder às questões de **1** a **5**.

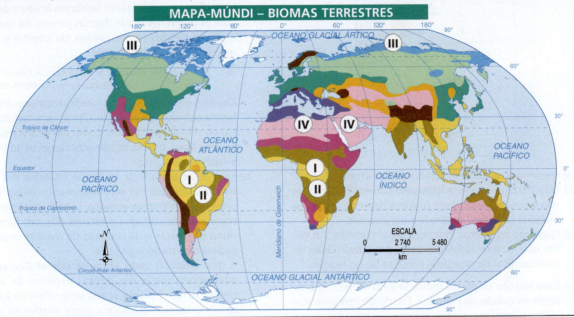

1. a) A que conceito ecológico o texto acima está relacionado?
   b) A que tipo de ambiente – terrestre ou aquático – esse conceito está mais relacionado?

2. O mesmo tipo de formação ecológica pode ser encontrado em regiões da Terra com as mesmas características climáticas. Em alguns países da África e em alguns estados brasileiros, esse tipo de formação ecológica possui vegetação de aspecto semelhante, embora a fauna seja própria de cada país.
   a) A que bioma o texto acima se refere?
   b) No Brasil, a formação ecológica que pertence a esse bioma recebe outra denominação. Qual é essa denominação?

3. a) Em 2010, foi publicado um trabalho por Beer *et al.*, na revista *Science*, Washington, n. 329, páginas 834-838, em que se estimou a distribuição global do fluxo de carbono. As regiões indicadas pelos números I, II e III foram as que mostraram alta, média e baixa absorção de carbono. A que biomas essas três regiões se referem?
   b) As formações ecológicas indicadas pelo número I no mapa, além de pertencerem ao mesmo bioma, possuem algumas características semelhantes. Cite pelo menos duas delas.

4. Taiga e floresta decídua temperada são biomas típicos do hemisfério Norte, localizados em regiões de latitude elevada. Com relação a esses biomas:
   a) Qual a formação vegetal arborescente típica, comumente encontrada no bioma taiga? Cite pelo menos dois animais mamíferos típicos desse bioma.
   b) O que significa dizer que a vegetação da floresta decídua temperada é estratificada? Por que se diz que a principal característica da vegetação dessa floresta é a caducidade das folhas?

5. a) Qual o bioma indicado pelo número IV no mapa? Cite características típicas, relacionadas à precipitação pluviométrica, temperatura e vegetação, nesse bioma. Cite pelo menos duas adaptações presentes nos vegetais que vivem nesses biomas, relacionadas às carências hídricas desses ambientes.
   b) Comparando a vegetação das savanas com a dos campos e estepes, chama a atenção uma importante diferença, relativa aos estratos da vegetação. Qual é essa diferença?

Com base no texto a seguir, responda às questões **6** e **7**.

De toda a água que existe no planeta Terra, ela é mais abundante no ambiente marinho. A vastidão dos mares e oceanos leva-nos a fazer uma divisão arbitrária de ambientes ou regiões, denominadas, respectivamente, infralitoral, mesolitoral e supralitoral. Por outro lado, os habitantes do mar fazem parte de diferentes comunidades, constituindo, na verdade, divisões da comunidade maior que existe nos oceanos.

6. Cite a principal característica do ambiente marinho, relativa à temperatura da água e a interferências climáticas.

7. Relativamente aos habitantes marinhos citados no texto:
   a) Conceitue os termos: plâncton, fitoplâncton, zooplâncton, bentos (fixo e móvel) e nécton.
   b) Cite exemplos de seres vivos que pertencem a cada uma dessas comunidades.
   c) A existência do fitoplâncton é restrita à zona eufótica marinha. Qual é o significado de zona eufótica? Por que o fitoplâncton é restrito à zona eufótica?

CAPÍTULO 3 – Biomas e fitogeografia do Brasil **75**

O mapa a seguir esquematizado, que mostra a distribuição tradicional e supostamente original dos biomas brasileiros, servirá para responder às questões de **8 a 11**.

**8.** a) Reconheça os biomas indicados pelos números de I a IV.
b) Qual é o bioma representado pelo número VIII? Por que não é possível reconhecer com precisão esse bioma no território brasileiro? Justifique a sua resposta.
c) Quais são os biomas indicados pelos números V e VII? Em que estados brasileiros estão presentes? Quais as características da vegetação presente nesses biomas?

**9.** a) Com relação ao bioma indicado pelo número II, presente na cidade de Petrolina, Estado de Pernambuco, existem áreas representativas que são irrigadas com a água do Rio São Francisco, possibilitando a criação de plantas de manga, acerola e melão. Cite outros dois Estados em que esse bioma, pelo menos na sua formação original, está presente. Cite pelo menos duas plantas típicas desse bioma.
b) São dois biomas de vegetação exuberante. Um deles abrange praticamente toda a costa atlântica brasileira. O outro abrange a Região Norte do Brasil. Em ambos, a vegetação distribui-se em vários estratos. Plantas higrófitas. Muitas epífitas. Pluviosidade intensa. Temperaturas médias elevadas durante o ano. Elevada intensidade de decomposição de matéria orgânica.

A quais biomas o texto acima se refere? Cite pelo menos dois estados em que esses biomas estão presentes. Cite pelo menos dois vegetais arbóreos típicos desses biomas.

**10.** a) No Parque Nacional das Emas, uma reserva de Cerrado localizada no Estado de Goiás, a observação da fauna é favorecida, pois a região é bem plana. Veados, tamanduás, seriemas e até o lobo-guará podem ser vistos. À noite, essa região do Cerrado fica toda iluminada. É que os cupinzeiros lembram árvores-de-natal, com as pequenas larvas (formas jovens) de vagalume atraindo aleluias (reis e rainhas de cupins) e outros insetos para sua alimentação.

*Adaptado de*: FRANCO, J. M. V.; UZUNIAN, A. *Cerrado Brasileiro.* 2. ed. São Paulo: HARBRA, 2010. p. 59.

Cite pelo menos dois outros estados brasileiros em que o bioma cerrado está presente. Cite as características típicas do solo de um cerrado. Como são as árvores de um cerrado típico, quanto ao tamanho, aspecto do tronco e a espessura da casca?

b) Faixa estreita paralela ao litoral atlântico é a característica utilizada no reconhecimento desse bioma, presente em muitos estados brasileiros. Solos temporariamente alagados e escurecidos, em função do ritmo das marés e da chegada de matéria orgânica e sedimentos trazidos por rios.

A qual bioma o texto acima se refere? Cite as duas adaptações típicas das poucas espécies de árvores presentes nesse bioma, sendo uma referente à pobreza em oxigênio no solo e a outra relativa ao caráter lamacento do solo.

**11.** a) É a maior planície alagada do mundo.

A frase acima, dita com frequência por guias turísticos do Mato Grosso e do Mato Grosso do Sul, refere-se a qual ambiente brasileiro? Cite o nome do importante roedor e da ave-símbolo que habitam esse ambiente.

b) Localizada entre os Estados do Maranhão e do Piauí, considerada área de transição entre a Floresta Amazônica e a caatinga. Temperatura média anual elevada, chuvas frequentes e vegetação típica, representada por duas espécies de palmeiras de importância econômica.

A qual bioma o texto se refere? Cite os nomes das duas espécies de palmeiras presentes nesse bioma e a respectiva importância econômica decorrente da extração de seus derivados.

## A CAMINHO DO ENEM

**1. (H4, H10, H12, H17)** As porções de terra no entorno do Círculo Polar Ártico devem passar por um "esverdeamento" explosivo nas próximas décadas, à medida que capim, arbustos e árvores começarem a crescer no solo despido de gelo e *permafrost* devido ao aquecimento global. As áreas com florestas no Ártico devem aumentar em até 52% até 2050 quando a chamada linha de árvores – a latitude máxima onde a vegetação consegue crescer – variar centenas de quilômetros para o norte, segundo simulações de computador publicadas na revista "Nature Climate Change".

*Disponível em: <http://g1.globo.com/natureza/noticia/2013/04/artico-pode-sofrer-invasao-de-vegetacao-por-causa-de-aquecimento.html>.
Acesso em: 28 abr. 2016.*

A região do Círculo Polar Ártico é um ambiente onde as temperaturas são extremamente baixas, atingindo −20°C no inverno e 5°C no verão. De acordo com essa informação e o texto apresentado, responda:
a) Qual é a vegetação dominante nesse ambiente?
b) O que é *permafrost*?
c) Que tipo de ambiente de latitudes baixas também é dominado pelo mesmo tipo de vegetação do Ártico?
d) Por que o "esverdeamento" do Ártico poderia ser prejudicial para o planeta?

**2. (H17, H28)** Região de clima semiárido e solo raso e pedregoso, embora relativamente fértil, a Caatinga brasileira, bioma único no mundo, é rica em recursos genéticos dada a sua alta biodiversidade. Apresenta três estratos: arbóreo (8 a 12 metros), arbustivo (2 a 5 metros) e herbáceo (abaixo de 2 metros). É vegetação adaptada ao clima seco. Em muitas espécies, as folhas, por exemplo, são finas ou inexistentes. É relevante a caducifolia (queda periódica de folhas) entre as espécies arbóreas. Algumas plantas armazenam água, como os cactos, outras se caracterizam por terem raízes praticamente na superfície do solo e absorvem o máximo da água da chuva ocasional. Algumas das espécies mais comuns da região são a amburana, aroeira, umbu, baraúna, maniçoba, macambira, mandacaru e juazeiro.

*Adaptado de:* <http://www.wwf.org.br/natureza_brasileira/questoes_ambientais/biomas/bioma_caatinga/>. *Acesso em:* 9 jun. 2016.

Dentre as características marcantes de algumas espécies de plantas da Caatinga, pode ser citada a:
a) predominância de folhas transformadas em espinhos em toda a vegetação.
b) queda periódica das folhas em algumas de suas espécies, principalmente as arbóreas.
c) existência de caules suculentos e a ausência de folhas em todas as espécies vegetais.
d) predominância de folhas de ampla superfície, adaptadas ao clima úmido do bioma.
e) existência de longas raízes que se adaptam à localização profunda do lençol freático.

**3. (H14, H16, H17)** Observe o mapa a seguir:

*Disponível em:* <http://assets.wwf.org.br/downloads/caatinga.pdf?_ga=1.233791002.509625909.1462387216>. *Acesso em:* 4 maio 2016.

De acordo com a área assinalada no mapa, responda:
a) Qual bioma está representado no mapa?
b) Caracterize o sistema vegetacional desse ecossistema.
c) Cite duas adaptações da vegetação desse ambiente? Como é o clima dessa região?

**4. (H17, H28)** Fala-se muito em Amazônia, mas a vegetação nativa mais ameaçada pela expansão do agronegócio no país, hoje, é a do Cerrado. A fronteira agrícola mais agressiva está no Matopiba, onde o desmatamento cresceu 61,6%. O avanço da soja, do milho e do algodão nos estados da região (Maranhão, Tocantins, Piauí e Bahia), entre 2000 e 2007, se fazia à taxa de 1.114 km² por ano. No período seguinte, de 2007 a 2014, ele subiu para 1.800 km²/ano. É bem diversa a dinâmica nos outros oito estados com áreas de Cerrado (DF, GO, MG, MS, MT, PR, RO e SP). Nos primeiros sete anos, a agricultura tomou 931 km² anuais da savana brasileira, ante 333 km²/ano nos outros sete, uma queda de 64,2% na taxa de devastação.

*Adaptado de:* LEITE, M. Matopiba puxa devastação do Cerrado. *Folha de S.Paulo*, São Paulo, 3 dez. 2015. Mercado 2, p. 3.

No texto, destaca-se a importância do Cerrado, uma das formações ecológicas mais relevantes do território brasileiro. Relativamente a essa formação ecológica, dentre suas características nativas marcantes podem ser destacadas:
a) sua semelhança com formações ecológicas equivalentes, tais como a savana, bioma predominante em regiões frias do hemisfério Norte.
b) a vegetação típica, dotada de árvores de raízes profundas, folhas com espessas epidermes e inúmeros pelos protetores que revestem gemas laterais.
c) a distribuição, que alcança predominantemente estados localizados mais ao Sul do território brasileiro, destacando-se as matas paranaenses de araucárias.
d) solo rico em nutrientes minerais, úmido, não ácido e dotado de lençóis aquáticos de pequena profundidade em que predominam árvores de raízes superficiais.
e) riqueza em espécies cactáceas, dotadas de inúmeros espinhos e caules suculentos, rivalizando, em biodiversidade, com a Caatinga brasileira.

**5. (H14, H16, H17)** No inverno do Planalto Central, quando praticamente não chega água ao chão, de repente chuvas torrenciais despencam do céu como se um imenso balde tivesse entornado. As consequências disso na vegetação do Cerrado são bastante conhecidas, mas não nos microrganismos que vivem no solo. Os efeitos sobre esses seres têm sido estudados pelo grupo de pesquisa do microbiologista Ricardo Henrique Krüger, da UnB. O sequenciamento do DNA de amostras de microrganismos do solo coletadas em quatro tipos de vegetação do Cerrado em setembro, depois de mais de três meses sem chuva, e em fevereiro, quando muita água já tinha encharcado o chão, indicou uma variação grande de micróbios presentes e da função por eles desempenhada de acordo com as estações e as características da vegetação. Bactérias resistentes a altas temperaturas predominaram no campo sujo e no Cerrado típico, em relação às formações mais sombreadas. Fungos especializados em decompor matéria orgânica se mostraram abundantes na estação seca nas matas de galeria, onde existe maior queda de folhas. O estudo encontrou nos microrganismos grande quantidade de genes relacionados à parede celular e à dormência, interpretados como uma reação ao ambiente inóspito, e à aquisição de ferro, comum no solo do bioma. A interação com as plantas sugere que esses organismos têm um papel na capacidade do Cerrado de reagir às mudanças climáticas.

*Disponível em:* <http://revistapesquisa.fapesp.br/2016/03/21/chuva-de-microbios-no-solo/>. *Acesso em:* 24 abr. 2016.

De acordo com o texto e seus conhecimentos prévios sobre o assunto, responda:
a) Quais as principais características da vegetação do Cerrado?
b) Que tipo de interação ecológica ocorre entre a vegetação do Cerrado e os microrganismos encontrados no solo? O que aconteceria se esses microrganismos deixassem de existir?

**6. (H4, H14, H16, H17)** Grandes incêndios são frequentes no Cerrado – principalmente nos meses de inverno,

CAPÍTULO 3 – Biomas e fitogeografia do Brasil 77

quando os ventos fortes, a falta de chuva, a baixa umidade do ar e a massa vegetal seca favoreçam a propagação das chamas. Pode parecer contraditório, mas muitos especialistas defendem que a melhor forma de prevenir o problema e proteger a biodiversidade desse bioma tão ameaçado é, justamente, o uso controlado do fogo.

*Disponível em: <http://agencia.fapesp.br/especialista_defende_ manejo_de_fogo_no_cerrado/17303/>. Acesso em: 2 maio 2016.*

Dada a importância do Cerrado e considerando o valor que o fogo apresenta nesse bioma, responda:

a) Alguns milhões de anos de evolução sobre a influência do fogo permitiu que a vegetação do Cerrado, especialmente a herbácea, apresentasse rápido poder de recuperação após um incêndio. Discorra sobre a importância do fogo no Cerrado.

b) Para as árvores do Cerrado o fogo não traz benefícios. Cite uma adaptação que permite a essas árvores resistir às queimadas.

**7. (H17, H28)** Nos últimos 30 anos, a Mata Atlântica teve 1,887 milhão de hectares desmatados, o equivalente a 12,4 vezes o tamanho da cidade de São Paulo. Apesar de a maior parte dessa perda de vegetação ter ocorrido entre 1985 e o ano de 2000 e de as taxas estarem em queda desde 2005, a supressão de floresta continua ocorrendo no bioma mais devastado do país. (...) Os quase 2 milhões de hectares perdidos nos últimos 30 anos são só a última etapa da história de uma devastação que começou com a descoberta do Brasil. No sul do Brasil houve um aumento de 116% no corte, chegando a 1.777 hectares na região de araucárias. Da área que originalmente era ocupada pelo bioma Mata Atântica, hoje restam cerca de 12,5%, se considerados os fragmentos com mais de 3 hectares. A história do Brasil é a história da devastação da Mata Atlântica. Cada ciclo de desenvolvimento do país foi um ciclo de destruição da floresta.

*Adaptado de: GIRARDI, G. País perde 12 cidades de SP em Mata Atlântica. O Estado de S. Paulo, 25 maio 2016. Metrópole, p. A18.*

O texto relata a devastação que atingiu um dos mais importantes biomas brasileiros. A respeito dessa formação ecológica, dentre suas características pode ser citada a:

a) sua distribuição, restrita a estados do Sudeste brasileiro, região em que predominam as árvores araucárias, as principais representantes da vegetação desse bioma.

b) riqueza em espécies adaptadas ao clima seco da região, destacando-se inúmeras espécies de plantas cactáceas de caule suculento e folhas transformadas em espinhos.

c) pobreza em nutrientes minerais do solo, além da reduzida umidade ambiental, considerando-se a localização do bioma, que abrange o Centro-Oeste brasileiro.

d) ampla distribuição litorânea do bioma, cuja vegetação apresenta vários estratos, com árvores de porte elevado, folhas de ampla superfície, elevada umidade ambiental e solo razoavelmente suprido de nutrientes minerais.

e) elevadas médias de temperatura e de pluviosidade ao longo do ano, o que favorece o desenvolvimento de vegetais de pequeno porte, dotados de diminutas folhas repletas de pelos que evitam a perda de água pelas superfícies foliares.

**8. (H17, H28)** Ao longo dos estuários, baías, lagoas e braços de mar, árvores enfrentam condições pouco favoráveis e se debruçam sobre a água salobra. Às vezes representado por uma vegetação atarracada que forma uma franja verde, outras pelo emaranhado de caules que funcionam como muletas em arco para manter árvores bastante altas de pé na lama movediça, o manguezal é berçário para uma grande variedade de animais marinhos e ajuda a proteger a costa dos ventos e das ondas do mar. Em tempos de aquecimento global, a capacidade de absorver carbono da atmosfera e estocá-lo acrescentou mais uma etiqueta de preço ao valor desse ecossistema costeiro que no Brasil existe ao longo de quase todo o litoral, da Região Norte ao sul de Santa Catarina, e que agora reage ao aumento do nível do mar resultante das mudanças climáticas, como vem mostrando o grupo do oceanógrafo Mário Soares, da Universidade do Estado do Rio de Janeiro (UERJ).

*Disponível em: <http://revistapesquisa.fapesp.br/2014/02/12/ rede-de-protecao/>. Acesso em: 21 jun. 2016.*

Manguezal é uma zona úmida, definida como "ecossistema costeiro, de transição entre os ambientes terrestre e marinho, característico de regiões tropicais e subtropicais, sujeito ao regime das marés".

*Fonte: SCHAEFFER-NOVELLI, Y. Manguezal – ecossistema entre a terra e o mar. São Paulo: Caribbean Ecological Research, 1995. p. 7.*

Considerando os textos apresentados e dada a grande importância ambiental desse ecossistema costeiro, responda:

a) *Avicennia schaueriana* é uma espécie de árvore que ocorre em manguezais e apresenta raízes respiratórias. Cite outro nome para essa estrutura. Qual é a sua função?

b) Cite uma importância desse ecossistema. Quais as implicações da degradação desse ambiente?

**9. (H17, H28)** Dados do Instituto do Homem e Meio Ambiente da Amazônia (Imazon) reforçam a hipótese de que o desmatamento na Amazônia tenha voltado a aumentar no período 2014-2015 (...) foram 3.322 km$^2$ contra 2.044 km2 no período anterior. (...) O desflorestamento continua produzindo um terço das emissões nacionais de gases-estufa (...).

*Adaptado de: LEITE, M. ONG registra aumento no desmatamento. Folha de S.Paulo, São Paulo, 27 ago. 2015. Ciência + saúde, p. B7.*

Ocupando em torno de 40% do território brasileiro (3.500.000 km$^2$), a Floresta Amazônica caracteriza-se por ser constituída de:

a) vegetação densa, dotada de vários estratos, com plantas higrófitas, folhas amplas e brilhantes, muitas epífitas, solos rasos e pobres em nutrientes minerais, temperatura regularmente elevada e pluviosidade intensa.

b) vegetação rasa, com apenas dois estratos, plantas xerófitas, folhas transformadas em espinhos, solos ricos em nutrientes minerais e pluviosidade restrita a poucos meses do ano.

**78** UNIDADE 1 – Ecologia

c) clima semiárido, vegetação herbácea dotada de plantas rasteiras distribuídas por planícies de pastoreio, solos bem supridos de nutrientes minerais e pluviosidade constante ao longo dos meses do ano.
d) clima úmido devido à localização do bioma, distribuído por estados litorâneos brasileiros, vegetação dotada de vários estratos, higrófita, folhas amplas e brilhantes, solos ricos em nutrientes minerais e pluviosidade elevada e distribuída ao longo dos meses do ano.
e) vegetação predominantemente savânica, dotada apenas de estrato arbóreo e herbáceo, solo ácido e pobre em nutrientes minerais, árvores de casca grossa e tronco retorcido, estações seca e úmida bem definidas, com elevada temperatura ambiental.

## TESTE SEUS CONHECIMENTOS

**1.** (PEIES – UFSM – RS) Considerando os biomas do planeta e os fatores que afetam os ecossistemas, indique a afirmativa correta.
a) A corrente do Golfo, uma importante corrente marinha, leva água aquecida da região do equador até a costa pacífica da América do Sul.
b) Nas regiões equatoriais, o ar, fortemente aquecido pelo calor que irradia do sol, sobe e gera uma zona de alta pressão atmosférica, contribuindo para a formação de desertos.
c) Regiões do planeta com alta precipitação e altas temperaturas tendem a apresentar florestas tropicais como vegetação; um exemplo é a Mata Atlântica na América do Sul.
d) No Brasil, o cerrado (um tipo de savana) tem alto índice pluviométrico devido às "chuvas de encosta", causadas pelas montanhas que barram a passagem das nuvens.
e) O bioma pampa é um tipo de pradaria, com predomínio de gramíneas, que ocorre em áreas de planalto.

**2.** (UNIFESP) Leia o texto.

É uma floresta em pedaços. Segundo estimativas recentes, restam de 11% a 16% de sua cobertura original, a maior parte na forma de fragmentos com menos de 50 hectares de vegetação contínua, cercados de plantações, pastagens e cidades. Há tempos se sabe que essa arquitetura desarticulada dificulta a recuperação da floresta, uma das 10 mais ameaçadas do mundo. Pesquisadores coletaram informações sobre a abundância e a diversidade de anfíbios, aves e pequenos mamíferos em dezenas de trechos no Planalto Ocidental Paulista, as terras em declive que se estendem da Serra do Mar rumo a oeste e ocupam quase a metade do estado. Ao comparar os dados, os pesquisadores observaram quedas dramáticas na biodiversidade dos fragmentos.

*Pesquisa Fapesp*, maio 2011. Adaptado.

Responda:
a) Qual é o nome do bioma brasileiro a que se refere o texto? Cite uma característica desse bioma quanto ao regime hídrico e uma característica relativa aos aspectos da flora.
b) O texto faz referência às terras em declive que se estendem da Serra do Mar rumo a oeste. Rumo a leste, quais são os outros dois ecossistemas terrestres que estão presentes?

**3.** (UECE) "O bioma Caatinga poderá passar por graves transformações que irão influenciar diretamente na agricultura e no abastecimento de água (...)"; "Nosso objetivo é conseguir um compromisso político e social para a proteção da Caatinga antes que o pior aconteça (...)"; "A Caatinga é um dos biomas brasileiros mais ameaçados pelo uso intempestivo dos recursos naturais (...)"; "As maiores extensões de áreas em processo de desertificação no Brasil, com perda gradual de fertilidade do solo, estão localizadas no Semiárido, local onde se encontra o bioma, resultado da combinação do cultivo inadequado da terra às variações climáticas."

Conferencistas da Rio +20, 2012.

Sobre a Caatinga, pode-se afirmar corretamente que é
a) uma área em estado quase nativo, que tem sofrido pouca intervenção antrópica.
b) um bioma que se concentra apenas na região Nordeste do Brasil, com grande diversidade vegetal.
c) uma área caracterizada principalmente pela predominância de espécies vegetais adaptadas ao estresse hídrico.
d) um bioma que se concentra parcialmente no Nordeste brasileiro, podendo ser identificada por possuir plantas em sua maioria halófitas.

**4.** (PAS – UFLA – MG) Nas cactáceas, as folhas podem ter aparência de espinhos, estruturas geralmente lignificadas que apresentam tecido vascular. Nesses vegetais, essas folhas modificadas (espinhos) têm a função de
a) proteger as gemas.
b) reduzir a transpiração.
c) realizar a fotossíntese.
d) acumular substâncias nutritivas.

**5.** (UFRGS – RS) Os meses que antecedem a primavera são os que apresentam mais focos de queimadas no Brasil. Os biomas Amazônia e Cerrado apresentam o maior número de focos de queimadas mensal, com 3.490 casos (59%) e 1.673 casos (28,3%), respectivamente.

Disponível em: <www.inpe.br/queimadas/sitAtual.php>. Acesso em: 6 set. 2014.

Sobre os biomas acima citados, considere as seguintes afirmações:
I – A expansão da fronteira agrícola, aliada à queima da vegetação para produção de carvão, são fatores que agravam a degradação do Cerrado.

CAPÍTULO 3 – Biomas e fitogeografia do Brasil **79**

II – A vegetação do Cerrado caracteriza-se por apresentar cobertura predominante de gramíneas e árvores de grande porte com folhas grandes.
III – As regiões atingidas pelas queimadas no bioma Amazônia são as florestas inundadas, denominadas de Matas de Igapó, que abrigam as árvores mais altas da floresta.

Quais estão corretas?

a) Apenas I.
b) Apenas III.
c) Apenas I e II.
d) Apenas II e III.
e) I, II e III.

6. (UFPA) Situada na região norte da América do Sul, a Floresta Amazônica possui uma extensão de aproximadamente 7 mil quilômetros quadrados, espalhada pelos estados da Região Norte do Brasil e por outros países da América do Sul. Sobre esse bioma, é correto afirmar que:

a) é uma floresta tropical fechada, formada em boa parte por árvores de grande porte, situando-se próximas umas das outras. O solo dessa floresta é muito rico, pois possui uma espessa camada de nutrientes orgânicos.
b) a camada superficial do solo é formada pela decomposição de folhas, frutos e animais mortos. Esse rico húmus é matéria essencial para milhares de espécies de plantas e árvores que se desenvolvem nessa região.
c) o clima que encontramos na região desta floresta é o tropical. Nesse tipo de clima, tanto as temperaturas como o índice pluviométrico são elevados.
d) a retirada da cobertura vegetal permitiria a perda de parte dos nutrientes do solo, que seriam levados pelas chuvas constantes. Entretanto, devido à espessura da camada de húmus, o solo amazônico ainda teria boa fertilidade para utilização na agricultura.
e) as águas amazônicas possuem características diferentes, resultantes da geologia das bacias fluviais da Amazônia. Os chamados rios de água branca ou turva, como o Solimões ou o Madeira, percorrem terras pobres em minerais e suspensões orgânicas. Os chamados rios de água preta, como o Negro, oriundos de terras arenosas ricas em minerais, são transparentes e coloridos em marrom pelas substâncias do húmus.

7. (UFPE) O novo código florestal, proposto no congresso nacional brasileiro, diminui de 30 m para 15 m a proteção das margens dos riachos com mais de 5 m de largura, nas áreas de proteção permanente (APPs). Sobre os problemas enfrentados para garantir a conservação e preservação ambiental, considere as alternativas abaixo:

(0) Manguezais, como os que entrecortam a cidade do Recife, não são considerados áreas de proteção permanente, pois abrigam uma pobre diversidade biológica.
(1) uma exploração econômica sustentável, mesmo nas margens de rios e nascentes de áreas de proteção permanente, não provoca danos ambientais e, portanto, deveria ser estimulada.
(2) queimadas para produção de pastos eliminam sais minerais no solo, que seriam absorvidos nas raízes das plantas e transportados através do floema para as partes aéreas.
(3) caso o descarte de resíduos de indústrias em fontes de água potável provoque a extinção de um organismo consumidor primário em uma cadeia alimentar, seus consumidores secundários e terciários também poderão ser afetados.
(4) a cultura de plantas in vitro com adição de fitormônios como, por exemplo, as auxinas, que estimulam o desenvolvimentos dos frutos, pode ser uma forma de preservar espécies de plantas ameaçadas.

8. (UNESP) Basta lembrar que todas as grandes nascentes do Brasil, como as dos rios São Francisco e Amazonas e da Bacia do Paraná, estão em áreas de cerrado. Elas existem porque o Cerrado, pelas características da própria vegetação (…) e solo (…), retém grande quantidade de água. Por isso, por exemplo, a substituição artificial do cerrado do Brasil Central por algum tipo de agricultura, principalmente uma monocultura, pode comprometer – e muito – a reposição da água subterrânea que mantém essas nascentes.

Osmar Cavassan. Jornal UNESP, nov. 2010. Adaptado.

Cite uma característica das árvores e arbustos do cerrado que permita a essa vegetação acesso à água, e explique por que algumas monoculturas poderiam comprometer a reposição da água subterrânea nesse bioma.

9. (UFSM – RS) Leia a charge a seguir:

TERRA, L.; ARAÚJO, R.; GUIMARÃES, R. B. Conexões: estudos de geografia do Brasil. São Paulo: Moderna, 2009. p. 192.

Ao considerar a charge como uma forma artística de expressão, a figura refere-se a uma das principais formações vegetais do Brasil: o cerrado. Nele,

I – a característica da vegetação está relacionada com estratos arbóreos, formando uma cobertura contínua que abriga diversas espécies de epífitas, além de bambus, palmeiras e samambaias.
II – a vegetação está composta por dois estratos de plantas: um, arbóreo, com árvores de pequeno porte retorcidas e esparsas, e outro, herbáceo, de gramíneas ou vegetação rasteira.
III – as atividades agropecuárias promovem a devastação, cujas causas principais são o desmatamento e as queimadas para a incorporação de novas áreas para a agricultura comercial.

Está(ão) correta(s):

a) apenas I.
b) apenas I e II.
c) apenas III.
d) apenas II e III.
e) I, II e III.

# A BIOSFERA AGREDIDA

## 4

MICHAEL NOLAN/GRUPO KEYSTONE

A grande preocupação dos cientistas envolvidos no estudo da mudança climática é o aumento da temperatura na atmosfera, o chamado **aquecimento global**, que tem provocado acentuado degelo na Groenlândia e Antártida. Alguns cientistas estimam que todo o gelo dessas regiões derreterá até 2040, provocando inundação de muitas cidades, desaparecimento de ilhas, alteração no ciclo das chuvas, com reflexos na produção agrícola mundial, substituição gradual da Floresta Amazônica por cerrado, surgimento de doenças como a malária e a dengue em locais até hoje não afetados por elas, acidificação dos oceanos com riscos para a vida marinha, entre outros.

A ONU estima que o aumento máximo de temperatura, relativamente seguro, seria de até 2 °C na temperatura do planeta. O problema é que, segundo dados da agência espacial NASA, a temperatura do planeta já está 1 °C mais elevada do que no século XX, sendo que o ano de 2015 registrou a temperatura mais alta desde que as medições foram iniciadas (há 136 anos em agosto de 2016).

As previsões para a vida na Terra podem não ser boas, mas são – como o próprio nome indica – visões antecipadas do que pode ocorrer com nosso planeta *se não fizermos nada*. Também está em nossas mãos contribuir para a preservação do planeta: pequenas ações – como reciclagem de lixo, uso racional da água e da energia elétrica, entre tantas outras – fazem toda a diferença!

## 4-1. O AQUECIMENTO GLOBAL

A radiação solar que penetra em nosso planeta atravessa uma camada de vapor-d'água e gases, e é absorvida pela superfície terrestre (rochas, vegetação etc.) sob a forma de calor. Ao retornar para o espaço, uma parte desse calor é retida por um "cobertor" de gases (entre eles o gás carbônico). Esse calor "aprisionado" pelo cobertor de gases aquece a Terra, transformando-a em uma estufa.

Perceba que essa camada de gases atua como se fosse o vidro das estufas para plantas, que deixa passar a radiação solar e retém dentro delas o calor. Daí chamarmos a esse processo de aquecimento de *efeito estufa*. Alguns gases, entre eles o gás carbônico, aumentam esse efeito (reveja a Figura 1-11, página 39).

É preciso deixar bem claro que o aquecimento da Terra foi e continua sendo fundamental para o desenvolvimento da vida em nosso planeta. Sem ele, a Terra congelaria. Então, por que o receio do efeito estufa? O problema é que a espessura da camada de gases está aumentando, devido principalmente à crescente emissão de gás carbônico proveniente da queima de combustíveis fósseis (derivados de petróleo, carvão mineral e gás natural) e das queimadas de florestas, notadamente nas regiões tropicais. Mais calor retido provoca aumento exagerado da temperatura terrestre.

O Jardim Botânico de Curitiba é um importante centro de pesquisas da flora do Paraná. Sua estufa de ferro e vidro tem 450 m² e foi inspirada no Palácio de Cristal de Londres.

### Anote!
O gás metano ($CH_4$) é 21 vezes mais potente do que o $CO_2$ na retenção do calor gerado pela luz do Sol. É, portanto, um gás de estufa. É gerado em aterros sanitários e no tubo digestório de animais como o boi e a vaca.

Pela previsão dos cientistas que assinaram um documento em 2007 (em um evento chamado Painel Intergovernamental de Mudanças Climáticas), além de todos os acontecimentos já mencionados, com o derretimento da neve que se encontra no alto das grandes cadeias montanhosas, prevê-se uma escassez de água em muitos lugares do mundo, pois essas camadas de gelo atuam como verdadeiros reservatórios de água (retendo-a no inverno e liberando-a no verão). Pela previsão do Painel Intergovernamental de Mudanças Climáticas, cerca de 1 bilhão de pessoas poderão sofrer com a falta de água a partir de 2020.

UNIDADE 1 – Ecologia

## Saiba mais

### Ciclo do carbono: existia o equilíbrio

As plantas e muitos seres marinhos absorvem gás carbônico e, com a utilização da luz solar e da água (em um processo chamado de **fotossíntese**), produzem várias substâncias orgânicas, liberando o gás oxigênio como subproduto.

A devolução de gás carbônico para a atmosfera ocorre por três mecanismos: a respiração dos seres vivos, a decomposição de restos orgânicos dos seres vivos e a queima de substâncias contendo carbono (combustíveis fósseis como os derivados de petróleo, o carvão mineral e o gás natural).

Até pouco tempo, esse ciclo encontrava-se em *equilíbrio*, ou seja, a devolução do gás carbônico para a atmosfera era compensada pela sua retirada por fotossíntese. Ocorre que a queima excessiva dos combustíveis fósseis, além das queimadas das florestas, provocou um desequilíbrio, aumentando a taxa desse gás na atmosfera e, consequentemente, a acentuação do efeito estufa. Qual a solução? A resposta é diminuir as emissões de gás carbônico e retirar o excedente desse gás da atmosfera. A primeira medida já está sendo adotada por alguns países. Quanto à segunda alternativa, ou seja, o *sequestro de carbono*, é preciso deixar bem claro que o *principal* mecanismo de retirada do carbono da atmosfera continua sendo a *fotossíntese*. Nesse sentido, o plantio de árvores é uma medida extremamente benéfica, já que elas armazenam grande quantidade de carbono na madeira. Ao mesmo tempo, devemos estimular projetos que evitem desmatamentos.

Outro mecanismo é o relativo à *descarbonização* da atmosfera. O que significa isso? Consiste no estímulo à utilização das chamadas *fontes de energia limpa*, ou seja, que não emitem gases de estufa. Entre elas, podemos citar o hidrogênio, a captação de energia solar, o uso de energia dos ventos (eólica), entre outras.

## O que está sendo feito

Atualmente, 7 bilhões de toneladas de carbono são queimadas por ano e estima-se que essa emissão poderá dobrar até 2056 se nada for feito. Um primeiro passo para diminuir a emissão de gás carbônico para a atmosfera foi dado em 1997, ocasião em que 141 países assinaram um protocolo em Kyoto, no Japão, comprometendo-se a reduzir em 5% as emissões de gases que aumentam o efeito estufa até o ano 2012. Esse protocolo foi ratificado por cerca de 120 países e entrou em vigor em 2005, porém os EUA, responsáveis por cerca de 30% da emissão de gases causadores do efeito estufa, não ratificaram esse acordo. Para o cálculo dessa redução, os países devem tomar como base a quantidade de gases de efeito estufa que lançaram na atmosfera em 1990.

No Brasil, uma das medidas para reduzir a emissão de gases, além, é claro, da redução do desmatamento e das queimadas florestais, é o uso de combustíveis alternativos, ou seja, não derivados do petróleo, como o álcool etílico e o biodiesel.

Já a questão da água é ainda mais complexa, pois, além de políticas para o meio ambiente e desenvolvimento sustentável, em muitas regiões do planeta o controle sobre a água é uma ferramenta de poder. Dados do Fundo das Nações Unidas para a Infância (UNICEF) indicam que menos da metade da população mundial tem acesso à água tratada. Entre as medidas mais urgentes para minimizar o problema de escassez de água estão o uso de forma mais responsável; a preservação das regiões de mananciais; evitar a contaminação do solo com produtos químicos que possam percolar até o lençol-d'água subterrâneo, inutilizando-o para o consumo; a reutilização da água, entre outras.

Independentemente de como o faremos, é preciso preservar a todo custo a água, pois sem ela é impossível a vida.

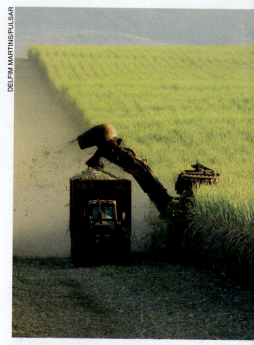

No passado, uma agricultura manual. Hoje, os extensos canaviais estão se tornando cada vez mais mecanizados, agilizando o preparo da terra, a irrigação e, como nesta foto, a colheita.

## Saiba mais

### Biocombustíveis: uma alternativa

A utilização de biocombustíveis tem-se revelado uma excelente alternativa energética aos derivados de petróleo, no que se refere à redução da emissão de gás carbônico. Ocupam posição de destaque o álcool etílico, produzido por microrganismos a partir do açúcar da cana e do milho, bem como o *biodiesel*, obtido do processamento dos óleos de soja, mamona, dendê, palma, entre outros. A queima dessas substâncias libera gás carbônico que, ao ser absorvido por novas plantas constantemente cultivadas para a produção desses biocombustíveis, proporciona um equilíbrio entre absorção e liberação do gás carbônico. Em resumo, cada vez que as plantas efetuam o processo de fotossíntese, elas de certo modo absorvem o gás carbônico gerado na queima daquelas substâncias, resultando em equilíbrio entre produção e absorção daquele gás.

CAPÍTULO 4 – A biosfera agredida **83**

## 4-2. POLUIÇÃO

A poluição é quase sempre consequência da atividade humana. É causada pela introdução de substâncias que normalmente não estão no ambiente ou que nele existem em pequenas quantidades. Portanto, dizer que poluir é simplesmente sujar é emitir um conceito, senão errado, no mínimo impreciso. Então, convém deixar claros dois conceitos básicos para o entendimento deste capítulo:

- **poluição** é a introdução de qualquer material ou energia (calor) em quantidades que provocam alterações indesejáveis no ambiente;
- **poluente** é o resíduo introduzido em um ecossistema não adaptado a ele ou que não o suporta nas quantidades em que é introduzido.

Quando fazemos uma análise da poluição, precisamos diferenciar os *resíduos que já existiam na natureza* e cujo teor *aumentou*, devido às atividades do homem, daqueles *resíduos que não existiam na natureza e passaram a se acumular no ambiente, exercendo efeitos danosos*. No primeiro caso, estão o gás carbônico ($CO_2$) e as fezes humanas. No segundo caso, substâncias como o DDT, o estrôncio-90 e os CFC (clorofluorcarbonos).

Poluição é hoje um termo incorporado à vida diária do homem. Vive-se poluição, sente-se poluição, respira-se poluição por todos os lados.

Na verdade, a poluição não é um problema recente. A partir do instante em que a espécie humana começou a crescer exageradamente e a ocupar cada vez mais espaços para a sua sobrevivência, o destino dos resíduos produzidos na vida diária passou a ser um problema mais difícil de solucionar. Além disso, a sobrevivência humana depende de se encontrarem novas fontes de energia e de se proporcionar a melhoria do bem-estar individual, que envolve, entre outras coisas, o aprimoramento dos meios de transporte, já que o deslocamento para pontos distantes exige a criação de meios eficientes de locomoção. No entanto, esses meios, associados à modernização das indústrias, contribuem cada vez mais para a liberação, no ambiente, de substâncias que até então não existiam ou existiam em pequena quantidade, e que passam a constituir uma ameaça para a vida na Terra.

A utilização de materiais não biodegradáveis, como sacos e recipientes de plástico e embalagens de alumínio, entre outros, agrava o problema da poluição. Essas substâncias não são atacadas por detritívoros e decompositores, e acumulam-se nos ecossistemas em níveis insuportáveis, contribuindo para a deterioração ambiental.

A utilização de embalagens não biodegradáveis – sacos e recipientes plásticos – é um dos maiores problemas para a humanidade.

### Saiba mais

**Materiais particulados**

É crescente a preocupação das autoridades de saúde pública das grandes cidades relativamente à existência danosa de materiais particulados. São compostos de partículas sólidas ou líquidas de tamanho e forma que lhes permitem ficar em suspensão na atmosfera após a sua emissão.

Automóveis, ônibus, caldeiras a óleo, termelétricas, processos e operações industriais, a queima da vegetação, bem como pólen, esporos e materiais biológicos são as principais fontes. Inaladas pelas pessoas, são extremamente danosas à saúde, podendo provocar doenças no sistema respiratório (asma, pneumonias) e no sistema cardiovascular.

## 4-3. INVERSÃO TÉRMICA

A inversão térmica é bastante conhecida em cidades como São Paulo e traz sérios problemas de saúde à população. O que causa esse fenômeno? Normalmente, as camadas inferiores de ar sobre uma cidade são mais quentes do que as superiores, e tendem a subir, carregando a poeira que se encontra em suspensão. Os ventos carregam os poluentes para longe da cidade.

No entanto, em certas épocas do ano, as camadas inferiores ficam mais frias que as superiores. O ar frio, mais denso, não sobe; por isso, não há circulação vertical, e a concentração de poluentes aumenta. Se houver, além disso, falta de ventos, um denso "manto" de poluentes se mantém sobre a cidade por vários dias (veja a Figura 4-1). Aumentam os casos de problemas respiratórios e de ardor ocular e verifica-se um desconforto físico generalizado.

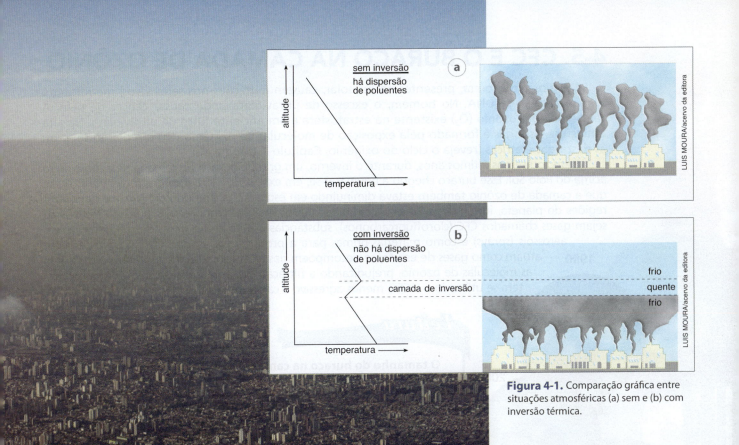

**Figura 4-1.** Comparação gráfica entre situações atmosféricas (a) sem e (b) com inversão térmica.

Vista aérea em que se nota a poluição atmosférica sobre a cidade de São Paulo, SP, em consequência de inversão térmica.

# 4-4. CHUVA ÁCIDA

A chuva ácida é uma das principais consequências da poluição do ar. Normalmente, a água da chuva é ácida e o pH é de aproximadamente 5,5, como resultado da formação de ácido carbônico decorrente da reação de gás carbônico com água na atmosfera.

A queima de combustíveis fósseis (carvão e petróleo) libera grandes volumes de óxidos de enxofre e de nitrogênio. Na atmosfera, essas substâncias sofrem oxidação e se convertem em ácido sulfúrico e ácido nítrico. Estes se dissolvem em água e estão presentes nas chuvas que se precipitam sobre as grandes cidades e, com frequência, em pontos distantes dos locais onde são formados. Para a vegetação, entre outros danos, acarretam amarelecimento das folhas e/ou diminuição da folhagem.

A chuva ácida afeta não só organismos vivos como também os monumentos das cidades.

CAPÍTULO 4 – A biosfera agredida

## 4-5. CFC E O BURACO NA CAMADA DE OZÔNIO

Os *raios ultravioleta*, presentes na luz solar, causam mutações nos seres vivos, modificando suas moléculas de DNA. No homem, o excesso de ultravioleta pode causar câncer de pele. A camada de gás ozônio ($O_3$) existente na estratosfera é um eficiente filtro de ultravioleta. Na alta atmosfera, esse gás é formado pela exposição de moléculas de oxigênio ($O_2$) à radiação solar ou às descargas elétricas (reveja o ciclo do oxigênio, Capítulo 1, página 40).

Detectou-se nos últimos anos, durante o inverno, um grande *buraco* na camada de ozônio, logo acima do Polo Sul. Esse buraco chegou a equiparar-se, em extensão, à América do Norte. Verificou-se que a camada de ozônio também estava diminuindo em espessura acima do Polo Norte e em outras regiões do planeta, incluindo o Brasil. Acredita-se que os maiores responsáveis por essa destruição sejam gases chamados CFC (clorofluorcarbonos), substâncias usadas como gases de refrigeração, em aerossóis (*sprays*) e como matérias-primas para a produção de isopor. Os CFC, que também atuam como gases de estufa, se decompõem nas altas camadas da atmosfera e destroem as moléculas de ozônio, prejudicando a filtração da radiação ultravioleta. Atualmente, tem-se utilizado o HCFC, menos agressivo à camada de ozônio.

1980
1990
2000
2016

NASA/GSFC

A sequência de globos mostra a evolução do buraco na camada de ozônio sobre o Polo Sul.

### Leitura

**O tamanho do buraco na camada de ozônio começa a diminuir**

O buraco na camada de ozônio sobre a Antártida está começando a diminuir, dizem pesquisadores australianos. A equipe de cientistas é a primeira a detectar a recuperação dos níveis de ozônio na região. Isso ocorre 22 anos depois do Protocolo de Montreal, no Canadá, assinado por inúmeros países em 1987. Por meio desse protocolo, foi interrompida a produção e utilização de CFC (clorofluorcarbonos) e outras substâncias destruidoras da camada de ozônio.

*Fonte:* SALBY, M.; TITOVA, E.; DESCHAMPS, L. Rebound of Antarctic Ozone. *Geophys. Res. Lett.*, v. 38, L09702, 4 pp., 2011.

- Segundo estudos recentes, publicados por pesquisadores do MIT (Massachusetts Institute of Technology), há claras evidências de que a camada de ozônio está se recuperando. Qual é o principal benefício resultante da provável reconstituição da camada de gás ozônio na estratosfera terrestre?

## 4-6. POLUIÇÃO DA ÁGUA E EUTROFIZAÇÃO

Esgotos, detergentes e fertilizantes agrícolas que atingem rios, represas e lagos podem provocar a morte de peixes e de outros seres aeróbios? Sim. Isso acontece como consequência da **eutrofização**, processo que aumenta os nutrientes inorgânicos na água, notadamente fosfatos e nitratos.

### Eutrofização causada por poluição

Na eutrofização artificial, provocada por poluição, o lançamento de esgotos e detergentes na água favorece a proliferação de microrganismos decompositores aeróbios, cuja ação tem dois efeitos: aumento da quantidade de nutrientes minerais (notadamente fosfatos e nitratos) e diminuição da taxa de oxigênio da água. Com o aumento da quantidade de nutrientes, algas e cianobactérias proliferam e conferem uma coloração esverdeada típica à água. Há competição por oxigênio, além de se tornar difícil a realização de fotossíntese nas regiões mais profundas, impedidas de receber luz devido à turbidez da água. Com o tempo, ocorre morte maciça de algas e de cianobactérias e o oxigênio acaba se esgotando devido à ação dos microrganismos decompositores aeróbios. Os peixes e outros seres aeróbios morrem. Com a falta de oxigênio, entram em ação os microrganismos decompositores anaeróbios, cuja atividade metabólica libera substâncias malcheirosas, empobrecendo de vez a comunidade aquática.

## Estabelecendo conexões

### A estação de tratamento de água do Parque do Ibirapuera (SP)

Um dos maiores problemas das grandes cidades refere-se à poluição da água de rios, lagos e córregos, o que compromete a vida desses ecossistemas. Estações de tratamento visam solucionar o problema por meio da utilização de vários métodos que conduzem, com o tempo, à purificação da água.

Na cidade de São Paulo, a Sabesp (Companhia de Saneamento Básico do Estado de São Paulo) construiu uma miniestação de tratamento de água que abastece os lagos do Parque do Ibirapuera. Essa água é originada do Córrego do Sapateiro, que recebe os esgotos produzidos na região. No tratamento, toda a água suja do córrego que poluiria o lago é exposta a sulfato de alumínio, o mesmo produto que se usa para limpar piscinas. Dá-se, então, a coagulação dos poluentes. Em seguida, essa água, com sujeira coagulada, é exposta a outra substância, chamada polímero, que provoca a formação de grandes flocos de sujeira.

Para evitar que essa sujeira se acumule no fundo do canal, injeta-se água limpa com microbolhas de ar no fundo. As bolhas farão com que toda a sujeira seja elevada à superfície para, depois, ser recolhida. E a água volta a ser limpa e cristalina. Todo o lodo extraído no processo é tratado. Além disso, mais oxigênio é injetado na água, o que favorece a sobrevivência dos animais que dele dependem para sobreviver.

Esse é um pequeno exemplo de como podemos agir no sentido de recuperar ecossistemas aquáticos que banham nossas cidades e que sofrem com a poluição gerada pela espécie humana.

Na sua cidade existe estação de tratamento de água? Programe uma visita para conhecer o método utilizado para a despoluição.

O esquema abaixo ilustra o mecanismo básico do método empregado para a despoluição dos lagos do Parque do Ibirapuera, na cidade de São Paulo (SP).

- Em termos de saneamento básico, que benefícios podem resultar do correto tratamento das águas de rios que percorrem as grandes cidades e que recebem os esgotos nelas produzidos e despejados?

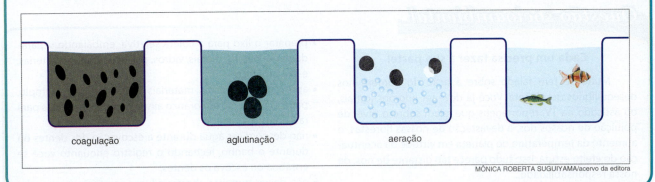

MÔNICA ROBERTA SUGUIYAMA/acervo da editora

## 4-7. O DESTINO DO LIXO NAS GRANDES CIDADES

O lixo acumulado gera doenças. Proliferam ratos, moscas, baratas e outras espécies veiculadoras de microrganismos patogênicos. A leptospirose, por exemplo, doença bacteriana transmitida pela urina de ratos que vivem nos esgotos das grandes cidades, é uma ocorrência constante a cada enchente. Como os ratos proliferam onde há lixo e os seus inimigos naturais não existem mais, a resistência ambiental a esses roedores diminui e sua população aumenta.

A falta de destinação correta do lixo produzido em uma grande cidade é hoje uma preocupação crescente. Ruas, calçadas e córregos servem de local para a descarga de material. Esse lixo acaba se dirigindo a bueiros e rios, provocando poluição.

A construção de aterros sanitários, usinas de reciclagem, incineradores, além – é claro – da educação ambiental, tem-se revelado excelente. A coleta seletiva de lixo, na qual plásticos, vidros, restos orgânicos de alimentos e papéis são depositados em reservatórios e separados para posterior processamento, é um grande passo para atenuar o problema.

### Anote!

Não se esqueça da regra dos **três R**:

- **reduzir** a produção de resíduos e consumir com moderação;
- **reutilizar**, ou seja, reaproveitar os itens antes de jogá-los fora e
- **reciclar**, isto é, enviar os resíduos a serem descartados para que possam ser processados e transformados.

BARBALISS/SHUTTERSTOCK

CAPÍTULO 4 – A biosfera agredida **87**

## Compostagem e lixo urbano

Para onde vai o lixo produzido pela sua cidade? O município em que você mora faz coleta seletiva de lixo? Esse tipo de recolhimento do lixo possibilita a separação e destinação adequadas de diversos tipos de resíduos, muitos dos quais extremamente tóxicos para o ambiente e para a comunidade de seres vivos. No caso do lixo orgânico (principalmente restos alimentares), recorre-se à chamada **compostagem**, em que os restos orgânicos amontoados são constantemente misturados. Isso facilita a atuação de fungos e bactérias que recorrem à decomposição aeróbia (com consumo de oxigênio) para efetuar o "desmanche" das macromoléculas orgânicas componentes dos alimentos. A amônia (derivada de restos orgânicos nitrogenados) e o gás carbônico são os principais gases liberados nesse processo. O material resultante da atuação dos microrganismos, o composto, rico em nutrientes minerais, poderá ser utilizado, posteriormente, como fertilizante agrícola. Durante a compostagem que ocorre em lixões, origina-se o **chorume**, um resíduo líquido, de coloração variada. De modo geral, esse líquido escorre para local apropriado, onde é deixado para evaporar, possibilitando o reaproveitamento dos nutrientes que restaram.

Reciclagem: uma solução atenuante para o problema gerado pela poluição provocada pela espécie humana.

### *Questão socioambiental*

**Cada um precisa fazer a sua parte!**

Muito se tem falado sobre a ação do homem nos desequilíbrios do planeta. Você já deve ter lido nos jornais, ou assistido na TV, reportagens que falam sobre o nível de poluição de nossos rios, a devastação de nossas florestas, o aumento da temperatura do planeta em virtude da acentuação do efeito estufa. Isso tudo parece tão distante de nós, de nossa responsabilidade...

Puro engano. Também somos responsáveis pelo espaço em que vivemos e podemos adotar algumas medidas concretas para – se não recuperar – ao menos não deteriorar ainda mais o mundo à nossa volta, como:

- não usar *spray* que contenha CFC, pois, como vimos, esse produto tem um efeito danoso sobre a camada de ozônio que nos protege dos raios ultravioleta provenientes do Sol;
- não jogar dejetos nos rios e lagos;
- preparar o lixo para a coleta seletiva, embalando separadamente papéis, metais, vidros, plásticos, pilhas e baterias, e lixo orgânico;
- aproveitar melhor os materiais já usados; por exemplo, papéis com verso em branco ainda podem ser usados para rascunho;
- não desperdiçar água durante a escovação dos dentes ou durante o banho, fechando o registro enquanto você se ensaboa ou escova os dentes;
- não deixar torneiras abertas e luzes acesas desnecessariamente.

- Todas as atitudes citadas no texto, e muitas outras, embutem uma importante manifestação relativa a todas as sociedades humanas. Em uma palavra, qual é essa manifestação e que resultados ela proporciona para a biosfera da qual somos participantes?

## 4-8. CONTROLE BIOLÓGICO DE PRAGAS

À medida que o homem toma consciência de que os inseticidas também o prejudicam, procura recursos menos nocivos e que possam ser igualmente eficientes no combate às pragas vegetais. É o caso do uso de *inimigos naturais de pragas*, capazes de controlar as populações, principalmente dos insetos que competem com o homem. Os canaviais, por exemplo, podem ser protegidos de certas espécies de insetos comedores das folhas da cana-de-açúcar usando-se fungos parasitas desses insetos. É método não poluente, específico, e acarreta prejuízos praticamente desprezíveis para o equilíbrio do ambiente.

A irradiação, com raios gama, de machos de insetos-praga em laboratório, é outra medida útil e que leva à sua esterilização. Soltos na lavoura, encontram-se com muitas fêmeas, não conseguindo, porém, fecundar os óvulos. Assim, declina a população, o que redunda no controle populacional da praga.

## PASSO A PASSO

**1.** Quase sempre consequência da atividade humana, a poluição é causada pela introdução de substâncias que normalmente não estão presentes no ambiente ou que nele existem em pequenas quantidades. Ao se fazer a análise da poluição, é preciso diferenciar os resíduos que já existiam na natureza, cuja quantidade aumentou devido à atividade humana, daqueles que não existiam e passaram a se acumular no ambiente, exercendo efeitos danosos.

Utilizando as informações do texto e seus conhecimentos sobre o assunto, responda:

a) Qual pode ser um conceito usual de poluição?
b) O que é poluente?
c) Cite um exemplo de cada tipo de resíduo relativo à afirmação contida nesse texto.

**2.** A poluição não é problema recente. Tem-se agravado com o crescimento da população humana mundial e a consequente produção de resíduos dela decorrentes na vida diária das pessoas. A procura de novas fontes de energia, não poluidoras, tende a ser uma preocupação constante das autoridades mundiais.

a) Cite alguns exemplos de resíduos produzidos pelo homem e que, por não serem biodegradáveis, acumulam-se nos ambientes e agravam a poluição. Que medidas poderiam ser sugeridas no sentido de reduzir o impacto causado por esses resíduos nos ecossistemas?
b) Conceitue poluente primário e poluente secundário e cite um exemplo de cada uma dessas modalidades.

Utilizando seus conhecimentos sobre o assunto, responda às questões **3** e **4**.

**3.** Por que se diz que a poluição gasosa decorrente da liberação dos óxidos citados acentua a acidez da água das chuvas e ocasiona episódios de chuva ácida? Cite algumas consequências dessa chuva ácida nos equipamentos das grandes cidades e nos seres vivos de modo geral.

**4.** a) Qual é a consequência da formação do *smog* fotoquímico, relativamente à substância gerada, ao ocorrer na atmosfera que circunda as grandes cidades?
b) Cite a principal consequência – em termos de saúde humana – da produção de gás ozônio ($O_3$) decorrente do *smog* fotoquímico, principalmente nas grandes cidades industrializadas.
c) Qual é a utilidade do gás ozônio ($O_3$), localizado na alta atmosfera, para a vida na Terra?

**5.** Esgotos (contendo fezes humanas), detergentes e fertilizantes agrícolas que atingem a água de represas, lagos e rios podem propiciar a ocorrência de *eutrofização* causada por esses dejetos, cuja consequência é a morte de seres aeróbios, como os peixes que vivem nesses ambientes. A respeito desse assunto e utilizando seus conhecimentos, responda:

a) Qual é o significado de *eutrofização*, relativamente a ambientes aquáticos (rios, lagos e represas)? Cite a principal consequência decorrente desse fenômeno, relacionada à proliferação de seres vivos, como, por exemplo, algas microscópicas e bactérias.
b) Explique em poucas palavras por que, em consequência da *eutrofização*, pode ocorrer a morte de seres aeróbios.

**6.** O lixo produzido nas grandes cidades é um importante fator de degradação ambiental. Várias doenças, entre elas a leptospirose, são consequência da destinação inadequada do lixo urbano. A respeito do assunto descrito no texto e utilizando seus conhecimentos:

a) Cite algumas medidas que poderiam ser adotadas no sentido de atenuar o problema representado pela destinação inadequada do lixo produzido nas grandes cidades.
b) Qual é o significado de compostagem e chorume? Qual é a sua utilidade no tratamento do lixo?

Utilize as informações do texto a seguir para responder à próxima questão.

"Por favor, utilizem-me. Eu não custo nada. Sou de graça." Essa frase pode ser aplicada a países situados na região equatorial e tropical, como o Brasil, beneficiados por uma elevada e praticamente constante incidência de radiação solar ao longo do ano. É comum dizer-se, atualmente, que a utilização da luz solar é "ecologicamente correta".

**7.** Cite alguns benefícios decorrentes da utilização da energia solar, em termos de transformação energética. Por que se diz que a utilização de energia solar é "ecologicamente correta"?

**8.** Espécies que causam danos e prejuízos aos seres humanos são preocupantes por causarem danos a cultivos vegetais utilizados pelo homem. É o caso das lagartas que se alimentam de folhas de plantas de algodão. Algumas espécies de borboleta depositam seus ovos nessa cultura. A microvespa *Trichogramm* sp. introduz seus ovos nos ovos de outros insetos, incluindo os das borboletas em questão. Os embriões da vespa se alimentam do conteúdo desses ovos e impedem que as larvas de borboleta se desenvolvam. Assim, é possível reduzir a densidade populacional das borboletas até níveis que não prejudiquem a cultura.

*Adaptado de*: ENEM, Ciências da Natureza, 2011.

a) O texto se refere a uma atividade desenvolvida por pesquisadores no sentido de controlar pragas agrícolas que afetam cultivos vegetais de interesse humano. Que denominação é dada a esse método de controle de pragas agrícolas?
b) Um método alternativo, ainda hoje utilizado por muitos agricultores, é a pulverização de defensivos agrícolas nos cultivos vegetais. Cite possíveis prejuízos decorrentes da utilização de métodos químicos no controle de pragas agrícolas.

CAPÍTULO 4 – A biosfera agredida

## A CAMINHO DO ENEM

**1. (H4, H9, H10, H12, H17, H30)** Assim como as florestas, os oceanos são fundamentais para o equilíbrio climático do planeta: absorvem 25% das emissões totais de gás carbônico ($CO_2$), o principal gás responsável pelo efeito estufa. No entanto, a concentração de carbono na atmosfera bateu recorde este ano e excedeu o limite de 400 partes por milhão (ppm), o que indica que os mares podem não estar dando conta do recado. (...) Com águas mais quentes, espécies capturadas para consumo humano podem desaparecer porque os ambientes se tornarão inóspitos. (...) Mas é fato que ela afetará de crustáceos a cetáceos. O aquecimento das águas tem como consequência o impacto no crescimento do fitoplâncton, a base da teia alimentar marinha, o que resulta em menos alimento disponível para os peixes. Além do aquecimento das águas, a elevada concentração de gases de efeito estufa nos oceanos torna as águas mais ácidas, outro fator de risco à vida marinha. (...) "A acidificação dos oceanos é um fenômeno pouco conhecido, mas é uma ameaça silenciosa do aquecimento global. Ela vai afetar a sobrevivência dos recifes de corais", afirma a bióloga Leandra Gonçalves, consultora da SOS Mata Atlântica.

VIALLI, A., Sinal de Alerta. *Folha de S.Paulo*, São Paulo, 6 jun. 2015. Ciência + saúde, p. B5.

De acordo com as informações do texto é aceitável concluir que:

a) a acidificação dos oceanos não provocará danos aos recifes de corais.
b) o aquecimento da água dos oceanos provocará impacto no crescimento do fitoplâncton.
c) a concentração de carbono na atmosfera aumentou em consequência do aquecimento global.
d) a elevada concentração de gases de efeito estufa torna a água oceânica mais básica.
e) águas mais quentes provocarão a proliferação de espécies capturadas para consumo humano.

**2. (H4, H13, H17)** A espécie de tartaruga *Chrysemys picta*, popularmente conhecida como tartaruga-pintada, habitante de certas regiões da América do Norte, pode se extinguir devido ao aquecimento global. O sexo dessa espécie é determinado pela temperatura ambiente. Ovos depositados em ninhos aquecidos geram sempre fêmeas, enquanto machos são produzidos em baixa temperatura. Assim, modelos matemáticos desenvolvidos pelo pesquisador Rory Telemeco, nos EUA, sugerem que, a se confirmarem as previsões relativas ao incremento da temperatura terrestre nos próximos anos, essa espécie poderá se extinguir, em razão do desaparecimento de parceiros sexuais necessários à reprodução e geração de novos descendentes.

*New Scientist*, London, 11 May 2013, p. 16.

A se manter a tendência de incremento do aquecimento global relatado no texto e considerando o risco de extinção da espécie citada, é correto concluir que a possibilidade de extinção dessa espécie de tartaruga se relacione ao fato de provavelmente:

a) ocorrer geração de indivíduos de ambos os sexos em igual proporção.
b) não ocorrer geração de indivíduos do sexo feminino.
c) não ocorrer geração de indivíduos, machos ou fêmeas.
d) ocorrer apenas geração de indivíduos do sexo feminino.

**3. (H9, H10, H12, H17)** No dia 12 de dezembro de 2015 foi encerrada, em Paris, a COP21, Conferência das Nações Unidas para o Clima, em que o relatório final visava ao encontro de soluções para atenuar a emissão de gases de estufa e impedir que a elevação da temperatura da Terra ultrapassasse 2 °C, até o fim do século 21. Na verdade, ênfase foi dada para a redução das emissões do principal gás relacionado ao efeito estufa, o gás carbônico ($CO_2$). Uma das frases mais ouvidas e lidas nos meios de comunicação à época era relacionada à necessidade de "ir atrás do gás carbônico e retê-lo, no sentido de não ser liberado para atmosfera". Esse processo, de captação do gás carbônico, é atualmente efetuado por inúmeros seres vivos, sendo notadamente relacionado com a expressão "sequestro de carbono", muito propalada nos meios científicos. Evidentemente, tal expressão relaciona-se com a realização de fotossíntese pelos "inúmeros seres vivos" acima citados. Assim, pensando-se exclusivamente no "sequestro de carbono" associado à fotossíntese, é correto dizer que, atualmente, é realizado, *principalmente*, por:

a) fungos e todas as bactérias presentes na superfície terrestre.
b) vegetais clorofilados e todas as espécies de bactérias.
c) esponjas marinhas e microscópicas algas aquáticas componentes do fitoplâncton.
d) fungos aquáticos, vegetais clorofilados e algas microscópicas componentes do fitoplâncton.
e) vegetais clorofilados e algas microscópicas aquáticas componentes do fitoplâncton.

**4. (H4, H10, H12, H17)** Considere a imagem a seguir:

Especialistas da ONU afirmaram na quarta-feira que a lama de dejetos de minério liberada no rio pelo rompimento da barreira é tóxica. "Novos testes provam que o colapso de uma barreira de dejetos pertencente à

90 UNIDADE 1 – Ecologia

*joint-venture* entre Vale y BHP Billiton (Samarco), que lançou 50 milhões de toneladas de resíduos de minério de ferro, jogou altos níveis de metais pesados tóxicos e outros produtos químicos tóxicos no Rio Doce", afirmou o Alto Comissariado de Direitos Humanos da ONU em um comunicado.

*Disponível em: <http://www.istoedinheiro.com.br/noticias/negocios/20151126/samarco-rejeita-relatorio-onu-sobre-lama-toxica-mariana/320647>. Acesso em: 24 abr. 2016.*

De acordo com a imagem e o texto apresentados, responda ao que se pede.

a) Considerando o efeito dos metais pesados em uma cadeia trófica, em qual nível trófico essas substâncias são encontradas em maior quantidade, nos produtores ou consumidores terciários? Justifique.
b) Cite outro problema associado à grande quantidade de lama que chegou aos rios.

**5. (H4, H9, H10, H12, H17)** O "buraco da camada de ozônio" é o fenômeno de queda acentuada na concentração do ozônio sobre a região da Antártica, conforme figura abaixo. A cor azul tendendo para o violeta indica a baixa concentração de ozônio. O processo de diminuição da concentração de ozônio vem sendo acompanhado desde o início da década de 1980, em vários pontos do mundo, inclusive no Brasil.

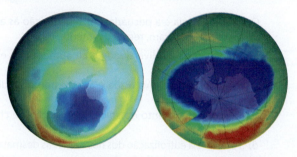

*Disponível em: <http://www.mma.gov.br/clima/protecao-da-camada-de-ozonio>. Acesso em: 23 jun. 2016.*

Dada a importância da camada de ozônio para o planeta e as consequências da sua destruição, responda:

a) Qual é a função da camada de ozônio?
b) Quais são os fatores que causam a destruição da camada de ozônio?
c) Cite um problema causado pelo ozônio na baixa atmosfera.

**6. (H4, H10, H12, H17)** Observe a charge a seguir:

*Disponível em: <http://n.i.uol.com.br/monkeynews/titanic.jpg>. Acesso em: 7 maio 2016.*

De acordo com a charge, responda:

a) A charge apresenta um problema muito sério que vem afetando várias cidades brasileiras. Qual seria esse problema?
b) Cite dois fatores que podem provocar esse problema.
c) Cite duas medidas que dependem de infraestrutura crida pelo poder público para evitar que esse problema ocorra.

**7. (H4, H9, H10, H12, H17)** O mapa a seguir mostra as regiões mais poluídas do mundo. Em vermelho, as áreas mais poluídas em 2014; em azul, aquelas com melhor ar.

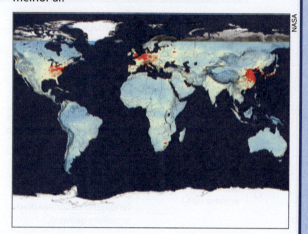

Um dos principais gases poluentes é o dióxido de nitrogênio, resultante da queima de combustíveis fósseis, principalmente por carros, indústrias e na produção de energia. Esse gás é usado como indicador da qualidade do ar por estar associado à formação de uma névoa cinzenta, misturada com vapor-d'água nos grandes centros urbanos. Cite e explique qual é esse problema ambiental e quais as complicações por ele geradas na saúde pública.

**8. (H4, H10, H12, H17)** Analise a seguinte imagem:

*Adaptado de: <http://eco.ib.usp.br/lepac/conservacao/ensino/es_eutrofizacao.htm>. Acesso em: 7 maio 2016.*

A imagem apresenta o impacto da eutrofização nas margens de represas, rios e córregos. Sobre a poluição das águas, responda:

a) Quais atividades humanas levam à eutrofização desses ecossistemas aquáticos continentais?
b) Explique sucintamente como ocorre o processo de eutrofização e qual é a principal consequência para os seres aeróbios, que vivem em meios aquáticos afetados por esse processo.

CAPÍTULO 4 – A biosfera agredida

# TESTE SEUS CONHECIMENTOS

**1.** (UEG – GO) O ar constitui um elemento fundamental para a manutenção dos seres vivos. Contudo, com a poluição atmosférica, vários efeitos têm agravado a saúde da população.

Em relação aos efeitos sobre a saúde causados pelos poluentes apresentados abaixo, é CORRETO correlacionar:

| | POLUENTE | EFEITOS SOBRE A SAÚDE |
|---|---|---|
| a) | monóxido de carbono (CO) | Causa dores de cabeça, dificuldade visual e, em concentração elevada, desmaios, distúrbios respiratórios e até morte. |
| b) | gás carbônico ($CO_2$) | Combina-se com a hemoglobina do sangue, dificultando o transporte de oxigênio e gerando irritação nas vias respiratórias. |
| c) | dióxido de enxofre ($SO_2$) | Forma ácido sulfúrico na atmosfera, agravando os problemas respiratórios, fenômeno denominado de *smooking* químico. |
| d) | óxidos de nitrogênio (NO e $NO_2$) | Combinam-se com a hemoglobina sanguínea, provocando irritações das vias urinárias. |

**2.** (UERJ) A chuva ácida é um tipo de poluição causada por contaminantes gerados em processos industriais que, na atmosfera, reagem com o vapor-d'água. Dentre os contaminantes produzidos em uma região industrial, coletaram-se os óxidos $SO_3$, CO, $Na_2O$ e MgO.

Nessa região, a chuva ácida pode ser acarretada pelo seguinte óxido:

a) $SO_3$  
b) CO  
c) $Na_2O$  
d) MgO

**3.** (UNESP) *Água doce: o ouro do século 21*

O consumo mundial de água subiu cerca de seis vezes nas últimas cinco décadas. O Dia Mundial da Água, em 22 de março, encontra o líquido sinônimo de vida numa encruzilhada: a exploração excessiva reduz os estoques disponíveis a olhos vistos, mas o homem ainda reluta em adotar medidas que garantam sua preservação.

Disponível em: <http://revistaplaneta.terra.com.br>.

Além da redução do consumo, uma medida que, a médio e a longo prazo, contribuirá para a preservação dos estoques e a conservação da qualidade da água para consumo humano é

a) a construção de barragens ao longo de rios poluídos, impedindo que as águas contaminadas alcancem os reservatórios naturais.

b) o incentivo à perfuração de poços artesianos nas residências urbanas, diminuindo o impacto sobre os estoques de água nos reservatórios.

c) a recomposição da mata nas margens dos rios e nas áreas de nascente, garantindo o aporte de água para as represas.

d) o incentivo à construção de fossas sépticas nos domicílios urbanos, diminuindo a quantidade de esgotos coletados que precisam ser tratados.

e) a canalização das águas das nascentes e seu redirecionamento para represas, impedindo que sejam poluídas em decorrência da atividade humana no entorno.

**4.** (UEA – AM)

**A volta do desmatamento na Amazônia**

(...) A pecuária bovina continua sendo a principal pressão de expansão da fronteira agrícola sobre a Floresta Amazônica, e esse papel está hoje ainda mais concentrado do que estava uma década atrás, quando a soja ainda era uma força significativa.

*Scientific American Brasil*, jun. 2015.

O plantio da soja e a pecuária, em substituição às áreas de mata nativa, levam, respectivamente,

a) à redução da biodiversidade e ao aumento na emissão de metano.
b) à formação de chuva ácida e à redução da biodiversidade.
c) ao empobrecimento do solo e à formação de chuva ácida.
d) à erosão e à eutrofização dos rios nas áreas desmatadas.
e) ao aumento na emissão de metano e ao aumento na emissão de gás carbônico.

**5.** (UEL – PR) Em grandes cidades, o despejo de esgoto doméstico sem tratamento adequado tem provocado um processo de eutrofização nos lagos e rios próximos à zona urbana.

Assinale a alternativa que apresenta, corretamente, o evento que explica a mortalidade de organismos no ambiente aquático decorrente do lançamento de uma quantidade excessiva de matéria orgânica.

a) Aumento da quantidade de bactérias anaeróbicas, diminuindo a concentração do oxigênio e dos sais dissolvidos na água.
b) Diminuição da concentração de fosfatos para a atividade fotossintetizante das bactérias autótrofas.
c) Diminuição dos peixes herbívoros que se alimentam da matéria orgânica decorrente da proliferação de bactérias anaeróbicas.
d) Proliferação de bactérias aeróbicas, diminuindo a concentração de oxigênio dissolvido na água.
e) Proliferação de organismos autótrofos que promovem uma competição intraespecífica por matéria orgânica.

**92** UNIDADE 1 – Ecologia

# UNIDADE 2

# O ESTUDO DA CÉLULA

▶ **CAPÍTULO 5** - A química da vida

▶ **CAPÍTULO 6** - Membrana celular, permeabilidade e citoplasma

▶ **CAPÍTULO 7** - Núcleo e divisões celulares

▶ **CAPÍTULO 8** - Metabolismo energético

▶ **CAPÍTULO 9** - Metabolismo de controle

KIRSTY PARGETER/PANTHERMEDIA/KEYDISC

# 5 A QUÍMICA DA VIDA

AREKMALANG/PANTHERMEDIA/KEYDISC

A água é uma das substâncias mais importantes para a nossa saúde. Ela é tão essencial que é uma das condições que permitem a existência da vida em nosso planeta.

Percentualmente, em média, mais da metade de nosso corpo é água. Daí por que beber diariamente esse líquido em quantidade adequada é muito importante para a manutenção de nosso equilíbrio interno, de nossa saúde.

Especialistas recomendam a ingestão de, pelo menos, 2 litros de água por dia, pois esta auxilia na formação das enzimas digestivas, na produção de saliva e do suco gástrico. Com o corpo hidratado, sais minerais e vitaminas chegam mais rapidamente às células de todo o corpo.

Beber água também facilita o trânsito intestinal, evitando a prisão de ventre, auxilia na regulação da temperatura corporal e na desintoxicação do organismo, pois facilita a eliminação das toxinas por meio da urina e do suor.

O recebimento de água potável é um direito do cidadão. Água de boa qualidade reduz a ocorrência de diarreias e cólera, por exemplo, entre tantas doenças.

Da mesma forma, um esgotamento sanitário adequado, com coleta e destino final conveniente dos resíduos, promove a interrupção da chamada "cadeia de contaminação", com o consequente decréscimo do número de casos de febre tifoide e hepatites, por exemplo. Sem dúvida, a melhoria das condições sanitárias dos domicílios está diretamente relacionada com a redução de doenças na população.

# 5-1. PRINCIPAIS CONSTITUINTES DOS SERES VIVOS

Será que os mesmos elementos químicos que a crosta da Terra possui também estão presentes nos seres vivos? Uma olhada na Figura 5-1 ajudará você a responder a essa pergunta.

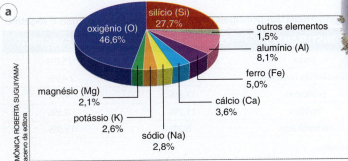

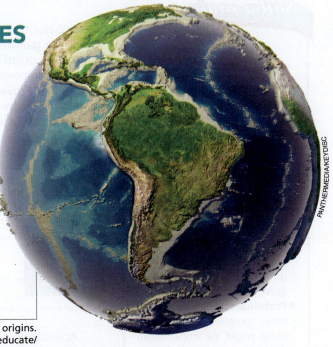

**Figura 5-1.** Composição química aproximada (a) da crosta da Terra e (b) dos seres vivos.

A composição química da Terra e a dos seres vivos é um pouco diferente. Pouco mais de noventa e oito por cento da composição química terrestre é baseada em cerca de oito elementos químicos, sendo o oxigênio e o silício os mais presentes.

Entre os seres vivos, noventa e nove por cento da composição química utiliza seis elementos químicos, sendo os mais presentes o hidrogênio e o oxigênio.

Assim, embora haja alguma semelhança entre os elementos encontrados na Terra e nos seres vivos, também há diferenças quanto à composição relativa.

Se você pegasse uma fatia de fígado de galinha, batesse em um liquidificador, transformando-a em uma pasta homogênea, e, a seguir, a entregasse a um químico para que ele fizesse um relatório acerca da composição química, sabe qual seria o resultado? Provavelmente seria algo parecido com a relação ao lado:

**Anote!**
Lembre-se: seis são os elementos mais frequentes: CHONPS. Eles participam da maioria das moléculas biológicas que passaremos a estudar.

**Componentes orgânicos**
- aminoácidos
- proteínas
- ácidos nucleicos
- carboidratos (açúcares)
- lipídios (gorduras)
- vitaminas

**Componentes inorgânicos**
- água
- sais inorgânicos

CAPÍTULO 5 – A química da vida **95**

## Saiba mais

**Alguns termos que devemos conhecer**

- **Ácidos nucleicos:** macromoléculas que contêm a informação genética dos organismos, constituídas de uma sucessão de nucleotídeos, as unidades fundamentais dessas moléculas.
- **Aminoácidos:** compostos orgânicos que contêm um grupo amina (–NH$_2$) e um grupo carboxila (–COOH) ligados ao mesmo átomo de carbono (os aminoácidos podem se ligar uns aos outros formando cadeias que darão origem às moléculas de proteínas).
- **Proteínas:** moléculas orgânicas complexas com importante papel na manutenção da vida, tanto com função reguladora quanto com função estrutural ou de defesa (anticorpos). São compostas de aminoácidos.
- **Carboidratos:** substâncias às quais pertencem os açúcares, formadas por carbono, hidrogênio e oxigênio.
- **Lipídios:** compostos orgânicos constituintes das membranas celulares e importantes como reserva energética. Os lipídios mais comuns são os óleos, as gorduras e as ceras.
- **Sais minerais:** derivados de elementos químicos específicos e que aparecem na composição química das células sob duas formas: imobilizados (em carapaças e esqueletos, por exemplo) e dissolvidos em água, constituindo íons de extrema importância para a atividade química das células (por exemplo, o cálcio).

A pasta que utilizamos para análise química foi derivada de uma fatia de fígado de galinha. Será que o resultado seria o mesmo se utilizássemos um pedaço de outro ser vivo qualquer, como, por exemplo, um caldo obtido a partir de uma cultura de bactérias, ou de fígado humano, ou de uma folha de abacateiro? Provavelmente sim. O que certamente ocorreria é que as mesmas substâncias apareceriam em quantidades diferentes. Ou seja, a composição relativa das substâncias (a proporção de cada uma delas) não seria a mesma. Veja a Tabela 5-1, que relaciona a **porcentagem média** da massa dos principais constituintes que aparecem em células animais e em células vegetais.

**Tabela 5-1.** Porcentagem média dos principais constituintes de células animais e vegetais.

|   | CONSTITUINTES | CÉLULAS ANIMAIS | CÉLULAS VEGETAIS |
|---|---|---|---|
| **Inorgânicos** | água | 60,0% | 75,0% |
|   | substâncias minerais | 4,3% | 2,45% |
| **Orgânicos** | proteínas | 17,8% | 4,0% |
|   | lipídios | 11,7% | 0,5% |
|   | carboidratos | 6,2% | 18,0% |

Dados compilados pelos autores.

Analisando a Tabela 5-1, pode parecer estranho que nas células vegetais haja uma pequena porcentagem de lipídios, uma vez que a maior parte dos temperos empregados em culinária são preparados com óleos vegetais. Vamos lembrar que a quantidade apresentada na tabela é uma porcentagem média, ou seja, a média das porcentagens encontradas nas diferentes partes de um ser vivo. No preparo de óleos vegetais, como, por exemplo, o de soja, ou de milho, ou de arroz etc., utiliza-se, preferencialmente, determinado componente do corpo da planta no qual se encontra em maior abundância o óleo (neste exemplo, utilizam-se os grãos).

Dos grãos da soja, extrai-se óleo utilizado na culinária.

## 5-2. ÁGUA

Você já percebeu que toda vez que se pensa na existência de vida em Marte ou em algum outro planeta a principal preocupação é saber se lá existe água? Por que será que ela é necessária para existir vida como a conhecemos? Para responder a essa pergunta, precisamos, inicialmente, compreender algumas das propriedades que a caracterizam como a substância fundamental da vida: polaridade, coesão, adesão, tensão superficial, capilaridade e capacidade de dissolver a maioria das substâncias hoje conhecidas.

A taxa de água dos seres vivos varia de acordo com a espécie, a idade e o metabolismo celular; quanto mais jovem um organismo e quanto maior a atividade de uma célula, maior sua taxa de água (veja a Tabela 5-2).

**Tabela 5-2.** Teor de água em diferentes organismos (em %).

| Águas-vivas (organismos marinhos) | | 98 |
|---|---|---|
| Vegetais | sementes | 10-20 |
| Seres humanos | feto (3 meses) | 94 |
|   | recém-nascido | 69 |
|   | adulto | 63 |
|   | pulmão | 70 |
|   | músculos | 83 |

Dados compilados pelos autores.

Aproximadamente 97% da água da Terra está nos oceanos. Nos seres vivos, é um dos componentes mais abundantes. Em alguns cnidários, como a água-viva (cerca de 25 cm de diâmetro), por exemplo, o teor de água pode chegar a 98% da massa total do corpo!

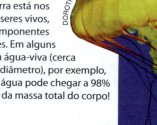

# Características que fazem a diferença

A molécula de água lembra um ímã: um polo negativo – o átomo de oxigênio – e um positivo – os átomos de hidrogênio. Por isso, dizemos que a molécula de água apresenta **polaridade**, ela é *polar*. As moléculas de água também se unem umas às outras por meio de *pontes de hidrogênio* (ou ligações de hidrogênio), formando uma espécie de "colar de contas" (veja as Figuras 5-2 e 5-3), propriedade que conhecemos como **coesão**. Lembre-se disso quando pensar no transporte de água em uma planta – a *coesão* entre suas moléculas permite manter a coluna de água no interior dos vasos condutores de diâmetro microscópico, deslocando essa substância da raiz às folhas.

Ao mesmo tempo, as moléculas de água tendem a aderir a outras substâncias também polares. Assim, em nosso exemplo, também existe **adesão** das moléculas de água às paredes celulósicas dos finíssimos vasos. Dessa maneira, moléculas de água que evaporam das folhas e escapam para a atmosfera são prontamente substituídas por outras, fazendo, assim, a coluna de água do colar de contas "andar"!

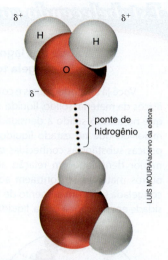

**Figura 5-2.** Disposição dos átomos de hidrogênio (H) e de oxigênio (O) em uma molécula de água, lembrando uma letra V. Observe que nela o oxigênio tem uma carga negativa (representada por $\delta^-$), enquanto os íons de hidrogênio possuem uma carga positiva (representada por $\delta^+$). A molécula de água é *polar*. (Cores-fantasia. Ilustrações fora de escala.)

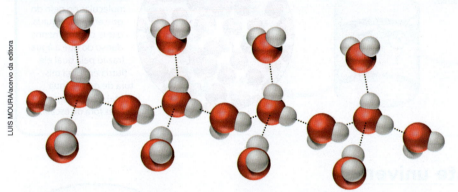

**Figura 5-3.** As pontes de hidrogênio mantêm unidas as moléculas de água umas às outras, como se fossem um "colar de contas". Observe que cada molécula de água pode ligar-se, no máximo, a quatro outras. (Cores-fantasia. Ilustrações fora de escala.)

Pensando ainda na condução de água pelos finíssimos vasos condutores de uma planta, as forças de coesão e de adesão das moléculas de água fazem com que a coluna líquida seja levada para cima por **capilaridade**. É um fenômeno de fácil constatação: emborque um tubo de vidro de diâmetro reduzido em um recipiente contendo água. Você perceberá que, dentro do tubo, a água atinge altura superior à do nível da água do recipiente. As paredes de vidro atraem as moléculas de água, fazendo-a subir. Lembre-se, novamente, de que as paredes celulósicas dos finíssimos vasos de uma planta atraem as moléculas de água neles existentes, fazendo-as deslocar-se por capilaridade.

Provavelmente, você já viu um inseto "caminhando" pela superfície da água de uma lagoa. Por que as patas dele não "rompem" a camada de água e não mergulham nela? Isso ocorre porque a força de coesão entre as moléculas de água da superfície é tão grande que produz **tensão superficial**, o que impede que a superfície da água seja rompida pelas patas do inseto.

Por fim, lembre-se de que grandes variações de temperatura podem causar danos ao organismo e, novamente, a água desempenha papel importante para minimizar esses efeitos. Esse papel está relacionado ao seu elevado **calor específico** – *a quantidade de energia que deve ser absorvida por 1 g de uma dada substância para alterar a sua temperatura em 1 grau Celsius*. Novamente, a polaridade da água contribui para essa propriedade. Devido às pontes de hidrogênio que unem as moléculas de água, uma grande quantidade de energia deve ser fornecida para romper essas pontes. Lembre-se disso toda vez que você suar ao correr, por exemplo. A elevada quantidade de energia liberada pelas suas células musculares durante a corrida deve ser prontamente dissipada, evitando um indesejável aumento da temperatura corporal. Graças à evaporação das moléculas de água do suor, fenômeno que consome muita energia, a elevação da temperatura é minimizada e você, afinal, mantém sua temperatura estável.

Sabemos que corpos mais densos do que a água afundam nela. Porém, a tensão superficial permite que corpos relativamente densos, como insetos, flutuem em sua superfície.

A água eliminada pelo suor evapora graças ao calor retirado da superfície do corpo do atleta, o que contribui para a manutenção de sua temperatura ideal.

CAPÍTULO 5 – A química da vida

## Estabelecendo conexões

### A água dos lagos e oceanos não congela totalmente

Você já aprendeu quais e como são os diferentes estados físicos da matéria: sólido, líquido e gasoso. Também aprendeu que no estado sólido a densidade da matéria é, geralmente, maior do que no estado líquido. Porém, a água é uma das poucas substâncias conhecidas que, no estado sólido, possui menor densidade em relação ao estado líquido. Enquanto outros materiais se contraem ao serem congelados, a água congelada sofre um aumento de volume e possui menor densidade em relação à água líquida. A causa desse comportamento reside nas pontes de hidrogênio. À temperatura de 0 °C, as moléculas de água atingem um estado de afastamento máximo, ficam bloqueadas e formam uma rede cristalina, que constitui o gelo. Essa expansão faz com que o gelo possua menor densidade e flutue (veja a figura abaixo).

- Imagine que essa propriedade da água não existisse e toda a água presente em ecossistemas aquáticos congelasse. Qual seria a consequência, nesse caso, em termos de existência de vida nesses ambientes totalmente congelados?

Em virtude da disposição das moléculas, supondo-se amostras de mesmo volume, há menos moléculas no gelo do que em água líquida, o que o torna menos denso do que a água (razão pela qual ele flutua em uma mistura de gelo e água líquida). (Cores-fantasia. Ilustrações fora de escala.)

## Solvente praticamente universal e meio de transporte nos seres vivos

Nas células dos seres vivos, no sangue humano e na seiva dos vegetais há inúmeras substâncias dissolvidas em água; isso em virtude de a molécula de água estabelecer pontes de hidrogênio com outras substâncias polares, o que a torna um **solvente praticamente universal** nos seres vivos. Como isso ocorre? Suponha que você coloque uma pequena quantidade de sal de cozinha em um copo com água. Os cristais do sal são constituídos por compostos iônicos de cloreto de sódio que ao serem expostos à água se dissociam, ou seja, se separam em seus dois componentes – os íons sódio e cloreto – por conta da atração elétrica que as moléculas de água exercem sobre eles. A porção negativa da molécula de água – representada pelo oxigênio – atrai o sódio, que é carregado positivamente, enquanto a porção positiva da água – representada pelo hidrogênio – atrai o cloreto, carregado negativamente. Dizemos, então, que a água separou o sódio do cloreto e atuou como solvente (veja a Figura 5-4).

O mesmo ocorre com o açúcar de cozinha ao ser colocado em água. As moléculas de água atraem as moléculas polares do açúcar, separando-as. Então, a água, uma substância polar, atrai para si uma infinidade de substâncias polares, inclusive as inúmeras moléculas proteicas que existem nos líquidos biológicos dos seres vivos.

Essas substâncias dissolvidas na água das células, no sangue humano e na seiva das plantas são transportadas por ela de uma célula para outra e pelos fluidos biológicos de um organismo.

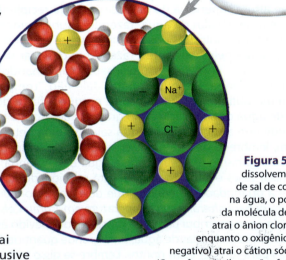

**Figura 5-4.** Quando dissolvemos um cristal de sal de cozinha (NaCl) na água, o polo positivo da molécula de água ($H^+$) atrai o ânion cloreto ($Cl^-$), enquanto o oxigênio (polo negativo) atrai o cátion sódio ($Na^+$). (Cores-fantasia. Ilustrações fora de escala.)

**98** UNIDADE 2 – O estudo da célula

## 5-3. SAIS INORGÂNICOS

Você já deve ter visto pessoas adubando plantas com **sais minerais** dissolvidos em água, assim como deve ter ouvido que os médicos orientam as mães a darem "soro" contendo sais para crianças que se encontram desidratadas. Se você examinar a composição dos alimentos que comemos, poderá perceber que a maioria deles possui certa quantidade de sais minerais. Eles participam da vida dos seres vivos de duas maneiras principais: na forma imobilizada e dissolvidos na forma iônica.

A concha dos moluscos é rica em carbonato de cálcio.

Na forma imobilizada, insolúveis, participam da estrutura do esqueleto de animais. Por exemplo: o carbonato de cálcio na concha dos caramujos e o fosfato de cálcio nos ossos.

Atuando na forma de íons, muitos sais são extremamente importantes para a vida dos seres vivos. Por exemplo:

- a contração dos músculos do nosso corpo depende da existência de íons de cálcio e de potássio;
- o funcionamento das nossas células nervosas depende da existência de íons de sódio e de potássio;
- certos sais na forma iônica participam da composição de importantes moléculas biológicas, como, por exemplo, os átomos de ferro nas moléculas de hemoglobina, transportadoras de oxigênio no nosso sangue, o magnésio nas moléculas de clorofila dos vegetais, moléculas essas importantes no processo de fotossíntese, e os átomos de iodo presentes no hormônio produzido pela glândula tireóidea;
- a entrada e saída de água em uma célula depende da existência de sais dissolvidos.

Os animais não produzem em seu organismo sais minerais. Apesar de necessários em pequenas quantidades, eles são vitais para um organismo saudável e devem ser obtidos pela dieta, ou até mesmo dissolvidos na água que bebemos. Sua deficiência pode causar, entre outros comprometimentos, desmineralização dos ossos, fraqueza, prejuízo no desenvolvimento das glândulas sexuais (veja a Tabela 5-3).

### Tabela nutricional de um líquido isotônico (valores médios constantes do rótulo)

Cada 100 mL contém:

| | |
|---|---|
| Calorias | 24 kcal |
| Carboidratos | 6,0 g |
| Proteínas | 0,0 g |
| Lipídios | 0,0 g |
| Sódio | 45,0 mg |
| Potássio | 12,0 mg |
| Cloreto | 42,0 mg |
| Fibra alimentar | 0,0 g |

Os líquidos isotônicos contêm sais minerais úteis para quem pratica intensa atividade esportiva, como o sódio e o potássio.

**Tabela 5-3.** Necessidade diária de alguns sais minerais, sua fonte de obtenção e os principais sintomas de sua deficiência.

| | NECESSIDADE DIÁRIA (EM mg) | FONTES DE OBTENÇÃO | ATUA NA/NO | SUA DEFICIÊNCIA ACARRETA |
|---|---|---|---|---|
| Potássio | 2.500 | Carnes, leite, frutas. | Transmissão de impulsos nervosos, balanço hídrico, equilíbrio ácido-base. | Paralisia, fraqueza muscular. |
| Sódio | 2.500 | Sal de cozinha. | Equilíbrio ácido-base, equilíbrio hídrico, transmissão dos impulsos nervosos. | Cãibras, apatia, redução do apetite. |
| Cloro | 2.000 | Sal de cozinha. | Formação do suco gástrico, equilíbrio ácido-base. | Apatia, redução do apetite, cãibras. |
| Cálcio | 1.000 (mulheres na pós-menopausa necessitam de cerca de 1.300) | Legumes, leite e derivados, vegetais verdes, tomates. | Transmissão de impulsos nervosos, formação dos ossos, coagulação sanguínea, contração muscular. | Osteoporose, convulsões, crescimento prejudicado. |
| Fósforo | 800 | Leite e derivados, aves, carnes, cereais. | Formação dos ossos, equilíbrio ácido-base. | Desmineralização dos ossos, fraqueza, perda de cálcio. |
| Magnésio | 350 | Cereais integrais, vegetais de folhas verdes (participa da molécula de clorofila). | Ativação de enzimas que participam da síntese de proteínas. | Crescimento prejudicado, distúrbios comportamentais, fraqueza, espasmos. |
| Zinco | 15 | Encontrado em muitos alimentos. | Constituinte de enzimas digestivas. | Crescimento prejudicado, glândulas sexuais pequenas. |
| Ferro | homens: 14 mulheres: 29 mulheres pós-menopausa: 11 | Ovos, carnes, legumes, cereais integrais, vegetais verdes. | Participa da molécula de hemoglobina e de enzimas envolvidas no metabolismo energético. | Anemia. |
| Flúor | 2 | Água fluoretada, chá, frutos do mar. | Estrutura óssea. | Queda dos dentes. |
| Iodo | 0,14 | Frutos e peixes do mar, muitos vegetais, sal iodado. | Constituição dos hormônios fabricados pela glândula tireóidea. | Bócio ("papeira"). |

Dados compilados pelos autores.

# 5-4. COMPOSTOS ORGÂNICOS DOS SERES VIVOS

## Carboidratos

No momento em que você lê este capítulo e procura entender o seu conteúdo, suas células nervosas estão realizando um trabalho e, para isso, utilizam a energia liberada a partir da oxidação de moléculas de um carboidrato chamado **glicose**. A glicose pertence ao grupo dos carboidratos, juntamente com a **sacarose**, o **amido**, o **glicogênio** e a **celulose**, entre outras substâncias. A *principal* função biológica dessa categoria de compostos orgânicos é a liberação de energia para o trabalho celular, sendo a glicose o principal fornecedor de energia para a célula. O amido e o glicogênio destacam-se pelo seu papel de reservatório de energia. A celulose é uma substância de função estrutural, sendo encontrada na parede das células vegetais.

### Anote!

O nome **carboidratos** (houve época em que eram chamados de hidratos de carbono) foi utilizado quando se pensava que essas substâncias seriam formadas por uma combinação de átomos de carbono com água e essa ideia foi reforçada pela fórmula geral $(CH_2O)n$. Como, porém, há outras substâncias que se enquadram nessa fórmula e não são carboidratos, denomina-se, atualmente, esse grupo de substâncias simplesmente de **glicídios**.

Massas, pães e bolos são ricos em glicídios.

## Classificação dos carboidratos

Uma classificação simplificada dos carboidratos, ou glicídios, consiste em dividi-los em três categorias principais: **monossacarídeos**, **oligossacarídeos** e **polissacarídeos**.

### Monossacarídeos

Os monossacarídeos são carboidratos simples, de fórmula molecular $(CH_2O)n$, em que *n* é no mínimo 3 e no máximo 8. São os verdadeiros açúcares, solúveis em água e, de modo geral, de sabor adocicado. Os de menor número de átomos de carbono são as *trioses* (contêm três átomos de carbono). Os biologicamente mais conhecidos são os formados por cinco átomos de carbono (chamados de *pentoses*, como a ribose e a desoxirribose) e os formados por seis átomos de carbono (*hexoses*, como glicose, frutose e galactose).

### Oligossacarídeos

Os oligossacarídeos são açúcares formados pela união de dois a seis monossacarídeos, geralmente hexoses. O prefixo *oligo* deriva do grego e quer dizer *pouco*. Os oligossacarídeos mais importantes são os dissacarídeos.

São açúcares formados pela união de duas unidades de monossacarídeos, como, por exemplo, sacarose, lactose e maltose. São solúveis em água e possuem sabor adocicado. Para a formação de um dissacarídeo, ocorre reação entre dois monossacarídeos, havendo liberação de uma molécula de água. É comum utilizar o termo **desidratação intermolecular** para esse tipo de reação, em que resulta uma molécula de água durante a formação de um composto originado a partir de dois outros.

Veja o caso do dissacarídeo *sacarose*, que é o açúcar mais utilizado para o preparo de doces, sorvetes, para adoçar refrigerantes não dietéticos e o "cafezinho". Sua fórmula molecular é $C_{12}H_{22}O_{11}$. Esse açúcar é resultado da união de uma frutose e uma glicose.

### Polissacarídeos

Como o nome sugere (*poli* é um termo derivado do grego e quer dizer *muitos*), os polissacarídeos são compostos macromoleculares (moléculas gigantes), formados pela união de muitos (centenas) monossacarídeos. Os três polissacarídeos mais conhecidos são *amido*, *glicogênio* e *celulose*.

Ao contrário da glicose, os polissacarídeos dela derivados não possuem sabor doce nem são solúveis em água.

### Saiba mais

#### Carboidratos estruturais

A celulose é um carboidrato com importante papel estrutural na parede das células vegetais. Para os animais, a ingestão de celulose é importante para a formação do bolo fecal.

Já a quitina, um carboidrato cuja molécula se assemelha à da celulose, é importante na formação do esqueleto externo dos artrópodes, grande grupo animal em que estão incluídos os insetos e os crustáceos, por exemplo, e também na parede celular de alguns fungos.

Poucos animais conseguem digerir quitina, um carboidrato estrutural presente, por exemplo no esqueleto externo do besouro rinoceronte (alguns deles podem chegar a 15 cm de comprimento).

## Lipídios

As duas substâncias mais conhecidas dessa categoria orgânica são as **gorduras** e os **óleos**. Se, por um lado, esses dois tipos de lipídios preocupam muitas pessoas por estarem associados a altos índices de colesterol no sangue, por outro, eles exercem importantes funções no metabolismo e são fundamentais para a sobrevivência da maioria dos seres vivos. Um dos papéis dos lipídios é funcionar como eficiente reserva energética. Ao serem oxidados nas células, geram praticamente o dobro da quantidade de calorias liberadas na oxidação de igual quantidade de carboidratos. Outro papel dos lipídios é atuar como isolante térmico, notadamente nos animais que vivem em regiões frias. Depósitos de gordura favorecem a flutuação em meio aquático; os lipídios são menos densos que a água.

Além desses dois tipos fundamentais de lipídios, existem outros que devem ser lembrados pelas funções que exercem nos seres vivos, entre eles as ceras e os fosfolipídios:

- as **ceras** existentes na superfície das folhas dos vegetais e nos esqueletos de muitos animais invertebrados (por exemplo, os insetos e os carrapatos) funcionam como material impermeabilizante. Não devemos nos esquecer dos depósitos de cera que se formam em nossas orelhas externas com função protetora;
- os **fosfolipídios** são importantes componentes das membranas biológicas (membrana plasmática e de muitas organelas celulares);

### Anote!

Na pele dos animais mamíferos das regiões polares, como os leões-marinhos, há um espesso depósito de gordura subcutânea, extremamente eficaz na manutenção da temperatura corporal. Esse depósito de gordura também favorece a capacidade de flutuação desses e de outros animais, como as focas e as baleias.

Leão-marinho e corte da pele e da camada subjacente mostrando (em amarelo) o espesso depósito de gordura que atua como um isolante térmico para o animal.

## Composição química dos lipídios

Os lipídios são compostos orgânicos insolúveis em água. Dissolvem-se bem em solventes orgânicos, como o éter e o álcool. A estrutura química molecular dos lipídios é muito variável. Vamos dar a você uma noção da composição química de óleos e gorduras e alguns dos principais componentes desse grupo.

- **Óleos e gorduras** – pertencem à categoria dos ésteres e são formados por meio da reação de um álcool, chamado *glicerol*, com ácidos orgânicos de cadeia longa, conhecidos como *ácidos graxos* (veja a Figura 5-5). A exemplo do que ocorre com os carboidratos, a reação do glicerol com os ácidos graxos é de condensação, havendo liberação de moléculas de água. Como o glicerol é um triálcool (possui três terminações OH na molécula), três ácidos graxos a ele se ligam, formando-se o chamado *triglicerídio*. Nos seres vivos, existem diversos tipos de triglicerídios, uma vez que são muitos os tipos de ácidos graxos deles participantes.

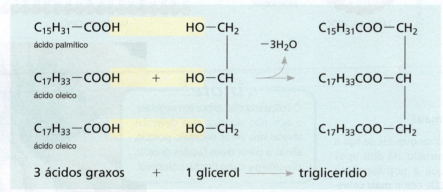

**Figura 5-5.** Reação química que conduz à síntese de um triglicerídio.

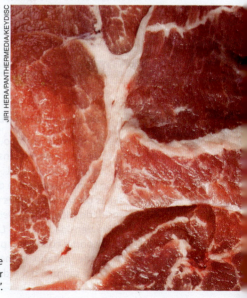

Nesse pedaço de carne bovina, as partes mais claras, situadas entre os músculos (em vermelho), ou ao seu redor, são formadas por depósitos gordurosos, popularmente chamados de "sebo".

Com relação aos ácidos graxos que participam de um triglicerídio, lembre-se de que são substâncias de cadeia longa. Em uma das extremidades de cada ácido graxo há uma porção ácida (a "cabeça"), seguida de uma longa "cauda" formada por uma sequência de átomos de carbono ligados a átomos de hidrogênio (veja a Figura 5-6).

Nos chamados **ácidos graxos saturados**, todas as ligações disponíveis dos átomos de carbono são ocupadas por átomos de hidrogênio. Já nos **ácidos graxos insaturados**, nem todas as ligações do carbono são ocupadas por hidrogênios; em consequência, forma-se o que em química é conhecido como *dupla-ligação* entre um átomo de carbono e o seguinte (motivo pelo qual o ácido graxo recebe a denominação de *insaturado*). Nos **ácidos graxos poli-insaturados** há mais de uma dupla-ligação.

> **Anote!**
> De modo simplificado, chamamos gorduras aos lipídios sólidos e óleos, aos lipídios líquidos.

**Figura 5-6.** O caráter hidrofóbico dos lipídios é consequência de sua estrutura em que em uma das extremidades há uma porção ácida, seguida por uma longa sequência de carbonos (C) ligados a hidrogênios (H).

- **Fosfolipídios** – as membranas biológicas são constituídas por fosfolipídios. Nos fosfolipídios há apenas duas moléculas de ácidos graxos – de natureza apolar – ligadas ao glicerol. O terceiro componente que se liga ao glicerol é um *grupo fosfato* (daí a denominação *fosfolipídio*) que, por sua vez, pode estar ligado a outras moléculas orgânicas. Assim, cada fosfolipídio contém uma porção hidrofóbica – representada pelos ácidos graxos – e uma porção hidrofílica – correspondente ao grupo fosfato e às moléculas a ele associadas. Um fato notável é que, ao serem colocadas em água, as moléculas de fosfolipídios podem assumir o formato de uma esfera, conhecida como *micela*: as porções polares, hidrofílicas, distribuem-se na periferia, enquanto as caudas hidrofóbicas ficam no interior da micela, afastadas da água (veja a Figura 5-7(a)).

Nas células, os fosfolipídios das membranas biológicas (membrana plasmática e de muitas organelas) dispõem-se formando *bicamadas*. As porções hidrofílicas ficam em contato com a água dos meios interno e externo celular, enquanto as hidrofóbicas situam-se internamente na membrana, afastadas da água, o que faz lembrar um sanduíche de pão de forma (veja a Figura 5-7(b)).

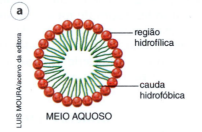
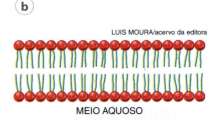

**Figura 5-7.** (a) Micela. Note que a porção hidrofóbica fica voltada para o centro da esfera. Nas membranas, (b) a camada bilipídica tem a porção hidrofílica em contato com o meio aquoso. (Cores-fantasia. Ilustrações fora de escala.)

## Saiba mais

### Colesterol: bom ou mau?

O colesterol não "anda" sozinho no sangue. Ele se liga a uma proteína e, dessa forma, é transportado. Há dois tipos principais de combinação: o HDL, que é popularmente conhecido como **bom colesterol**, e o LDL como **mau colesterol**. Essas siglas derivam do inglês e significam lipoproteína de alta densidade (HDL – *High Density Lipoprotein*) e lipoproteína de baixa densidade (LDL – *Low Density Lipoprotein*).

O LDL transporta colesterol para diversos tecidos e também pode ser depositado, formando placas que dificultam a circulação do sangue, daí a denominação *mau coles-*

> **Anote!**
> O colesterol não existe em vegetais, o que não significa que devemos abusar dos óleos vegetais, porque, afinal, a partir deles (ácidos graxos), nosso organismo produz colesterol.

Fumo, sedentarismo, *stress* e alguns alimentos, como o camarão, propiciam o aumento do mau colesterol.

*terol*. Já o HDL faz exatamente o contrário, isto é, transporta colesterol das artérias principalmente para o fígado, onde ele é inativado, justificando o termo *bom colesterol*.

# 5-5. VITAMINAS

Desde muito pequenos ouvimos falar da importância das **vitaminas** na nossa alimentação.

Mesmo quando estamos assistindo à televisão e vemos alguns comerciais de produtos alimentícios, as vitaminas, quando citadas, o são sempre como uma característica boa do produto que está sendo anunciado.

As vitaminas formam um grupo muito especial de substâncias orgânicas que, em geral, não são fabricadas pelo nosso organismo, mas precisam ser obtidas por meio da alimentação. Nem sempre as vitaminas são obtidas na forma em que elas são usadas no nosso corpo; elas podem ser obtidas na forma de provitaminas, isto é, substâncias que darão origem às vitaminas.

## Leitura

### Não posso, não posso!

Antigamente, nas longas viagens oceânicas, uma doença chamada escorbuto ceifava vidas. Seus mais frequentes sinais e sintomas eram: enfraquecimento dos ossos, ruptura das paredes dos vasos sanguíneos, perda dos dentes e gengivas inchadas e doloridas, que sangravam espontaneamente. Para se ter uma ideia da gravidade da situação, em 1741, um navio inglês perdeu, em 10 meses de viagem, dois terços dos marinheiros que estavam a bordo.

Em 1754, James Lind, um médico da marinha inglesa, afirmou que a alimentação com frutas e verduras cruas evitava o escorbuto, bastando que os marinheiros, ao longo das viagens, consumissem suco de limão. Finalmente, em 1795, o almirantado inglês ordenou que todos os marinheiros deveriam, obrigatoriamente, beber suco de limão. Posteriormente, verificou-se que as frutas cítricas são ricas em vitamina C.

Outro acontecimento importante ocorreu em 1890, na Ilha de Java, então colônia holandesa. Um médico, de nome Eijkman, notou que os nativos da ilha ficavam acometidos de uma doença em que os enfermos faziam súplicas com as palavras *beribéri, beribéri*, que, em javanês, significavam: "não posso, não posso". A doença afetava os nervos e suas vítimas não conseguiam permanecer em pé nem levantar a cabeça, e acabavam falecendo. Essa avitaminose (falta de vitamina B₁) continua a ser conhecida até hoje pelo nome de **beribéri**.

Eijkman notou que o arroz polido era a dieta predominante dos nativos. O médico, depois de muitas pesquisas em que alimentava galinhas com arroz polido e arroz com casca, percebeu que na casca do arroz devia existir uma substância indispensável à saúde, que evitava que as galinhas que a consumiam ficassem doentes. Na verdade, essa substância encontra-se na película que envolve o grão de arroz, situada sob a casca. Essa película persiste no arroz integral e é removida pelo polimento dos grãos.

Em 1912, os cientistas F. G. Hopkins e C. Funk concluíram que nos alimentos existem substâncias essenciais à saúde e deram a elas o nome de VITAMINAS, que vem do latim *vita* (vida) e do termo químico amina, porque se acreditava na presença de um aminoácido nas vitaminas.

As vitaminas também podem ser conseguidas em comprimidos, mas o meio mais saudável de adquiri-las são os alimentos.

- Desde cedo, na vida das pessoas, médicos e nutricionistas recomendam o consumo de frutas e verduras cruas. Uma das justificativas dessa orientação é a riqueza em fibras nos alimentos de origem vegetal. Qual seria um segundo motivo para essa recomendação médica e nutricional?

As vitaminas podem ser divididas em dois grupos: as hidrossolúveis (solúveis em água) e as lipossolúveis (solúveis em gordura).

A falta de vitaminas acarreta uma situação chamada **avitaminose** ou **doença de carência**. Para que essa situação não ocorra, é necessário ter uma alimentação variada em que entrem todas as fontes de vitaminas de que precisamos. Veja a Tabela 5-4.

**Tabela 5-4.** Principais vitaminas e sua fonte de obtenção.

| CLASSIFI-CAÇÃO | NOME | FUNÇÃO | FONTE | SINTOMAS DA DEFICIÊNCIA |
|---|---|---|---|---|
| Hidrossolúvel | $B_1$ (tiamina) | Ajuda a retirar energia dos carboidratos. | Carnes, cereais, verduras e legumes. | Beribéri (inflamação e degeneração dos nervos). |
| | $B_2$ (riboflavina) | Ajuda na quebra de proteínas e carboidratos. | Laticínios, carnes, cereais e verduras. | Fissuras na pele e fotofobia. |
| | $B_3$ ou PP (niacina ou nicotinamida) | Atua no metabolismo energético. | Nozes, carnes e cereais. | Pelagra (lesões na pele, diarreia e distúrbios nervosos). |
| | $B_5$ (ácido pantotênico) | Atua no metabolismo energético. | Carnes, laticínios, cereais e verduras. | Anemia, fadiga, dormência nas mãos e nos pés. |
| | $B_6$ (piridoxina) | Ajuda na quebra de proteínas e glicose. | Fígado, carnes, peixes, trigo, leite e batata. | Dermatite, atraso no crescimento, sintomas mentais e anemia. |
| | $B_9$ (ácido fólico) | Ajuda a construir DNA e proteínas. | Vegetais, laranja, nozes, legumes e cereais. | Anemia e problemas gastrintestinais. |
| | $B_{12}$ (cobalamina) | Formação de ácidos nucleicos e de aminoácidos. | Carnes, ovos e laticínios. | Anemia perniciosa e distúrbios do sistema nervoso. |
| | P (rutina) | Fortalece a parede de vasos sanguíneos. | Legumes e verduras. | Pode causar o aparecimento de varizes. |
| | H (biotina) | Formação de ácidos nucleicos, aminoácidos e glicogênio. | Legumes, verduras e carnes. | Distúrbios neuromusculares e inflamações na pele. |
| | C (ácido ascórbico) | Formação de hormônios e colágeno. | Frutas, especialmente as cítricas, verduras e legumes. | Escorbuto (lesões intestinais, hemorragias e fraqueza). |
| Lipossolúvel | A (retinol) | Essencial para a visão e para uma pele saudável. | Laticínios e cenoura. | Cegueira noturna, pele escamosa e seca. |
| | D (calciferol) | Absorção de cálcio e fósforo. | Laticínios, gema de ovo, vegetais ricos em óleo. | Raquitismo e enfraquecimento dos ossos. |
| | E (tocoferol) | Previne problemas nas membranas celulares. | Óleos vegetais, nozes e outras sementes. | Possivelmente anemia e esterilidade. |
| | K (filoquinona) | Coagulação sanguínea. | Fígado, gorduras, óleos, leite e ovos. | Hemorragias. |

Dados compilados pelos autores.

## Questão socioambiental

### Lixo ou saúde?

No nosso organismo, o cálcio representa um elemento imprescindível para o bom funcionamento de nossos sistemas nervoso, muscular e esquelético. Quando, por falta de uma nutrição adequada ou por problemas de saúde, vemos diminuído o cálcio plasmático, as reservas existentes nos ossos podem ser requisitadas.

Em comunidades carentes, é comum encontrarmos pessoas que apresentam grave deficiência de cálcio, principalmente entre as crianças. Para viabilizar a melhoria na qualidade da alimentação desses indivíduos, foi desenvolvido um suplemento alimentar à base de pó de casca de ovo. Assim, aquilo que antes seria considerado lixo aparece como determinante na manutenção da saúde da população.

- Enquanto algumas pessoas desperdiçam comida, em 2016 cerca de 800 milhões de pessoas passavam fome no mundo. Analise o seu dia a dia: ao final das refeições, você deixa comida no prato que será jogada fora?

- Em sua casa, que quantidade de alimentos é descartada ao final de um dia? Seria suficiente para alimentar uma pessoa?

# 5-6. PROTEÍNAS

Você já deve ter ouvido falar de proteínas, certo? As proteínas são compostos orgânicos relacionados ao metabolismo de construção. Durante as fases de crescimento e desenvolvimento do indivíduo, há um aumento extraordinário do número de suas células, aliado a um intenso processo de diferenciação celular em que as células passam a exercer funções especializadas, originando tecidos e órgãos.

As proteínas possuem um papel fundamental no crescimento, já que muitas delas desempenham **papel estrutural** nas células, isto é, são componentes da membrana plasmática, das organelas dotadas de membrana, do citoesqueleto, dos cromossomos etc. E para produzir mais células é preciso mais proteínas. Sem elas não há crescimento normal. A diferenciação e a realização de diversas reações químicas componentes do metabolismo celular dependem da participação de **enzimas**, uma categoria de proteínas – sem elas, a diferenciação não acontece.

O combate a microrganismos causadores de doenças no ser humano muitas vezes é feito a partir da produção de proteínas de defesa, chamadas **anticorpos**. Sem eles, nosso organismo fica extremamente vulnerável.

Certos **hormônios**, substâncias reguladoras das atividades metabólicas, também são proteicos. É o caso da insulina, que controla a taxa de glicose sanguínea.

Veja na Tabela 5-4 alguns tipos de proteína.

A carne é rica em proteínas que contêm aminoácidos úteis para o seu organismo.

> ### Anote!
> Crescimento é o aumento da massa, do tamanho e do comprimento do indivíduo. Desenvolvimento associa-se ao processo de diferenciação que acompanha o crescimento.

**Tabela 5-4.** Algumas proteínas e suas funções.

| FUNÇÃO DA PROTEÍNA | EXEMPLOS | ONDE SÃO ENCONTRADAS |
|---|---|---|
| Estrutural | Colágeno | Nos ossos, tendões, cartilagens e na pele. |
| | Queratina | Agente impermeabilizante da superfície epidérmica da pele de vertebrados; formação de anexos córneos (escamas de répteis, penas, pelos, unhas etc.). |
| De defesa | Anticorpos | Na corrente sanguínea dos vertebrados. |
| Transportadora | Hemoglobina | Na corrente sanguínea dos vertebrados e de alguns invertebrados (transporta oxigênio). |
| Reguladora | Hormônio insulina | No sangue (é hormônio regulador do teor de glicose sanguínea). |
| De contração | Actina e miosina | Nos músculos. |
| De armazenamento | Ovoalbumina | Na clara do ovo. |
| Enzimas | Zeína | Na semente do milho. |
| | Pepsina | No estômago. |
| | Ptialina | Na saliva. |

## Aminoácidos

As proteínas são macromoléculas formadas por um agregado de moléculas menores conhecidas como aminoácidos. A maioria dos seres vivos, incluindo o ser humano, utiliza somente 20 tipos diferentes de aminoácidos para a construção de suas proteínas. Com eles, cada ser vivo é capaz de produzir centenas de proteínas diferentes e de tamanho variável.

Como isso é possível, a partir de um pequeno número de aminoácidos?

Imagine um brinquedo formado por peças de plástico, encaixáveis umas nas outras, sendo as cores em número de vinte, diferentes entre si. Havendo muitas peças de cada cor, como você procederia para montar várias sequências de peças de maneira que cada sequência fosse diferente da anterior? Provavelmente, você repetiria as cores, alternaria muitas delas, enfim, certamente inúmeras seriam as combinações e todas diferentes entre si. O mesmo raciocínio é válido para a formação das diferentes proteínas de um ser vivo, a partir de um conjunto de vinte diferentes aminoácidos.

CAPÍTULO 5 – A química da vida **105**

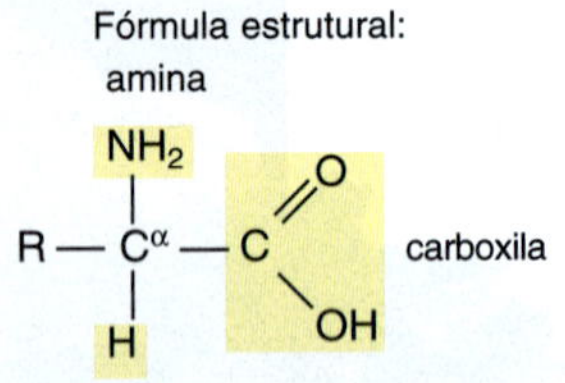

## Estrutura dos aminoácidos

Da massa corporal de um homem adulto, cerca de 10 kg são proteínas. Desse total, aproximadamente 300 g são substituídos diariamente. Parte desses 300 g é reciclada e reutilizada, e o restante deve ser reposto com os alimentos que ingerimos todos os dias.

Cada aminoácido é diferente de outro, porém todo aminoácido possui um átomo de carbono, ao qual estão ligados uma **carboxila**, uma **amina** e um **hidrogênio**. A quarta ligação é a porção variável, representada por R, e pode ser ocupada por um hidrogênio ou por um metil ou por outro radical (veja a Figura 5-8). Na Figura 5-9 damos o exemplo de dois aminoácidos – a glicina e o ácido glutâmico – que fazem parte da constituição de nossas proteínas.

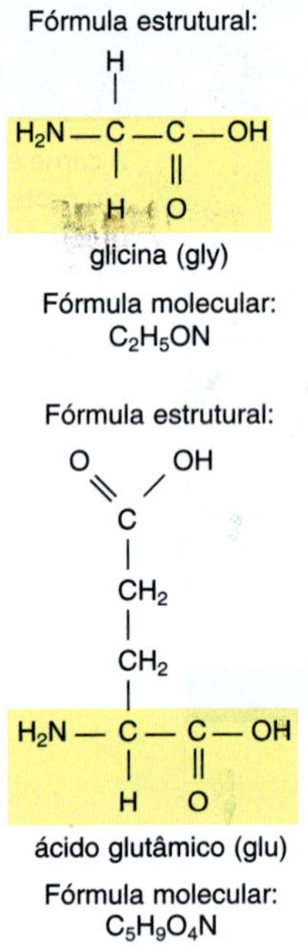

**Figura 5-8.** Porções comuns (em amarelo) e variável (R) de um aminoácido.

**Figura 5-9.** Fórmulas estruturais de 2 dos 20 aminoácidos que utilizamos. Em amarelo, a porção comum.

Queijos, derivados do leite e da soja, são alimentos ricos em proteínas.

## A ligação peptídica

Do mesmo modo que em um trem cada vagão está engatado ao seguinte, em uma proteína cada aminoácido está ligado a outro por uma **ligação peptídica**. Por meio dessa ligação, o grupo amina de um aminoácido une-se ao grupo carboxila do outro, havendo a liberação de uma molécula de água. Dois aminoácidos unidos formam um dipeptídio (veja a Figura 5-10). A ligação de um terceiro aminoácido ao dipeptídio origina um tripeptídio que, então, contém duas ligações peptídicas. Se um quarto aminoácido se ligar aos três anteriores, teremos um tetrapeptídio, com três ligações peptídicas. Com o aumento do número de aminoácidos na cadeia, forma-se um **polipeptídio**, denominação utilizada até o número de 70 aminoácidos. A partir desse número considera-se que o composto formado é uma **proteína**.

**Anote!**
Polipeptídios e proteínas são polímeros, isto é, compostos formados pela ligação de inúmeras moléculas menores. Os aminoácidos são os monômeros, os "bloquinhos" de construção das proteínas.

**Figura 5-10.** Na ligação peptídica, o grupo carboxila de um aminoácido reage com um hidrogênio do grupo amina do outro. O carbono do primeiro aminoácido se une ao nitrogênio do segundo. Da reação entre aminoácidos sempre resulta uma molécula de água. No tripeptídio, existem duas ligações peptídicas e três aminoácidos unidos.

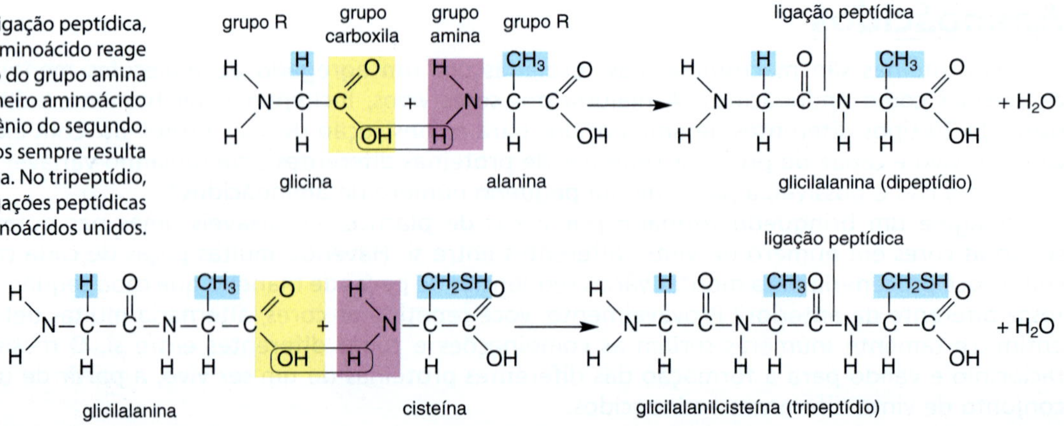

**106** UNIDADE 2 – O estudo da célula

## Aminoácidos essenciais e naturais

Todos os seres vivos produzem proteínas. No entanto, nem todos produzem os 20 tipos de aminoácido necessários para a construção das proteínas. O ser humano, por exemplo, é capaz de sintetizar no fígado apenas 11 dos 20 tipos de aminoácido. Esses 11 aminoácidos são considerados **naturais** para a nossa espécie. Os outros 9 tipos, os que não sintetizamos, são os **essenciais** e devem ser obtidos de quem os produz (plantas ou animais). É preciso lembrar que determinado aminoácido pode ser essencial para uma espécie e ser natural para outra.

*Anote!*
Os 9 aminoácidos essenciais para o ser humano são: isoleucina, leucina, lisina, metionina, fenilalanina, triptofano, treonina, histidina e valina.

### Saiba mais

Veja a figura abaixo. Note que o arroz e o feijão contêm 6 dos aminoácidos essenciais para o homem. O arroz não contém lisina nem isoleucina, presentes no feijão. Já o feijão não contém metionina nem triptofano, presentes no arroz.

O ideal é, então, fazer, em uma refeição, uma mistura de arroz e feijão.

## A forma espacial de uma proteína

Uma molécula de proteína tem, grosso modo, o formato de um colar de contas. O fio fundamental da proteína, formado por uma sequência de aminoácidos (cuja sequência é determinada geneticamente), constitui a chamada **estrutura primária** da proteína (acompanhe pela Figura 5-11).

Ocorre, porém, que o papel biológico da maioria das proteínas depende de uma forma espacial muito mais elaborada. O fio fundamental pode se apresentar enrolado sobre si mesmo, resultando em um filamento espiralado que conduz à **estrutura secundária**, mantida estável por ligações que surgem entre os aminoácidos.

Novos dobramentos da espiral conduzem a uma nova forma, globosa, mantida estável graças a novas ligações que ocorrem entre os aminoácidos. Essa forma globosa representa a **estrutura terciária**.

Em certas proteínas, cadeias polipeptídicas em estrutura terciária globosa unem-se, originando uma forma espacial muito mais complexa. Essa nova forma constitui a **estrutura quaternária** dessas proteínas.

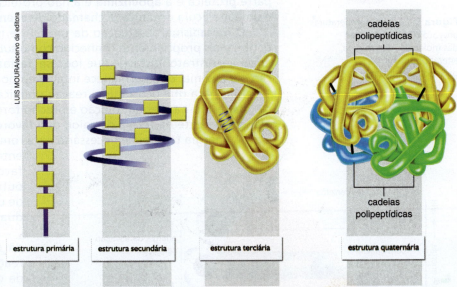

**Figura 5-11.** Estrutura da molécula de hemoglobina. A proteína hemoglobina está presente nos glóbulos vermelhos do sangue e seu papel biológico é ligar-se a moléculas de oxigênio, transportando-as aos nossos tecidos.

*Anote!*
A estrutura terciária da enzima é responsável por sua função.

CAPÍTULO 5 – A química da vida **107**

## Desnaturação

O aquecimento de uma proteína a determinadas temperaturas promove a ruptura das ligações internas entre os aminoácidos, responsáveis pela manutenção das estruturas secundária e terciária. Os aminoácidos não se separam, não se rompem as ligações peptídicas, porém a proteína fica "desmantelada", perde a sua estrutura original. Dizemos que ocorreu uma **desnaturação** proteica, com perda da sua forma original (veja a Figura 5-12). Dessa maneira, a função biológica da proteína pode ser prejudicada.

Nem sempre, porém, é a temperatura ou a alteração da acidez do meio que provoca a mudança da forma da proteína. Muitas vezes, a substituição (determinada geneticamente) de um simples aminoácido pode provocar alteração da forma da proteína. Um exemplo importante é a substituição, na molécula de hemoglobina, do aminoácido ácido glutâmico pelo aminoácido valina. Essa simples troca provoca uma profunda alteração na forma da molécula inteira de hemoglobina, interferindo diretamente na sua capacidade de transportar oxigênio.

Hemácias contendo a hemoglobina alterada adquirem o formato de foice, quando submetidas a certas condições, o que deu nome a essa anomalia de *anemia falciforme*.

## Enzimas

A vida depende da realização de inúmeras reações químicas que ocorrem no interior das células e também fora delas (em cavidades de órgãos, por exemplo). Por outro lado, todas essas reações dependem, para sua realização, da existência de determinadas enzimas. As **enzimas** são substâncias do grupo das proteínas e atuam como *catalisadores* de reações químicas. **Catalisador** é uma substância que *acelera* a velocidade de ocorrência de certa reação química.

Muitas enzimas possuem, além da porção proteica propriamente dita, constituída por uma sequência de aminoácidos, uma porção não proteica. A parte proteica é a **apoenzima** e a não proteica é o **cofator**. Quando o cofator é uma molécula orgânica, é chamado de **coenzima**.

O mecanismo de atuação da enzima se inicia quando ela se liga ao reagente, mais propriamente conhecido como *substrato*. É formado um complexo enzima-substrato, *instável*, que logo se desfaz, liberando os produtos da reação e a enzima, que permanece intacta embora tenha participado da reação.

Mas para que ocorra uma reação química entre duas substâncias orgânicas que estão na mesma solução é preciso fornecer certa quantidade de energia, geralmente na forma de calor, que favoreça o encontro e a colisão entre elas. A energia também é necessária para romper ligações químicas existentes entre os átomos de cada substância, favorecendo, assim, a ocorrência de outras ligações químicas e a síntese de uma nova substância a partir das duas iniciais.

Essa energia de partida, que dá um "empurrão" para que uma reação química aconteça, é chamada de **energia de ativação** e possui determinado valor.

A enzima provoca uma *diminuição da energia de ativação necessária para que uma reação química aconteça* e isso facilita a ocorrência da reação (veja a Figura 5-13).

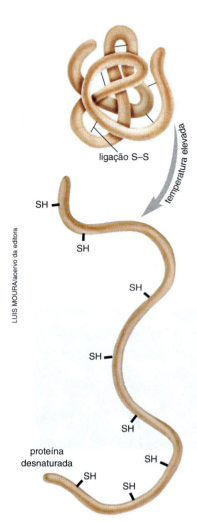

**Figura 5-12.** Altas temperaturas provocam a desnaturação das moléculas de proteína, alterando sua forma, podendo prejudicar sua função.

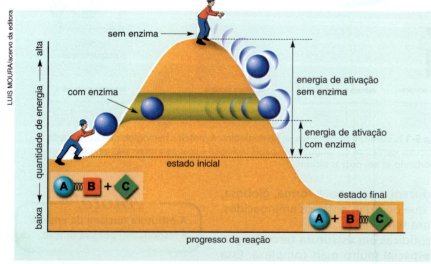

*Fonte:* POSTLETHWAIT, J. et al. *Biology! Bringing science to life.* USA: McGraw-Hill, 1991. p. 78.

**Figura 5-13.** Energia de ativação com e sem enzimas.

**108** UNIDADE 2 – O estudo da célula

### Saiba mais

O que é substrato? Vimos que é o nome dado à substância sobre a qual uma enzima atua. De maneira geral, o nome da enzima deriva do nome do substrato sobre o qual ela atua, acrescentando-se a terminação *ase*. Por exemplo, a enzima *amilase* intervém, atua, na "quebra" (hidrólise) do amido, liberando moléculas de maltose. Já para a hidrólise da maltose existe outra enzima, a *maltase*. Às vezes, as enzimas possuem nomes particulares: é o caso da ptialina, a enzima existente na saliva e que favorece a hidrólise do amido. Na verdade, a ptialina é uma amilase. Outro exemplo é a pepsina, que favorece a digestão de proteínas. A pepsina é uma *protease*.

## O mecanismo "chave-fechadura"

Na catálise de uma reação química, as enzimas interagem com os substratos, formando com eles, temporariamente, o chamado **complexo enzima-substrato**.

Na formação das estruturas secundária e terciária de uma enzima (não esqueça que as enzimas são proteínas), acabam surgindo certos locais na molécula que servirão de encaixe para o alojamento de um ou mais substratos, do mesmo modo que uma chave se aloja na fechadura (veja a Figura 5-14(a)).

Esses locais de encaixe são chamados de **sítios ativos** e ficam na superfície da enzima. Ao se encaixarem nos sítios ativos, os substratos ficam próximos uns dos outros e podem reagir mais facilmente.

Assim que ocorre a reação química com os substratos, desfaz-se o complexo enzima-substrato. Liberam-se os produtos e a enzima pode ser novamente utilizada para a formação de outros complexos.

A descrição acima sugere que, assim como em uma fechadura, a forma da enzima e os seus sítios ativos são rígidos. Não é bem assim. Atualmente, acredita-se que, ao haver o ajuste dos substratos nos sítios ativos, ocorre uma mudança na forma da enzima. Essa mudança melhora a interação entre a enzima e os substratos que, mais próximos uns dos outros, podem reagir mais facilmente. É como se a chave pudesse sofrer uma deformação assim que fosse introduzida na fechadura, aumentando a interação entre elas e otimizando o seu funcionamento (veja a Figura 5-14(b)).

## Fatores que influenciam a ação das enzimas

A **temperatura** e o **pH** (índice da acidez ou da alcalinidade do meio) são dois dos mais importantes fatores que regulam a atividade das enzimas.

A maioria das enzimas possui uma atividade máxima dentro de uma faixa de temperatura. Nas células humanas, a temperatura ótima de ação das enzimas está em torno de 35 °C a 40 °C. Na Figura 5-15, perceba que a cada 10 °C de aumento de temperatura, a taxa da reação enzimática dobra até um determinado ponto (por **taxa da reação enzimática** entenda a quantidade de produto formado por unidade de tempo). Valores altos de temperatura, no entanto, podem levar à desnaturação das enzimas e, portanto, à sua desativação.

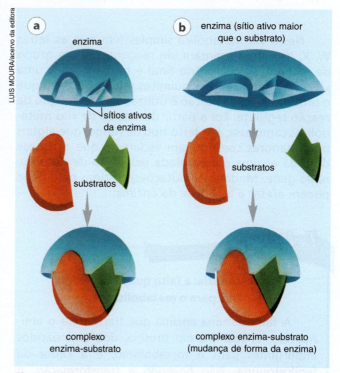

**Figura 5-14.** Modelo chave-fechadura. Em (a), há interação da enzima com os subtratos. Em (b), há deformação da enzima, favorecendo sua ação.

### Anote!
Uma enzima não é consumida durante a reação química que ela catalisa.

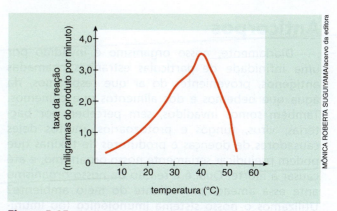

**Figura 5-15.** Atividade enzimática em função da temperatura. A maioria das enzimas possui valor de pH ótimo de ação, ou seja, um valor de pH em que sua atuação é a melhor possível. Entre as enzimas humanas, o pH ótimo para a maioria delas está entre 6,0 e 8,0.

## As vias metabólicas

Muitas reações químicas que ocorrem na célula são sequenciais, com cerca de 20 a 30 reações acontecendo uma após a outra, envolvendo diversas enzimas, até que a última reação resulte em um produto final. Essa sequência de reações químicas compõe a chamada **via metabólica.** Considere o esquema abaixo:

$$W \xrightarrow{\text{enzima 1}} X \xrightarrow{\text{enzima 2}} Y \xrightarrow{\text{enzima 3}} Z \xrightarrow{\text{enzima 4}} \text{produto final}$$

Nessa via metabólica simples (em que as letras W, X, Y e Z representam um reagente ou um grupo de reagentes), o produto final é formado após uma série de quatro reações químicas sequenciais, em que o produto de cada reação é utilizado na realização da reação seguinte. Foi a partir do estudo de vias metabólicas como essa, em certo tipo de fungo, que alguns pesquisadores conseguiram esclarecer que a síntese de cada enzima é controlada pela ação de determinado gene. Mudanças (mutações) sofridas pelo gene podem afetar a atividade da enzima.

## Inibição enzimática

Certas substâncias podem inibir a ação de enzimas. Por exemplo: alguns medicamentos contendo sulfas são utilizados para o combate a bactérias que provocam infecções no organismo humano. Essas bactérias normalmente produzem uma vitamina do complexo B, o chamado ácido fólico, que atua como coenzima em reações químicas que conduzem à síntese de aminoácidos e ácidos nucleicos, essenciais para a sobrevivência dessas bactérias.

Nós não produzimos ácido fólico e precisamos obtê-lo a partir de alguns alimentos. Pois bem, a síntese do ácido fólico nas bactérias ocorre ao fim de uma via metabólica, na qual um produto intermediário é a substância chamada de ácido *para-aminobenzoico* (PABA). Quando existe PABA, as bactérias conseguem sintetizar o ácido fólico. A sulfa utilizada como medicamento é a *sulfanilamida*, que possui estrutura molecular semelhante à do PABA. Por ser estruturalmente semelhante ao PABA, a sulfanilamida compete com ele e ocupa o sítio ativo da enzima que converteria PABA em ácido fólico. Esse mecanismo é chamado de *inibição competitiva*. As bactérias não conseguem produzir ácido fólico e morrem. A sulfanilamida não nos prejudica, já que não produzimos ácido fólico.

## Leitura

### Fenilcetonúria: a falta que uma enzima faz para o metabolismo

A falta de uma enzima que transforma o aminoácido fenilalanina em tirosina, dois aminoácidos importantes para o metabolismo, é a causa da **fenilcetonúria.** Não havendo a transformação, a fenilalanina e seus derivados se acumulam no sangue, conduzindo a diversos distúrbios no desenvolvimento da criança, tanto físicos como mentais. Nas maternidades, realiza-se, rotineiramente, o "teste do pezinho", de modo a identificar portadores dessa anomalia genética. Nas latas de refrigerantes, é comum o alerta "contém fenilalanina", como medida preventiva no sentido de evitar o consumo excessivo do aminoácido pelos fenilcetonúricos. Dietas adequadas devem ser seguidas pelos portadores.

- Embora algumas pessoas sejam portadoras dessa deficiência enzimática, por que não se deve recomendar a restrição total do consumo do aminoácido fenilalanina contido em alguns alimentos?

## Anticorpos

Diariamente, nosso organismo é invadido por uma infinidade de partículas estranhas chamadas **antígenos,** provenientes do ar que respiramos, da água que bebemos e dos alimentos que comemos. Também somos invadidos, sem perceber, por bactérias, vírus, fungos e protozoários, muitos deles causadores de doenças e produtores de toxinas que podem prejudicar seriamente nosso organismo, e até causar a morte. Qual é a reação do nosso organismo ante essa ameaça proveniente do meio ambiente? Utilizamos o nosso **sistema imunológico (ou imunitário)** para combater os agentes estranhos ao nosso corpo e adquirir **imunidade** (o termo provém do latim *immune*, que significa *livre de*). Veja a Figura 5-16.

### Anote!

**Antígeno** é qualquer substância reconhecida como estranha pelo sistema de defesa de um organismo, podendo ser uma molécula de proteína, de polissacarídeo e até mesmo um ácido nucleico. Nas bactérias, nos fungos e nos protozoários que invadem o ser humano, os antígenos são moléculas que existem nos envoltórios das células invasoras, ou nas toxinas por elas produzidas. Nos vírus, os antígenos estão localizados nas capas que os revestem.

### Anote!

**Toxinas** são substâncias produzidas por determinados microrganismos, capazes de provocar algum dano ao organismo. Por exemplo, as toxinas produzidas por bactérias do tétano paralisam a nossa musculatura.

110 UNIDADE 2 – O estudo da célula

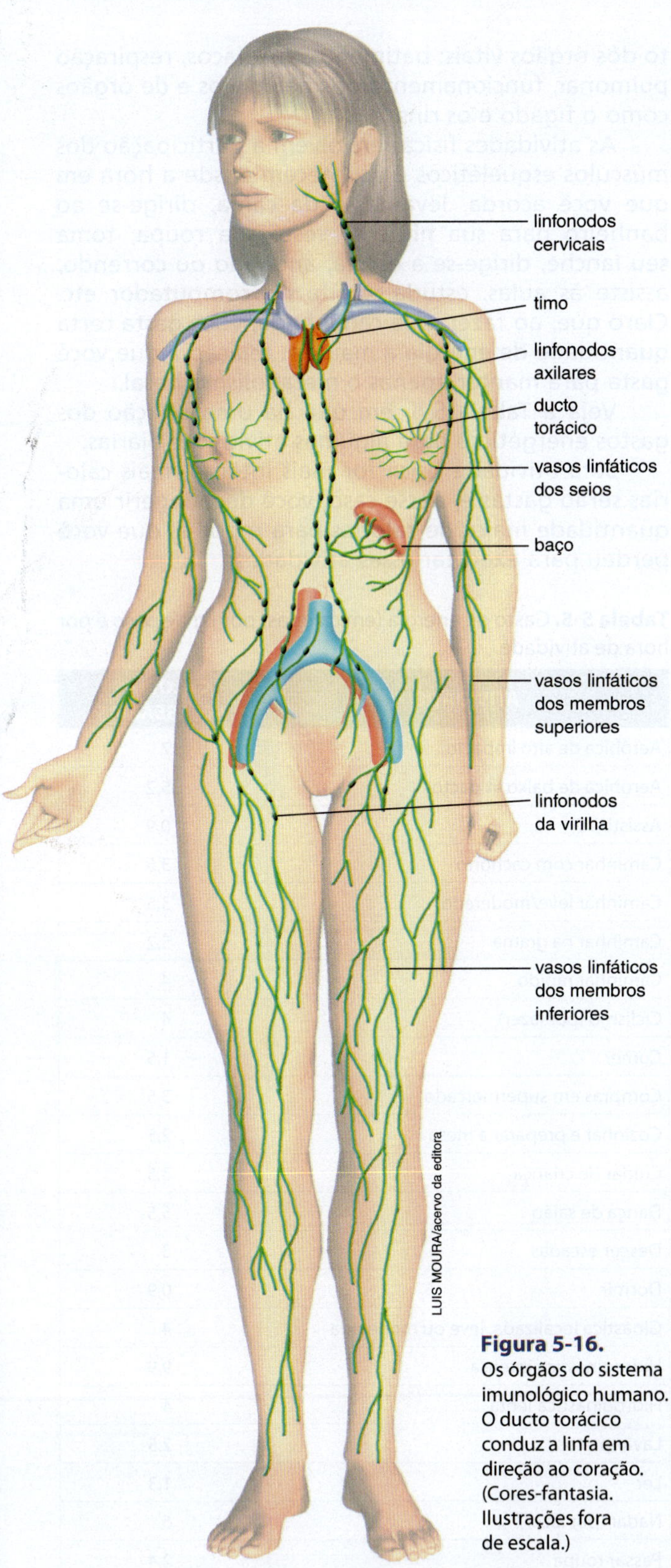

## A ligação do antígeno com o anticorpo

A molécula proteica de um anticorpo é complexa e possui o aspecto da letra Y. É formada por quatro cadeias de polipeptídios, duas de pequeno peso molecular e as outras duas de alto peso molecular (veja a Figura 5-17).

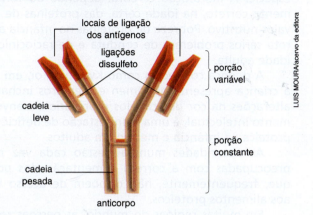

**Figura 5-17.** A molécula de anticorpo se assemelha à letra Y. A porção variável é específica para cada anticorpo.

Cada cadeia polipeptídica possui uma porção variável, que é a parte da molécula que difere de um anticorpo para outro. Os dois braços do Y são os locais que se ligam ao antígeno. A cauda do Y é o local de ligação do anticorpo a locais específicos da célula de defesa.

A ligação do anticorpo ao antígeno ocorre na região dos dois braços do Y. A porção variável de cada braço encaixa-se especificamente nas porções complementares existentes na molécula de antígeno, de modo semelhante ao encaixe de uma chave na fechadura (veja a Figura 5-18).

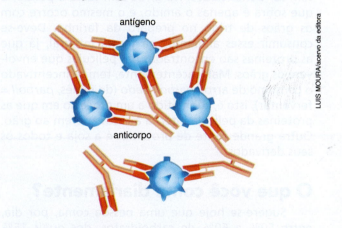

**Figura 5-18.** Complexo antígeno-anticorpo. Na reação antígeno-anticorpo, do tipo chave-fechadura, as porções variáveis da molécula do anticorpo se encaixam em porções complementares do antígeno, inativando-o.

Uma vez ligados um ao outro, o *anticorpo* inativa o *antígeno* e o **complexo antígeno-anticorpo** formado pode ser englobado por uma célula fagocitária, por exemplo, um glóbulo branco, que destruirá o complexo.

**Figura 5-16.** Os órgãos do sistema imunológico humano. O ducto torácico conduz a linfa em direção ao coração. (Cores-fantasia. Ilustrações fora de escala.)

O sistema imunológico é constituído por um verdadeiro arsenal formado por alguns órgãos, como o baço e o timo, células brancas do sangue, os nódulos linfáticos (ou linfonodos), e uma infinidade de substâncias químicas, destacando-se, entre elas, as proteínas de defesa conhecidas como anticorpos. Os anticorpos pertencem à categoria de proteínas conhecidas como *imunoglobulinas* (representadas por Ig).

CAPÍTULO 5 – A química da vida **111**

# As proteínas e a nossa alimentação

O desenvolvimento saudável de uma criança depende do fornecimento de proteínas de qualidade. Por proteínas de qualidade entende-se as que possuem todos os aminoácidos essenciais para a nossa espécie. A maturação cerebral depende do fornecimento correto, na idade certa, das proteínas de alto valor nutritivo. Pobreza de proteínas na infância acarreta sérios problemas de conduta e de raciocínio na idade adulta.

A doença conhecida como Kwashiorkor, em que a criança apresenta abdômen e membros inchados, alterações na cor dos cabelos e precário desenvolvimento intelectual, é uma manifestação de deficiência proteica na infância e mesmo em adultos.

As autoridades mundiais estão cada vez mais preocupadas com a correta alimentação dos povos que, frequentemente, não dispõem de acesso fácil aos alimentos proteicos.

Em muitas regiões do mundo, as pessoas recorrem a alimentos ricos em carboidratos (excelentes substâncias fornecedoras de energia), porém pobres em aminoácidos.

Elas engordam, mas apresentam deficiência em proteínas. O ideal é incentivar o consumo de mais proteínas e obter, assim, um desenvolvimento mais saudável do organismo.

As proteínas mais "saudáveis", de melhor qualidade, são as de origem animal. As de maior teor em aminoácidos essenciais são encontradas nas carnes de peixe, de vaca, de aves e no leite.

Um aspecto importante a ser considerado no consumo de cereais é que eles precisam ser utilizados sem ser beneficiados. No arroz sem casca e polido, o que sobra é apenas o amido, e o mesmo ocorre com os grãos de trigo no preparo da farinha. Deve-se consumir esses alimentos na forma integral, já que as proteínas são encontradas nas películas que envolvem os grãos. Mais recentemente, tem-se incentivado o consumo de arroz *parboilizado* (do inglês, *parboil* = ferventar), isto é, submetido a um processo em que as proteínas da película interna à casca aderem ao grão. Outra grande fonte de proteínas é a soja e todos os seus derivados.

## O que você come diariamente?

Sugere-se hoje que uma pessoa coma, por dia, entre 50% e 60% de carboidratos, dos quais 15% sejam constituídos de açúcares simples; cerca de 30% de gorduras (triglicérides), dos quais menos de 10% deve ser gordura não saturada; e cerca de 12% a 15% de proteínas.

A energia que obtemos diariamente dos alimentos serve para manter nosso metabolismo basal e realizar atividades físicas. Por metabolismo basal entende-se manter em níveis básicos o funcionamento dos órgãos vitais: batimentos cardíacos, respiração pulmonar, funcionamento dos neurônios e de órgãos como o fígado e os rins.

As atividades físicas envolvem a participação dos músculos esqueléticos e acontecem desde a hora em que você acorda, levanta-se da cama, dirige-se ao banheiro para sua higiene, veste sua roupa, toma seu lanche, dirige-se à escola, andando ou correndo, assiste às aulas, estuda, digita no computador etc. Claro que, ao fazer uma caminhada, você gasta certa quantidade de energia a mais em relação à que você gasta para manter apenas o metabolismo basal.

Veja a Tabela 5-5, em que há uma relação dos gastos energéticos para algumas atividades diárias.

Se a atividade física for mais intensa, mais calorias serão gastas e, nesse caso, você deve ingerir uma quantidade maior de calorias para repor as que você perdeu para executar essas atividades.

**Tabela 5-5.** Gasto de energia (em calorias) por kg de peso e por hora de atividade.

| ATIVIDADE | CALORIAS NECESSÁRIAS |
|---|---|
| Aeróbica de alto impacto | 7 |
| Aeróbica de baixo impacto | 5,2 |
| Assistir TV | 0,9 |
| Caminhar com cachorro | 3,5 |
| Caminhar leve/moderado | 3,5 |
| Caminhar na grama | 5,2 |
| Caminhar rápido | 4 |
| Ciclismo (por lazer) | 4 |
| Comer | 1,5 |
| Compras em supermercado | 3,5 |
| Cozinhar e preparar a mesa | 2,5 |
| Cuidar de criança | 3,5 |
| Dança de salão | 5,5 |
| Descer escadas | 3 |
| Dormir | 0,9 |
| Ginástica localizada, leve ou moderada | 4 |
| Hidroginástica intensa | 9,9 |
| Hidroginástica lenta | 4 |
| Lavar pratos | 2,5 |
| Ler | 1,3 |
| Nadar (por lazer) | 6 |
| Passar roupa | 2,4 |
| Tomar banho | 2 |
| Trabalhar no computador | 1,5 |
| Varrer a casa | 2,4 |
| Yoga/alongamentos | 4 |

*Fonte:* AINSWORTH, BARBARA E. Compendium of Physical Activities: classification of energy costs of human physical activities. *Med Sci Sports Exerc*, v. 32, n. 9, Suppl., p. S498-S516, 2000.

Em média, a necessidade diária de energia para um adolescente de 16 anos é de cerca de 3.000 calorias. Admitindo que você deva ingerir por dia aproximadamente 55% de carboidratos, 30% de gorduras e 15% de proteínas, das calorias ingeridas, então, cerca de 1.650 calorias deverão ser provenientes de carboidratos, 900 de gorduras e cerca de 450 de proteínas.

Se você exceder a ingestão diária indicada de calorias, o excesso será armazenado em seu organismo na forma de gordura. Se ingerir menos calorias do que a necessidade diária, então, o seu organismo passará a queimar as reservas armazenadas e você tenderá a emagrecer. Uma pessoa que deseja manter a sua massa corporal deve consumir exatamente as calorias que gastar durante a atividade diária. Por exemplo, se para você, estudante, a necessidade diária energética – que inclui atividade física, metabolismo basal e crescimento do organismo – é de 2.500 calorias, então você deve ingerir exatamente essa quantidade para se manter com a massa corporal inalterada.

Agora, veja a Tabela 5-6 para saber a quantidade de calorias de alguns alimentos.

### Anote!
**Valor calórico dos alimentos**
Carboidratos: 1 grama libera cerca de 4 calorias
Gorduras: 1 grama libera cerca de 9 calorias
Proteínas: 1 grama libera cerca de 4 calorias

**Tabela 5-6.** Valor calórico de alguns alimentos e bebidas.

| ALIMENTOS E BEBIDAS | CALORIAS |
|---|---|
| Açúcar comum (colher de chá, 10 g) | 40 |
| Arroz com feijão (2 colheres de sopa, 40 g) | 75 |
| Banana-prata (unidade, 55 g) | 55 |
| Bife de alcatra frito (2 fatias, 100 g) | 220 |
| Copo de leite integral (240 mL) | 149 |
| Pão francês (50 g) | 135 |

Dados compilados pelos autores.

## 5-7. COMO NOS DEFENDEMOS DAS DOENÇAS: AS IMUNIZAÇÕES

As células produzidas pelos órgãos componentes do sistema imunológico atuam na produção de anticorpos. Estes, por sua vez, combatem antígenos existentes nos micróbios causadores de infecção ou nas substâncias tóxicas por eles liberadas.

Passada a infecção, de modo geral, permanece apenas um pequeno número de *células de memória*, isto é, células de defesa que poderão, caso ocorra outra infecção provocada pelo mesmo agente infeccioso, produzir os anticorpos específicos de modo que efetuem um combate rápido e eficiente. Esse processo de **imunização ativa natural** funciona com a maioria das doenças infecciosas provocadas por vírus e bactérias.

Muitos vírus e bactérias, porém, são bastante agressivos e é inimaginável esperar que uma pessoa contraia a doença para depois ficar imune a ela. Assim, pensando-se em termos de prevenção de uma doença infecciosa, recorre-se à **imunização ativa artificial** a partir da **vacinação** das pessoas.

### A resposta à imunização ativa

A quantidade de anticorpos produzidos durante o processo de imunização ativa artificial é ilustrada pela Figura 5-19.

De maneira geral, a primeira inoculação de antígenos em uma pessoa provoca o que se chama de *resposta imune primária* aos antígenos. Os anticorpos surgem depois de 3 a 14 dias da inoculação, atingem certa concentração no sangue, declinando a seguir. Uma segunda inoculação de antígenos, algum tempo depois, provoca a chamada *resposta imune secundária*, muito mais rápida e produtora de maior quantidade de anticorpos em relação à resposta primária.

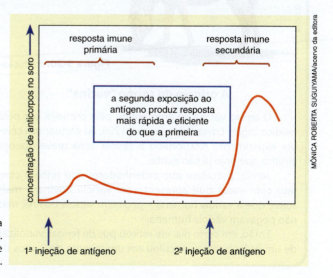

**Figura 5-19.** A primeira injeção de antígeno provoca a chamada *resposta primária*, em que a produção de anticorpos é pequena. A segunda injeção provoca a *resposta secundária*, em que a quantidade de anticorpos produzidos é maior e a resposta é mais rápida.

## Como são feitas as vacinas?

Para a produção de vacinas, microrganismos patogênicos são multiplicados em condições especiais no laboratório e, posteriormente, esses microrganismos são mortos ou enfraquecidos de modo que não sejam capazes de provocar doenças, mantendo, porém, a capacidade de atuar como antígenos.

Utiliza-se apenas uma fração do microrganismo, aquela que contém os antígenos, como componente da vacina (como na produção de vacina contra a meningite meningocócica, em que são utilizados fragmentos das membranas que revestem as bactérias) ou substâncais tóxicas, alteradas, produzidas por uma bactéria (como na vacina antitetânica, preparada com toxinas alteradas da bactéria que provoca o tétano).

## Imunização passiva

**Anote!**
No leite materno existem inúmeros anticorpos. A amamentação é um tipo de imunização passiva natural.

Certos antígenos são tão agressivos que não é possível aguardar a produção natural de anticorpos para combatê-los. Nesses casos, recorre-se à **imunização passiva**, ou seja, injetam-se anticorpos específicos para combater os antígenos agressivos no organismo doente (pessoas ou animais). Por exemplo: quando ocorrem ferimentos profundos na pele, em regiões em que há bactérias do tétano, é fundamental a injeção de soro antitetânico contendo anticorpos que possam inativar rapidamente as toxinas produzidas pelas bactérias.

### Saiba mais

**O soro possui finalidade curativa. A vacina é preventiva.**

Para a produção de anticorpos contra a toxina do tétano, por exemplo, utilizam-se animais.

Inoculam-se doses pequenas da toxina tetânica no cavalo que, em resposta, produz os anticorpos. Esses anticorpos do sangue do cavalo são extraídos e com eles prepara-se o soro que poderá ser injetado nas pessoas, quando necessário (veja a Figura 5-20). Note que os anticorpos não foram produzidos pela pessoa ferida.

A sua duração no sangue da pessoa que os recebe é pequena, limitando-se ao tempo necessário para inativar as toxinas produzidas pelas bactérias.

*O soro, portanto, possui finalidade curativa e não preventiva.*

Esse produto também é usado contra venenos de serpentes, escorpiões e aranhas.

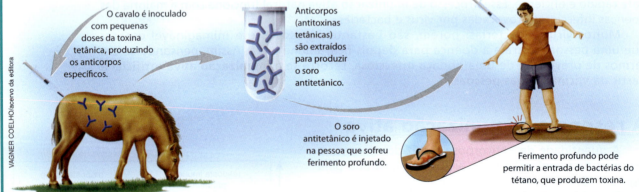

**Figura 5-20.** Produção de soro antitetânico. (Cores-fantasia. Ilustrações fora de escala.)

**A origem do termo "vacina"**

O termo vacina foi empregado pela primeira vez pelo médico inglês Edward Jenner, em 1796, ao efetuar um célebre experimento relacionado à varíola, uma grave doença virótica que hoje já não existe.

Jenner percebeu que ordenhadores que tinham contato com vacas que apresentavam varíola bovina – mais suave que a varíola humana – pegavam varíola bovina, mas não pegavam varíola humana.

Então, em certo dia, ele retirou pus de feridas variólicas de um ordenhador e inoculou em um menino de 8 anos de idade, fazendo pequenos arranhões na pele da mão com uma agulha contendo material contaminado. O menino contraiu a varíola bovina.

Meses depois, Jenner inoculou no menino material proveniente de lesões da varíola humana. O menino não contraiu varíola humana. Tinha sido imunizado pela primeira inoculação com vírus de varíola bovina.

O experimento deu certo porque os vírus causadores das duas moléstias são muito parecidos.

Vacina e vacinação são dois termos derivados da palavra latina *vacca*, referindo-se ao animal a partir do qual toda essa série de experimentos teve início.

## PASSO A PASSO

1. O gráfico mostra a porcentagem, por peso, dos principais elementos químicos encontrados na crosta terrestre e nos seres vivos. Observando-o atentamente, responda:

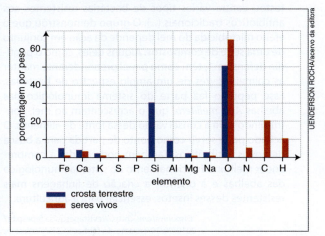

MADER, S. S. *Biology*. 9. ed. New York: McGraw-Hill, 2007. p. 20.

   a) Quais são os dois elementos químicos mais abundantes na crosta terrestre?
   b) E nos seres vivos, quais são os três elementos químicos mais abundantes?

2. Cerca de 97% da água da Terra está nos oceanos. Nos seres vivos, é uma das substâncias mais abundantes. Pode-se dizer, sem medo de errar, que sem água não há vida. Essa frase pode ser justificada recorrendo às propriedades dessa substância. Utilizando os seus conhecimentos sobre as propriedades da água, responda:

   a) O que significa dizer que a molécula de água é polar e que entre moléculas de água existe coesão? Cite as outras quatro propriedades da molécula de água, descritas no texto deste capítulo.
   b) O que significa dizer que, "nos seres vivos, a água é solvente praticamente universal e meio de transporte"?

3. Cite dois exemplos de: monossacarídeos, dissacarídeos e polissacarídeos e as fontes de onde são obtidos.

4. Embora alguns tipos de lipídios constituam motivo de preocupação para muitas pessoas, são substâncias orgânicas que exercem importantes funções no metabolismo, sendo essenciais para a sobrevivência da maioria dos seres vivos.

   a) Quais são as duas substâncias mais conhecidas dessa categoria de componentes orgânicos nos seres vivos?
   b) Qual é o significado de ácidos graxos saturados e ácidos graxos insaturados? Qual dos dois tipos é mais benéfico à saúde?

5. Um planeta rochoso com 4,5 vezes a massa da Terra e que orbita uma estrela a apenas 22 anos-luz daqui é o mais novo candidato a conter água no estado líquido fora do Sistema Solar. O GL667Cc é o quarto a ser identificado na chamada zona habitável de sua estrela. Essa zona é a faixa onde os astrônomos calculam que o planeta possa receber uma quantidade de energia semelhante à que a Terra recebe do Sol. Isso permite que a superfície do planeta tenha temperaturas semelhantes às daqui. O novo planeta é, agora, o que tem melhores chances de ter água líquida e condições de abrigar vida.

FERNANDES, T. Nova "super-Terra" pode ter água líquida. *Folha de S.Paulo*, São Paulo, 3 fev. 2012. Caderno Ciência, p. C9.

Considerando as informações do texto e os seus conhecimentos sobre as propriedades da água, responda:

   a) Como justificar a frase do final do texto que relaciona a existência de água líquida com possibilidade de haver vida no planeta?
   b) Cite a importante propriedade da água relacionada à possibilidade de permitir a ocorrência de reações químicas no interior de uma célula.

6. Com relação às proteínas:

   a) Cite os três papéis básicos desempenhados por essa categoria de compostos orgânicos nos seres vivos. Quais são as substâncias "facilitadoras" de reações químicas em nosso organismo.
   b) Quais são as unidades básicas que constituem uma molécula de proteína? Quais são os dois componentes básicos que caracterizam essas unidades?

7. a) Com relação à forma espacial das proteínas, cite os possíveis arranjos estruturais que podem ocorrer nos seres vivos nessas moléculas.
   b) Qual é o significado do termo *desnaturação proteica*? Cite um fator que pode conduzir a uma desnaturação proteica.

8. a) Cite um exemplo de cada um dos seguintes tipos de proteína no ser humano: *de defesa*, *enzima*, *reguladora*, *transportadora* e *estrutural*.
   b) Com relação aos componentes que podem fazer parte de uma enzima, diferencie os termos apoenzima, cofator e coenzima.

9. a) O papel de uma enzima, ao catalisar determinada reação química, é atuar na diminuição da chamada *energia de ativação*. Qual é o significado desse termo? Que denominação recebe o reagente sobre o qual atuará determinada enzima?

10. Quando uma criança é vacinada contra determinada doença, por exemplo, o sarampo, os antígenos existentes na vacina induzem a produção de anticorpos contra antígenos presentes nos vírus causadores da doença. Diz-se, então, que a criança está imunizada ou protegida contra futuras contaminações pelo vírus do sarampo.

    a) A que tipo de imunização a vacinação se relaciona, natural ou artificial? Qual a diferença existente entre esses dois conceitos?
    b) Imunização passiva artificial e natural, qual é a diferença entre esses dois conceitos?

11. a) Qual é a diferença entre soro e vacina?
    b) Por que se diz que a vacinação é preventiva e o soro é curativo?

CAPÍTULO 5 – A química da vida 115

# A CAMINHO DO ENEM

1. **(H14, H17, H18, H25)** A anemia ferropriva, por falta de ferro, é um dos distúrbios nutricionais que mais tem aumentado no mundo – um dos motivos para isso é o alto consumo de produtos industrializados, pobres em nutrientes. Porém, por outro lado, alguns setores da indústria têm acrescentado ferro em alguns alimentos, como cereais, leite e iogurtes, por exemplo. No Brasil, onde o índice de anemia é alto, as farinhas devem ter obrigatoriamente ferro, o que consequentemente faz com que pães, bolos, doces também o tenham.

*Disponível em: <http://g1.globo.com/bemestar/noticia/2013/10/entenda-importancia-do-ferro-para-saude-e-como-o-organismo-o-absorve.html>. Acesso em: 16 maio 2016.*

O ferro é um elemento fundamental para os seres vivos, assim como outros sais minerais, e sua ausência no nosso organismo poderia ser fatal. Dessa forma, responda:

a) Qual é a importância do ferro na alimentação?

b) Cite dois alimentos que são fontes de ferro na alimentação.

c) Outro mineral de grande importância é o iodo. Explique o motivo desse mineral ser necessário na nossa alimentação diária. Qual é o prejuízo para a nossa saúde da falta de iodo? Pesquise uma medida que foi tomada pelo setor público para evitar esse problema.

2. **(H14, H17, H18; H24)** As reações do corpo humano à ingestão de dietas ricas em gorduras são complexas e marcadas por aspectos positivos e negativos. O coração é provavelmente o órgão em que os potenciais malefícios e benefícios dessa relação dual são mais conhecidos. Alguns tipos de ácidos graxos tendem a se depositar nos tecidos, elevar a pressão arterial e aumentar os riscos de problemas cardíacos. Esse é o caso das gorduras saturadas, encontradas na carne vermelha, em aves e derivados do leite integral, e das trans, produzidas a partir da modificação de óleos vegetais e usadas em grande parte dos alimentos processados industrialmente. Já outras formas de gordura, como as insaturadas, parecem contribuir para manter baixos os níveis de colesterol e da pressão e relativamente limpos os vasos sanguíneos.

*Disponível em: <http://revistapesquisa.fapesp.br/2016/02/19/uma-gordura-contra-a-obesidade/>. Acesso em: 14 maio 2016.*

Muito se discute sobre os efeitos dos lipídios na saúde humana, sendo considerados sempre como vilões. Considerando seus conhecimentos sobre esse assunto e o texto apresentado, responda:

a) Qual é a constituição básica das gorduras e como são formadas?

b) Cite outros três tipos de lipídios.

c) Qual é a ação das gorduras saturadas nos tecidos cardíaco e cerebral que podem causar prejuízos à saúde humana?

d) Cite dois potenciais usos dos lipídios no organismo humano.

3. **(H14, H17, H18, H24, H25)** O mel já é um ingrediente comum em pastilhas para a garganta e xaropes contra a tosse. Crendice? Longe disso, segundo um grupo da Universidade de Amsterdã, na Holanda. A equipe liderada por Sebastian Zaatde usou um método novo para isolar os componentes do mel com ação antibiótica e os testou contra vários tipos de bactérias resistentes aos antibióticos tradicionais (...). O grupo demonstrou que o efeito microbicida do mel depende da ação em conjunto de uma série de compostos. Alguns deles, como o peptídio defensina-1, têm como papel preponderante manter as colmeias livres de um amplo espectro de bactérias. Esse peptídio faz parte do sistema imunológico das abelhas *Apis mellifera*, que o acrescentam ao mel, contribuindo para a conservação dessa fonte de alimento. O achado pode servir como ponto de partida para a busca de novos antibióticos. Também pode ajudar a compreender melhor o funcionamento do sistema imunológico das abelhas e a orientar a criação de linhagens mais resistentes desses insetos, essencial para a agricultura.

*Disponível em: <http://revistapesquisa.fapesp.br/2010/08/10/enxame-de-farmac%C3%AAuticas/>. Acesso em: 14 maio 2016.*

Através dos tempos, o mel sempre foi considerado um produto especial, utilizado pelo homem desde a Pré-História, com inúmeras referências em pinturas rupestres e em manuscritos e pinturas do antigo Egito, Grécia e Roma. O mel, além da sua característica adoçante, apresenta uma grande variedade de substâncias nutritivas. Dada a sua importância, responda:

a) Quais são as unidades formadoras da substância defensina-1? Como essas unidades se associam?

b) Como são chamadas as substâncias químicas que promovem a defesa de um organismo contra um agente estranho?

c) Cite outro grupo de substâncias orgânicas presentes no mel.

Leia o texto abaixo e responda aos testes de **4** a **6**.

A atividade metabólica é, basicamente, de natureza química, ou seja, envolve a interação de átomos e moléculas. A célula é uma unidade altamente organizada que realiza suas numerosas reações químicas de maneira rápida e eficiente, seguindo vias metabólicas diferentes. O efeito total das vias metabólicas é a *síntese* ou a *degradação* de moléculas e o consumo ou liberação de energia. Entre as moléculas usadas no metabolismo celular, podemos destacar as proteínas, lipídios, carboidratos, ácidos nucleicos e água.

4. **(H3, H14, H15, H17)** Em torno de vinte tipos de ..... estão para as ..... assim como as letras do alfabeto estão para as palavras.

Um grupo de letras pode ser disposto para formar uma palavra específica. Modificando-se uma só letra em uma palavra, pode-se fazer com que ela perca todo o sentido. Assim, o conceito de "pedra" é muito claro na nossa língua, enquanto "pudra" não tem nenhum significado. Analogamente, a troca ou substituição de um ..... por outro, pode tornar uma ..... "sem sentido" para a célula. No entanto, a adição ou remoção de uma ou duas letras à palavra pode alterar substancialmente o sentido sem torná-la sem sentido. Assim a palavra "caso" pode ter outro sentido ao acrescentarmos a letra a, originando "acaso". Analogamente uma ..... pode se transformar em outra pela remoção ou adição de um ou alguns ......

Os termos que completam corretamente os espaços em branco são, pela ordem,

a) monossacarídeos – vitaminas – aminoácido – proteína – proteína – aminoácidos.

b) aminoácidos – proteínas – aminoácido – enzima – vitamina – monossacarídeos.

c) proteínas – vitaminas – monossacarídeo – proteína – vitamina – aminoácidos.

d) aminoácidos – proteínas – aminoácido – proteína – proteína – aminoácidos.

e) ácidos nucleicos – proteínas – dissacarídeo – enzima – vitamina – dissacarídeos.

**5. (H14, H15, H17)** As reações químicas do metabolismo celular ocorrem de maneira rápida devido à ação das enzimas, proteínas especializadas em acelerarem as reações químicas. Sem a presença de enzimas, a vida como a conhecemos não poderia existir. Muitas enzimas para, efetivamente, exercerem suas atividades são constituídas,

além de uma parte proteica, de uma porção não proteica, chamada de coenzima. São exemplos de coenzimas:

a) as vitaminas.
b) os monossacarídeos
c) os dissacarídeos.
d) o DNA
e) o RNA.

**6. (H14, H15, H17)** A respeito das vias metabólicas de síntese e degradação, leia atentamente as frases abaixo.

I – Um exemplo de via metabólica de degradação é a produção de glicose pelo processo de fotossíntese.

II – A oxidação de moléculas de glicose com a liberação de energia para o trabalho celular corresponde a um processo de síntese metabólica.

III – Um exemplo de via metabólica de síntese é a produção de amido, polissacarídeo usado pelas células vegetais, a partir de moléculas de glicoses.

IV – A produção de enzimas, catalisadores biológicos está associada a um processo metabólico de degradação.

Está(ão) correta(as):

a) apenas I e III.
b) apenas I e IV.
c) apenas I, II e III.
d) apenas II, III e IV.
e) apenas III.

## TESTE SEUS CONHECIMENTOS

**1.** (PASES – UFV – MG) São exemplos de polissacarídeos formados exclusivamente por glicose:

a) sacarose e amido.
b) glicogênio e celulose.
c) lactose e quitina.
d) celulose e frutose.

**2.** (PSS – UEPG – PR) Relacione a coluna da esquerda, que corresponde às principais funções dos alimentos, com a coluna da direita, que corresponde às categorias de nutrientes. Em seguida, assinale a alternativa que corresponde à sequência correta dos números.

1) produção de energia
2) manutenção e construção de tecidos
3) reguladores metabólicos

( ) gorduras
( ) carboidratos
( ) minerais
( ) água

a) 1 – 2 – 3 – 1
b) 1 – 1 – 2 – 3
c) 1 – 1 – 3 – 2
d) 2 – 1 – 1 – 3
e) 3 – 1 – 2 – 1

**3.** (UFF – RJ) O equilíbrio da fauna e da flora atualmente é compreendido como algo essencial devido a sua total interdependência. A tabela abaixo apresenta a porcentagem média dos componentes geralmente encontrados em células vegetais e animais.

| CONSTITUINTES | CÉLULAS (%) | |
|---|---|---|
| | ANIMAIS | VEGETAIS |
| Água | 60,0 | 70,0 |
| X | 4,3 | 2,5 |
| Y | 6,2 | 18,0 |
| W | 11,7 | 0,5 |
| Z | 17,8 | 4,0 |

Analise a tabela e assinale a alternativa que identifica os constituintes X, Y, W e Z, respectivamente.

a) Sais minerais, carboidratos, lipídios e proteínas.
b) Carboidratos, lipídios, proteínas e sais minerais.
c) Lipídios, proteínas, sais minerais e carboidratos.
d) Proteínas, sais minerais, carboidratos e lipídios.
e) Sais minerais, lipídios, carboidratos e proteínas.

**4.** (UNICAMP – SP) Segundo documento da UNICEF, 250 mil crianças por ano perdem a visão por falta de uma vitamina. Qual é a vitamina cuja deficiência traz problemas de visão? Cite um alimento de origem animal rico nessa vitamina.

**5.** (UEG – GO) Analise as proposições abaixo, referentes à ocorrência e às funções das substâncias que compõem os seres vivos. Indique a(s) verdadeira(s) e a(s) falsa(s).

(0) Irritação e sangramento da gengiva, enfraquecimento dos dentes e outros sintomas vasculares e digestivos surgem em consequência de alimentação deficiente em vitamina C.

(1) A porcentagem de água em um organismo pode variar de acordo com a espécie, a idade e a atividade desempenhada.

(2) Nos regimes de emagrecimento recomenda-se haver restrição ao consumo de alimentos com elevado poder calórico. Isso significa que deve ser reduzido o consumo de carboidratos e lipídios.

(3) Entre os componentes químicos da célula o único que pode atuar em funções estruturais, hormonais, enzimáticas, de defesa e de transporte é o das proteínas.

(4) Em regiões de extrema pobreza, onde a carência da vitamina D é comum, as pessoas NÃO regulam a produção de glóbulos sanguíneos.

CAPÍTULO 5 – A química da vida **117**

**6.** (UFT – TO) Sobre os compostos químicos responsáveis pela estrutura e funcionamento dos organismos eucariotos são feitas as seguintes afirmações:

   I – Os lipídios são os principais componentes das membranas celulares.
   II – As proteínas desempenham apenas funções catalíticas.
   III – Os carboidratos são os principais componentes das paredes celulares.

Das afirmações,

a) apenas a III está correta.
b) apenas a I está correta.
c) I, II e III estão corretas.
d) II e III estão corretas.
e) I e III estão corretas.

**7.** (SAS – UEG – GO) O cabelo é composto basicamente de fibras da proteína queratina. As fibras individuais de queratina são ligadas covalentemente umas às outras. Se o cabelo cacheado for tratado com agentes redutores suaves para romper algumas dessas ligações, alisado e, então, oxidado novamente, ele permanecerá liso.
Sobre as biomoléculas descritas acima, é CORRETO afirmar:

a) o colágeno, assim como a queratina, é a proteína mais abundante do corpo humano e forma a molécula de hemoglobina.
b) as propriedades biológicas de uma molécula proteica dependem de suas interações físicas com outras moléculas.
c) a insulina forma a molécula de hemoglobina, pigmento vermelho do sangue humano, responsável pelo transporte de oxigênio, e é produzida no pâncreas.
d) as enzimas são proteínas associadas a carboidratos e os seus nomes tipicamente terminam em "ase", com exceção de queratina, triptofano, tripsina e lisozima.

**8.** (VUNESP) O bacilo *Clostridium tetani* é o agente etiológico do tétano, doença que não apresenta relação direta com objetos enferrujados, tendo como causa toxinas bacterianas responsáveis por espasmos musculares.
Tal doença pode ser tratada de modo preventivo ou curativo, dependendo do procedimento médico utilizado.

a) Como ocorre a contaminação pelo bacilo causador do tétano?
b) Em que consistem os tratamentos preventivo e curativo do tétano, tendo como referência anticorpos específicos para a toxina bacteriana?

**9.** (UFF – RJ) Desde o surgimento da gripe suína, vacinas têm sido desenvolvidas na tentativa de estabelecer um método de proteção para a população.

Assinale a alternativa que apresenta o mecanismo clássico de imunização em que se baseiam as vacinas.

a) Imunização ativa – mecanismo segundo o qual se introduz uma pequena quantidade de antígeno no organismo para produção de anticorpo.
b) Imunização passiva – mecanismo segundo o qual se introduz uma grande quantidade de antígeno no organismo para produção de anticorpo.
c) Imunização ativa – mecanismo segundo o qual se introduz uma grande quantidade de anticorpos no organismo para o combate ao antígeno.
d) Imunização passiva – mecanismo segundo o qual se introduz uma pequena quantidade de anticorpos para o combate ao antígeno.
e) Imunização ativa – mecanismo segundo o qual se inocula o complexo antígeno-anticorpo para o combate à infecção.

**10.** (UNIFESP) Todos os anos, o serviço público de saúde do Brasil lança campanhas de vacinação voltadas para a população. A vacinação funciona como uma primeira exposição do nosso organismo ao agente infeccioso.

a) Compare como reage nosso organismo, em termos de velocidade de resposta e quantidade de anticorpos produzidos, em uma primeira e em uma segunda exposição ao agente infeccioso.
b) Ao contrário de outras vacinas, a vacina contra gripe é periódica, ou seja, mesmo quem já foi vacinado anteriormente deve receber a vacina a cada ano. Por que isso ocorre?

**11.** (FUVEST – SP) Um camundongo recebeu uma injeção de proteína *A* e, quatro semanas depois, outra injeção de igual dose da proteína *A*, juntamente com uma dose da proteína *B*. No gráfico a seguir, as curvas *X*, *Y* e *Z* mostram as concentrações de anticorpos contra essas proteínas, medidas no plasma sanguíneo, durante oito semanas.

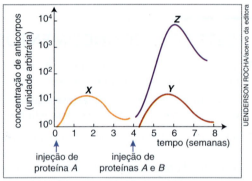

Adaptado de: PURVES, W. K.; SADAVA, D.; ORIANS, G. H.; HELLER, H. C. *Life. The science of Biology*. 6. ed. Sinauer Associates; W. H. Freeman, 2001.

As curvas

a) *X* e *Z* representam as concentrações de anticorpos contra a proteína *A*, produzidos pelas células de defesa, respectivamente, nas respostas imunológicas primária e secundária.
b) *X* e *Y* representam as concentrações de anticorpos contra a proteína *A*, produzidos pelos linfócitos, respectivamente, nas respostas imunológicas primária e secundária.
c) *X* e *Z* representam as concentrações de anticorpos contra a proteína *A*, produzidos pelos macrófagos, respectivamente, nas respostas imunológicas primária e secundária.
d) *Y* e *Z* representam as concentrações de anticorpos contra a proteína *B*, produzidos pelos linfócitos, respectivamente, nas respostas imunológicas primária e secundária.
e) *Y* e *Z* representam as concentrações de anticorpos contra a proteína *B*, produzidos pelos macrófagos, respectivamente, nas respostas imunológicas primária e secundária.

UNIDADE 2 – O estudo da célula

# MEMBRANA CELULAR, PERMEABILIDADE E CITOPLASMA
## 6

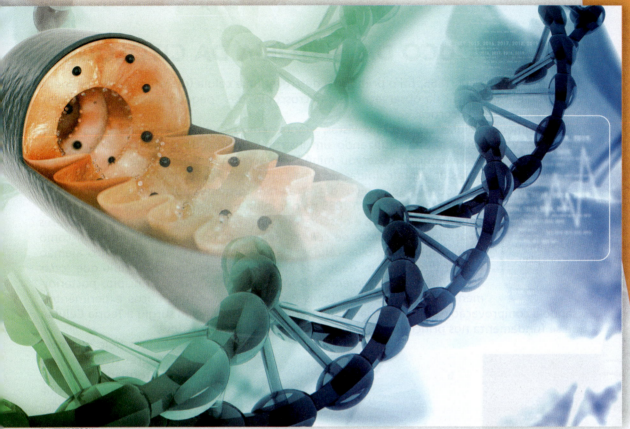
SHUTTERSTOCK

As mitocôndrias são pequenas organelas encontradas em grande quantidade nas células eucarióticas. Essas estruturas possuem funções importantes, sendo a principal o fornecimento de energia para o crescimento e o metabolismo celular. Mas essas organelas, como veremos neste capítulo, apresentam uma particularidade em relação às demais, pois carregam em seu interior seu próprio material genético.

Esse DNA, presente no interior das mitocôndrias, também pode sofrer mutações, assim como acontece com o DNA presente no núcleo das células. Em geral, as mutações que acontecem no DNA das mitocôndrias alteram seu funcionamento, fazendo com que as células atingidas não consigam mais liberar a energia necessária à realização de suas funções. E essas mutações podem levar ao desenvolvimento de diversas doenças.

Alguns estudos científicos sobre mitocondriopatias indicam que essas doenças não são tão raras, como se pensava antigamente. Pesquisas indicam que a incidência é de 1 caso para cada 5.000 a 10.000 nascidos vivos.

Atualmente, estima-se que cerca de 150 doenças são causadas por mutação do DNA mitocondrial, entre elas as relacionadas, principalmente, ao envelhecimento e a diversas doenças degenerativas, como o mal de Alzheimer.

## 6-1. A CÉLULA

O trabalho realizado em uma célula é semelhante ao que acontece em uma fábrica, como a de televisores, por exemplo. Através dos portões, dá-se a entrada de diversos tipos de peças destinadas à linha de montagem. Para a fabricação e a montagem dos aparelhos, são necessários energia e operários habilitados. É preciso, ainda, um setor de embalagem para preparar a expedição do que é produzido e uma diretoria para comandar todo o complexo fabril e manter o relacionamento com o mundo externo. Tudo dentro dos limites representados pelo muro da fábrica.

## 6-2. UM POUCO DA HISTÓRIA DA CITOLOGIA

Robert Hooke, em 1665, foi o primeiro a descrever uma célula (do latim *cellula*, pequeno compartimento) a partir da observação, em microscópio, das "pequenas cavidades" existentes em um pedaço de cortiça.

As primeiras células vivas foram vistas, algum tempo depois, pelo naturalista holandês Anton Van Leeuwenhoek. Utilizando um instrumento dotado de lentes de aumento, Leeuwenhoek observou minúsculos seres unicelulares que pululavam em gotas de água colhidas de uma lagoa. Até então, não se tinha a ideia de que todos os seres vivos da Terra eram formados por células. Esse princípio só foi estabelecido em 1839 pelo fisiologista alemão Theodor Schwann que, após muitos estudos e observações, firmou o conceito de que *todos os seres vivos são constituídos de células*. Faltava compreender, no entanto, como eram originadas novas células. Essa descoberta coube ao médico alemão Rudolf Virchow que, depois de exaustivas observações, concluiu que *todas as células são provenientes de células preexistentes*, princípio, posteriormente, confirmado por Louis Pasteur em seus magníficos experimentos, visando à comprovação da inexistência de geração espontânea. Assim surgiu a **Teoria Celular**, que se fundamenta nos princípios estabelecidos por Schwann e Virchow.

> **Anote!**
> Nem todos os seres vivos da Terra atual são formados por células. É preciso considerar que os vírus, seres vivos causadores de importantes doenças no homem, nos animais e nas plantas, são acelulares.

Sabemos hoje que nem todos os seres vivos da Terra atual são formados por células. É preciso considerar que os **vírus**, seres vivos causadores de importantes doenças no homem, nos animais e nas plantas, são *acelulares*.

O aperfeiçoamento dos microscópios ópticos permitiu uma visibilidade cada vez melhor da célula. Quase três séculos depois de Hooke, em 1932, começou a ser empregado o microscópio eletrônico para o estudo da célula, trazendo grandes avanços.

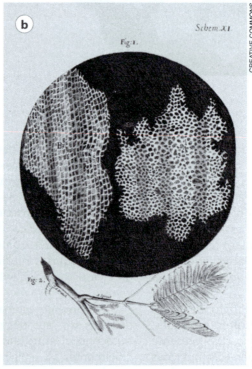

O microscópio utilizado por Hooke (a) e a ilustração da cortiça observada por ele (b).

**120** UNIDADE 2 – O estudo da célula

Foi com o microscópio eletrônico que se conseguiu elucidar a estrutura da membrana plasmática e a dos organoides membranosos, cuja visibilidade era praticamente impossível com o microscópio óptico. O hialoplasma, quando observado ao microscópio óptico, era tido como uma espécie de fluido viscoso, homogêneo e gelatinoso. A microscopia eletrônica, porém, revelou a existência de inúmeras fibras proteicas compondo uma rede tridimensional, formada por microfilamentos e microtúbulos, o que originou o termo **citoesqueleto** para essa complexa rede citoplasmática.

### Anote!

Os melhores microscópios ópticos permitem aumentos de até duas mil vezes, se bem que raramente sejam ultrapassados aumentos de mil e duzentas vezes. Já com o microscópio eletrônico, podemos obter aumentos de duzentos e cinquenta mil vezes e, se considerarmos que a foto obtida pode ser ampliada, chegaremos ao formidável aumento de cerca de um milhão de vezes para uma célula!

## 6-3. QUAL É O TAMANHO DE UMA CÉLULA?

Qual é o tamanho do seu pé? Quanto mede a barra horizontal da trave de um gol? Na certa, você responderá que o seu pé mede tantos centímetros e que a trave tem tantos metros. A unidade de medida *metro* não pode ser utilizada na avaliação do tamanho de uma célula nem das estruturas que a compõem. Motivo: a célula e os seus componentes são muito pequenos, medem geralmente bem menos que um milímetro, que é a milésima parte do metro. Por isso, os biólogos costumam utilizar outra unidade de medida, o *micrômetro*, para avaliar o tamanho das estruturas celulares. O micrômetro, que se representa por µm, equivale a *um milionésimo* do metro ou um milésimo do milímetro:

$$1\ \mu m = \frac{1}{1.000.000}\ m \quad \text{ou} \quad 1\ \mu m = \frac{1}{1.000}\ mm$$

Já imaginou um objeto medindo um micrômetro? O incrível é que certas estruturas celulares são ainda menores, o que levou os biólogos a recorrerem a outra unidade de medida, o *nanômetro*. O nanômetro, que se representa por *nm*, equivale a *um bilionésimo* do metro, ou seja,

$$1\ nm = \frac{1}{1.000.000.000}\ m$$

A Figura 6-1 mostra algumas das dimensões em Biologia.

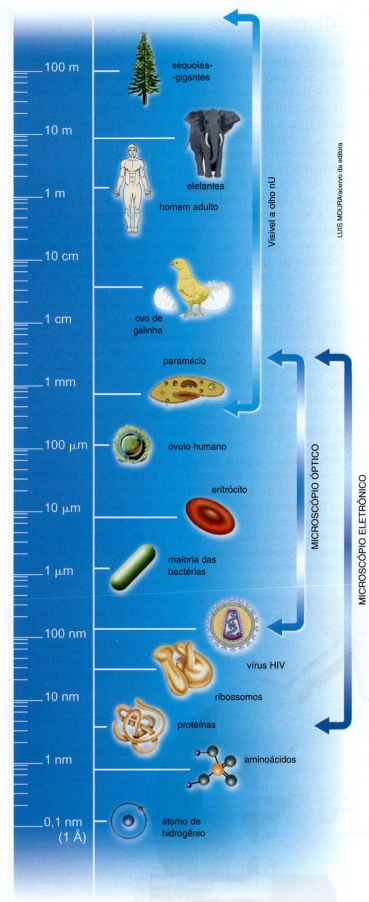

**Figura 6-1.** As dimensões encontradas em Biologia podem variar de fração de micrômetros a vários metros. (Cores-fantasia.)

# Microscópios

Certas células são grandes o suficiente para serem vistas pelos nossos olhos. O óvulo humano, por exemplo, tem cerca de 130 μm de diâmetro, o tamanho do ponto final desta frase. As maiores células conhecidas são os óvulos das aves (gema), se bem que a maior parte deles é material inerte, não vivo, representado pelo vitelo (reserva nutritiva para o desenvolvimento do embrião), que preenche praticamente todo o interior da célula.

O olho humano, porém, não é capaz de enxergar estruturas celulares de pequenas dimensões. Para isso, é preciso recorrer a microscópios, valiosos instrumentos que ampliam o tamanho dos objetos. Os mais comuns são os **microscópios de luz**, que se utilizam de uma fonte de luz e de um conjunto de lentes para ampliar o tamanho das estruturas que se quer observar.

Microscópios de boa qualidade ampliam objetos até cerca de 1.200 vezes. No entanto, a principal qualidade do microscópio de luz não reside tanto na ampliação, mas no **poder de resolução**, ou seja, na habilidade de "tornar visíveis" detalhes muito pequenos, como a distância mínima em que dois pontos podem ser distintos um do outro.

Para entender o que é **poder de resolução**, faça o seguinte: desenhe dois pontos em um papel, distanciados 1 centímetro um do outro. Desenhe outros dois pontos, agora distanciados 1 milímetro. Você consegue ainda enxergá-los? E se você aproximar mais ainda os dois pontos? Provavelmente você não os distinguirá mais, parecerão um só. O olho humano tem pequeno poder de resolução, já um bom microscópio amplia esse poder. A Figura 6-2 mostra um microscópio de luz, com alguns de seus componentes. Com o microscópio de luz é possível ver células vivas. No entanto, como a maioria das células é transparente, a luz as atravessa e fica difícil distinguir as estruturas de seu interior. A saída encontrada pelos biólogos foi a utilização de corantes, que destacam certas estruturas. Porém, muitas das substâncias utilizadas matam a célula. A descoberta de corantes vitais, que não interferem na vida da célula, possibilitou a visualização de certas estruturas celulares, mantendo-as vivas.

**Figura 6-2.** Microscópio de luz.

## Saiba mais

### Microscópio eletrônico de transmissão: a grande invenção

Felizmente, em 1932 foi inventado o microscópio eletrônico de transmissão, que aumenta consideravelmente o poder de resolução. Nesse tipo de microscópio, além de complexas lentes, são utilizados feixes de elétrons que ampliam o poder de resolução para algo próximo do diâmetro de uma molécula de água.

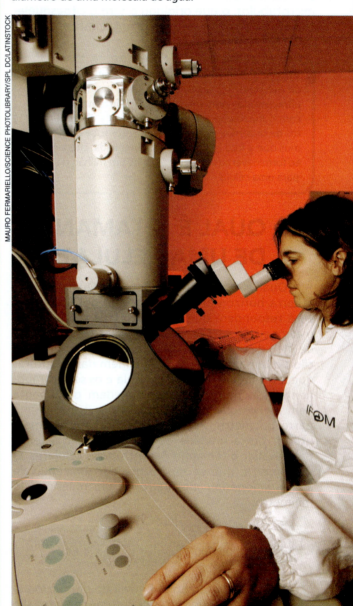

Microscópio eletrônico de transmissão.

A imagem gerada por um microscópio eletrônico de transmissão não pode ser vista diretamente, pois o feixe de elétrons é altamente energético. Deve ser canalizado para o interior de um tubo de "vácuo" e dirigido por lentes especiais para o objeto a ser visualizado, que é atravessado pelos elétrons e atinge uma película fotográfica ou uma tela fluorescente e, assim, a imagem é ampliada e visualizada. Veja a Figura 6-3.

O princípio de funcionamento desse microscópio tem como base a emissão de um feixe de elétrons que "varrem" a superfície do material.

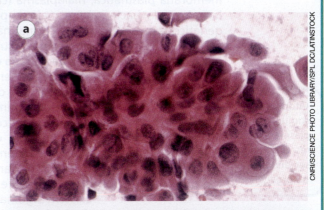

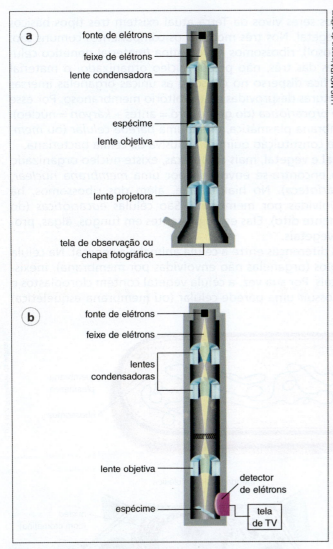

**Figura 6.3.** Microscópios eletrônicos (a) de transmissão e (b) de varredura.

O objeto a ser "visto" com esse microscópio deverá ser tratado previamente com substâncias especiais e um finíssimo corte deve ser obtido com a utilização de lâminas de vidro ou diamante. Conclusão: é preciso fatiar o espécime que se quer "ver" e, logicamente, ele deverá estar morto. Não se pode "ver" células vivas com esse microscópio. Em compensação, conseguem-se ampliações até cerca de 250.000 vezes!

Enquanto o melhor microscópio de luz tem poder de resolução 500 vezes maior que o do olho humano, o microscópio eletrônico de transmissão aumenta nosso poder de resolução mais de 10.000 vezes.

### Microscópio eletrônico de varredura

As fotos obtidas com o microscópio eletrônico de *transmissão* mostram imagens planas, imensamente aumentadas, de estruturas celulares e de tecidos. Com o microscópio eletrônico de *varredura*, as fotos evidenciam detalhes principalmente da superfície externa de células e tecidos, com profundidade e aparentemente tridimensionais, com áreas claras e escuras.

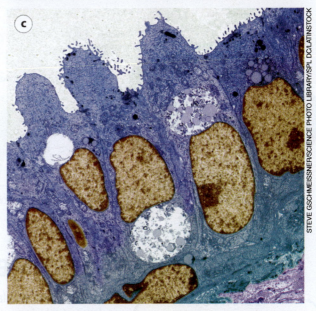

Compare a resolução e as imagens de células de câncer de mama obtidas com diferentes tipos de microscopia: (a) microscópio de luz, (b) microscópio eletrônico de varredura e (c) microscópio eletrônico de transmissão (note que podem ser observados os seus detalhes internos, como os núcleos corados de marrom). (Aumentos desconhecidos. Cores-fantasia.)

CAPÍTULO 6 – Membrana celular, permeabilidade e citoplasma

## 6-4. OS MODELOS CELULARES

Excetuando os vírus, na maioria dos seres vivos da Terra atual existem três tipos básicos de célula: a bacteriana, a animal e a vegetal. Nos três modelos os componentes comuns são: membrana plasmática, hialoplasma (citosol), ribossomos e cromatina (material genético celular). A célula bacteriana, a mais simples das três, não possui núcleo organizado, o material genético representado pela cromatina fica disperso no citosol e as únicas organelas imersas no hialoplasma são os ribossomos, estruturas desprovidas de envoltório membranoso. Por esse motivo, diz-se que a célula bacteriana é *procariótica* (do grego, *pró* = antes + *káryon* = núcleo).

Externamente à membrana plasmática, existe uma *parede celular* (ou *membrana esquelética*), de constituição química exclusiva da célula bacteriana.

Nas células animal e vegetal, mais complexas, existe núcleo organizado (o material genético encontra-se envolvido por uma *membrana nuclear*, também chamada *carioteca*). No hialoplasma, além dos ribossomos, há várias organelas envolvidas por membrana. São células *eucarióticas* (do grego, *eu* = propriamente dito). Elas estão presentes em fungos, algas, protozoários, animais e vegetais.

Existem algumas diferenças entre a célula animal e a vegetal. Na célula animal, nota-se a existência de centríolos (organelas não envolvidas por membrana), inexistentes nas células da maioria dos vegetais. Por sua vez, a célula vegetal contém cloroplastos e um grande vacúolo central, além de possuir uma parede celular (ou membrana esquelética) celulósica. Veja a Figura 6-4.

### Anote!
Citoplasma é o nome dado ao conjunto formado pelo hialoplasma e os organoides celulares. Organoides também podem ser denominados de orgânulos ou organelas.

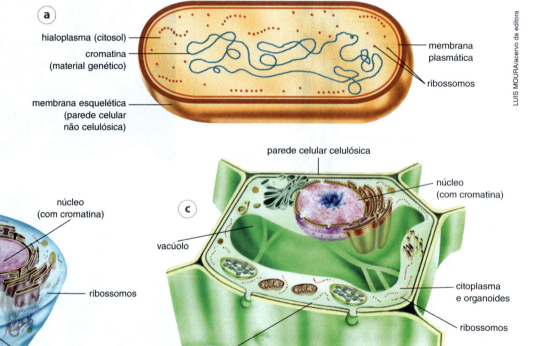

**Figura 6-4.** Os modelos celulares. (a) A célula bacteriana é procariótica. As células (b) animal e (c) vegetal são eucarióticas. (Cores-fantasia. Ilustrações fora de escala.)

## 6-5. OS REVESTIMENTOS CELULARES

### Anote!
A membrana plasmática é invisível ao microscópio comum (microscópio óptico), mas foi observada e estudada ao microscópio eletrônico.

Qualquer célula é envolvida pela **membrana plasmática**, uma fina película controladora da entrada e saída de materiais. A membrana plasmática de muitas células animais, por exemplo, as hemácias, é revestida externamente por um material conhecido como **glicocálice** (também chamado de **glicocálix**). Em células vegetais, há um envoltório extra, a **membrana esquelética celulósica** (ou **parede celulósica**), que reforça a parede celular como se fosse um muro adicional.

**124** UNIDADE 2 – O estudo da célula

## Membrana plasmática

A constituição química da membrana plasmática é lipoproteica, isto é, formada de fosfolipídios e proteínas. Os lipídios formam uma camada dupla e contínua, no meio da qual se encaixam moléculas de proteína. A dupla camada de fosfolipídios é fluida, de consistência oleosa, e as proteínas mudam de posição continuamente, como se fossem peças de um mosaico. Esse modelo foi sugerido por dois pesquisadores, Singer e Nicholson, e recebeu o nome de **Modelo do Mosaico Fluido** (veja a Figura 6-5).

Os fosfolipídios têm a função de manter a estrutura da membrana, enquanto as proteínas têm diversas funções.

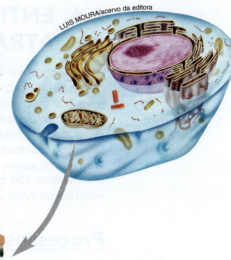

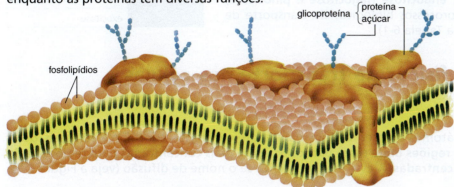

**Figura 6-5.** Membrana plasmática: o Modelo do Mosaico Fluido. (Cores-fantasia. Ilustrações fora de escala.)

## Glicocálice ou glicocálix

Essa estrutura externa à membrana plasmática, presente em alguns tipos de célula, é constituída quimicamente por polissacarídeos ligados a proteínas e lipídios. É continuamente renovada e considera-se que esse envoltório facilite a comunicação entre células.

## Membrana celulósica

A membrana esquelética das células vegetais é constituída de várias camadas de celulose, dispostas do lado externo da membrana plasmática. Nos tecidos vegetais, cada célula fica separada da outra por uma **lamela média**. Na célula vegetal jovem, é depositada uma **parede celulósica primária** distensível e que permite a ocorrência de crescimento celular. Durante o processo de diferenciação celular, ocorre a deposição de uma **parede secundária**, rica em celulose e, dependendo do tecido, em outras substâncias, como, por exemplo, a *lignina*, que promove o enrijecimento da parede celular.

As células vegetais se comunicam por meio de **plasmodesmos**, microscópicas aberturas que permitem a conexão dos citoplasmas e favorecem o trânsito de substâncias (veja a Figura 6-6).

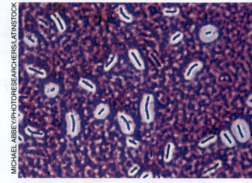

Bactérias (em azul) vistas ao microscópio óptico. O envoltório rosa é o glicocálice e atua na ligação da bactéria à célula hospedeira. Aumento de 1.800 vezes. (Cores-fantasia.)

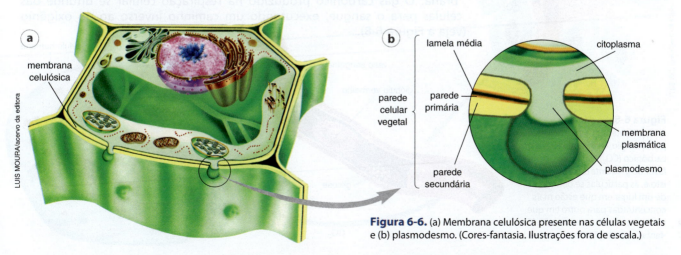

**Figura 6-6.** (a) Membrana celulósica presente nas células vegetais e (b) plasmodesmo. (Cores-fantasia. Ilustrações fora de escala.)

CAPÍTULO 6 – Membrana celular, permeabilidade e citoplasma

# 6-6. ENTRADA E SAÍDA DE SUBSTÂNCIAS ATRAVÉS DA MEMBRANA PLASMÁTICA

A entrada e a saída de diferentes tipos de substância da célula ocorrem através da membrana plasmática e se dão por meio de processos *físicos* ou *biológicos*. No primeiro caso, a célula permanece passiva. No segundo, a célula participa ativamente do transporte. **Difusão** e **osmose** são modalidades de transporte físico. **Transporte ativo**, **endocitose** (**fagocitose** e **pinocitose**) e **exocitose** são processos biológicos de transporte de substâncias (veja a Tabela 6-1).

**Tabela 6-1.** Transporte pela membrana.

| PROCESSOS FÍSICOS | difusão | |
|---|---|---|
| | osmose | |
| PROCESSOS BIOLÓGICOS | transporte ativo | |
| | endocitose | fagocitose |
| | | pinocitose |
| | exocitose | |

## Processos físicos de transporte nas células

### Difusão

Moléculas e átomos apresentam um movimento constante, contínuo e ao acaso, ocorrendo sempre **de regiões onde essas partículas estão mais concentradas para regiões onde estão menos concentradas**. A esse movimento dá-se o nome de difusão (veja a Figura 6-7).

**Figura 6-7.** Exemplo de difusão: cristais de permanganato de potássio, colocados em um ponto de um corpo contendo água, difundem-se em todos os sentidos.

### *Difusão simples*

Na difusão simples, ocorre o espalhamento de partículas, de um local em que estão muito concentradas para outro de menor concentração. É o que acontece, por exemplo, quando a fumaça de um cigarro se espalha por uma sala. A fumaça se difunde e seu odor é sentido pelas pessoas que estão longe do fumante. Na célula, ocorrem diversos processos envolvendo difusão. O ingresso de oxigênio nas células humanas a partir do sangue é um exemplo. A concentração desse gás no sangue arterial (sangue rico em $O_2$) que banha os tecidos é alta. Nas células, que consomem esse gás continuamente, a concentração de oxigênio é baixa. Dá-se, então, a passagem do $O_2$ por difusão simples, do sangue para as células, reabastecendo-as e, assim, permitindo a manutenção do processo respiratório.

Diversas outras substâncias são transportadas assim através da membrana. O gás carbônico produzido na respiração celular se difunde das células para o sangue, executando um caminho inverso ao do oxigênio (veja a Figura 6-8).

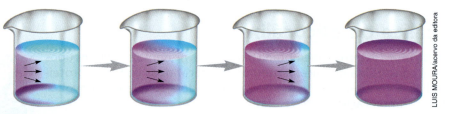

**Figura 6-8.** Na difusão, o espalhamento das partículas, como, por exemplo, o oxigênio ($O_2$), o gás carbônico ($CO_2$) e a glicose, ocorre a *favor do gradiente de concentração*, isto é, as partículas se difundem de um lugar em que estão mais concentradas para outro em que estão em menor concentração. (Cores-fantasia. Ilustrações fora de escala.)

**126** UNIDADE 2 – O estudo da célula

## Difusão facilitada

Existe um caso particular de difusão em que certas proteínas carregadoras da membrana plasmática "ajudam" o ingresso de determinadas substâncias na célula. É como se, em uma indústria de televisores, um carrinho empurrado por uma pessoa auxiliasse o transporte de peças para dentro da fábrica (veja a Figura 6-9).

> **Anote!**
> A característica mais importante do processo de difusão facilitada é que os carregadores específicos transportam açúcares e aminoácidos sem que ocorra gasto de energia.

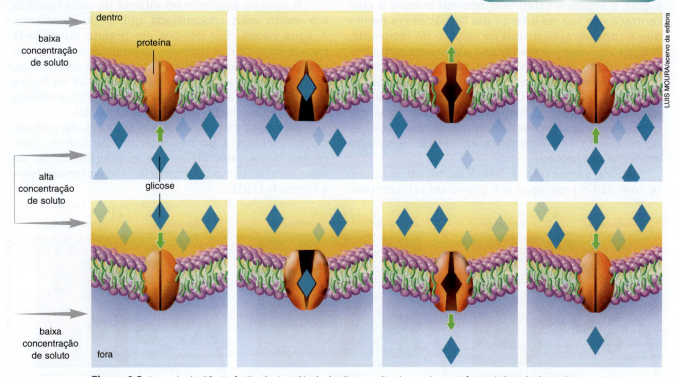

**Figura 6-9.** Exemplo de difusão facilitada. A molécula de glicose se liga à proteína, cuja forma é alterada de modo a constituir um canal de passagem de açúcares para dentro e para fora da célula. (Cores-fantasia. Ilustrações fora de escala.)

# Osmose

A **osmose** é a difusão de moléculas de *solvente*, através de uma membrana semipermeável, de um local com maior concentração de água para outro com menor concentração.

Membrana semipermeável é aquela que deixa passar a água (o solvente), mas não o soluto (as moléculas de substâncias que estão dissolvidas na água). Os poros que ela possui são suficientemente pequenos para não serem atravessados pelo soluto, mas deixam passar a água.

Podemos estudar experimentalmente a osmose colocando uma solução de água e sacarose (açúcar comum), por exemplo, dentro de um tubo de vidro no qual, em uma das extremidades, amarra-se um saco de material semipermeável. A seguir, mergulha-se esse conjunto em um recipiente com água pura. Após certo tempo, verifica-se que o nível de água dentro do tubo começa a subir, mostrando claramente que houve passagem da água do recipiente (que contém apenas água) para o conjunto tubo-membrana semipermeável (que contém água e açúcar). Veja a Figura 6-10.

> **Anote!**
> Osmose é a difusão do solvente através de uma membrana semipermeável.

## A osmose em células animais

A membrana plasmática não é uma membrana semipermeável perfeita, pois deixa passar água e solutos dissolvidos. Em muitos casos, porém, a velocidade com que as moléculas de água atravessam a membrana plasmática é bem maior que a da passagem de solutos. Por isso, pode-se dizer que ocorre osmose em uma célula através da membrana plasmática, e sua verificação, em células animais, é bastante simples.

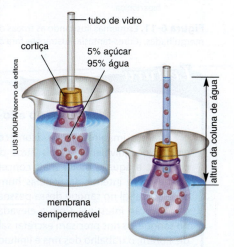

**Figura 6-10.** Experiência para o estudo da osmose. (Cores-fantasia. Ilustrações fora de escala.)

CAPÍTULO 6 – Membrana celular, permeabilidade e citoplasma **127**

Vamos ver duas situações em que ocorre osmose, utilizando para isso hemácias humanas: em um recipiente contendo uma solução aquosa muito concentrada em sal de cozinha, são colocadas hemácias humanas, cuja concentração é menor que a da solução. Após meia hora, observa-se, ao microscópio óptico, que essas hemácias estão enrugadas (veja, a seguir, a Figura 6-11(a)). Isso ocorreu porque a concentração de sais no interior das hemácias era menor que a concentração de sais na solução do recipiente. A água atravessou a membrana plasmática com velocidade muito maior de dentro para fora da célula, ou seja, do meio menos concentrado (o interior das hemácias) para o mais concentrado (a solução do recipiente). Então, as hemácias perderam água por osmose e enrugaram. Nesse caso, diz-se que a solução do recipiente era **hipertônica** em relação à solução existente nas hemácias.

Agora, vamos colocar hemácias em um recipiente com 250 mL de água e 1 grama de sal, compondo uma solução de concentração menor que a das hemácias.

Após meia hora, algumas hemácias são observadas ao microscópio óptico. Todas estarão arrebentadas (costuma-se dizer, tecnicamente, que ocorreu **hemólise** – *lise* é um termo derivado do grego e quer dizer destruição).

A solução existente no interior de cada hemácia era muito mais concentrada que a do recipiente. A água passou por osmose em grande quantidade para o interior dos glóbulos vermelhos, acarretando um aumento extraordinário do volume das células, pouco antes de se romperem (é o que se vê na Figura 6-11(b)). Nesse caso, a solução do copo era **hipotônica** em relação à solução contida nas hemácias.

Hemácias mergulhadas em soluções de concentração idêntica à do seu interior não sofrem alterações. Nesse caso, diz-se que as soluções, tanto do meio externo como das hemácias, são **isotônicas** (veja a Figura 6-11(c)).

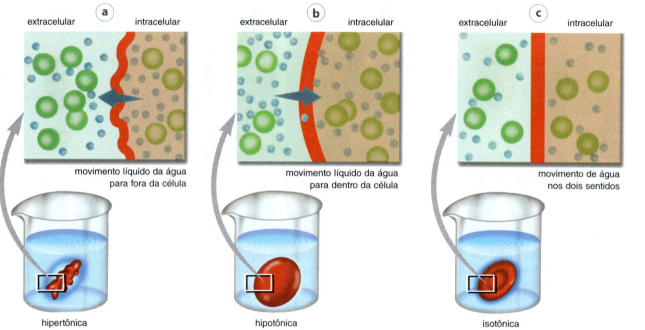

**Figura 6-11.** Esquemas ilustrando as trocas de água que ocorrem entre as hemácias e as soluções, de diferentes concentrações, em que são mergulhadas. (Cores-fantasia. Ilustrações fora de escala.)

## Leitura

### Náufragos no alto-mar

Vamos imaginar o que acontece a um náufrago que engole o equivalente a dois litros de água do mar. Nos oceanos, a água é muito mais concentrada que a solução existente no interior das células humanas. Assim, logo há excesso de sal no sangue dessa pessoa, como consequência da absorção intestinal. Com a elevada concentração de sal no sangue, os rins precisam excretar sal em grande quantidade. Porém, o trabalho dos rins é limitado: eles só conseguem eliminar sal a um certo ritmo e com uma concentração bem menor que a da água do mar, que é dependente da quantidade de água que existe no sangue. Então, é necessário mais água para efetuar maior eliminação de sal. Essa água extra acaba saindo das células do corpo, que a cedem por osmose para o sangue. Com essa perda, o organismo se desidrata, o náufrago perde muito mais água do que recebe. Ele acaba morrendo de sede em meio à imensidão de água do oceano!

- O que poderia ser feito em caso de naufrágio para aumentar o tempo de vida e, com isso, permitir que as equipes de resgate cheguem a tempo de prestar socorro?

## *Estabelecendo conexões*

### Osmose reversa

Osmose reversa é um processo de tratamento de água que remove a maioria dos componentes orgânicos e até 99% de todos os íons. Esse processo também reduz em até 99,9% os vírus, as bactérias e os coloides. Usando-se uma pressão superior à pressão osmótica, força-se a passagem de água através de uma membrana semipermeável no sentido inverso ao da osmose natural.

A separação por membrana ou osmose reversa é uma tecnologia relativamente nova, com aplicações industriais infindáveis, permitindo ampliar as fontes de suprimento de água economicamente viáveis tais como: águas superficiais e subterrâneas contaminadas ou com alta salinidade, água do mar e até mesmo efluentes domésticos e industriais. Essa tecnologia possibilita remover totalmente os contaminantes das águas, permitindo sua reciclagem, reduzindo o consumo e evitando assim a poluição do meio ambiente.

O uso da tecnologia de separação por membrana para purificação de água para diálise, centros de tratamento de queimaduras e outras aplicações médicas, atualmente faz parte dos equipamentos de muitos hospitais de primeira linha. Esses equipamentos podem ser empregados pelas indústrias farmacêuticas para produzir água para injetáveis e medicamentos.

A dessalinização de água superficial e subterrânea de alta salinidade é a aplicação mais comum de tratamento de água por osmose reversa, porém não é a única. O alto teor de sais é apenas um dos problemas que a tecnologia de membrana pode solucionar de maneira eficiente e econômica. Um exemplo é a presença de cor, o que é inaceitável em mananciais para água potável, não apenas por razões estéticas, mas principalmente porque a cor é uma indicação da presença de precursores de THM (trihalometanos), conhecidos por apresentar propriedades carcinogênicas.

No passado, em regiões em que a única fonte de água disponível era o mar, seu uso para produção de água potável era possível apenas por destilação. Esse processo é proibitivo em termos de custo energético. Hoje, a osmose reversa permite a utilização da água do mar a um custo que permite que a água potável produzida com essa tecnologia abasteça cidades inteiras.

- Sugira uma aplicação da osmose reversa para minimizar o problema de falta de água em algumas regiões do Brasil.

## *A osmose em células vegetais*

Nos vegetais, a entrada e a saída de água das células são reguladas por uma grande estrutura celular, o **vacúolo** (veja a Figura 6-12). Trata-se de uma grande bolsa central, que preenche praticamente toda a célula vegetal adulta. No interior dela há uma solução formada por água e diversas substâncias como cristais, pigmentos, sais etc. A solução vacuolar é importante nas trocas de água que ocorrem entre uma célula vegetal e o meio circundante (solo, outras células de um tecido, por exemplo). No caso, o citoplasma e a membrana plasmática atuam como membrana semipermeável. Além do vacúolo, é preciso destacar o papel da elástica e resistente **membrana celulósica** na manutenção da forma da célula nas trocas hídricas.

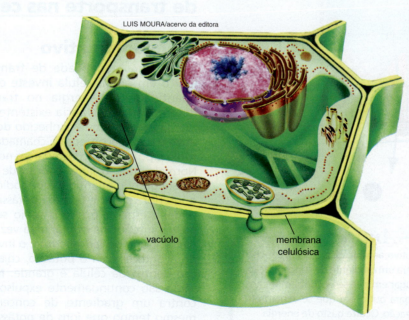

**Figura 6-12.** Esquema de célula vegetal evidenciando um grande vacúolo. (Cores-fantasia. Ilustrações fora de escala.)

## Saiba mais

### A célula vegetal não arrebenta

Comumente, a célula vegetal se encontra em estado *flácido*, situação em que a parede celular (membrana celulósica) se encontra pouco distendida ("frouxa"). Colocando-se uma célula vegetal nesse estado em água pura, ela absorve água por osmose, uma vez que a solução existente no vacúolo é mais concentrada. À medida que a água penetra na célula, desenvolve-se uma pressão hidrostática interna que tende a fazer a água retornar para o meio externo. Essa pressão interna atua na membrana celulósica que, por sua vez, se distende, até atingir o seu limite de elasticidade. É graças à resistência da membrana celulósica que a célula vegetal não arrebenta. Ocorre, então, um equilíbrio de pressões, estado em que a água que tende a sair é contrabalançada pela que entra. Dizemos, então, que a célula atingiu o seu estado de *turgor* (enchimento) máximo e se encontra *túrgida*. É graças à turgescência celular que muitas plantas herbáceas de pequeno porte se mantêm eretas.

Por outro lado, se a célula vegetal flácida for mergulhada em uma solução hipertônica bem mais concentrada que a solução do vacúolo, ela perde muita água e o vacúolo se retrai, juntamente com o citoplasma e a membrana plasmática, que se descola da membrana celulósica. Nessa situação, dizemos que a célula está *plasmolisada*. Na *plasmólise* de uma célula vegetal, formam-se espaços entre a membrana celulósica e a plasmática, que logo são preenchidos pela solução hipertônica, já que a membrana celulósica é permeável aos solutos. Se, em seguida, a célula plasmolisada for mergulhada em água pura, ela volta a absorver água por osmose, ocorre a *deplasmólise* e a célula pode retornar ao estado túrgido. Fatias de pimentão, colocadas em água salgada, dobram-se como resultado da plasmólise sofrida pelas células. Recolocadas em água pura, ocorre a deplasmólise celular e o turgor é readquirido.

Outra situação que ocorre com frequência com células vegetais é a perda de água para o ar, por evaporação. A intensa perda de água faz ocorrer não só a retração do vacúolo, mas da célula inteira, incluindo a membrana celulósica. Nesse caso, a célula fica *murcha*. O murchamento celular é muito comum em plantas herbáceas de pequeno porte, que vivem em locais de solo seco e atmosfera pouco úmida. Nessas condições, a planta inteira se curva, o que revela a intensa perda de água das células por evaporação, sem haver a reposição pelas raízes. Veja a Figura 6-13.

MÔNICA ROBERTA SUGUIYAMA/acervo da editora

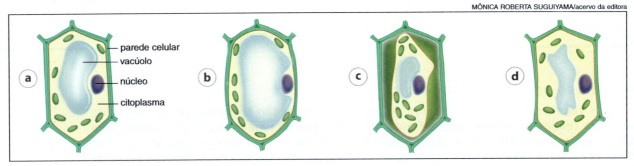

**Figura 6-13.** Células vegetais: (a) flácida, (b) túrgida, (c) plasmolisada e (d) murcha ao ar. (Cores-fantasia.)

## Processos biológicos de transporte nas células

### Transporte ativo

É uma modalidade de transporte biológico em que a célula investe considerável quantidade de energia no transporte de determinada substância existente no meio.

O exemplo mais conhecido de transporte ativo é o que acontece na chamada *bomba de sódio e potássio* encontrada em nossas células. Normalmente, o lado externo de uma célula possui grande quantidade de sódio, enquanto o interior celular é rico em potássio. O que se poderia esperar é que o sódio se difundisse para o interior da célula, uma vez que é mais concentrado do lado de fora, o inverso devendo acontecer com o potássio, cuja concentração dentro da célula é grande. Mas íons de sódio são continuamente expulsos da célula, contra um gradiente de concentração, ao mesmo tempo que íons de potássio são levados para dentro da célula (veja a Figura 6-14).

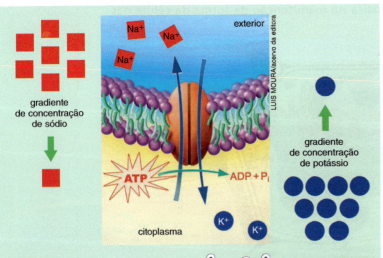

**Figura 6-14.** Bomba de sódio e potássio, um exemplo de transporte ativo. (Cores-fantasia. Ilustrações fora de escala.)

### Anote!

No transporte ativo, as moléculas das substâncias movem-se contra um gradiente de concentração, isto é, de um lugar em que se encontram menos concentradas para outro em que se acham em maior concentração. Ocorre gasto de energia.

130 UNIDADE 2 – O estudo da célula

Isso envolve gasto de energia, na forma de consumo de moléculas de ATP (adenosina trifosfato ou trifosfato de adenosina). Cada vez que a bomba de sódio é acionada, três íons de sódio se ligam à proteína transportadora (veja a Figura 6-15(a), (b) e (c)). Nesse momento, a energia fornecida por um ATP altera a forma da proteína que, assim, favorece a saída dos íons de sódio. Simultaneamente, dois íons de potássio se ligam à proteína que, retornando à sua forma original, conduz os íons de potássio para o interior da célula (veja a Figura 6-15(d), (e) e (f)). A manutenção da bomba de sódio e potássio permite a muitas células a execução de diversas atividades relacionadas à membrana plasmática, como a condução de impulsos ao longo das células nervosas.

Vários outros exemplos de transporte ativo ocorrem no nosso organismo. É a partir desse tipo de transporte que as células intestinais passam para o sangue a glicose absorvida da luz intestinal, após a digestão dos carboidratos.

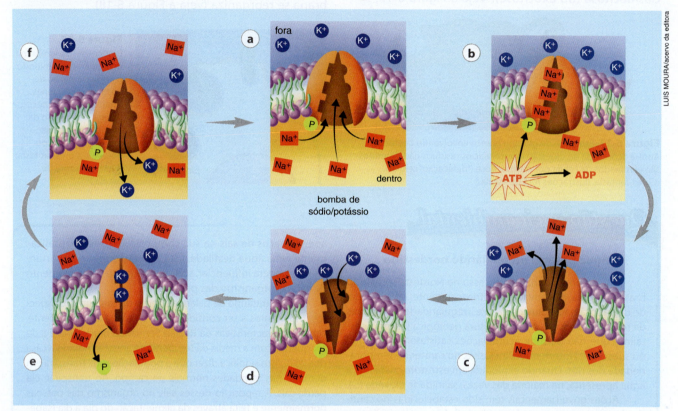

**Figura 6-15.** Transporte ativo: a eliminação de íons Na+ (sódio) da célula e o ingresso de íons K+ (potássio) ocorrem com gasto de energia. (Cores-fantasia. Ilustrações fora de escala.)

## Endocitose e exocitose

Do mesmo modo que em uma fábrica a entrada e a saída de grandes materiais requerem a existência de portões especiais, as células em geral também possuem mecanismos especializados na introdução ou eliminação de partículas em bloco, sem recorrer aos processos normalmente utilizados no transporte pela membrana. **Endocitose** (do grego, *éndon* = dentro + *kútos* = cavidade, célula) é o termo utilizado para designar o ingresso de macromoléculas e materiais maiores na célula, o que pode ocorrer por três possíveis mecanismos: *fagocitose*, *pinocitose* e *endocitose mediada por receptores*. Nos três processos a membrana participa ativamente, sofrendo modificações que possibilitam o ingresso desses materiais. Por outro lado, a saída de resíduos ou a secreção de substâncias produzidas pela célula ocorre por **exocitose** (do grego, *ékso* = fora, para fora), processo que, embora *aparentemente* corresponda ao inverso da endocitose, envolve a participação de outros componentes da membrana plasmática.

### Fagocitose

**Fagocitose** é o processo pelo qual a célula engloba partículas sólidas (veja a Figura 6-16). A célula, ao entrar em contato com a partícula a ser englobada, emite **pseudópodes** (expansões celulares) para circundá-la e transportá-la para seu interior.

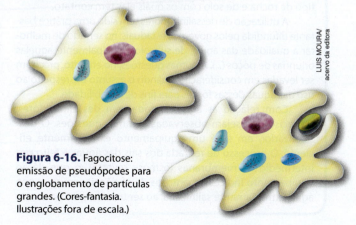

**Figura 6-16.** Fagocitose: emissão de pseudópodes para o englobamento de partículas grandes. (Cores-fantasia. Ilustrações fora de escala.)

A fagocitose é observada em protozoários e em certas células do nosso organismo, como em determinado tipo de leucócito, sendo que nos protozoários é mais um processo nutritivo, enquanto no homem trata-se, sobretudo, de um processo de defesa contra partículas estranhas ao organismo. Assim, glóbulos brancos do sangue defendem o nosso organismo contra bactérias e outras partículas, englobando-as.

A expulsão de substâncias residuais chama-se **clasmocitose** (ou **exocitose**). Veja a Figura 6-17.

## Pinocitose

**Pinocitose** é o processo usado por células para englobar partículas muito pequenas, de modo geral líquidas.

A membrana celular, na região de contato com a partícula a ser englobada, invagina-se (forma uma reentrância) para o interior do citoplasma. Finalmente, a partícula envolvida por um pedacinho de membrana solta-se no citoplasma, enquanto a superfície da membrana se reorganiza (veja a Figura 6-18).

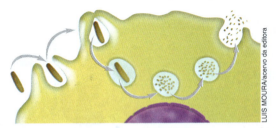

**Figura 6-17.** Esquema de glóbulo branco envolvendo bactérias. Após a ocorrência de digestão intracelular, os resíduos não digeridos são eliminados da célula por clasmocitose ("defecação" celular). (Cores-fantasia. Ilustrações fora de escala.)

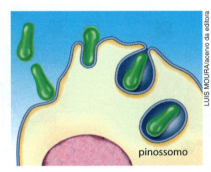

**Figura 6-18.** Pinocitose: a membrana invagina-se, permitindo o englobamento de partículas pequenas. Chamamos de *pinocitose reversa* o processo de *eliminar* partículas muito pequenas ou líquidas. (Cores-fantasia. Ilustrações fora de escala.)

## Questão socioambiental

### Água potável no semiárido nordestino

Água é um bem natural escasso no Nordeste semiárido brasileiro. Essa assertiva está intrinsecamente relacionada, de um lado, à baixa pluviosidade e irregularidade das chuvas da região e, de outro, à sua estrutura geológica (escudo cristalino) que não permite acumulações satisfatórias de água no subsolo (...) interferindo, inclusive, no caráter de temporariedade dos rios. Quando explorada em estrutura cristalina, a água apresenta, na maioria das vezes, salinidade elevada (...).

Ações governamentais têm sido estabelecidas no sentido de priorizar o acesso do sertanejo à água, através do uso de rios (perenizados e perenes), barreiros, açudes (pequenos, médios e grandes), cisternas, poços (amazonas e cacimbas) e poços tubulares. De acordo com a qualidade química das águas, existe uma variação, em escala crescente, nos teores de sais nessas fontes hídricas, obedecendo a seguinte ordenação: cisternas < açudes e barreiros < rios (perenizados e perenes) < poços (amazonas e cacimbas) < poços tubulares. Os teores de sais nas águas (composição química e nível de concentração dos sais) estão intimamente relacionados com o tipo de rocha e de solo com os quais elas têm contato.

A utilização de dessalinizadores tem sido uma prática bastante difundida pelos governos estaduais, no sentido de melhorar a qualidade das águas de subsolo, principalmente aquelas oriundas de poços (...). Algumas questões, no entanto, precisam ser levadas em consideração, quando o assunto diz respeito ao uso das águas dessas fontes para fins de potabilidade.

Com relação às águas tratadas em dessalinizadores, é preciso que sejam observadas algumas questões. O dessalinizador, em si, é um equipamento extremamente eficiente. O processo de retirada dos sais das águas é feito por intermédio de membranas (osmose reversa), o que dá ao equipamento índices espantosos de eficiência, em que uma água extremamente salinizada, ao ser tratada, passa a conter apenas traços de sais na sua composição. Torna-se, praticamente, uma água destilada. Este aspecto é muito importante, pois poderá influenciar, sobremaneira, no balanceamento de sais do organismo das pessoas.

Em se tratando de balanceamento de sais, um dos aspectos importantes a ser considerado, é a temperatura ambiente. Uma das características da Região Semiárida nordestina é a de ser quente, com a média da temperatura anual atingindo a casa dos 26 °C. Isto significa dizer que a população rural transpira em demasia nas atividades normais de campo. Ao transpirar, ela perde sais. A reposição desses sais no organismo das pessoas normalmente é feita através da alimentação do dia a dia (sabe-se que a região apresenta índices elevados de desnutrição) e da ingestão de líquidos (ressalte-se que a população do Semiárido é acostumada a ingerir águas com teores salinos muito acima dos recomendados pela Organização Mundial de Saúde). Ao passar, de uma hora para outra, a ingerir água com baixos teores de sais, essa população começará a entrar em um processo de desmineralização, tendo em vista as fontes de reposição desse elemento não apresentarem mais os teores que vinham suprindo a população anteriormente. O resultado é que um programa de fornecimento de "água de primeiro mundo" à população, com o uso de dessalinizadores (*slogan* amplamente divulgado pelos governos), poderá vir a ser acusado, futuramente, como um vetor de desmineralização da população. (...)

SUASSUNA, A. *Água Potável no Semiárido*: escassez anunciada. Disponível em: <http://www.fundaj.gov.br/index.php?option=com_content&view=article&id=736&Itemid=376>. Acesso em: 25 fev. 2013.

- De acordo com o texto, o consumo a longo prazo da água desmineralizada poderia trazer efeitos danosos à população. Que medidas você poderia sugerir para que o consumo dessa água não acarrete problemas para quem a ingerir?

# 6-7. O INTERIOR DA CÉLULA

As células animal e vegetal possuem setores semelhantes aos de uma fábrica. Um limite celular, representado pela **membrana plasmática**, separa o conteúdo da célula, o citoplasma, do meio externo. O **citoplasma**, constituído por **organelas** (ou **organoides**) e **hialoplasma** (ou **citosol**), um material viscoso, representa o setor produtivo. Um **núcleo**, contendo o material genético, representa a "diretoria" da célula. A Figura 6-19 ilustra as estruturas que compõem uma célula.

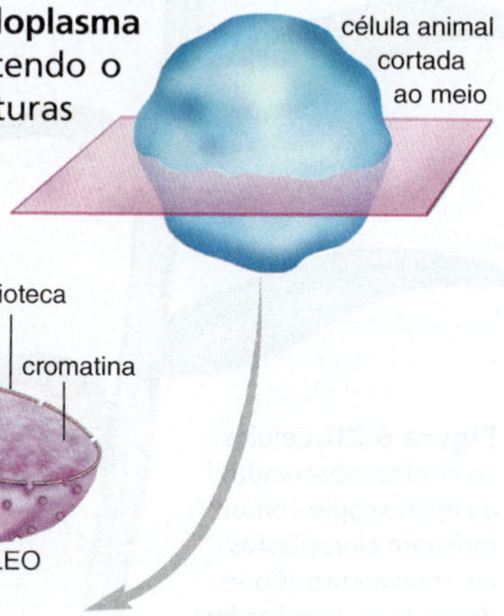

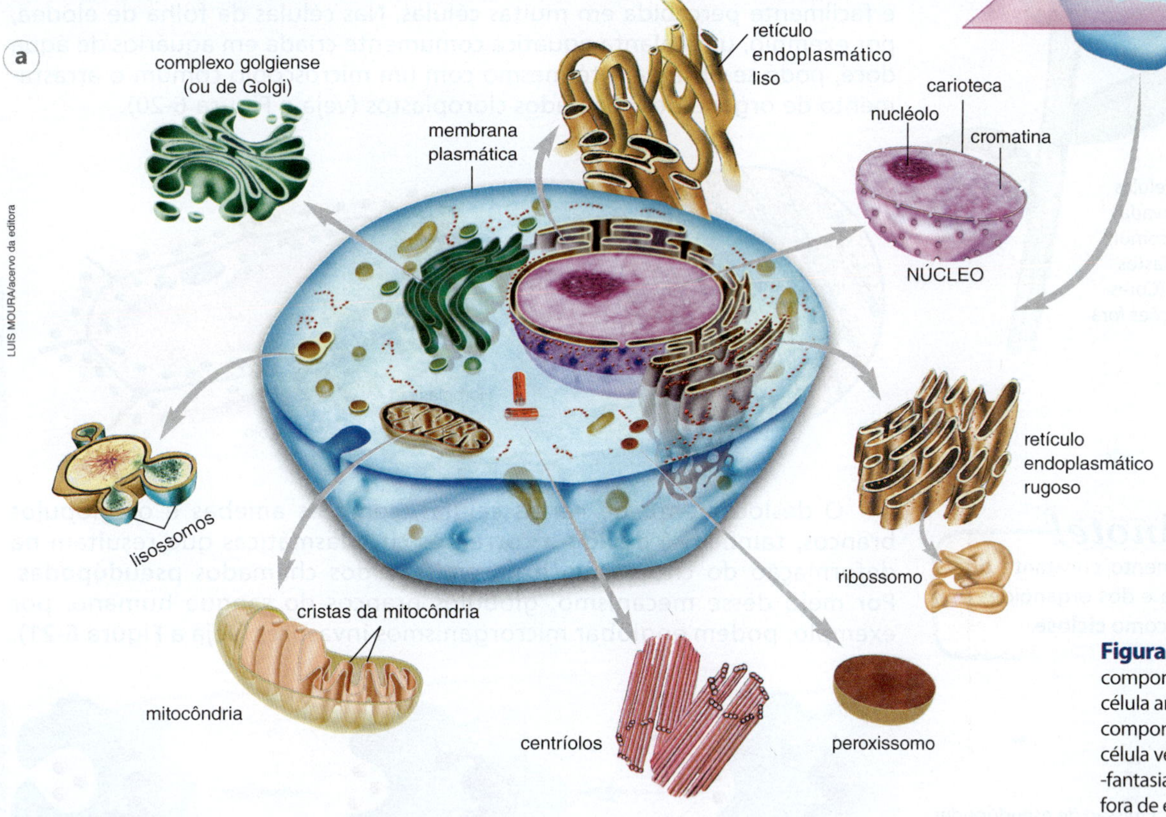

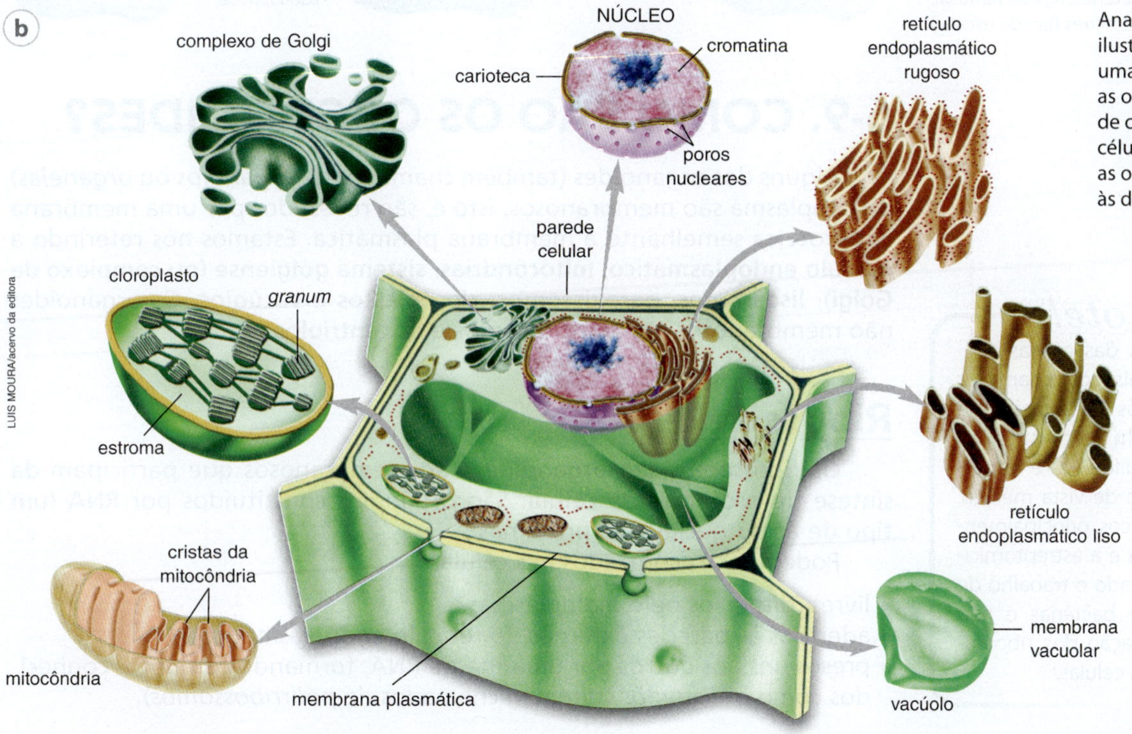

**Figura 6-19.** (a) Os componentes de uma célula animal. (b) Os componentes de uma célula vegetal. (Cores-fantasia. Ilustrações fora de escala.)

Analise as duas ilustrações e organize uma tabela mostrando as organelas exclusivas de células animais e de células vegetais. Liste as organelas comuns às duas células.

CAPÍTULO 6 – Membrana celular, permeabilidade e citoplasma **133**

## 6-8. HIALOPLASMA (CITOSOL)

A abundância de água no hialoplasma (citosol) favorece o espalhamento de substâncias e a realização de reações químicas. Observam-se deslocamentos constantes de organoides, a exemplo de uma fábrica em que as pessoas das diversas linhas de montagem se encontram em movimento.

Eles são arrastados por uma corrente orientada em certo sentido, que é facilmente percebida em muitas células. Nas células da folha de elódea, por exemplo, uma planta aquática comumente criada em aquários de água doce, pode-se observar até mesmo com um microscópio comum o arrastamento de organoides chamados cloroplastos (veja a Figura 6-20).

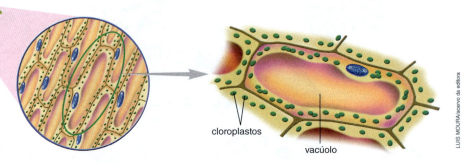

**Figura 6-20.** Células de elódea, observadas ao microscópio comum, mostram cloroplastos em movimento. (Cores-fantasia. Ilustrações fora de escala.)

### Anote!
O deslocamento constante do hialoplasma e dos organoides é conhecido como **ciclose**.

O deslocamento de certas células, como as amebas e os glóbulos brancos, também é devido a correntes citoplasmáticas que resultam na deformação do citoplasma e na emissão dos chamados **pseudópodes**. Por meio desse mecanismo, glóbulos brancos do sangue humano, por exemplo, podem englobar microrganismos invasores (veja a Figura 6-21).

**Figura 6-21.** Emissão de pseudópodes pelos glóbulos brancos para captura de bactérias. (Cores-fantasia. Ilustrações fora de escala.)

## 6-9. COMO SÃO OS ORGANOIDES?

Alguns dos organoides (também chamados de *orgânulos* ou *organelas*) do citoplasma são membranosos, isto é, são revestidos por uma membrana lipoproteica semelhante à membrana plasmática. Estamos nos referindo a **retículo endoplasmático, mitocôndrias, sistema golgiense** (ou **complexo de Golgi**), **lisossomos, peroxissomos, cloroplastos** e **vacúolos**. Os organoides não membranosos são os **ribossomos** e os **centríolos**.

### Ribossomos

Os ribossomos são organoides não membranosos que participam da síntese de proteínas da célula. São orgânulos constituídos por RNA (um tipo de ácido nucleico) e proteínas.

Podem ser encontrados nas células:

- livres, dispersos pelo hialoplasma;
- aderidos às paredes externas do retículo endoplasmático;
- presos uns aos outros por uma fita de RNA, formando conjuntos conhecidos como *polissomos* (também chamados de *polirribossomos*).

### Anote!
Os ribossomos das células animais e vegetais costumam ser maiores que os de bactérias e também diferem na constituição química. Essa diferença é importante do ponto de vista médico. Certos antibióticos, principalmente a tetraciclina e a estreptomicina, atuam inibindo o trabalho de ribossomos de bactérias e não interferem na ação dos ribossomos das nossas células.

Cada ribossomo é uma complexa organela de cuja constituição participam diferentes moléculas de proteína (cerca de cinquenta tipos) e um tipo de molécula de RNA conhecido como RNA ribossômico, que é o componente mais abundante (cerca de 60% da massa do ribossomo). O ribossomo não é uma peça única (veja a Figura 6-22). Cada um é formado por duas subunidades, de diferentes pesos moleculares.

Quando a proteína é produzida nos polissomos, em geral ela permanece dentro da célula para uso interno. As proteínas de uso externo, enzimas digestivas, por exemplo, são produzidas nos ribossomos ligados ao retículo rugoso.

## Retículo endoplasmático

O retículo endoplasmático é um organoide membranoso cuja estrutura foi elucidada por meio do uso do microscópio eletrônico. A análise de fotos de certas células, tiradas com esse aparelho, permitiu a descoberta de uma estrutura de membranas duplas, amplamente distribuída pelo interior da célula e em comunicação com a membrana plasmática e com a carioteca (a membrana que envolve o núcleo). Essa intrincada rede de membranas (*retículo* é diminutivo de *rede*) apresenta diversos aspectos: ora são *sacos achatados*, ora são *túbulos* e, ainda, *vacúolos* e *vesículas*.

O retículo endoplasmático é um organoide que apresenta mudança na forma, de acordo com o estado funcional da célula. Substâncias nele produzidas podem circular pelos sacos achatados e túbulos e, ao se acumular em determinado local, podem distender as paredes membranosas, fazendo surgir um vacúolo ou uma vesícula.

Em muitas células, o retículo endoplasmático possui inúmeros ribossomos aderidos às faces externas das membranas. Esse conjunto constitui o **retículo endoplasmático rugoso** (ou **granular** ou **granuloso**), também chamado de **ergastoplasma**. No caso de não haver ribossomos aderidos às membranas, o *retículo* é denominado **liso** (ou **agranular** ou **não granuloso**). Veja a Figura 6-23.

Em células produtoras de muitas enzimas digestivas, as do pâncreas humano, por exemplo, a microscopia eletrônica revela uma riqueza extraordinária em retículo rugoso, o que mostra a intensa síntese de proteínas que ali se realiza.

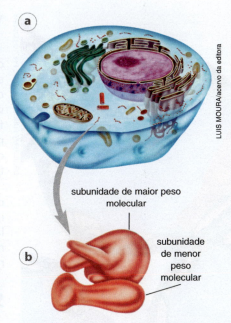

**Figura 6-22.** (a) Os ribossomos podem estar livres no hialoplasma ou presos às paredes do retículo endoplasmático (alinhados). (b) Estrutura esquemática de um ribossomo. (Cores-fantasia. Ilustrações fora de escala.)

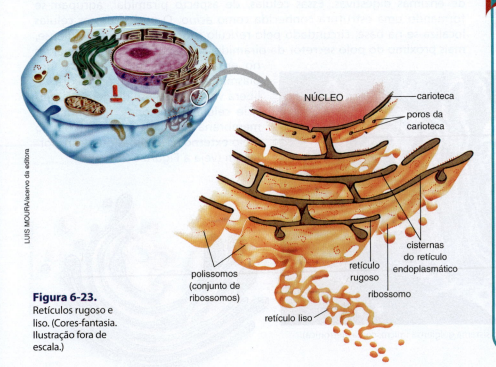

**Figura 6-23.** Retículos rugoso e liso. (Cores-fantasia. Ilustração fora de escala.)

### Saiba mais

O retículo endoplasmático liso tem como funções:

- **transporte de materiais** pelo interior da célula e mesmo para fora dela. O retículo corresponde, nesse sentido, aos corredores internos da fábrica;
- **armazenamento de substâncias**. É comum em células vegetais, em que os grandes vacúolos são considerados porções dilatadas do retículo;
- **regulação osmótica**. O retículo retira substâncias do hialoplasma, armazenando-as, o que altera a concentração interna da célula e favorece a ocorrência de osmose;
- **síntese de diversas substâncias**. Alguns tipos de lipídio são produzidos no retículo liso de células do ovário humano.

CAPÍTULO 6 – Membrana celular, permeabilidade e citoplasma **135**

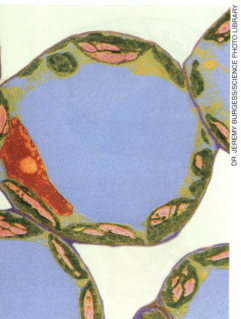

Células da folha de *Zinnia elegans*. Ao centro, pode-se ver o grande vacúolo em azul e, em vermelho, o núcleo celular. Os cloroplastos são as estruturas em verde mais escuro. Em seu interior podem ser vistos, em rosa, os grânulos de amido, substância de reserva. Microscopia eletrônica de transmissão. (Cores-fantasia.)

## Vacúolos

Os vacúolos das células vegetais são interpretados como regiões expandidas do retículo endoplasmático. Em células vegetais jovens observam-se algumas dessas regiões, formando pequenos vacúolos isolados uns dos outros. Mas, à medida que a célula atinge a fase adulta, esses pequenos vacúolos se fundem, formando-se um único, grande e central, com ramificações que lembram sua origem reticular. A expansão do vacúolo leva o restante do citoplasma a ficar comprimido e restrito à porção periférica da célula. Como vimos no capítulo anterior, a função do vacúolo é regular as trocas de água que ocorrem na osmose.

Em protozoários de água doce existem vacúolos pulsáteis (também chamados *contráteis*), que exercem o papel de reguladores osmóticos. O ingresso constante de água, do meio para o interior concentrado da célula, coloca em risco a integridade celular. A remoção contínua dessa água mantém constante a concentração dos líquidos celulares e evita o risco de rompimento da célula. É um trabalho que consome energia.

## Sistema golgiense (ou complexo de Golgi)

Toda fábrica possui um setor de embalagem, empacotamento e expedição do que produz. Na célula, esse papel cabe ao sistema golgiense, ou aparelho de Golgi, ou complexo de Golgi (em homenagem a Camillo Golgi, seu descobridor).

É um conjunto formado por vários grupos de sacos achatados, empilhados, chamados *dictiossomos*, e lembram uma série de cinco ou mais pratos fundos empilhados (veja a Figura 6-24).

Nas margens de cada conjunto é comum haver vesículas, muitas ainda em formação. Um fato chama a atenção: muitas vezes o sistema golgiense aparece ligado ao retículo endoplasmático, o que sugere que o retículo seja o originador de dictiossomos.

As funções do sistema golgiense são:

- *recepção das proteínas produzidas no ergastoplasma*. O principal papel do sistema golgiense é receber essas proteínas, "empacotá-las" em vesículas de secreção e efetuar sua expulsão (veja a Figura 6-25). Essa função ficou clara a partir da análise de células do pâncreas, um órgão produtor de enzimas digestivas. Essas células, de aspecto piramidal, agrupam-se formando uma estrutura conhecida como *ácino*. O núcleo dessas células localiza-se na base, circundado pelo retículo rugoso. O sistema golgiense, mais próximo do polo secretor da pirâmide, recebe as enzimas produzidas no ergastoplasma (ou retículo endoplasmático rugoso), "as empacota" e libera vesículas que se dirigem à superfície celular livre, onde se fundem à membrana plasmática e liberam para o meio externo as enzimas que transportavam (veja a Figura 6-26).

*Anote!*
Secreção é a expulsão de substâncias produzidas por uma célula e que serão utilizadas em outra parte do organismo.

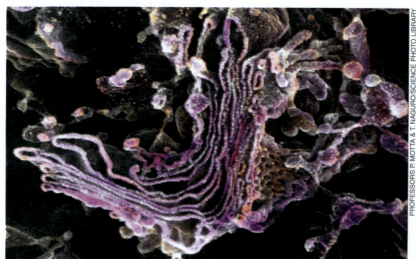
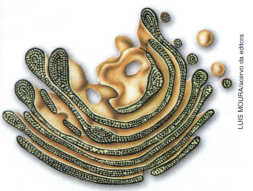

**Figura 6-24.** Esquema (à direita) e foto do sistema golgiense (microscopia eletrônica). (Cores-fantasia. Ilustração fora de escala.)

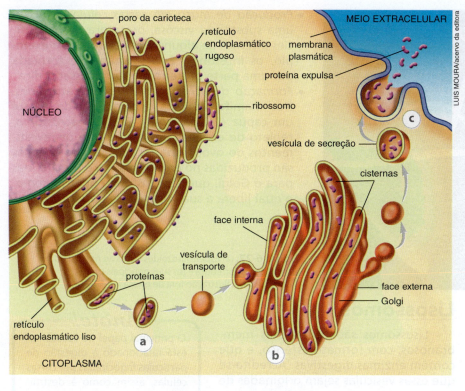

**Figura 6-25.** (a) Proteínas produzidas nos ribossomos, lançadas no retículo endoplasmático, são envolvidas em vesículas e transferidas para o sistema golgiense. (b) Essas proteínas serão identificadas ou transformadas no sistema golgiense e novamente reunidas em vesículas para atuar dentro (enzimas, por exemplo) ou (c) fora da célula (enzimas digestivas). Da face externa brotam as vesículas de secreção. (Cores-fantasia. Ilustração fora de escala.)

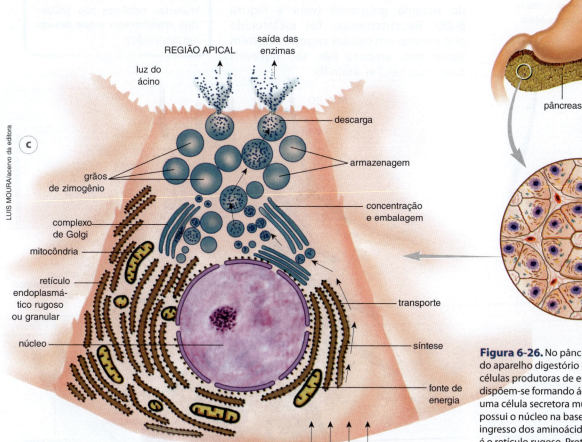

**Figura 6-26.** No pâncreas, órgão do aparelho digestório (a), grupos de células produtoras de enzimas digestivas dispõem-se formando ácinos (b). Em (c), uma célula secretora muito ampliada possui o núcleo na base, região de ingresso dos aminoácidos cujo destino é o retículo rugoso. Proteínas (enzimas) sintetizadas no retículo rugoso são encaminhadas para o sistema golgiense. Lá, são "empacotadas" e, em seguida, expulsas por vesículas de secreção, os chamados grãos de zimogênio. (Cores-fantasia. Ilustrações fora de escala.)

CAPÍTULO 6 – Membrana celular, permeabilidade e citoplasma

- *Produção de muco em certas células.* Muco é uma substância viscosa, protetora das superfícies internas de alguns órgãos como, por exemplo, os intestinos. Essa substância é formada por uma parte proteica e outra polissacarídica.
- *Formação do acrossomo em espermatozoides.* Nos mamíferos, cada espermatozoide possui um capuz (veja a Figura 6-27), o *acrossomo*, repleto de enzimas que perfurarão os revestimentos do ovócito na fecundação. As enzimas são produzidas no ergastoplasma e transferidas para o Golgi, que se transforma no acrossomo, o qual libera a sua secreção na hora certa.

**Figura 6-27.** (a) Espermatozoides vistos ao microscópio eletrônico de varredura e (b) suas principais partes. (Cores-fantasia. Ilustração fora de escala.)

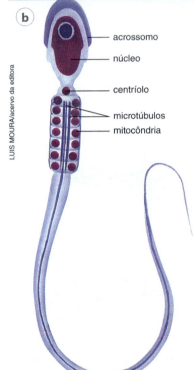

## Lisossomos

Lisossomos são organoides membranosos, com formato esférico, e que contêm enzimas digestivas. Acredita-se que essas vesículas sejam originadas de brotamentos a partir de dictiossomos do sistema golgiense (veja a Figura 6-28). Recentemente, foi esclarecido que mesmo em células vegetais existem lisossomos, embora não tão notáveis como nas células animais.

**Anote!**
O principal papel do lisossomo está relacionado à digestão de partículas fagocitadas por certas células, assim como à destruição da chamada "sucata celular", materiais celulares não utilizados, envelhecidos e que devem ser destruídos.

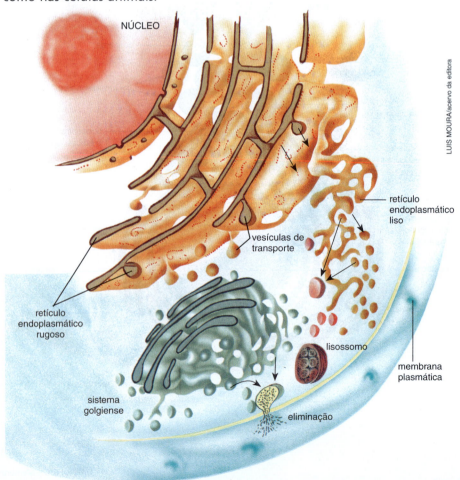

**Figura 6-28.** Interação de retículo, sistema golgiense e lisossomos. As proteínas produzidas pela célula são descarregadas ou, se forem enzimas de uso interno, ficam nos lisossomos que são formados no sistema golgiense. (Cores-fantasia. Ilustração fora de escala.)

Nos glóbulos brancos é possível verificar o trabalho dos lisossomos no combate a microrganismos invasores. Pela emissão de pseudópodes, o glóbulo branco fagocita bactérias. Forma-se um *fagossomo* (também chamado de *vacúolo alimentar*) dentro do glóbulo branco. Lisossomos se aproximam e se fundem ao fagossomo, despejando suas enzimas sobre as bactérias. A fusão do fagossomo com os lisossomos forma o *vacúolo digestivo*, também conhecido como *lisossomo secundário*. Ocorre a digestão dos microrganismos. Das partículas provenientes da digestão, algumas podem ser aproveitadas pela célula. O restante permanece no *vacúolo digestivo*, agora chamado de *vacúolo residual*, que se funde à membrana plasmática e efetua a eliminação dos restos celulares, também chamada **clasmocitose**.

## Outras ocorrências relacionadas aos lisossomos

- Na silicose ("doença dos mineiros", que ataca os pulmões), ocorre ruptura dos lisossomos de células fagocitárias (macrófagos), com consequente digestão dos componentes e morte celular.
- Certas doenças degenerativas do organismo humano são creditadas à liberação de enzimas lisossômicas dentro da célula; isso aconteceria, por exemplo, em certos casos de artrite, doença das articulações ósseas.
- Na morte dos organismos pluricelulares ocorre um processo de autodestruição das células pelo rompimento das membranas lisossômicas – e consequente liberação de enzimas destrutivas. A destruição das células também ocorre pela ação de bactérias decompositoras.

## Mitocôndrias

A energia necessária para a realização do trabalho celular provém dos "combustíveis" energéticos que ingerimos, principalmente açúcares. Esses "combustíveis" terão de ser trabalhados pela célula, e a maior parte da liberação da energia neles contida ocorre nas mitocôndrias. Cada mitocôndria é um orgânulo globoso ou mais alongado, semelhante a um amendoim com casca. Ao microscópio eletrônico, evidencia-se sua ultraestrutura, que mostra uma membrana lipoproteica dupla; a parte interna é amplamente pregueada, formando as chamadas *cristas mitocondriais*. Entre as cristas, existe um material amorfo, fluido, conhecido como *matriz* (veja a Figura 6-29). Nela há DNA, RNA e ribossomos. As mitocôndrias constituem as baterias da fábrica celular. Em seu interior ocorre a maior parte da respiração aeróbia (com utilização de oxigênio).

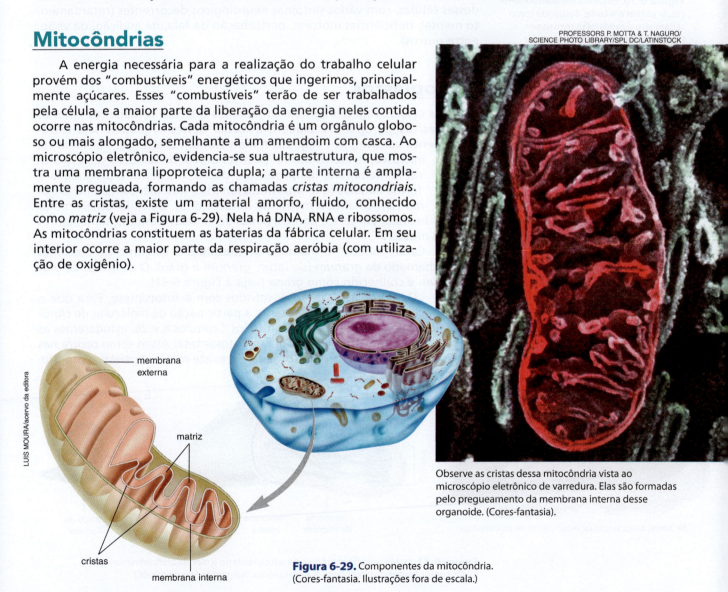

Observe as cristas dessa mitocôndria vista ao microscópio eletrônico de varredura. Elas são formadas pelo pregueamento da membrana interna desse organoide. (Cores-fantasia).

**Figura 6-29.** Componentes da mitocôndria. (Cores-fantasia. Ilustrações fora de escala.)

CAPÍTULO 6 – Membrana celular, permeabilidade e citoplasma

## Peroxissomos

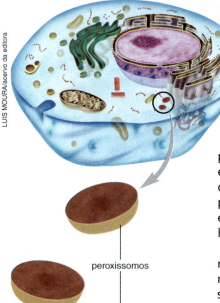

Nas células de fígado humano, os **peroxissomos** são pequenas organelas esféricas de cerca de 0,5 a 1,2 μm de diâmetro, dotadas de *uma única membrana envolvente* e que, diferentemente das mitocôndrias e dos cloroplastos, não contêm material genético nem ribossomos (veja a Figura 6-30). No interior dessas organelas ocorre intensa utilização de oxigênio molecular por algumas enzimas, que removem átomos de hidrogênio de certas substâncias orgânicas, durante reações em que há formação de água oxigenada. Por outro lado, a água oxigenada produzida é utilizada pela enzima *catalase* para inativar substâncias tóxicas existentes em células do fígado e dos rins. Sabe-se, por exemplo, que cerca de 25% do álcool etílico ingerido por uma pessoa é destruído por enzimas peroxissômicas, resultando na formação de aldeídos. Se começar a haver excesso de formação de água oxigenada (que também é tóxica) nessas células, a catalase efetua a sua decomposição em oxigênio e água.

A adrenoleucodistrofia (ALD), uma grave doença neurológica relatada no filme *O óleo de Lorenzo*, é associada a defeitos em uma proteína de membrana transportadora de ácidos graxos para o interior dos peroxissomos, nos quais sofreriam a beta-oxidação. O acúmulo de ácidos graxos no tecido nervoso provoca lesões em um revestimento lipídico (bainha de mielina) das células nervosas, acarretando distúrbios no funcionamento dessas células, com vários sintomas neurológicos decorrentes (retardamento mental, deficiências motoras, perturbação da fala, da audição, da visão, entre outros).

**Figura 6-30.** Esquema tridimensional de célula animal em corte, ilustrando como seriam visualizados os peroxissomos. O material denso (escuro) no interior dessas organelas corresponde a acúmulo de material proteico. (Cores-fantasia. Ilustrações fora de escala.)

## Cloroplastos

As células vegetais contêm organoides que são verdadeiras baterias solares: os cloroplastos. Embora a forma desses orgânulos seja extremamente variável, nos vegetais é mais comum a esférica. Por meio da microscopia eletrônica foi possível descobrir também sua estrutura. A membrana lipoproteica é dupla. A interna é preguada e forma **lamelas** (que significam *lâminas*) que mergulham no *estroma* (semelhante à matriz na mitocôndria). De cada lamela maior brotam, em certos pontos, pilhas de lamelas menores, semelhantes a moedas.

Cada "moeda" é chamada de **tilacoide**. O conjunto de tilacoides é chamado de *granum* (do latim, *granum* = grão). O conjunto de *granum* é conhecido como *grana* (veja a Figura 6-31).

Os cloroplastos estão envolvidos com a fotossíntese. Para que o processo se realize, é importante a participação de moléculas de *clorofila*, que se localizam nos grana. Nos Capítulos 8 e 26, estudaremos as diferentes etapas e a fisiologia da fotossíntese. Assim como ocorre nas mitocôndrias, nos cloroplastos também existe material genético próprio.

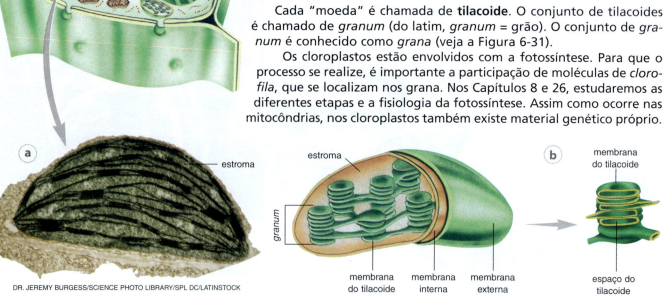

**Figura 6-31.** (a) Micrografia eletrônica de um cloroplasto (colorida artificialmente). (b) Os componentes do cloroplasto. (Cores-fantasia. Ilustrações fora de escala.)

## Centríolos

Os centríolos são organelas não envolvidas por membrana e que participam do processo de divisão celular. Nas células de fungos complexos, plantas complexas (gimnospermas e angiospermas) e nematoides não existem centríolos. Eles estão presentes na maioria das células de animais, algas e plantas, como as briófitas (musgos) e pteridófitas (samambaias).

Estruturalmente, são constituídos por um total de nove trios de microtúbulos proteicos, que se organizam em cilindro (veja a Figura 6-32).

São autoduplicáveis no período que precede a divisão celular, migrando, logo a seguir, para polos opostos da célula.

Uma das providências que a fábrica celular precisa tomar é a construção de novas fábricas, isto é, sua multiplicação. Isso envolve a elaboração prévia de uma série de "andaimes" proteicos, o chamado **fuso de divisão**, formado por inúmeros filamentos de microtúbulos.

Embora esses microtúbulos não sejam originados dos centríolos, e sim de uma região da célula conhecida como **centrossomo**, é comum a participação deles no processo de divisão de uma célula animal. Já em células de vegetais complexos, como não existem centríolos, sua multiplicação se processa sem eles.

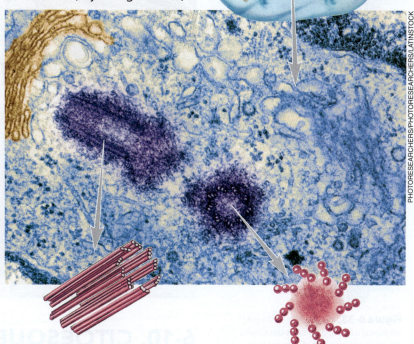

**Figura 6-32.** Centríolos. Note o arranjo dos nove trios de microtúbulos proteicos. A região central é desprovida de proteínas. Questiona-se, hoje, a existência de material genético nessas organelas. (Cores-fantasia. Ilustrações fora de escala.)

## Cílios e flagelos

São estruturas móveis, encontradas externamente em células de diversos seres vivos.

Os **cílios** são curtos e podem ser relacionados à locomoção ou à remoção de impurezas.

Nas células que revestem a traqueia humana, por exemplo, os batimentos ciliares empurram impurezas provenientes do ar inspirado, trabalho facilitado pela mistura com o muco que, produzido pelas células traqueais, lubrifica e protege a traqueia. Em alguns protozoários, como o paramécio, por exemplo, os cílios são utilizados para a locomoção.

Os **flagelos** são longos e também se relacionam à locomoção de certas células, como a de alguns protozoários (por exemplo, o tripanossomo causador da doença de Chagas) e a do espermatozoide.

Estruturalmente, cílios e flagelos são idênticos. Ambos são cilíndricos, exteriores às células e cobertos por membrana plasmática. Internamente, cada cílio ou flagelo é constituído por um conjunto de nove pares de microtúbulos periféricos de tubulina, circundando um par de microtúbulos centrais. É a chamada estrutura 9 + 2.

Paramécio. Note a presença de grande quantidade de cílios. Seu tamanho pode variar de alguns micra até 5 mm. (Cores-fantasia.)

CAPÍTULO 6 – Membrana celular, permeabilidade e citoplasma

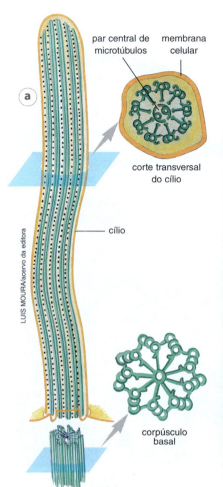

Tanto cílios como flagelos são originados de uma região organizadora no interior da célula, conhecida como **corpúsculo basal**. Em cada corpúsculo basal há um conjunto de nove trios de microtúbulos (em vez de duplas, como nos cílios e flagelos), dispostos em círculo. Nesse sentido, a estrutura do corpúsculo basal é semelhante à de um centríolo. Veja a Figura 6-33.

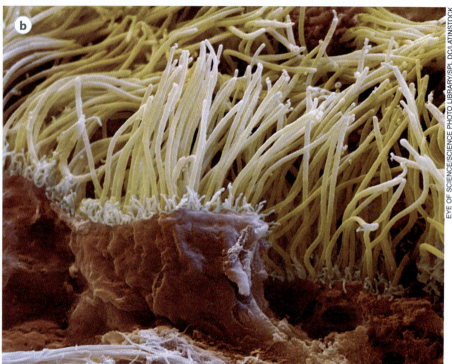

**Figura 6-33.** (a) Cílio (em destaque, corpúsculo basal) e (b) cílios das células de brônquio humano. (Cores-fantasia. Ilustrações fora de escala.)

## 6-10. CITOESQUELETO

Quando se diz que o hialoplasma é um fluido viscoso, fica-se com a impressão de que a célula animal tem uma consistência amolecida e que se deforma a todo momento. Não é assim.

Um verdadeiro "esqueleto" formado por vários tipos de fibras de proteínas cruza a célula em diversas direções, dando-lhe consistência e firmeza (veja a Figura 6-34).

Essa "armação" é importante se lembrarmos que a célula animal é desprovida de uma membrana rígida, como acontece com a membrana celulósica das células vegetais.

Entre as fibras proteicas componentes desse "citoesqueleto" podem ser citados os **microfilamentos de actina**, os **microtúbulos** e os **filamentos intermediários**.

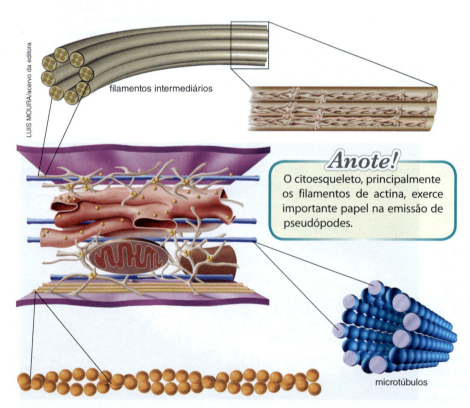

*Anote!*
O citoesqueleto, principalmente os filamentos de actina, exerce importante papel na emissão de pseudópodes.

**Figura 6-34.** Vários filamentos proteicos são componentes do citoesqueleto. (Cores-fantasia. Ilustrações fora de escala.)

Os **microfilamentos** são os mais abundantes, constituídos da proteína contrátil **actina** e encontrados em todas as células eucarióticas. São extremamente finos e flexíveis, chegando a ter de 3 a 6 nm (nanômetros) de diâmetro, cruzando a célula em diferentes direções, embora se concentrem em maior número na periferia, logo abaixo da membrana plasmática. Muitos movimentos executados por células animais e vegetais são possíveis graças aos microfilamentos de actina.

Os **microtúbulos**, por sua vez, são filamentos mais grossos, de cerca de 20 a 25 nm de diâmetro, que funcionam como verdadeiros andaimes de todas as células eucarióticas. São, como o nome diz, tubulares, rígidos e constituídos por moléculas de proteínas conhecidas como **tubulinas**, dispostas helicoidalmente, formando um cilindro. Um exemplo desse tipo de filamento é o que organiza o chamado *fuso de divisão celular*. Nesse caso, inúmeros microtúbulos se originam e irradiam a partir de uma região da célula conhecida como **centrossomo** (ou **centro celular**) e desempenham papel extremamente importante na movimentação dos cromossomos durante a divisão de uma célula.

Os **filamentos intermediários** são assim chamados por terem um diâmetro intermediário – cerca de 10 nm – em relação aos outros dois tipos de filamentos proteicos.

Nas células que revestem a camada mais externa da pele existe grande quantidade de um tipo de filamento intermediário conhecido como **queratina**. Um dos papéis desse filamento é impedir que as células desse tecido se separem ou rompam ao serem submetidas, por exemplo, a um estiramento. Além de estarem espalhadas pelo interior das células, armando-as, moléculas de queratina promovem uma "amarração" entre elas em determinados pontos, o que garante a estabilidade do tecido no caso da ação de algum agente externo que tente separá-las. Esse papel é parecido ao das barras de ferro que são utilizadas na construção de uma coluna de concreto.

Outras células possuem apreciável quantidade de outros filamentos intermediários. É o caso das componentes dos tecidos conjuntivos e dos neurofilamentos encontrados no interior das células nervosas.

## Citoesqueleto e emissão de pseudópodes

O citoesqueleto exerce importante papel na emissão de pseudópodes ("falsos pés"), particularmente em algumas células de defesa do nosso organismo. Normalmente, nesse tipo de célula, o citoplasma apresenta duas regiões bem definidas: uma interna, mais fluida, que dizemos estar no estado de *sol*, e outra mais periférica, menos fluida – mais consistente –, que dizemos estar no estado de *gel*.

Para ocorrer a emissão de um pseudópode e, assim, permitir o "rastejamento" da célula, surge subitamente um ponto de "enfraquecimento" do gel na periferia, o que permite ao citoplasma mais fluido (sol) "vazar" em direção à região enfraquecida, resultando na formação do pseudópode. Uma vez constituído, o pseudópode se estabiliza no estado de gel, contando, para isso, com a participação de filamentos de actina, que se reúnem nessa região. Nesse momento, graças à participação de algumas proteínas da membrana plasmática, ocorre a fixação do pseudópode no substrato, o que puxa o restante da célula para a frente, resultando no movimento celular.

É graças a esse mecanismo que as células brancas do sangue abandonam os capilares sanguíneos e se dirigem a um tecido lesado, na tentativa de "ingerir" microorganismos invasores, por exemplo.

Na foto, microscopia de dois fibroblastos, células do tecido conjuntivo, evidenciando o núcleo (em verde) e o citoesqueleto. As fibras de tubulina do citoesqueleto estão em amarelo e as de actina em azul. (Cores-fantasia.)

## 6-11. A CÉLULA BACTERIANA

Em uma bactéria a célula possui dois envoltórios: a *membrana esquelética* e a *membrana plasmática*. A membrana esquelética não é celulósica; a membrana plasmática apresenta constituição molecular idêntica à de qualquer célula. Internamente, os componentes celulares da bactéria são: *hialoplasma*, *ribossomos*, espalhados pelo hialoplasma, e *cromatina*, material genético que se apresenta como uma longa molécula de DNA com formato de anel filamentoso, mergulhada no hialoplasma. O filamento de cromatina corresponde ao cromossomo bacteriano. Essas estruturas são indispensáveis, constituindo um conjunto mínimo de componentes de uma célula. Por isso, dizemos que o modelo representado pela bactéria aproxima-se do modelo de uma célula mínima.

A célula bacteriana não possui carioteca separando o material genético do hialoplasma. Pela ausência de carioteca, diz-se que a célula bacteriana é **procariótica** (veja a Figura 6-35). É uma célula sem núcleo diferenciado, com material de comando – a cromatina – disperso pelo hialoplasma. Tampouco existem organoides envolvidos por membrana. Não há, portanto, mitocôndrias, cloroplastos, retículo endoplasmático, complexo de Golgi etc. Os únicos organoides citoplasmáticos são os ribossomos, estruturas não envolvidas por membrana.

### Saiba mais

**Cromatina e cromossomos**

Cromatina e cromossomos correspondem, em essência, ao mesmo material – DNA e proteínas. No entanto, essas duas denominações são usadas apenas com o intuito de expressar graus diferentes de organização desse mesmo material. Assim, *cromatina* refere-se ao material genético menos organizado, mais disperso. Quando esse material se apresenta organizado sob a forma de orgânulos visíveis e contáveis – geralmente durante o processo de divisão celular –, usa-se a expressão *cromossomos*.

### Anote!

As **células procarióticas** – isto é, que não possuem carioteca, nem orgânulos envolvidos por membrana – são características dos seres procariotos (bactérias e cianobactérias).

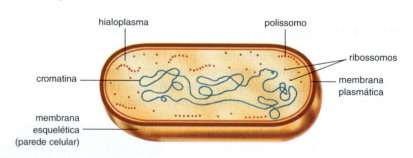

**Figura 6-35.** Esquema de célula bacteriana, baseado em foto obtida com microscópio eletrônico. (Cores-fantasia. Ilustração fora de escala.)

## 6-12. AS CARACTERÍSTICAS EM COMUM

Pelo que estudamos neste capítulo, ficou claro que as células vegetal e animal correspondem a células mais complexas que a bacteriana. As três executam as mesmas atividades celulares básicas, porém as primeiras possuem estruturas mais sofisticadas.

Alguns componentes aparecem nos três tipos de célula. São eles: *membrana plasmática*, *hialoplasma*, *ribossomos* e *cromatina*.

Centríolos são exclusivos da célula animal. Já os cloroplastos, a membrana esquelética celulósica e o grande vacúolo central são típicos da célula vegetal (veja a Figura 6-36).

A Tabela 6-2 (na página seguinte) apresenta, de forma objetiva, as organelas que se encontram em cada tipo celular. (Cores-fantasia. Ilustrações fora de escala.)

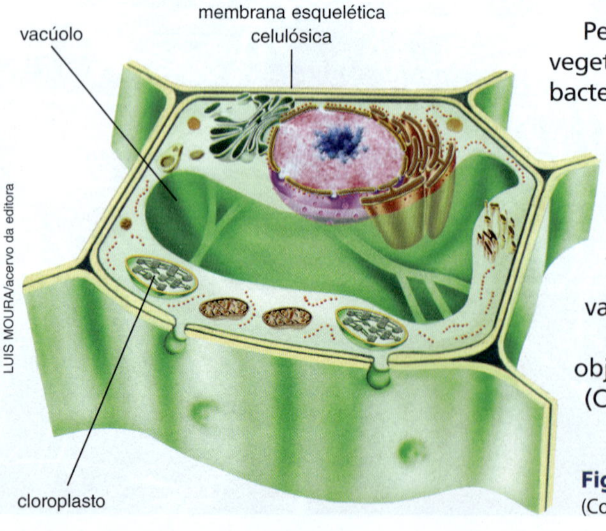

**Figura 6-36.** Esquema de uma célula vegetal. (Cores-fantasia. Ilustração fora de escala.)

**Tabela 6-2.** Comparação entre as células bacteriana, animal e vegetal.

| ESTRUTURA | CÉLULA BACTERIANA | CÉLULA ANIMAL | CÉLULA VEGETAL |
|---|---|---|---|
| Parede celular | Presente (glicopeptídica). | Ausente. | Presente (celulósica). |
| Membrana plasmática | Presente. | Presente. | Presente. |
| Hialoplasma | Presente. | Presente. | Presente. |
| Flagelos | Podem existir. | Podem existir. | Existem apenas em gametas de algumas plantas. |
| Retículo endoplasmático | Ausente. | Presente. | Presente. |
| Ribossomos | Presentes. | Presentes. | Presentes. |
| Microtúbulos | Ausentes. | Presentes. | Presentes |
| Centríolos | Ausentes. | Presentes. | Geralmente ausentes; presentes apenas em algas e vegetais inferiores. |
| Sistema golgiense | Ausente. | Presente. | Presente. |
| Mitocôndria | Ausente. | Presente. | Presente. |
| Cloroplasto | Ausente. | Ausente. | Presente. |
| Peroxissomos | Ausentes. | Presentes. | Podem estar presentes. |
| Lisossomos | Ausentes. | Presentes. | Presentes, porém mais raros. |
| Vacúolos | Ausentes. | Pequenos ou ausentes. | Presentes, grandes e centrais em células adultas. |
| Cromatina | Presente, sob a forma de anel circular de DNA. | Presente, filamentosa, composta de DNA e proteínas. | Presente, filamentosa, composta de DNA e proteínas. |
| Núcleo | Ausente (não organizado). | Presente (organizado). | Presente (organizado). |

## Leitura

### A hipótese endossimbiótica

A citologista Lynn Margulis é autora da hipótese de que, no passado, células eucarióticas teriam fagocitado células menores de bactérias respiradoras. A convivência das duas teria sido tão proveitosa que as bactérias teriam se transformado nas mitocôndrias das células maiores.

Outras células teriam ingerido tanto bactérias respiradoras como cianobactérias, capazes de fazer fotossíntese. Nova simbiose passou a ocorrer e as cianobactérias ingeridas passaram a constituir os cloroplastos da célula eucariótica.

Essa hipótese possui uma base de sustentação lógica. Tanto cloroplastos quanto mitocôndrias possuem material genético próprio, na forma de pequenas moléculas de DNA e RNA. Também possuem ribossomos, o que lhes permite efetuar sínteses proteicas e ter, assim, uma atividade autônoma em relação à célula hospedeira. Não conseguiriam, porém, viver isolados da célula, assim como esta também não conseguiria viver sem as organelas. Dessa forma, teriam surgido, segundo Margulis, os primeiros organismos celulares eucariotos.

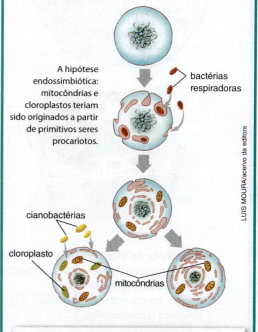

A hipótese endossimbiótica: mitocôndrias e cloroplastos teriam sido originados a partir de primitivos seres procariotos.

- Segundo a hipótese endossimbiótica proposta pela cientista Lynn Margulis e atualmente aceita pela comunidade científica, acredita-se que cloroplasto e mitocôndria são organelas derivadas de bactérias que ingressaram em uma célula eucariótica primitiva, nela convivendo em harmonia, em uma relação mutuamente vantajosa. Cite os principais argumentos que tornam viável a elaboração dessa hipótese.

CAPÍTULO 6 – Membrana celular, permeabilidade e citoplasma

# PASSO A PASSO

Texto para as questões **1** e **2**.

Excetuando os vírus, toda e qualquer forma de vida na Terra atual tem como unidade básica a célula. Nos diferentes seres vivos hoje existentes, a célula é dotada de três componentes fundamentais: envoltório membranoso que a separa do meio externo; conteúdo interno repleto de substâncias químicas (citosol) e organelas; material genético principal que pode ou não ser circundado por envoltório membranoso. Os três modelos celulares hoje reconhecidos são: célula procariótica, célula eucariótica animal e célula eucariótica vegetal.

**1.** Observe as ilustrações abaixo:

a

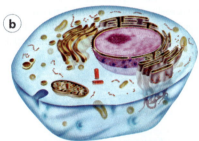

b

c

LUIS MOURA/acervo da editora

a) Reconheça os três tipos celulares nelas representados. Como caracterizar a célula esquematizada em *a*, relativamente às outras duas?
b) Cite as quatro estruturas comuns aos três modelos celulares representados.

**2.** a) Cite as diferenças estruturais existentes entre os modelos celulares *b* e *c*. Que estruturas são comuns a esses dois modelos celulares?
b) Qual é o significado de citoplasma, em relação aos três modelos celulares representados? Que organela celular citoplasmática não envolvida por membrana é encontrada nos três modelos?

**3.** Associe as personalidades citadas de **1** a **4** com as frases relacionadas de **a** a **d**.

1) Robert Hooke  3) Anton Van Leeuwenhoek
2) Theodor Schwann  4) Rudolf Virchow

a) As células são provenientes de células preexistentes.
b) Minúsculos seres unicelulares pululavam em gotas de água colhidas de uma lagoa.
c) Observação, em microscópio, das "pequenas cavidades" existentes em um pedaço de cortiça.
d) Todos os seres vivos são constituídos por células (obs.: na época em que essa frase foi dita, não se sabia, ainda, da existência dos vírus, que são acelulares).

**4.** Microscópio de luz (óptico), microscópio eletrônico de transmissão e microscópio de varredura são instrumentos que auxiliam os cientistas a visualizar estruturas celulares e de tecidos. Cite a principal vantagem decorrente do uso desses instrumentos (em termos do poder de resolução) e, em poucas palavras, cite a diferença existente entre eles.

Texto para as questões **5** e **6**.

Toda e qualquer célula possui o seu conteúdo interno separado do meio externo por um envoltório membranoso – membrana plasmática – de constituição química praticamente universal. Graças a esse envoltório, a célula pode efetuar trocas com o meio que a circunda, utilizando, para isso, estruturas semelhantes a "portões" de entrada e saída de água e inúmeras substâncias químicas. A membrana plasmática é uma organela dotada de grande atividade, podendo também atuar no englobamento de partículas sólidas e líquidas de vários tamanhos. Ou seja, o "trânsito" de materiais, para dentro e para fora da célula, é intenso e, para isso, vários mecanismos de "transporte" biológicos e físicos são utilizados.

**5.** Com base nas informações do texto e em seus conhecimentos sobre o assunto, responda:

a) Como é a organização química da membrana plasmática encontrada em praticamente qualquer célula?
b) Explique, em poucas palavras, o modelo da membrana plasmática, atualmente aceito e sugerido pelos pesquisadores Singer e Nicholson.

**6.** Conforme relata o texto, há entrada e saída de água e substâncias químicas da célula e, para isso, mecanismos biológicos e físicos são utilizados, comprovando a existência de atividade constante da membrana plasmática. Relativamente ao "trânsito" existente entre a célula e o meio externo:

a) Cite os processos físicos e biológicos referidos no texto.
b) Qual é a principal diferença existente entre esses dois processos de transporte?

**7.** Hemácias humanas foram acrescentadas a três tubos de ensaio contendo soluções de concentração desconhecida. Após certo tempo, a verificação do conteúdo dos tubos revelou os seguintes resultados:

Tubo 1 – as hemácias apresentavam-se enrugadas;
Tubo 2 – as hemácias mantiveram volume normal;
Tubo 3 – as hemácias estavam rompidas.

Em outro experimento, células vegetais foram acrescentadas em três frascos contendo soluções desconhecidas e, após certo tempo, os resultados foram os seguintes:

**146** UNIDADE 2 – O estudo da célula

Frasco 1 – as células estavam túrgidas;
Frasco 2 – as células estavam plasmolisadas;
Frasco 3 – as células mantiveram-se inalteradas quanto ao volume normal.

Em vista dos resultados observados e considerando os termos: hipotônica, hipertônica e isotônica, responda:

a) Em que soluções as hemácias foram mergulhadas nos tubos 1, 2 e 3?
b) Em que soluções as células vegetais foram mergulhadas nos frascos 1, 2 e 3?

8. Relativamente aos transportes biológicos nas células, responda:
a) Qual é a principal característica do transporte ativo?
b) Qual é o exemplo mais conhecido de ocorrência de transporte ativo?
c) Qual é a modalidade de energia utilizada pela célula na realização do transporte ativo?

Tendo por base a ilustração a seguir, responda às questões de 9 a 12.

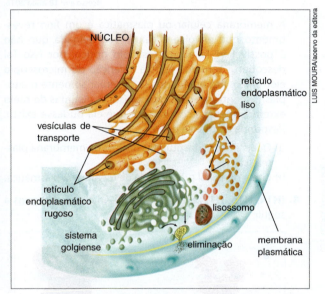

9. a) Cite os organoides (orgânulos ou organelas) revestidos por membrana e os que não são revestidos por membrana que são vistos na ilustração.
b) Como é organizado o ribossomo estruturalmente e em termos de constituintes químicos? Como são distribuídos os ribossomos em uma célula eucariótica, animal ou vegetal? Qual é a função básica dessas organelas celulares?

10. Constituído de túbulos, sacos achatados, vesículas e vacúolos, o retículo endoplasmático corresponde a um verdadeiro sistema de comunicação, de síntese e de distribuição interna da célula, conectando-se tanto à membrana plasmática quanto à membrana nuclear (carioteca). Com relação a essa organela celular:
a) Cite as suas duas formas de organização, relacionando a principal diferença existente entre elas.
b) Cite as funções atribuídas a essa organela celular, diferenciando, se for o caso, o papel exercido pelas duas formas de organização.

11. Com relação ao sistema golgiense (frequentemente também denominado de complexo de Golgi):
a) Como é organizada essa organela membranosa celular? Cite as funções a ela atribuídas.
b) Qual é a origem das vesículas componentes dessa organela?

12. a) Como é originado um lisossomo e que função é atribuída a essa organela celular?
b) O que significa dizer que o retículo endoplasmático, o sistema golgiense e os lisossomos são componentes do sistema de endomembranas da célula?

13. Utilize as informações dos textos a seguir para responder ao que se pede.

I – Organela membranosa que é considerada a bateria da fábrica celular, gerando, por meio da respiração aeróbia, a maior parte da energia necessária à realização do trabalho executado pela célula. Está presente tanto em células animais quanto vegetais.

II – É uma organela exclusiva das células de vegetais e de algas. Atua como "bateria solar", captando a energia luminosa que será utilizada na realização do processo de fotossíntese. Sua membrana lipoproteica dupla foi visualizada com o auxílio do microscópio eletrônico.

a) A que organela o texto I se refere? Como essa organela é organizada estruturalmente?
b) A que organela o texto II se refere? Cite as estruturas derivadas do pregueamento da membrana interna dessa organela. Cite a região interna em que as estruturas derivadas da membrana interna mergulham. Qual é o principal pigmento nelas existente, relacionado à realização do processo de fotossíntese?

14. Ao estudarem o assunto organelas celulares, quatro estudantes escreveram os resumos a seguir:

Letícia – Organelas não envolvidas por membranas, presentes apenas em células animais, algas e vegetais pouco complexos e que participam do processo de divisão celular.

Olavo – Organela com uma única membrana envolvente, presente em células do fígado, na qual existe intensa atividade da enzima catalase sobre a água oxigenada gerada em reações químicas.

Mieko – Estruturas móveis, encontradas externamente em células de diversos seres vivos. Algumas são curtas e se relacionam à locomoção de unicelulares. As longas se relacionam ao deslocamento de unicelulares e de espermatozoides.

Márcio – Organela considerada equivalente à descrita no resumo do Olavo, só que presente apenas em células vegetais. Nas sementes, atua na transformação de ácidos graxos em substâncias de menor tamanho, que serão convertidas em glicose e utilizadas pelo embrião em germinação.

a) A quais organelas os resumos dos estudantes se referem?
b) Cite em poucas palavras a organização estrutural das organelas e estruturas descritas por Letícia e Mieko.

CAPÍTULO 6 – Membrana celular, permeabilidade e citoplasma **147**

# A CAMINHO DO ENEM

1. **(H14, H17)** O corpo humano é uma máquina desenhada para o movimento. É dotado de dobradiças, músculos que formam alavancas capazes de deslocar o esqueleto em qualquer direção, ossos resistentes, ligamentos elásticos que amortecem choques e sistemas de alta complexidade para mobilizar e liberar energia, consumir oxigênio e manter a temperatura interna constante.

   VARELLA, D. Ai que preguiça.
   *Folha de S.Paulo*, São Paulo, 11 jan. 2014. Ilustrada, p. E10.

   Os músculos presentes no corpo humano são constituídos de células:

   a) eucarióticas, contendo todas as organelas citoplasmáticas envolvidas por membrana, inclusive cloroplastos.
   b) procarióticas, cujo núcleo não é envolvido por membrana envolvente do material genético, a exemplo do que ocorre com células bacterianas.
   c) eucarióticas, contendo organelas citoplasmáticas envolvidas por membrana, exceto cloroplastos.
   d) procarióticas, contendo todas as organelas citoplasmáticas presentes em qualquer célula, exceto ribossomos.
   e) eucarióticas, contendo todas as organelas citoplasmáticas envolvidas por membrana, não possuindo, porém, núcleo organizado.

2. **(H14, H15, H17, H18)**

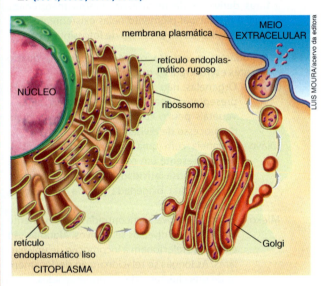

   As células apresentam mecanismos de transporte de substâncias através da membrana plasmática que são imprescindíveis para o funcionamento celular e para a manutenção do seu equilíbrio interno. Sobre esses mecanismos, responda:

   a) Qual processo de transporte através da membrana está representado na figura e qual é a sua importância?
   b) Explique a relação entre retículo endoplasmático rugoso, complexo golgiense e lisossomos no processo de digestão intracelular.

3. **(H14, H15, H17, H18)** Cada célula do organismo é como uma metrópole agitada em que, em vez de carros e pessoas, circulam continuamente moléculas e estruturas de tamanhos e tipos variados, essenciais para mantê-la viva. Toda essa movimentação, por vezes frenética, ocorre em um espaço limitado, definido por uma estrutura extremamente delgada e maleável: a membrana celular. Formado por uma dupla camada de lipídios, um tipo de gordura que lhe dá a viscosidade de um óleo fino e o torna relativamente fluido, esse revestimento das células abriga aqui e ali proteínas incrustadas. Nos últimos anos vem crescendo a compreensão de que a membrana, de aspecto frágil ao microscópio, desempenha funções bem mais complexas do que a de somente separar o conteúdo interno do meio externo das células.

   Disponível em: <revistapesquisa.fapesp.br/2013/11/18/fronteiras-fluidas/>.
   Acesso em: 18 maio 2016.

   A membrana celular ou plasmática é um fino revestimento que envolve a célula. Tão delgada que não é possível vê-la ao microscópio óptico, por isso foi descoberta somente após a invenção do microscópio eletrônico. Até então, por se observar somente o citoplasma contido e com características distintas do meio externo, apenas acreditava-se que ela pudesse existir. Responda ao que se pede:

   a) Quais são os constituintes básicos da membrana plasmática?
   b) Cite a principal propriedade da membrana plasmática.

4. **(H14, H15, H17, H18, H24, H25)** Analise as imagens a seguir.

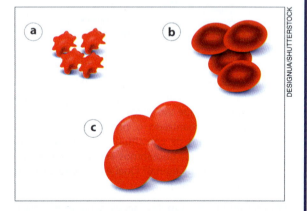

   A imagem ilustra o comportamento de hemácias humanas quando colocadas em soluções com diferentes concentrações. De acordo com as alterações no aspecto das hemácias, responda:

   a) Que tipo de transporte celular está representado na figura?
   b) Quais são as concentrações dos meios em que foram colocadas as hemácias em cada figura? Justifique.
   c) O que aconteceria se as hemácias das figuras *a* e *c* fossem colocadas na solução da figura *b*?

148  UNIDADE 2 – O estudo da célula

**5. (H14, H17, H18, H24, H25)** Observe a representação esquemática de uma célula:

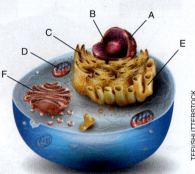

Mergulhadas no hialoplasma encontram-se estruturas com forma e funções definidas que, atuando em conjunto com outras, garantem o funcionamento e, consequentemente, a vida da célula. A respeito das organelas celulares, responda:

a) Identifique as organelas indicadas pelas setas e indique suas respectivas funções no metabolismo celular.
b) Quais organelas celulares apresentam DNA?

**6. (H14, H15, H17)** Somos todos autofágicos – e isso é bom. A todo momento nossas células se digerem e se renovam, desfazendo e reaproveitando proteínas, por meio de um mecanismo biológico chamado autofagia. Vista antes apenas como um processo de morte celular, essa forma de autodestruição seletiva de componentes celulares mostra-se agora como um artifício de sobrevivência dos organismos – só quando não há mais conserto possível é que as células se apagam. Como aparentemente pode ser acelerada ou retardada, a autofagia tornou-se uma estratégia nova para combater doenças e prolongar a vida das células (...).

Disponível em: <http://revistapesquisa.fapesp.br/2010/02/01/autofagia-para-a-sobreviv%C3%AAncia/>. Acesso em: 18 maio 2016.

Com relação aos processos associados à digestão intracelular, como ocorre o processo de autofagia nas células?

## TESTE SEUS CONHECIMENTOS

**1.** (Unicamp – SP) Hemácias de um animal foram colocadas em meio de cultura em vários frascos com diferentes concentrações das substâncias A e B, marcadas com isótopo de hidrogênio. Dessa forma os pesquisadores puderam acompanhar a entrada dessas substâncias nas hemácias, como mostra o gráfico apresentado a seguir.

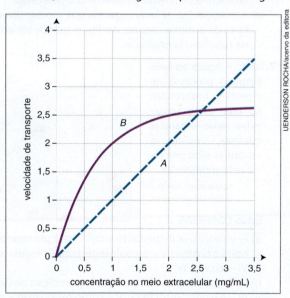

Indique a alternativa correta.

a) A substância A difunde-se livremente através da membrana; já a substância B entra na célula por um transportador que, ao se saturar, mantém constante a velocidade de transporte através da membrana.
b) As substâncias A e B atravessam a membrana da mesma forma, porém a substância B deixa de entrar na célula a partir da concentração de 2 mg/mL.
c) A quantidade da substância A que entra na célula é diretamente proporcional a sua concentração no meio extracelular, e a de B, inversamente proporcional.
d) As duas substâncias penetram na célula livremente, por um mecanismo de difusão facilitada, porém a entrada da substância A ocorre por transporte ativo, como indica sua representação linear no gráfico.

**2.** (UFPR) O atual modelo de estrutura da membrana plasmática celular é conhecido por *Modelo do Mosaico Fluido*, proposto em 1972 pelos pesquisadores Singer e Nicholson. Como todo conhecimento em ciência, esse modelo foi proposto a partir de conhecimentos prévios. Um importante marco nessa construção foi o experimento descrito a seguir. Hemácias humanas, que só possuem membrana plasmática (não há membranas internas) foram lisadas (rompidas) em solução de detergente, e os lipídios foram cuidadosamente dispersos na superfície da água. Foi então medida a área ocupada por esses lipídios na superfície da água e ficou constatado que ela correspondia ao dobro do valor da superfície das hemácias.

a) Que conclusão foi possível depreender desse experimento, com relação à estrutura das membranas celulares?
b) Baseado em que informação foi possível chegar a essa conclusão?

**3.** (UECE) As mitocôndrias são organelas citoplasmáticas com formas variáveis medindo aproximadamente de 0,2 μm a 1 μm de diâmetro e 2 μm a 10 μm de comprimento. Existem teorias sobre a origem das mitocôndrias que discutem o provável surgimento dessas organelas nas células eucariontes durante a evolução. Supõe-se que, por volta de 2,5 bilhões de anos, células procarióticas teriam fagocitado, sem digestão, arqueobactérias

CAPÍTULO 6 – Membrana celular, permeabilidade e citoplasma **149**

capazes de realizar respiração aeróbia, disponibilizando energia para a célula hospedeira, garantindo alimento e proteção (uma relação harmônica de dependência).

FONSECA, K. Disponível em: <http://www.brasilescola.com/biologia/mitocondrias.htm>. Acesso em: 2015.

A respeito das mitocôndrias, pode-se afirmar corretamente que

a) são constituídas por duas membranas das quais a mais interna é lisa e a externa é pregueada, formando as cristas mitocondriais que delimitam a matriz mitocondrial local onde ficam dispersas estruturas ribossomais, enzimas e um filamento de DNA circular.
b) a membrana externa das mitocôndrias é rica em enzimas respiratórias.
c) durante o processo de respiração aeróbia, ocorrem reações determinantes nas mitocôndrias: o ciclo de Krebs nas cristas mitocondriais e a cadeia respiratória na matriz mitocondrial.
d) o fato de esta organela possuir material genético próprio permite a ela capacidade de autoduplicar-se, principalmente em tecidos orgânicos que requerem uma compensação fisiológica maior quanto à demanda energética; isso é percebido pela concentração de mitocôndrias em células de órgãos como o fígado (células hepáticas) e a musculatura (fibra muscular).

**4.** (UnB – DF)

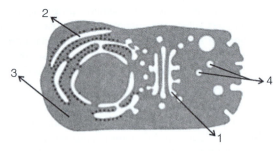

Biologia celular I. v. 2, módulo 3. Fundação Cecierj, Consórcio Cederj.

Considerando-se a figura acima, que ilustra o corte de uma célula do pâncreas, é correto afirmar que a síntese de enzimas digestivas nessa célula ocorre na parte da célula representada na figura pelo número

a) 3.   b) 4.   c) 1.   d) 2.

**5.** (UFS – SE) Em eucariotos, a síntese de proteínas é realizada no citoplasma. As estruturas principais que participam da síntese são:

a) núcleo e lisossomos.
b) retículo endoplasmático liso e nucleossomos.
c) microssomos e ribossomos.
d) ribossomos e nucleossomos.
e) ribossomos e retículo endoplasmático rugoso.

**6.** (UEL – PR) Na década de 1950, a pesquisa biológica começou a empregar os microscópios eletrônicos, que possibilitaram o estudo detalhado da estrutura interna das células.

Observe, na figura a seguir, a ilustração de uma célula vegetal e algumas imagens em micrografia eletrônica.

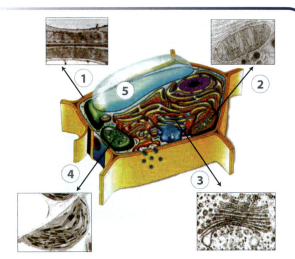

Adaptado de: SADAVA, D. et al. Vida: a ciência da Biologia. v. 1. 8. ed. Porto Alegre: Artmed, 2009. p. 77.

Quanto às estruturas anteriormente relacionadas, é correto afirmar:

a) A imagem 1 é de uma organela onde as substâncias obtidas do ambiente externo são processadas, fornecendo energia para o metabolismo celular.
b) A imagem 2 é de uma organela na qual a energia da luz é convertida na energia química presente em ligações entre átomos, produzindo açúcares.
c) A imagem 3 é de uma organela que concentra, empacota e seleciona as proteínas antes de enviá-las para suas destinações celulares ou extracelulares.
d) A imagem 4 é de uma organela na qual a energia química potencial de moléculas combustíveis é convertida em uma forma de energia passível de uso pela célula.
e) A imagem 5 é de uma organela que produz diversos tipos de enzimas capazes de digerir grande variedade de substâncias orgânicas.

**7.** (UPE) A figura ao lado ilustra o processo de digestão intracelular, no qual estão envolvidas várias organelas celulares. Identifique as estruturas e/ou processos nela enumerados.

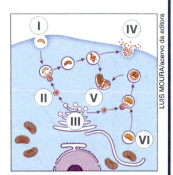

Adaptada de: <http://3.bp.blogspot.com>.

Estão CORRETAS:

a) I – endocitose; II – peroxissomo; III – retículo endoplasmático rugoso; IV – vacúolo digestivo; V – fagossomo; VI – exocitose.
b) I – fagocitose; II – lisossomo; III – complexo de Golgi; IV – vacúolo autofágico; V – corpo residual; VI – clasmocitose.
c) I – pinocitose; II – vacúolo; III – retículo endoplasmático liso; IV – mitocôndria; V – fagossomo; VI – autofagia.
d) I – heterofagia; II – ribossomo; III – complexo de Golgi; IV – vacúolo; V – exocitose; VI – excreção celular.
e) I – fagossomo; II – grânulo de inclusão; III – retículo endoplasmático liso; IV – mitocôndria; V – heterofagia; VI – clasmocitose.

150 UNIDADE 2 – O estudo da célula

# NÚCLEO E DIVISÕES CELULARES 7

PANTHERMEDIA/KEYDISC

No dia 11 de março de 2011, uma sexta-feira, um terremoto de magnitude 8,9 graus na escala Richter foi registrado na costa do Japão e provocou um tsunami (onda gigante) que destruiu diversas cidades litorâneas japonesas próximas ao epicentro. Uma das muitas repercussões desse terremoto e tsunami foi o vazamento de material radioativo dos reatores nucleares da usina de Fukushima Daiichi, localizada a 250 km de Tóquio. Nos dias que se seguiram ao desastre, a radiação liberada atingiu, em algumas regiões, níveis que se aproximavam do preocupante.

Mas qual é o risco dessas substâncias radioativas, como o iodo radioativo, por exemplo, para a saúde? Em um primeiro momento, a exposição a níveis moderados de radiação pode resultar em náusea, vômito, diarreia, dor de cabeça e febre. Em altos níveis, essa exposição pode incluir também danos possivelmente fatais aos órgãos internos do corpo. No longo prazo, o maior risco é o câncer [perda de controle sobre o ciclo celular com divisões celulares sucessivas] e as crianças são potencialmente mais vulneráveis. A explicação para isso é que, nas crianças, as células estão se multiplicando e reproduzindo mais rapidamente os efeitos da radiação. O desastre de Chernobyl, em 1986 na ex-URSS, resultou em um aumento de casos de câncer de tireoide (região em que o iodo radioativo absorvido pelo corpo tende a se concentrar) na população infantil da vizinhança da usina.

*Dados extraídos de:* <http://www.bbc.co.uk/portugal/noticias/2011/03/110315. Japão.pu.>. *Acesso em:* 18 fev. 2013.

# 7-1. NÚCLEO: O CENTRO DE COMANDO DA CÉLULA EUCARIÓTICA

O núcleo é separado do citoplasma pela **carioteca**, um envoltório membranoso, formado por uma dupla camada lipoproteica. Essa membrana é dotada de inúmeros *poros*, através dos quais se dá a comunicação e a passagem de diversas substâncias entre o núcleo e o citoplasma.

Na parte externa da membrana há ribossomos aderidos, sendo que, em certos locais, nota-se uma continuidade entre a carioteca e o retículo endoplasmático (veja a Figura 7-1).

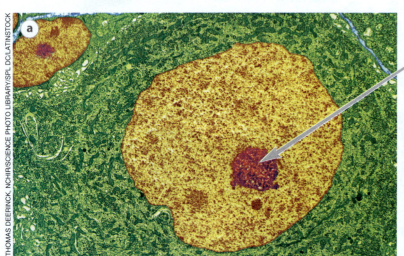

**Figura 7-1.** (a) Micrografia eletrônica evidenciando o nucléolo das células. A ampliação da superfície da carioteca mostra a existência dos poros e também de ribossomos aderidos a ela. (b) A composição química da carioteca é semelhante à da membrana plasmática. Pelos poros, há passagem de diversas substâncias em ambos os sentidos. (Cores-fantasia.)

## Cromatina e cromossomos

No interior do núcleo existe um material viscoso, o **nucleoplasma** (equivalente ao hialoplasma), no qual se encontram diversas substâncias e local onde acontecem várias reações químicas.

Mergulhado no nucleoplasma de uma célula que não se encontra em divisão há um conjunto de filamentos conhecido por **cromatina**. Cada filamento de cromatina (ou **cromonema**) é um complexo formado por moléculas de DNA associadas a alguns tipos de proteína, entre as quais se destacam as chamadas **histonas**.

Os filamentos de cromatina são os "dirigentes" da célula. As moléculas de DNA que deles participam são os constituintes dos **genes**, as unidades de informação genética características de todos os seres vivos.

Na fase em que a célula eucariótica não se encontra em divisão, os filamentos de cromatina encontram-se desenrolados, espiralando-se intensamente durante o período em que a célula entra em divisão, passando a ser chamados de **cromossomos** (veja a Figura 7-2). Antes da espiralação, esses filamentos se duplicam, isto é, a informação genética faz cópias de si mesma. Por isso, após a condensação, cada cromossomo mostra-se como na foto "b". Podemos dizer, então, que cromossomos e filamentos de cromatina correspondem ao mesmo material, com aspectos diferentes, dependendo da fase em que a célula é estudada.

O termo *cromossomo* (*crom(o)* = cor; *som(o)* = corpo) tem origem nas pesquisas com células em divisão, realizadas por citologistas. Para melhor visibilidade, eram utilizados corantes especiais que permitiam verificar a presença desses organoides em forma de bastonetes nas células estudadas.

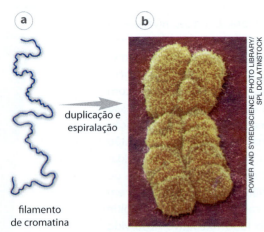

**Figura 7-2.** O cromossomo e o filamento de cromatina correspondem à mesma estrutura, com aspectos diferentes, dependendo da fase em que a célula é estudada. Na foto, cromossomo condensado, típico de uma célula prestes a se dividir. (Cores-fantasia.)

## Nucleossomos

Com base em estudos feitos com microscopia eletrônica, verificou-se que o filamento de cromatina é formado por unidades, denominadas de **nucleossomos**. Em cada nucleossomo, a molécula de DNA enrola-se ao redor de oito unidades de histonas (proteína) e cada unidade fica separada da outra por uma molécula de histona intermediária (veja a Figura 7-3).

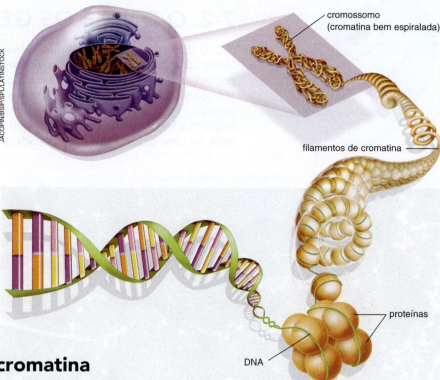

**Figura 7-3.** Ilustração de célula com destaque para um cromossomo. O cromossomo é, na verdade, a cromatina bem espiralada, que é formada por proteínas e DNA, que na imagem está em primeiro plano, mostrando suas bases. (Cores-fantasia. Ilustração fora de escala.)

## Heterocromatina e eucromatina

Se você pudesse observar um filamento de cromatina durante a fase em que a célula não se encontra em divisão (fase denominada de interfase), perceberia que certos trechos ficam permanentemente espiralados, enquanto outros permanecem desespiralados. As regiões espiraladas constituem a **heterocromatina**, enquanto as desespiraladas correspondem à **eucromatina**.

Nos trechos de heterocromatina, os nucleossomos ficam próximos uns dos outros, compactamente unidos, e os genes neles existentes permanecem inativos. Nos de eucromatina, os nucleossomos permanecem afastados uns dos outros, expondo os genes que podem, assim, "trabalhar" (veja a Figura 7-4).

É interessante notar que, na fase em que a célula está em divisão, as regiões de eucromatina também se espiralam, dando um aspecto uniforme, de bastão cromossômico, à cromatina.

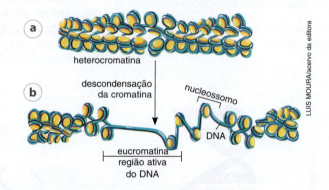

**Figura 7-4.** (a) Nas regiões de heterocromatina, há condensação dos filamentos e os genes ficam inativos. (b) Nas regiões de eucromatina, os filamentos estão desespiralados e os genes são ativos. (Cores-fantasia.)

## Nucléolos

Na fase em que a célula eucariótica não se encontra em divisão é possível visualizar vários **nucléolos**, associados a algumas regiões específicas da cromatina. Cada *nucléolo* é um corpúsculo esférico, não membranoso, de aspecto esponjoso quando visto ao microscópio eletrônico, rico em *RNA ribossômico* (a sigla RNA provém do inglês *RiboNucleic Acid*). Esse RNA é um ácido nucleico produzido a partir do DNA de regiões específicas da cromatina e se constituirá em um dos principais componentes dos ribossomos encontrados no citoplasma. É importante saber que, ao ocorrer a espiralação cromossômica, os nucléolos vão desaparecendo lentamente. Isso acontece durante os eventos que caracterizam a divisão celular. O reaparecimento dos nucléolos ocorre com a desespiralação dos cromossomos, no final da divisão do núcleo. Veja a Figura 7-5.

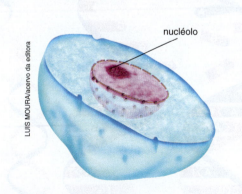

**Figura 7-5.** Célula em que se evidenciam o núcleo e um nucléolo. (Cores-fantasia.)

CAPÍTULO 7 – Núcleo e divisões celulares

# 7-2. O DNA E OS GENES

O DNA (do inglês *DesoxirriboNucleic Acid*) é uma macromolécula constituída pelo ácido desoxirribonucleico. É a molécula portadora das informações de comando da célula. O DNA é um longo filamento, cuja estrutura lembra uma escada retorcida (veja a Figura 7-6). É comum dizer que esse ácido nucleico forma uma dupla-hélice. Ao longo dela, há uma sequência de informações.

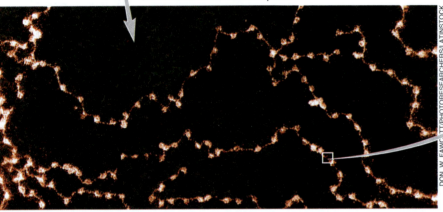

**Figura 7-6.** Gene e molécula de DNA. (Cores-fantasia. Ilustração fora de escala.)

Cada trecho de DNA que contém informação é conhecido como **gene**. Assim, em um cromossomo há genes encarregados das mensagens que determinarão as características do ser vivo, como, por exemplo, cor do olho, tipo sanguíneo, habilidade de dobrar a língua longitudinalmente etc.

## A duplicação do DNA: uma breve descrição

É durante a **interfase**, período de intensa atividade metabólica que precede e prepara a célula para a divisão celular, que a célula duplica a sua "diretoria". Claro que a molécula de DNA componente de cada filamento de cromatina deve se duplicar e produzir duas cópias idênticas, portando a mesma informação. A Figura 7-7 ilustra resumidamente esse processo, que você verá com mais detalhes adiante.

A molécula de DNA lembra uma escada retorcida. Dizemos que é uma dupla-hélice. Ao ocorrer a duplicação, a escada destorce, separam-se suas duas metades, cada qual servindo de molde para a produção de nova metade complementar. Novos nucleotídeos são adicionados até que se formem duas duplas-hélices, ou seja, duas moléculas de DNA. Perceba que, em cada molécula produzida, um dos filamentos é velho e o outro é novo. Por esse motivo, diz-se que a duplicação da molécula de DNA é *semiconservativa*.

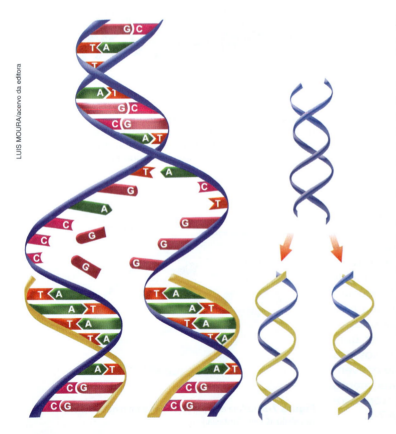

**Figura 7-7.** Duplicação semiconservativa do DNA. Cada molécula-filha possui uma fita velha (azul) e uma fita nova (amarela). (Cores-fantasia. Ilustração fora de escala.)

**154** UNIDADE 2 – O estudo da célula

## 7-3. O CICLO CELULAR

A vida da maioria das células eucarióticas, ou seja, o **ciclo celular**, pode ser dividida em dois grandes períodos: **interfase**, de modo geral o mais longo, em que a célula não está em divisão e os cromossomos encontram-se desespiralados; e o **período de divisão**, em que os cromossomos estão espiralados, os nucléolos e a carioteca desaparecem e ocorrem vários eventos que culminarão com a divisão da célula.

### Anote!
Essas fases da célula, de duração variável, são sucessivas: após a interfase, ocorre a divisão, a qual, depois de concluída, é seguida de novo período interfásico para cada célula-filha, e assim por diante.

## Cromátides

É durante a interfase que a célula duplica sua "diretoria". Todas as informações contidas nos filamentos cromossômicos devem ser duplicadas. É como se fizéssemos uma cópia do conteúdo de um CD de música para outro. No caso do cromossomo, as duas cópias não se separam de imediato. Permanecem ligadas uma à outra por uma região chamada **centrômero** (ou constrição primária).

Observando-se o cromossomo nesse momento, vê-se que é formado por dois filamentos unidos pelo centrômero. Cada filamento-irmão é uma **cromátide**. As duas cromátides são componentes de um mesmo cromossomo (veja a Figura 7-8).

A separação completa das cromátides-irmãs e sua transformação em cromossomos-filhos ocorrem apenas durante a divisão celular. Em uma célula humana com 46 cromossomos, que esteja prestes a se dividir, existe um total de noventa e duas cromátides, pois cada cromossomo é formado por duas delas.

Durante a divisão, para formar duas células-filhas iguais à célula-mãe, as cromátides-irmãs se separam, formando dois lotes de 46 cromossomos. Cada célula-filha receberá, desse modo, um lote completo de 46 cromossomos ao final da divisão (veja a Figura 7-9, que ilustra a trajetória de um cromossomo hipotético ao longo de um ciclo celular).

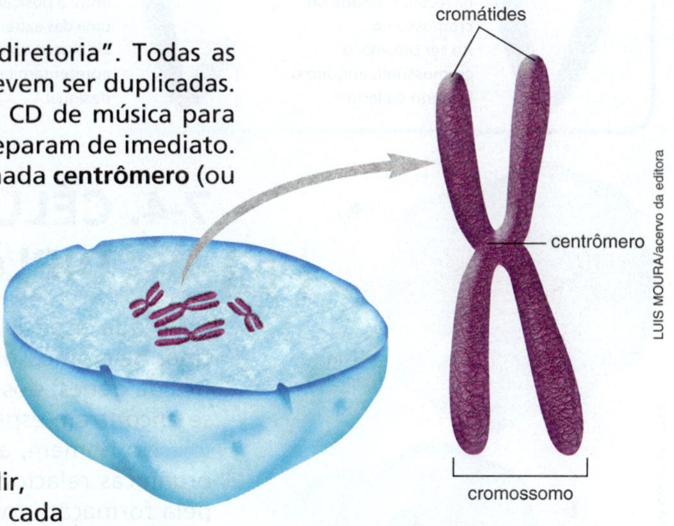

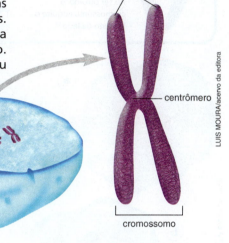

**Figura 7-8.** Cromossomos duplicados e a constrição primária ou centrômero. (Cores-fantasia. Ilustrações fora de escala.)

### Anote!
Em uma célula humana comum, há 46 cromossomos, nos quais se localizam cerca de 30.000 genes. Entre eles, podem ser citados, como exemplo, os que determinam a cor dos olhos, ou a cor da pele, e os que comandam a síntese de hemoglobina, importante proteína sanguínea responsável pelo transporte de oxigênio para os tecidos.

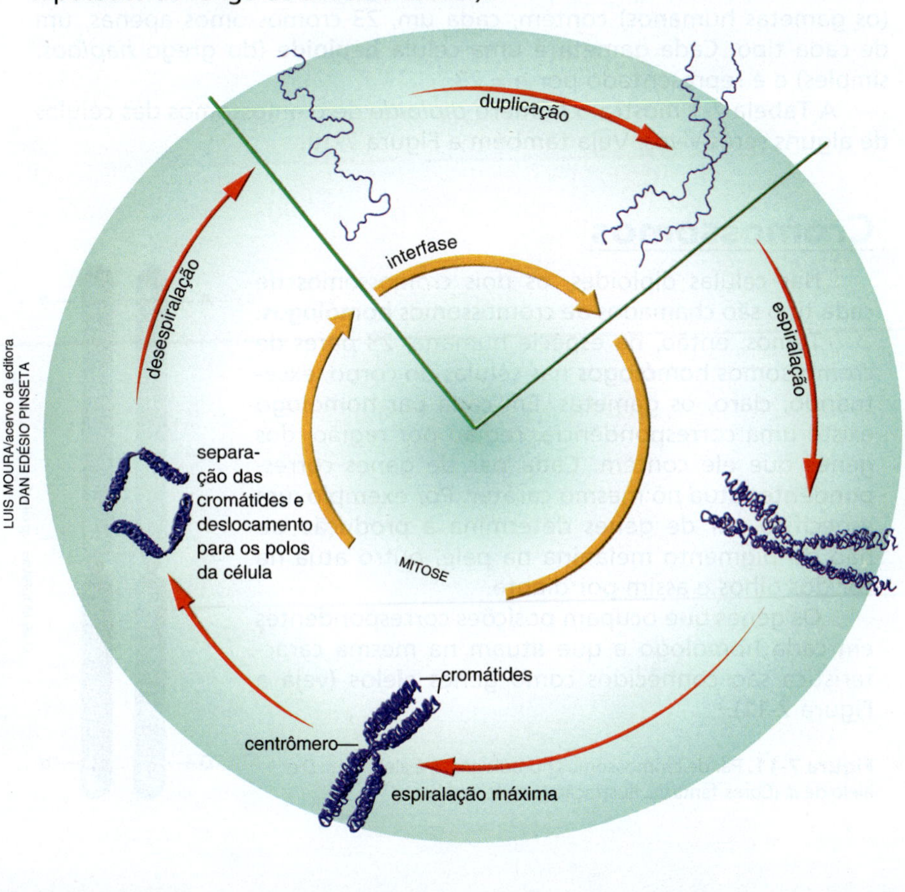

**Figura 7-9.** Ciclo cromossômico, do início da interfase ao final da divisão celular. Em uma célula humana, cada um dos 46 cromossomos apresentará esse comportamento ao longo do ciclo celular. (Cores-fantasia. Ilustrações fora de escala.)

## Saiba mais

### Centrômero

Quando ocorre a espiralação cromossômica, certas regiões são visíveis como pontos de estrangulamento – pequenos locais estreitados, conhecidos como **constrições**.

Uma delas é o centrômero, também chamado **constrição primária**, que terá importância durante a divisão celular.

Dependendo da localização do centrômero, quatro tipos de cromossomos podem ser observados durante a espiralação, conforme o esquema abaixo:

**metacêntrico**
Centrômero localizado na região mediana do cromossomo. Ao ser puxado, o cromossomo adquire o formato da letra V.

**submetacêntrico**
Centrômero localizado entre a posição mediana e uma das extremidades. Os braços do cromossomo apresentam tamanho desigual.

**acrocêntrico**
Centrômero localizado bem próximo a uma das extremidades.

**telocêntrico**
Centrômero localizado na extremidade. Encontrado em alguns peixes.

# 7-4. CÉLULAS HAPLOIDES E DIPLOIDES

Cada espécie de ser vivo possui em suas células certo número de tipos de cromossomo. Os tipos (cada um contendo uma sequência específica de genes) dos cromossomos em uma célula são evidenciados quando se encontram espiralados.

No homem, as células *somáticas* (responsáveis por todas as funções orgânicas relacionadas à sobrevivência) e as *germinativas* (responsáveis pela formação dos gametas) possuem 23 pares de cromossomos – ou 46 cromossomos –, dois de cada tipo. Chamamos de **diploides** (do grego, *diploos* = duplo) as células que possuem dois cromossomos de cada tipo. Se representarmos por *n* o número de tipos de cromossomos, então, uma célula diploide será representada por 2*n*. No caso do homem, 2*n* = 46.

Já nas células reprodutivas – os *gametas* –, existe apenas um cromossomo de cada par. Ou seja, o *espermatozoide* e o *ovócito secundário* (os gametas humanos) contêm, cada um, 23 cromossomos apenas, um de cada tipo. Cada gameta é uma célula **haploide** (do grego *haploos*, simples) e é representado por *n* = 23.

A Tabela 7-1 mostra o número *diploide* de cromossomos das células de alguns seres vivos. Veja também a Figura 7-10.

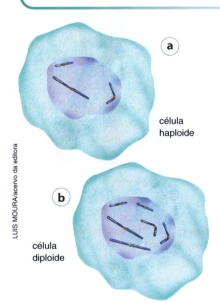

**Figura 7-10.** (a) Célula haploide com *n* = 3 e (b) diploide com 2*n* = 6. Consulte a Tabela 7-1 e verifique a que tipo de organismo corresponde esse número de cromossomos. (Cores-fantasia. Ilustrações fora de escala.)

**Tabela 7-1.** Número diploide de croossomos de algumas espécies.

| ESPÉCIE | Nº DE CROMOSSOMOS (CÉLULA DIPLOIDE) | REPRESENTAÇÃO |
|---|---|---|
| Homem | 46 | 2*n* = 46 |
| Chimpanzé | 48 | 2*n* = 48 |
| Boi | 60 | 2*n* = 60 |
| Cachorro | 78 | 2*n* = 78 |
| Sapo | 22 | 2*n* = 22 |
| Cavalo | 64 | 2*n* = 64 |
| Jumento | 62 | 2*n* = 62 |
| Drosófila | 8 | 2*n* = 8 |
| Pernilongo | 6 | 2*n* = 6 |
| Feijão | 22 | 2*n* = 22 |
| Tabaco | 24 | 2*n* = 24 |
| Milho | 20 | 2*n* = 20 |
| Tomate | 24 | 2*n* = 24 |

Dados compilados pelos autores.

## Cromossomos

Nas células diploides, os dois cromossomos de cada tipo são chamados de cromossomos **homólogos**.

Temos, então, na espécie humana, 23 pares de cromossomos homólogos nas células do corpo, excetuando, claro, os gametas. Em cada par homólogo existe uma correspondência, região por região, dos genes que ele contém. Cada par de genes correspondentes atua no mesmo caráter. Por exemplo, um específico par de genes determina a produção ou não do pigmento melanina na pele, outro atua na cor dos olhos e assim por diante.

Os genes que ocupam posições correspondentes em cada homólogo e que atuam na mesma característica são conhecidos como genes **alelos** (veja a Figura 7-11).

**Figura 7-11.** Par de cromossomos homólogos: *A* é alelo de *a*; *D* é alelo de *d*. (Cores-fantasia. Ilustração fora de escala.)

## Saiba mais

### Cariótipo: a fotografia dos cromossomos

É possível realizar um estudo dos tipos de cromossomo de uma célula por meio do seu **cariótipo**, que consiste na montagem fotográfica, em sequência, de cada um dos tipos cromossômicos.

Como isso é feito? Na espécie humana, algumas amostras de células brancas do sangue são estimuladas a se dividir em meios apropriados. No momento em que essas células preparam a divisão, ocorre a condensação dos cromossomos. É, então, utilizada a substância *colchicina*, para impedir a formação das chamadas fibras do fuso de divisão celular sem, no entanto, interferir na espiralação cromossômica, que se dá com maior intensidade em determinada etapa da divisão, a metáfase (mais adiante, você aprenderá como ocorre a divisão de uma célula). Sem a formação do fuso de divisão, não haverá distribuição dos cromossomos-filhos para os polos das células, isto é, eles permanecerão em metáfase. Assim, as células podem ser coradas, rompidas a fim de que os cromossomos não fiquem muito aglomerados, e possam ser fotografados ao microscópio comum. A foto obtida é ampliada. Os cromossomos da foto são recortados e montados em sequência, segundo a ordem de tamanho e o tipo de cada um. Essa montagem é o cariótipo. Veja a Figura 7-12.

A partir do cariótipo, obtêm-se informações valiosas, como a existência de cromossomos extras ou de quebras cromossômicas. O cariótipo é um importante auxiliar no diagnóstico de certas anomalias.

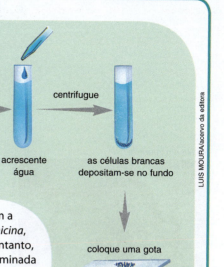

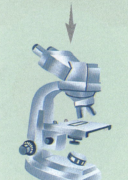

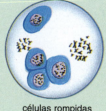

células rompidas na metáfase

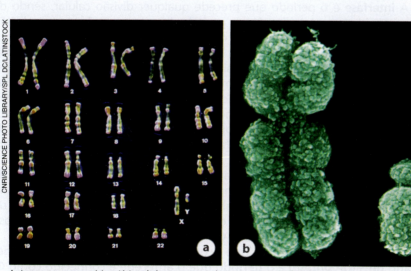

As imagens mostram (a) cariótipo de homem normal, com os 23 pares de cromossomos numerados. O cariótipo de mulher e de homem normal difere apenas por esse último par (cromossomos sexuais); no homem (b) temos um cromossomo X (à esquerda na foto) e um cromossomo Y (à direita na foto). Note que o cromossomo X é bem maior do que o cromossomo Y. (Cores-fantasia. Aumento das imagens desconhecido.)

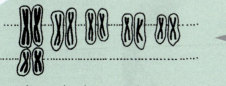
cole em ordem decrescente de tamanho

corte os cromossomos individuais

**Figura 7-12.** Esquema de procedimento para a obtenção de um cariótipo. (Cores-fantasia. Ilustrações fora de escala.)

### Genoma

Genoma é o número total de genes presentes em uma célula. É a informação genética total de um organismo. O genoma de vários seres – homem, cana-de-açúcar, milho, arroz, rato, camundongo, plasmódio da malária, ouriço-do-mar, abelha e algumas espécies de bactérias – já foi reconhecido e mapeado.

## 7-5. A DIVISÃO CELULAR

Do mesmo modo que uma fábrica pode ser multiplicada pela construção de várias filiais, também as células se dividem e produzem cópias de si mesmas.

Nos eucariotos há dois tipos de divisão celular: **mitose** e **meiose**.

Na mitose, a divisão de uma "célula-mãe" gera *duas* "células-filhas" geneticamente idênticas e com o mesmo número cromossômico que existia na célula-mãe. Uma célula *n* produz duas células *n*, uma célula 2*n* produz duas células 2*n* etc. Trata-se de uma divisão *equacional*.

Já na meiose, a divisão de uma "célula-mãe" 2*n* gera *quatro* "células-filhas" *n*, geneticamente diferentes. Neste caso, como uma célula 2*n* produz *quatro células n*, a divisão é chamada *reducional*.

### Interfase – a fase que precede a mitose

A principal atividade da célula, antes de se dividir, refere-se à duplicação de seus arquivos de comando, ou seja, à reprodução de uma cópia fiel dos dirigentes que se encontram no núcleo.

A **interfase** é o período que precede qualquer divisão celular, sendo de intensa atividade metabólica. Nesse período, há a preparação para a divisão celular, que envolve a duplicação da cromatina, material responsável pelo controle da atividade da célula. Todas as informações existentes ao longo da molécula de DNA são passadas para a cópia, como se correspondessem a uma cópia fotográfica da molécula original. Em pouco tempo, cada célula formada na divisão receberá uma cópia exata de cada cromossomo da célula que se dividiu.

As duas cópias de cada cromossomo permanecem juntas por certo tempo, unidas pelo centrômero comum, constituindo duas cromátides de um mesmo cromossomo. Na interfase, os centríolos também se duplicam (veja a Figura 7-13).

Houve época em que se falava que a interfase era o período de "repouso" da célula. Hoje, sabemos que na realidade a interfase é um período de intensa atividade metabólica no ciclo celular: é nela que se dá a duplicação do DNA, crescimento e síntese. Costuma-se dividir a interfase em três períodos distintos: $G_1$, S e $G_2$.

O intervalo de tempo em que ocorre a duplicação do DNA foi denominado de S (de *síntese*) e o período que o antecede é conhecido como $G_1$ (G, provém do inglês *gap*, que significa "intervalo"). O período que sucede o S é conhecido como $G_2$ (veja a Figura 7-14).

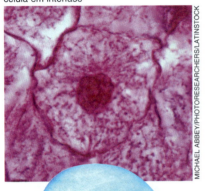
célula em interfase

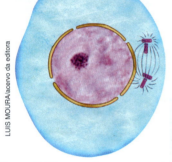

**Figura 7-13.** A interfase, que precede a mitose, é um período de intensa atividade celular. (Cores-fantasia. Ilustrações fora de escala.)

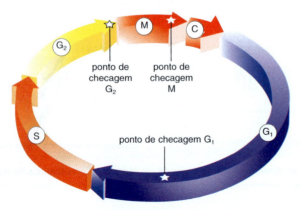

**Figura 7-14.** Esquema ilustrando a duração relativa dos períodos do ciclo celular (interfase e mitose). As fases da mitose têm duração curta se comparadas aos períodos da interfase.
A célula também possui pontos próprios em que há controle do processo de divisão celular, os chamados **pontos de checagem**. (Na imagem, M = mitose e C = citocinese, partição celular).

### Anote!

Nas células, existe uma espécie de "manual de verificação de erros" que é utilizado em algumas etapas do ciclo celular e que é relacionado aos chamados **pontos de checagem**. Em cada ponto de checagem a célula avalia se é possível avançar ou se é necessário fazer algum ajuste, antes de atingir a fase seguinte. Muitas vezes, a escolha é simplesmente cancelar o processo ou até mesmo conduzir a célula à morte.

## Estabelecendo conexões

**Representação gráfica de dados – ciclo celular**

O ciclo celular todo, incluindo a *interfase* ($G_1$, S e $G_2$) e a *mitose* (M) – prófase, metáfase, anáfase e telófase –, pode ser representado em um gráfico no qual se colocam a quantidade de DNA na ordenada (*y*) e o tempo na abscissa (*x*). Vamos supor que a célula que vai se dividir tenha, no período $G_1$, uma quantidade 2*c* de DNA (*c* é uma unidade arbitrária). O gráfico da variação de DNA, então, seria semelhante ao da figura ao lado.

- No gráfico ao lado, que etapas do ciclo celular possuem quantidade 2*c* de DNA?

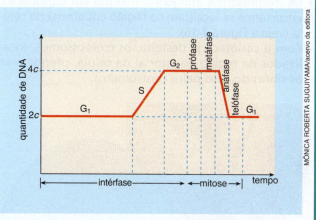

Variação da quantidade de DNA durante o ciclo celular.

# Mitose

A mitose é um processo contínuo de divisão celular, mas, por motivos didáticos, para melhor compreendê-la, vamos dividi-la em fases: **prófase**, **metáfase**, **anáfase** e **telófase**. Alguns autores costumam citar uma quinta fase – a **prometáfase** – intermediária entre a prófase e a metáfase. O final da mitose, com a separação do citoplasma, é chamado de **citocinese**.

## As fases da mitose

A seguir, vamos descrever as diferentes fases da mitose para uma célula $2n = 4$.

### Prófase

- Os cromossomos começam a ficar visíveis devido à espiralação (veja a Figura 7-15).
- O nucléolo começa a desaparecer.
- Organiza-se em torno do núcleo um conjunto de fibras (nada mais são do que microtúbulos) originadas a partir dos centrossomos, constituindo o chamado **fuso de divisão** (ou fuso mitótico). Embora os centríolos participem da divisão, não é deles que se originam as fibras do fuso. Na mitose em célula animal, as fibras que se situam ao redor de cada par de centríolos opostas ao fuso constituem o **áster** (do grego, *áster* = estrela).
- O núcleo absorve água, aumenta de volume e a carioteca se desorganiza.
- No final da prófase, curtas fibras do fuso, provenientes dos centrossomos, unem-se aos centrômeros. Cada uma das cromátides-irmãs fica ligada a um dos polos da célula. Note que os cromossomos ainda não estão alinhados na região equatorial da célula, o que faz alguns autores designarem essa fase de prometáfase.

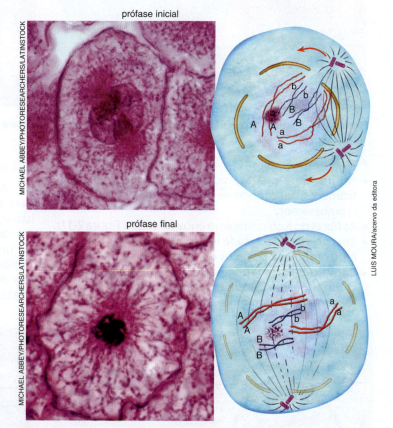

**Figura 7-15.** Célula em dois momentos de prófase. (Nos esquemas que acompanham cada foto, as letras – A, a, B, b – foram empregadas apenas com o intuito de melhorar a identificação dos pares de cromossomos homólogos.) (Cores-fantasia. Ilustrações fora de escala.)

### Anote!

A formação de um novo par de centríolos é iniciada na fase $G_1$, continua na fase S e na fase $G_2$ a duplicação é completada. No entanto, os dois pares de centríolos permanecem reunidos no mesmo centrossomo. Ao iniciar-se a prófase, o centrossomo parte-se em dois e cada par de centríolos começa a dirigir-se para polos opostos da célula que irá entrar em divisão.

CAPÍTULO 7 – Núcleo e divisões celulares **159**

## Metáfase

- Os cromossomos atingem o máximo em espiralação, encurtam e se localizam na região equatorial da célula (veja a Figura 7-16).
- Com a carioteca já desfeita, os cromossomos, localizados na região equatorial da célula, prendem-se às fibras do fuso pelos centrômeros.

## Telófase

- Os cromossomos iniciam o processo de desespiralação (veja a Figura 7-18).
- Os nucléolos reaparecem nos novos núcleos celulares.
- A carioteca se reorganiza em cada núcleo-filho.
- Cada dupla de centríolos já se encontra no local definitivo nas futuras células-filhas.

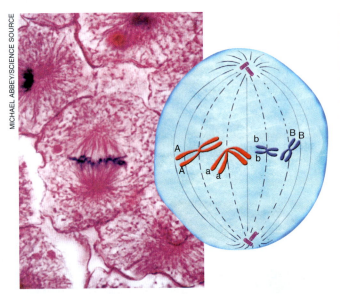

**Figura 7-16.** Metáfase. (Cores-fantasia. Ilustração fora de escala.)

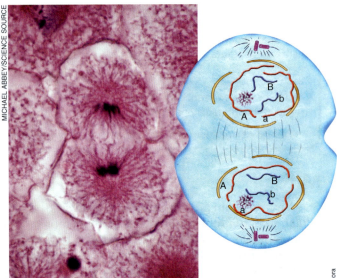

**Figura 7-18.** Telófase. (Cores-fantasia. Ilustração fora de escala.)

## Anáfase

- No início da anáfase ocorre a duplicação dos centrômeros, separando-se as cromátides-irmãs, agora cromossomos.
- As fibras do fuso começam a encurtar (veja a Figura 7-17).
- Em consequência, cada lote de cromossomos-irmãos é puxado para os polos opostos da célula.
- Como cada cromátide passa a ser um novo cromossomo, pode-se considerar que a célula fica temporariamente tetraploide.

## Citocinese

A partição em duas cópias é chamada de **citocinese** e ocorre, na célula animal, de fora para dentro, isto é, como se a célula fosse estrangulada e partida em duas (citocinese centrípeta). (Veja a Figura 7-19.) Há uma distribuição de organelas pelas duas células-irmãs. Perceba que a citocinese é, na verdade, a divisão do citoplasma. Essa divisão pode ter início já na anáfase, dependendo da célula.

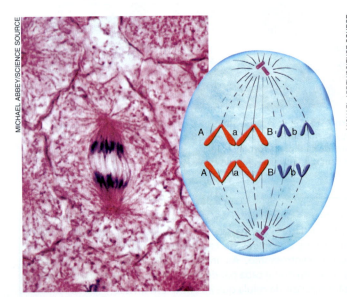

**Figura 7-17.** Anáfase. (Cores-fantasia. Ilustração fora de escala.)

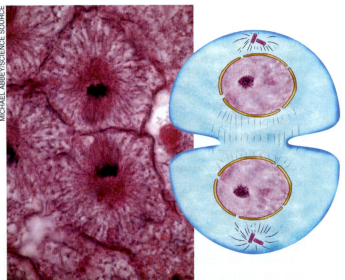

**Figura 7-19.** Citocinese. (Cores-fantasia. Ilustração fora de escala.)

## A mitose na célula vegetal

Na mitose de células de vegetais superiores, basicamente duas diferenças podem ser destacadas, em comparação ao que ocorre na mitose da célula animal:

- a mitose ocorre sem centríolos. A partir de certos locais, correspondentes aos centrossomos, irradiam-se as fibras do fuso. Uma vez que não há centríolos, então não existe áster. Por esse motivo, diz-se que a mitose em células vegetais é **anastral** (do grego, *an* = negativo);
- a **citocinese é centrífuga**, ocorre do centro para a periferia da célula. No início da telófase forma-se o **fragmoplasto**, um conjunto de microtúbulos proteicos semelhantes aos do fuso de divisão. Os microtúbulos do fragmoplasto funcionam como andaimes que orientam a deposição de uma *placa celular* mediana semelhante a um disco, originada de vesículas fundidas do sistema golgiense. Progressivamente, a placa celular cresce em direção à periferia e, ao mesmo tempo, no interior das vesículas, ocorre a deposição de algumas substâncias, entre elas pectina e hemicelulose, ambas polissacarídeos. De cada lado da placa celular, as membranas fundidas contribuem para a formação, nessa região, das membranas plasmáticas das duas novas células e que acabam se conectando com a membrana plasmática da célula-mãe. Em continuação à formação dessa *lamela média*, cada célula-filha deposita uma parede celulósica primária, do lado de fora da membrana plasmática. A parede primária acaba se estendendo por todo o perímetro da célula. Simultaneamente, a parede celulósica primária da célula-mãe é progressivamente desfeita, o que permite o crescimento de cada célula-filha, cada qual dotada, agora, de uma nova parede primária. Então, se pudéssemos olhar essa região mediana de uma das células, do citoplasma para fora, veríamos, inicialmente, a membrana plasmática, em seguida a parede celulósica primária e, depois, a lamela média. Eventualmente, uma parede secundária poderá ser depositada entre a membrana plasmática e a parede primária. Veja a Figura 7-20.

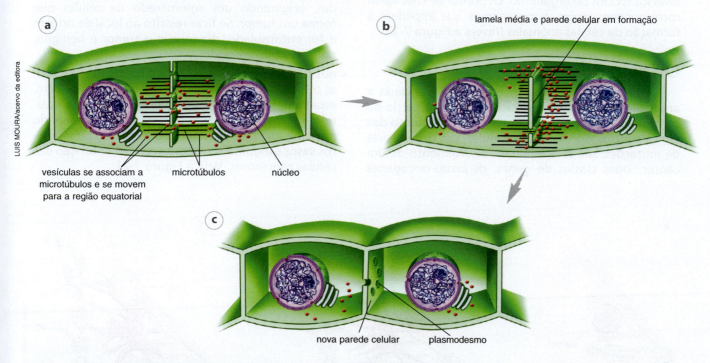

**Figura 7-20.** Citocinese em célula vegetal. (Cores-fantasia. Ilustrações fora de escala.)

## Para que serve a mitose?

A mitose é um tipo de divisão muito frequente entre os organismos da Terra atual. Nos unicelulares, serve à reprodução assexuada e à multiplicação dos organismos. Nos pluricelulares, ela repara tecidos lesados, repõe células que normalmente morrem e também está envolvida no crescimento.

No homem, a pele, a medula óssea e o revestimento intestinal são locais onde a mitose é frequente. Nos vegetais, a mitose ocorre em locais onde existem tecidos responsáveis pelo crescimento, por exemplo, na ponta das raízes, na ponta dos caules e nas gemas laterais.

CAPÍTULO 7 – Núcleo e divisões celulares **161**

## Controle do ciclo celular

Vimos, no começo deste capítulo, que a interfase é o período de intensa atividade metabólica e o de maior duração do ciclo celular. Células nervosas e musculares, que não se dividem por mitose, mantêm-se permanentemente em interfase, estacionadas no chamado período G$_0$. Nas células que se dividem ativamente, a interfase é seguida da mitose, culminando na citocinese. Sabe-se que a passagem de uma fase para a outra é controlada por *fatores de regulação* – de modo geral proteicos – que atuam nos chamados *pontos de checagem* do ciclo celular. Entre essas proteínas, destacam-se as *ciclinas*, que controlam a passagem da fase G$_1$ para a fase S e da G$_2$ para a mitose. Se em alguma dessas fases houver alguma anomalia, por exemplo, algum dano no DNA, o ciclo será interrompido até que o defeito seja reparado e o ciclo celular possa continuar. Caso contrário, a célula será conduzida à apoptose (morte celular programada). Outro ponto de checagem é o da metáfase, promovendo a distribuição correta dos cromossomos pelas células-filhas. Perceba que o ciclo celular é perfeitamente regulado, está sob controle de vários genes e o resultado final é a produção e diferenciação das células componentes dos diversos tecidos do organismo. Os pontos de checagem correspondem, assim, a mecanismos que impedem a formação de células anômalas (reveja a Figura 7-13).

## Origem do câncer

A origem de células cancerosas está associada a anomalias na regulação do ciclo celular e à perda de controle da mitose. Alterações do funcionamento dos genes controladores do ciclo celular, em decorrência de mutações, são relacionadas ao surgimento de um câncer. Duas classes de genes, os *proto-oncogenes* e os *genes supressores de tumor*, são os mais diretamente relacionados à regulação do ciclo celular. Os *proto-oncogenes* são responsáveis pela produção de proteínas que atuam na estimulação do ciclo celular, enquanto os *genes supressores de tumor* são responsáveis pela produção de proteínas que atuam inibindo o ciclo celular. Dizendo de outro modo: os *proto-oncogenes*, quando ativos, estimulam a ocorrência de divisão celular, e os *genes supressores de tumor*, quando ativos, inibem a ocorrência de divisão celular. O equilíbrio na atuação desses dois grupos de genes resulta no perfeito funcionamento do ciclo celular. Mutações nos *proto-oncogenes* os transformam em *oncogenes* (*genes causadores de câncer*). As que afetam os *genes supressores de tumor* perturbam o sistema inibidor e o ciclo celular fica desregulado, promovendo a ocorrência desordenada de divisões celulares e o surgimento de células cancerosas, que possuem as seguintes características:

- são indiferenciadas, não contribuindo para a formação normal dos tecidos;
- seus núcleos são volumosos e com número anormal de cromossomos;
- empilham-se umas sobre as outras em várias camadas, originando um aglomerado de células que forma um *tumor*. Se ficar restrito ao local de origem e for encapsulado, diz-se que o tumor é benigno, podendo ser removido;
- nos tumores malignos, ocorre a *metástase*, ou seja, as células cancerosas abandonam o local de origem, espalham-se, por via sanguínea ou linfática, e invadem outros órgãos. Esse processo é acompanhado por uma *angiogênese*, que é a formação de inúmeros vasos sanguíneos responsáveis pela nutrição das células cancerosas. Veja a Figura 7-21.

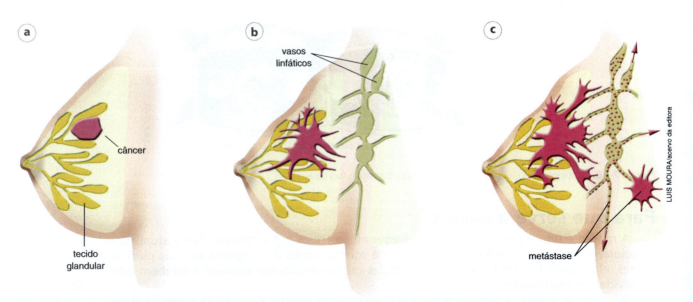

**Figura 7-21.** Uma única célula cancerosa que passa a se dividir desordenadamente pode dar origem a (a) um tumor maligno (um câncer de mama, por exemplo). Essas células cancerosas podem invadir (b) os tecidos adjacentes. (c) A migração de células cancerosas para além do seu local de origem é chamada **metástase**. (Cores-fantasia. Ilustrações fora de escala.)

## Meiose

Diferentemente da mitose, em que uma célula *diploide*, por exemplo, se divide formando duas células também *diploides* (divisão equacional), a meiose é um tipo de divisão celular em que uma célula diploide produz quatro células haploides, sendo por esse motivo uma divisão reducional (veja a Figura 7-22).

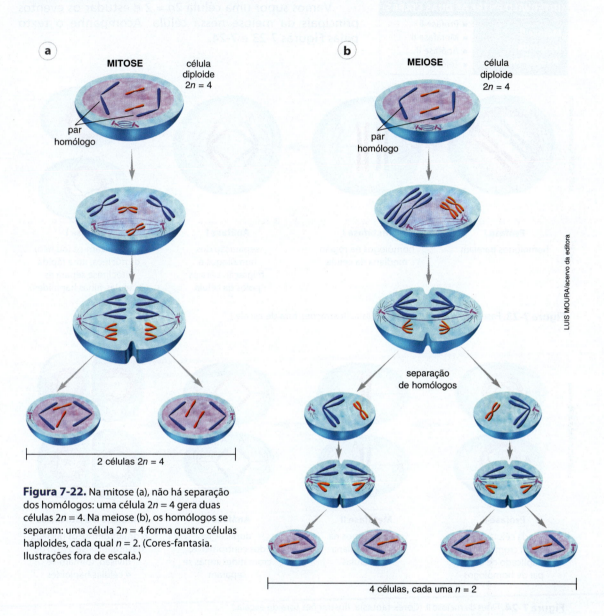

**Figura 7-22.** Na mitose (a), não há separação dos homólogos: uma célula $2n = 4$ gera duas células $2n = 4$. Na meiose (b), os homólogos se separam: uma célula $2n = 4$ forma quatro células haploides, cada qual $n = 2$. (Cores-fantasia. Ilustrações fora de escala.)

Um fato que reforça o caráter reducional da meiose é que, embora compreenda duas etapas sucessivas de divisão celular, os cromossomos só se duplicam uma vez, durante a interfase – período que antecede tanto a mitose como a meiose. No início da interfase, os filamentos de cromatina não estão duplicados. Posteriormente, ainda nessa fase, ocorre a duplicação, ficando cada cromossomo com duas cromátides.

## As fases da meiose

A redução no número cromossômico da célula é importante fator para a conservação do lote cromossômico das espécies, pois com a meiose formam-se gametas com metade do lote cromossômico. Quando da fecundação, ou seja, do encontro de dois gametas, o número de cromossomos da espécie se restabelece.

CAPÍTULO 7 – Núcleo e divisões celulares **163**

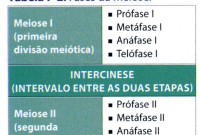

**Tabela 7-2.** Fases da meiose.

Podemos estudar a meiose em duas etapas, separadas por um curto intervalo, chamado intercinese. Em cada etapa, encontramos as mesmas fases estudadas na mitose, ou seja, prófase, metáfase, anáfase e telófase (veja a Tabela 7-2).

Vamos supor uma célula 2n = 2 e estudar os eventos principais da meiose nessa célula. Acompanhe o texto pelas Figuras 7-23 e 7-24.

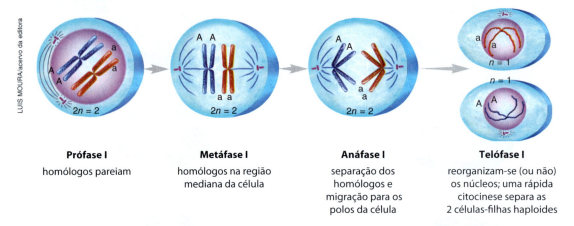

**Figura 7-23.** Fases da meiose I. (Cores-fantasia. Ilustrações fora de escala.)

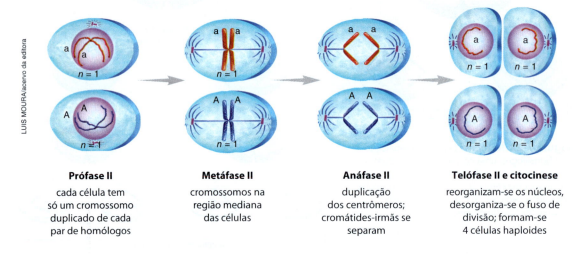

**Figura 7-24.** Fases da meiose II. (Cores-fantasia. Ilustrações fora de escala.)

## Meiose I (primeira divisão meiótica)

- **Prófase I** – os cromossomos homólogos duplicados pareiam devido à atração que ocorre entre eles. Poderá haver o fenômeno chamado *crossing-over* (veremos adiante).
- **Metáfase I** – os cromossomos homólogos pareados se dispõem na região mediana da célula; cada cromossomo está preso a fibras de um só polo.
- **Anáfase I** – o encurtamento das fibras do fuso separa os cromossomos homólogos, que são conduzidos para polos opostos da célula; não há separação das cromátides-irmãs. Quando os cromossomos atingem os polos, ocorre sua desespiralação, embora não obrigatória, mesmo porque a segunda etapa da meiose vem a seguir. Às vezes, nem mesmo a carioteca se reconstitui.
- **Telófase I** – no final dessa fase, ocorre a citocinese, separando as duas células-filhas haploides. Segue-se um curto intervalo, a **intercinese**, que precede a prófase II.

### Meiose II (segunda divisão meiótica)

- **Prófase II** – cada uma das duas células-filhas tem apenas um lote de cromossomos duplicados. Nesta fase os centríolos duplicam novamente e nas células em que houve formação da carioteca, esta começa a se desintegrar.
- **Metáfase II** – como na mitose, os cromossomos prendem-se pelo centrômero às fibras do fuso, que partem de ambos os polos.
- **Anáfase II** – ocorre duplicação dos centrômeros; só agora as cromátides-irmãs separam-se (lembrando a mitose).
- **Telófase II** e **citocinese** – com o término da telófase II reorganizam-se os núcleos. A citocinese separa as quatro células-filhas haploides, isto é, sem cromossomos homólogos e com a metade do número de cromossomos em relação à célula que iniciou a meiose.

## Crossing-over e variabilidade

A principal consequência da meiose, sem dúvida, é o surgimento da diversidade entre os indivíduos que são produzidos na reprodução sexuada de uma espécie.

A relação existente entre meiose e variabilidade é baseada principalmente na ocorrência de **crossing-over**.

O *crossing* é um fenômeno que envolve cromátides homólogas. Consiste na quebra dessas cromátides em certos pontos, seguida de uma troca de pedaços correspondentes entre elas.

As trocas provocam o surgimento de novas sequências de genes ao longo dos cromossomos. Assim, se em um cromossomo existem vários genes combinados segundo certa sequência, após a ocorrência do *crossing* a combinação pode não ser mais a mesma. Então, quando se pensa no *crossing*, é comum analisar o que aconteceria, por exemplo, quanto à combinação entre os genes alelos *A* e *a* e *B* e *b* no par de homólogos, ilustrado na Figura 7-26.

Nessa combinação, os genes *A* e *b* encontram-se em um mesmo cromossomo, enquanto *a* e *B* estão no cromossomo homólogo. Se a distância entre *A* e *b* for considerável, será grande a chance de ocorrer uma permuta. E, se tal acontecer, uma nova combinação gênica poderá surgir.

As combinações *AB* e *ab* são novas. São recombinações gênicas que contribuem para a geração de maior variabilidade nas células resultantes da meiose. Se pensarmos na existência de três genes ligados em um mesmo cromossomo (*A*, *b* e *C*, por exemplo), as possibilidades de ocorrência de *crossings* dependerão da distância em que esses genes se encontram – caso estejam distantes, a variabilidade produzida será bem maior.

Outro processo que conduz ao surgimento de variabilidade na meiose é a *segregação independente dos cromossomos*. Imaginando-se que uma célula com dois pares de cromossomos homólogos (1 e 1', 2 e 2') se divida por meiose, as quatro células resultantes ao final da divisão poderão ter a seguinte constituição cromossômica: (1 e 2), (1 e 2'), (1' e 2) e (1' e 2').

A variabilidade genética existente entre os organismos das diferentes espécies é muito importante para a ocorrência da evolução biológica. Sobre essa variabilidade é que atua a seleção natural, favorecendo a sobrevivência de indivíduos dotados de características genéticas adaptadas ao meio. Quanto maior a variabilidade gerada na meiose, por meio de recombinação gênica permitida pelo *crossing-over*, maiores as chances para a ação seletiva do meio.

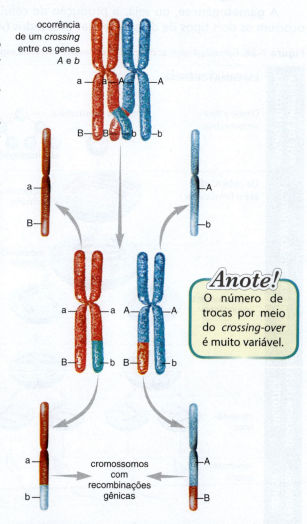

**Figura 7-26.** A ocorrência de permuta ou *crossing* entre cromátides homólogas (não irmãs) conduz a novas combinações gênicas. (Cores-fantasia.)

> **Anote!**
> O número de trocas por meio do *crossing-over* é muito variável.

> **Anote!**
> A meiose é, enfim, um tipo de divisão celular que persistiu entre os seres vivos, sendo um mecanismo gerador de variabilidade. Esse tipo de divisão possibilita gerar diferenças entre indivíduos de uma espécie, sobre os quais se dá a ação seletiva do ambiente, fundamental no processo de evolução biológica de qualquer espécie.

CAPÍTULO 7 – Núcleo e divisões celulares **165**

### Saiba mais

Na meiose, a variação da quantidade de DNA pode ser representada como na Figura 7-27, partindo-se, por exemplo, de uma célula que tenha uma quantidade 2c de DNA em $G_1$.

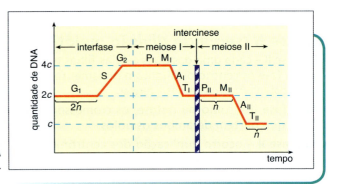

**Figura 7-27.** Variação da quantidade de DNA durante a interfase e a meiose.

## Gametogênese

A **gametogênese**, ou seja, a produção de células sexuais no organismo humano, é um processo em que ocorrem os dois tipos de divisão celular estudados (veja a Figura 7-28).

**Figura 7-28.** Gametogênese: as diversas fases características da espermatogênese e da ovulogênese. (Cores-fantasia. Ilustrações fora de escala.)

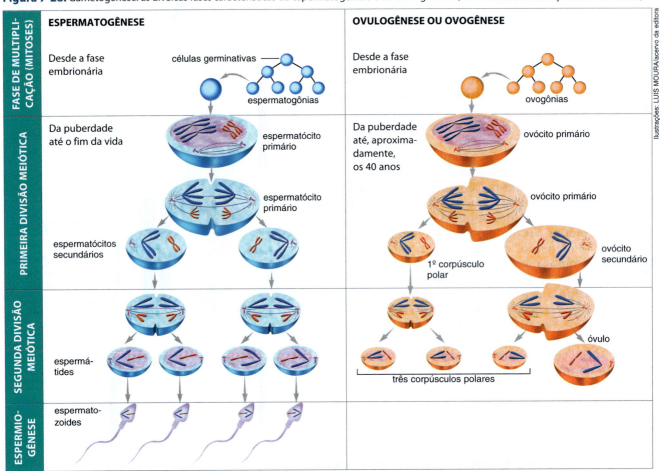

A gametogênese masculina, chamada **espermatogênese**, começa na fase embrionária, em que as células diploides germinativas do testículo do embrião multiplicam-se ativamente por mitose. As células assim formadas são as **espermatogônias** ou **espermatócitos jovens**.

Entre o nascimento e a puberdade há um período de atividade lenta nas mitoses formadoras de células jovens. Na puberdade, o processo mitótico é retomado. Formam-se constantemente mais espermatócitos jovens (espermatogônias), que passam por um curto período de crescimento e se transformam em **espermatócitos primários** (ou espermatócitos I).

Então, começa a meiose. Cada espermatócito primário efetua a primeira divisão meiótica, originando dois **espermatócitos secundários** (ou espermatócitos II), que farão, em seguida, a segunda divisão meiótica. Originam-se quatro células haploides, as **espermátides**, que, passando por um processo de diferenciação celular, conhecido como **espermiogênese**, transformam-se em **espermatozoides**.

Assim, se imaginarmos 1.000 espermatogônias crescendo e se transformando em espermatócitos primários, e se esses 1.000 espermatócitos terminarem a meiose, então serão formados 4.000 espermatozoides.

No homem, a espermatogênese se processa desde o início da puberdade até o fim da vida. Na mulher, a **ovulogênese** (gametogênese feminina) é um pouco diferente. Toda menina já nasce com um número limitado de ovogônias. Isso quer dizer que as mitoses cessam cedo nas células germinativas dos ovários.

Do nascimento até a puberdade, as ovogônias passam por um longo período de crescimento e acumulam reservas, constituindo-se, então, em **ovócitos primários** (ou ovócitos I).

A partir da puberdade, recomeça a meiose que foi iniciada e interrompida no período fetal na prófase I, mas, em geral, somente um ovócito primário por mês fará meiose. Os demais permanecem dormentes.

O ovócito primário completa a primeira meiose e – outra diferença em relação à espermatogênese – surge apenas um **ovócito secundário** (ou ovócito II) grande, sendo a outra célula menor e chamada de **primeiro corpúsculo polar** (ou primeiro glóbulo polar). Se o ovócito secundário completar a meiose, forma-se um **óvulo** apenas, funcional, e outro corpúsculo polar. O primeiro corpúsculo polar também pode completar a segunda meiose, formando-se mais dois corpúsculos polares.

Assim, ao final da ovulogênese humana, que se completa com a fecundação (veja *Anote!* ao lado), forma-se apenas um gameta funcional, o **óvulo**, e mais três células que degeneram, os **corpúsculos polares**.

> ### *Anote!*
> Na espécie humana, a ovulação não corresponde à saída de um óvulo do ovário. O que se libera, na verdade, é o ovócito secundário e o primeiro corpúsculo polar. Somente se houver penetração do espermatozoide no ovócito secundário é que este completa a meiose e se transforma em óvulo. Simultaneamente, são formados os três corpúsculos polares. Após a fusão dos *núcleos* do espermatozoide e do óvulo forma-se o **zigoto**, o ponto de partida para um novo organismo.

## Saiba mais

### Jumentos e éguas, burros e mulas

É conhecido o fato de que o cruzamento de jumento (jegue) e égua, dois animais de espécies diferentes, produz burros ou mulas, descendentes estéreis. A causa dessa esterilidade é a incapacidade, por parte dos descendentes, de realizar meiose nas células de seus órgãos reprodutores.

Cada célula diploide de égua possui 64 cromossomos. Da meiose realizada nas células do ovário, resultam óvulos com 32 cromossomos. No jumento, cujas células diploides possuem 62 cromossomos, a meiose das células testiculares produz espermatozoides com 31 cromossomos. Na fecundação ocorre o encontro de um espermatozoide, carregando um lote de 31 cromossomos, e de um óvulo, contendo um lote de 32. O zigoto formado terá, então, 63 cromossomos. O animal se forma, fica vigoroso e, muitas vezes, é usado em trabalhos de tração. Sua reprodução, no entanto, é praticamente impossível, já que a meiose nos órgãos reprodutores é anormal. Embora haja alguns cromossomos homólogos, outros não o são. Não existe pareamento entre todos eles. Além disso, há um cromossomo a mais, que não é homólogo a nenhum outro. Por isso, a meiose ocorre de forma anômala, não há produção de gametas e não ocorre a reprodução.

Muito raramente, verifica-se uma meiose que chega até o fim em mulas. Nesse caso, produz-se um óvulo. Se for fecundado por um espermatozoide de cavalo, surge o zigoto. Forma-se um descendente que, porém, é totalmente anormal e com poucas chances de sobrevivência.

## Leitura

### A síndrome de Down

Na espécie humana há um caso de anomalia meiótica que resulta na síndrome de Down (popularmente chamada de mongolismo). Durante o processo de meiose que ocorre no ovário, principalmente de mulher idosa, pode acontecer uma falha na meiose I ou na anáfase II, envolvendo um dos homólogos do par número 21. As duas cromátides-irmãs permanecem juntas em uma das células-filhas – caracterizando uma não disjunção cromossômica – e se transformam em cromossomos que continuarão juntos na mesma célula, que poderá transformar-se no óvulo funcional. Esse óvulo terá, então, 22 cromossomos mais dois de número 21. No total, 24 cromossomos, em lugar dos 23 que seriam esperados em um óvulo normal. Se o núcleo desse óvulo juntar-se com o núcleo de um espermatozoide normal, forma-se um zigoto com 47 cromossomos, ou seja, 23 provenientes do espermatozoide e 24 do óvulo. Os cromossomos 21 serão três (dois do óvulo e um do espermatozoide). Essa anomalia é conhecida como "trissomia do 21" e é responsável pela síndrome de Down.

Quantas pessoas portadoras da síndrome de Down você conhece? Muito provavelmente poucas, ou até mesmo nenhuma. Essa é uma realidade muito comum entre os brasileiros e pode levar a uma falsa impressão de que estes casos são bastante raros.

Para termos uma ideia da incidência dessa síndrome, a cada gravidez, independentemente da idade materna, a chance de se ter um bebê portador de Down é de aproximadamente 1,3 para cada 1.000 nascimentos, fazendo com que, anualmente, 8 mil bebês nasçam com esta condição. Como a maioria das mulheres tem filhos com idade inferior a 35 anos, aproximadamente 80% das crianças portadoras dessa síndrome nascem de mulheres jovens. Já para as futuras mamães com idade superior a 35 anos, as chances de gerar um bebê com síndrome de Down aumentam muito, chegando a 1 para cada 400 nascimentos.

CAPÍTULO 7 – Núcleo e divisões celulares **167**

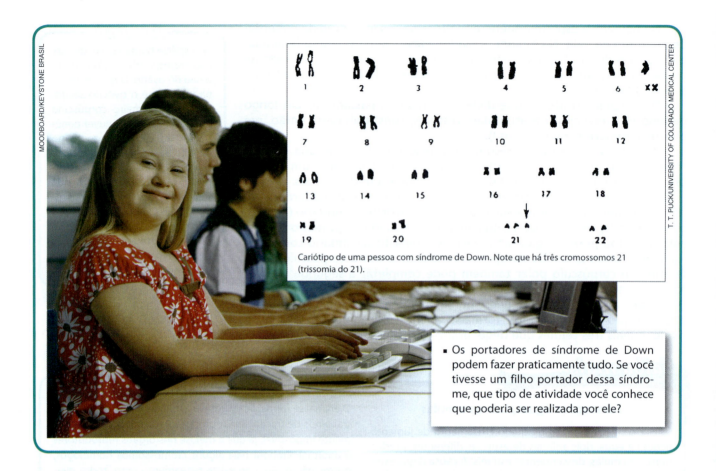

Cariótipo de uma pessoa com síndrome de Down. Note que há três cromossomos 21 (trissomia do 21).

- Os portadores de síndrome de Down podem fazer praticamente tudo. Se você tivesse um filho portador dessa síndrome, que tipo de atividade você conhece que poderia ser realizada por ele?

## 7-6. FECUNDAÇÃO: A VOLTA À DIPLOIDIA

Já vimos que a meiose é uma divisão celular reducional. De uma célula diploide formam-se quatro células haploides. Por outro lado, é preciso reconstituir o número diploide de cromossomos típicos de cada espécie. A **fecundação** restitui a diploidia ao promover o encontro de um lote cromossômico haploide paterno com outro lote haploide materno (veja a Figura 7-29). Então, o processo da meiose é oposto ao da fecundação.

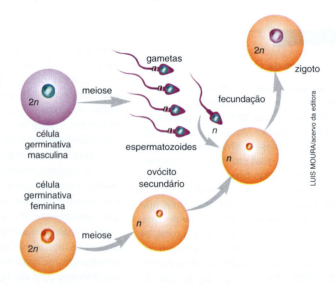

**Figura 7-29.** Meiose e fecundação são fenômenos opostos. Enquanto a meiose é uma divisão formadora de células haploides a partir de células diploides, a fecundação restabelece a diploidia. (Cores-fantasia. Ilustrações fora de escala.)

168 UNIDADE 2 – O estudo da célula

# PASSO A PASSO

1. "Central de comando da célula eucariótica, o núcleo celular é constituído de um material viscoso, o nucleoplasma, no qual está mergulhada a cromatina – material genético constituído de filamentos desespiralados – característica da interfase. Na fase de divisão da célula cada filamento de cromatina espirala intensamente e recebe outra denominação. Na verdade, é o mesmo material, em duas etapas diferentes da vida celular."

    a) Que denominação recebe cada filamento de cromatina, na fase em que a célula está em divisão?
    b) Heterocromatina e eucromatina são regiões observáveis em um filamento de cromatina na fase em que a célula não se encontra em divisão. Como caracterizar essas regiões do filamento de cromatina nessa fase da vida celular?

2. Observe as figuras abaixo:

    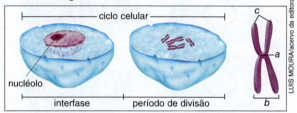

    Comparando a célula que está em interfase com a que se encontra em divisão:

    a) Cite as duas principais diferenças existentes entre elas, relativamente ao núcleo celular.
    b) Reconheça o que está apontado em *a*, *b* e *c*. Quanto à posição da estrutura apontada em *a*, como você classificaria a estrutura *b*: acrocêntrico, telocêntrico, metacêntrico ou submetacêntrico? Justifique brevemente sua resposta.

3. Na ilustração a seguir, *a* e *b* representam, esquematicamente, os dois tipos de divisão celular estudados neste capítulo. Observando-as atentamente, responda:

    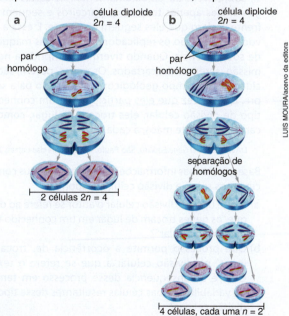

    a) Que divisões celulares estão esquematizadas, respectivamente, em *a* e *b*?
    b) Diferencie a divisão celular esquematizada em *a*, da esquematizada em *b*.

4. A figura a seguir ilustra esquematicamente as duas fases do ciclo celular e as etapas da divisão celular mitótica. Observando-as atentamente:

    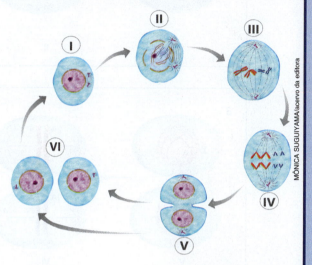

    KROGH, D. *A Brief Guide to Biology*.
    New York: Prentice-Hall, 2007. p. 146, 147.

    a) Reconheça as fases representadas de I a VI.
    b) Relativamente às etapas de I a V, cite as principais características de cada uma delas.

5. O esquema a seguir ilustra a ocorrência de mitose em células vegetais. Observando-o atentamente:

    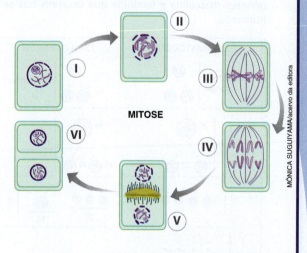

    MAUSETH, J. D. *Botany* – an introduction to plant biology. 3. ed.
    Sudbury: Jones and Bartlett, 2003. p. 97.

    a) Reconheça as etapas representadas de I a VI. Represente, em números, a ploidia da célula que iniciou a divisão celular.
    b) Cite as duas principais diferenças constatadas na mitose de células vegetais em relação à que ocorre em células animais.

CAPÍTULO 7 – Núcleo e divisões celulares **169**

**6.** As ilustrações a seguir representam esquematicamente a ocorrência de meiose.

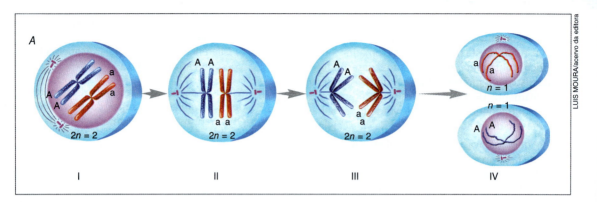

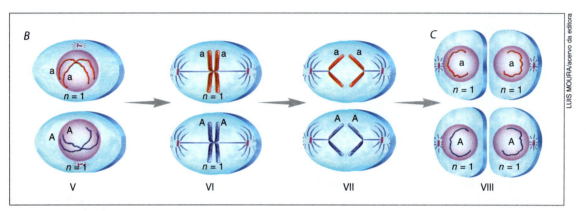

a) Reconheça as fases *A*, *B* e *C*.
b) Identifique as etapas de I até VIII.

---

**7.** A seguir estão esquematizadas, lado a lado, as gametogêneses masculina e feminina que ocorrem nos seres humanos.

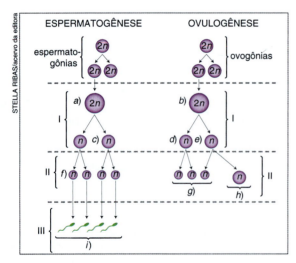

Observe-as com cuidado e responda às questões:
a) O que representam as etapas numeradas de I a III?
b) Que células estão representadas de *a* até *i*?
c) Por que é comum dizer-se que a fecundação é um fenômeno antagônico ao da meiose?

**8.** Os indivíduos não são coisas estáveis. Eles são efêmeros, duram pouco. Os cromossomos também caem no esquecimento, como as mãos num jogo de cartas, pouco depois de serem distribuídas. Mas, as cartas, em si, sobrevivem ao embaralhamento. As cartas são os *genes*. Eles apenas trocam de parceiros e seguem em frente. É claro que eles seguem em frente. É essa a sua vocação. Eles são os replicadores e nós, suas máquinas de sobrevivência. Quando tivermos cumprido a nossa missão, seremos descartados. Os genes, porém, são os cidadãos do tempo geológico: os genes são para sempre. E, cada vez que eles participam de um conhecido tipo de divisão celular, eles trocam de lugar, como as cartas trocam de mãos, a cada rodada.

DAWKINS, R. *O Gene Egoísta*. São Paulo: Companhia das Letras, 2008.

Baseando-se nas informações do texto e nos seus conhecimentos sobre a divisão celular, responda:

a) A que tipo de divisão celular o autor se refere ao dizer que "os genes trocam de lugar em um conhecido tipo de divisão celular"?
b) Que processo permite a ocorrência de "troca de lugar" na divisão celular a que se refere o texto? Qual é a consequência desse processo em termos de variabilidade nas células resultantes desse tipo de divisão celular?

# A CAMINHO DO ENEM

**1. (H14, H15, H17, H18)** Considere o ciclo celular representado a seguir:

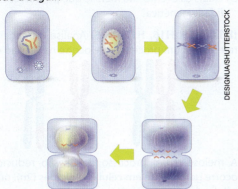

À esquerda está representada uma célula somática $2n = 4$. A esse respeito, responda:

a) Qual é o número de moléculas de DNA, cromátides-irmãs e de cromossomos ao final da prófase?
b) Explique os fenômenos que ocorrem na anáfase?

**2. (H14, H15, H17, H18)** Compare a mitose na célula animal e vegetal:

A mitose nas células animais e vegetais é extremamente semelhante quando se olha apenas para o material genético, porém apresenta algumas diferenças quanto a alguns processos e componentes celulares. Considerando seus conhecimentos sobre o tema, indique quais são as diferenças da mitose na célula animal e vegetal.

**3. (H14, H15, H16, H17, H18)** Analise a imagem abaixo que representa a espermatogênese e a ovogênese, e responda ao que se pede.

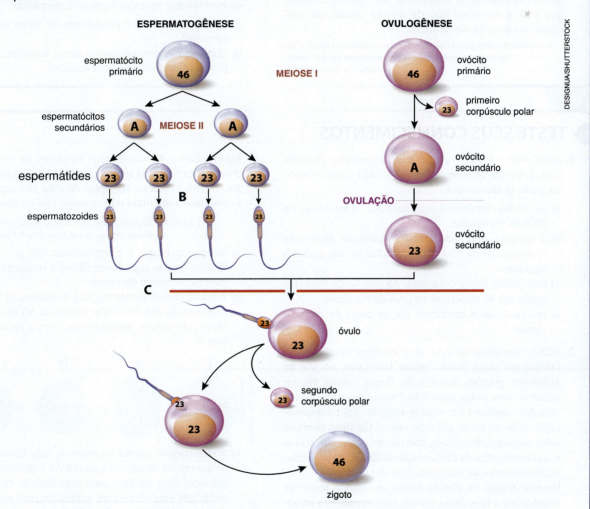

A gametogênese é a produção de células sexuais ou gametas no organismo humano a partir de células germinativas:

a) Qual é o número de cromossomos de A?
b) O que ocorre em B?
c) Qual é o evento representado em C? Qual é a sua importância para uma espécie?
d) Se um homem possuir uma doença genética ligada ao DNA mitocondrial, ele poderá transmitir essa doença para seus filhos?

CAPÍTULO 7 – Núcleo e divisões celulares

4. **(H14, H15, H17, H18)** Cientistas americanos identificaram pela primeira vez o que eles acreditam que seja um tipo ainda desconhecido de divisão celular. A divisão celular é um fenômeno comum no corpo humano, e é por meio desse processo que novas células são geradas. O processo descoberto por Mark Burkard, da Universidade de Wisconsin, é uma variação da mitose e recebeu o nome de "clerocinese". O achado foi consequência de um experimento feito com células humanas retiradas da retina. Na experiência, a equipe de Burkard permitiu que as células iniciassem o processo de mitose, com a duplicação [dos] cromossomos. No entanto, os cientistas bloquearam a fase (…), que concluiria a divisão. Isso levou à criação de uma célula com dois núcleos – "binucleada". Os cientistas então observaram a evolução dessas células e perceberam que essas células binucleadas deram origem a células comuns da retina. Eles descobriram que isso aconteceu porque os dois núcleos esticaram demais a célula e conseguiram concluir a divisão, mesmo sem as proteínas necessárias na mitose. Por isso, eles concluíram que esse é um novo tipo de divisão celular, ao qual deram o nome de clerocinese.

Disponível em: <http://g1.globo.com/ciencia-e-saude/noticia/2012/12/cientistas-identificam-novo-tipo-de-divisao-celular.html>. Acesso em: 26 maio 2016.

Com relação aos processos de divisão celular, responda:
a) É correto afirmar que a mitose apresenta processos que geram variabilidade genética?
b) Quais os eventos da meiose que promovem a variabilidade genética?

5. **(H14, H15, H16, H17, H18)** Analise a imagem abaixo referente a um processo que ocorre na divisão celular:

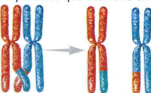

A meiose é um processo de divisão reducional que ocorre geralmente em células diploides (2n), originando células haploides (n). Nos animais a meiose origina os gametas, células reprodutivas haploides. A alternância entre meiose e fecundação mantém constante o número de cromossomos característico de cada espécie. Sobre os eventos que ocorrem na meiose, responda:

a) Qual é o processo representado na figura e em que consiste?
b) Quais são as consequências desse fenômeno para o processo evolutivo de uma espécie?

## TESTE SEUS CONHECIMENTOS

1. (UNICAMP – SP) Em relação a um organismo diploide, que apresenta 24 cromossomos em cada célula somática, pode-se afirmar que
   a) seu código genético é composto por 24 moléculas de DNA de fita simples.
   b) o gameta originado desse organismo apresenta 12 moléculas de DNA de fita simples em seu genoma haploide.
   c) uma célula desse organismo na fase $G_2$ da interfase apresenta 48 moléculas de DNA de fita dupla.
   d) seu cariótipo é composto por 24 pares de cromossomos.

2. (UERJ) Normalmente, não se encontram neurônios no cérebro em plena divisão celular. Entretanto, no Mal de Alzheimer, grandes quantidades dessas células iniciam anormalmente o ciclo de divisão. Estudos mostram que até 10% dos neurônios nas regiões atingidas por tal degeneração tentaram iniciar a divisão celular. Contudo, nenhum deles conseguiu terminá-la, pois não foi observado o sinal mais característico da consumação da divisão de uma célula: cromossomos alinhados no meio dos neurônios.
   Nomeie o tipo de divisão celular ao qual o texto faz referência e a fase dessa divisão correspondente ao alinhamento dos cromossomos.

3. (UFES) Foi noticiado no jornal *A Gazeta* do dia 28 de junho de 2015: "Capixabas têm mais câncer que o resto do Brasil – Taxas em 2014 no Estado foram maiores que a média nacional". Ainda segundo a reportagem, no Espírito Santo, 91 novos casos de câncer de pele foram diagnosticados, toda semana, em 2014. (…) a exposição ao sol sem proteção ao longo da vida são alguns dos fatores que aumentam o risco desse tipo de câncer.

LACERDA, R. Capixabas têm mais câncer que o resto do Brasil. *A Gazeta*, Vitória, 28 jun.2015. Vida & Família, p. 6-8.

a) Indique o nome e a importância do processo de divisão celular, cujo desequilíbrio é responsável pelo desenvolvimento do câncer.
b) A figura abaixo apresenta, fora de ordem, as fases do processo de divisão celular envolvido no desenvolvimento do câncer. Nomeie essas fases e caracterize a fase III.

MÔNICA SUGUIYAMA/acervo da editora

c) A reportagem aponta o câncer de pele como o mais frequente no Brasil, em especial no Espírito Santo. O principal fator de risco para esse tipo de câncer é a exposição excessiva ao sol, sobretudo para as pessoas de pele e olhos claros. Esse risco se agrava na região tropical pelo fato de a camada de ozônio ser mais fina sobre essa região, onde a maior parte do Brasil, incluindo o estado do Espírito Santo, está situada. Explique qual é a relação entre a redução da camada de ozônio e o aumento do número de casos de câncer de pele.

**4.** (PAIES – UFU – MG) O processo de meiose está relacionado à formação de células haploides. Nesse processo existem duas fases conhecidas como meiose I e meiose II. Indique, para as afirmativas abaixo, (V) Verdadeira, (F) Falsa ou (SO) Sem Opção.

1 ( ) Na anáfase II, ocorre a separação de cromátides-irmãs.
2 ( ) O *crossing-over*, típico das prófases I e II, aumenta a variabilidade genética.
3 ( ) Ao final da meiose II, as células terão a mesma quantidade de DNA que as das células da prófase II.
4 ( ) Centrômeros são locais de quebra e troca de fragmentos de cromossomos.

**5.** (FUVEST – SP) Considere os eventos abaixo, que podem ocorrer na mitose ou na meiose:

I – Emparelhamento dos cromossomos homólogos duplicados.
II – Alinhamento dos cromossomos no plano equatorial da célula.
III – Permutação de segmentos entre cromossomos homólogos.
IV – Divisão dos centrômeros resultando na separação das cromátides-irmãs.

No processo de multiplicação celular para reparação de tecidos, os eventos relacionados à distribuição equitativa do material genético entre as células resultantes estão indicados em

a) I e III, apenas.   c) II e III, apenas.   e) I, II, III e IV.
b) II e IV, apenas.   d) I e IV, apenas.

**6.** (UERJ) Observe, na ilustração, os tipos celulares da linhagem germinativa presentes nos túbulos seminíferos.
Cite o tipo de divisão celular que ocorre na transformação de espermatócito primário para espermatócito secundário e nomeie a célula resultante da espermiogênese.

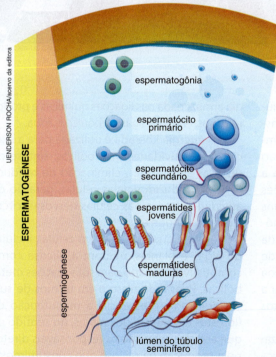

Adaptado de: GARTNER, L. P.; HIATT, J. L. *Atlas Colorido de Histologia*. Rio de Janeiro: Guanabara Koogan, 2010.

**7.** (UDESC) Indique a alternativa **correta** quanto à característica da meiose.

a) Quando sofre mutações, estas são do tipo somáticas e induzem a célula à apoptose.
b) Garante a manutenção das características genéticas ao longo dos anos.
c) Garante a variabilidade genética da espécie, através do *crossing-over*.
d) Reduz as características genéticas do indivíduo pela metade, ou seja, incompletas.
e) Reduz as características da célula, por isso requer uma nova duplicação do material genético.

**8.** (UNESP) As figuras *A* e *B* representam duas fases de uma divisão celular que ocorreu em uma célula animal com $2n = 6$ cromossomos.

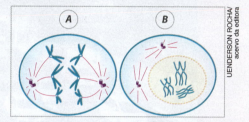

a) Identifique o tipo de divisão celular que ocorreu e justifique sua resposta, utilizando uma das figuras.
b) Caso haja uma alteração ambiental, explique por que o fenômeno que ocorreu em *B* é importante para o ser vivo que o realiza.

**9.** (UNIFESP) Durante a prófase I da meiose, pode ocorrer o *crossing-over* ou permuta gênica entre os cromossomos das células reprodutivas.

a) Explique o que é *crossing-over* e sua importância para as espécies.
b) Considerando que a maioria das células de um organismo realiza divisão celular mitótica para se multiplicar, justifique o fato de as células reprodutivas realizarem a meiose.

**10.** (PASES – UFV – MG) Na divisão celular mitótica, a anáfase é caracterizada pela

a) ligação do fuso mitótico aos cromossomos e seu posicionamento no equador da célula.
b) desorganização do envoltório celular e formação do fuso mitótico.
c) separação e migração das cromátides-irmãs para os polos opostos da célula.
d) descondensação dos cromossomos e reorganização do envoltório celular.

**11.** (PAES – UNIMONTES – MG) Divisão celular é o processo que ocorre nos seres vivos através do qual uma célula-mãe pode dividir-se em duas ou quatro células-filhas. Todas as alternativas abaixo representam funções da divisão celular, **EXCETO**

a) reconstituição celular.
b) transmissão de caracteres genéticos entre gerações celulares.
c) produção de vacinas e/ou medicamentos.
d) transmissão do impulso nervoso.

CAPÍTULO 7 – Núcleo e divisões celulares **173**

# 8 METABOLISMO ENERGÉTICO

CHAD ZUBEK/SHUTTERSTOCK

Os combustíveis mais utilizados nos automóveis, álcool etílico e gasolina, são constituídos de moléculas energéticas. A combustão, que ocorre nas câmaras de explosão do motor, na presença do oxigênio, libera a energia que estava armazenada nas ligações químicas dessas moléculas e produz alguns resíduos, entre eles o gás carbônico, o monóxido de carbono e a água. A energia liberada faz o carro andar, movimenta o limpador de para-brisas, faz funcionar o rádio, e uma boa parte é convertida em calor (basta encostar a mão no capô depois de andar alguns minutos com o carro para sentir o calor).

Nos seres vivos, o combustível mais utilizado é a **glicose**, substância altamente energética cuja quebra no interior das células libera a energia armazenada nas ligações químicas e produz resíduos, entre eles gás carbônico e água.

A energia liberada é utilizada para a execução de atividades metabólicas: síntese de diversas substâncias, eliminação de resíduos tóxicos produzidos pelas células, geração de atividade elétrica nas células nervosas, circulação do sangue etc.

Todo e qualquer ser vivo celular, incluindo algas e plantas, utilizam a glicose como combustível primário para suas reações metabólicas. Pensando nisso e em termos de sustentabilidade, é essencial a manutenção de florestas e a pureza dos mares, no sentido de que aqueles seres são os responsáveis diretos pela produção da glicose que consumimos e do oxigênio que respiramos.

# 8-1. A LIBERAÇÃO DA ENERGIA ARMAZENADA

O conjunto de reações químicas e de transformações de energia, incluindo a síntese (anabolismo) e a degradação de moléculas (catabolismo), constitui o **metabolismo**. Essas reações contam com a participação de enzimas.

Toda vez que o metabolismo servir para a *construção* de novas moléculas que tenham uma finalidade biológica, falamos em **anabolismo**. Por exemplo: a realização de exercícios que conduzem a um aumento da massa muscular de uma pessoa envolve a síntese de proteínas nas células musculares.

> **Anote!**
> No **anabolismo** há síntese de moléculas. No **catabolismo** há fragmentação de moléculas.

Por outro lado, a *decomposição* de substâncias, que ocorre, por exemplo, no processo de respiração celular, com a liberação de energia para a realização das atividades celulares, constitui uma modalidade de metabolismo conhecida como **catabolismo**.

Associe anabolismo a *síntese* e catabolismo a *decomposição* de substâncias. De modo geral, essas duas modalidades ocorrem juntas.

Durante o catabolismo, que ocorre nos processos energéticos, por exemplo, a energia liberada em decorrência da utilização dos combustíveis biológicos poderá ser canalizada para as reações de síntese de outras substâncias, que ocorre no anabolismo.

Na maioria dos seres vivos, a liberação da energia contida nas moléculas de glicose pode ocorrer por meio de dois processos: a **respiração celular aeróbia** e a **fermentação**.

Na respiração aeróbia, a "quebra" da glicose é total, há a participação do oxigênio, libera-se muita energia e os resíduos produzidos são o gás carbônico e a água (veja a Figura 8-1).

> **Anote!**
> Nas trocas gasosas, que ocorrem em nossos pulmões – *respiração orgânica* –, o oxigênio que ingressa no sangue é enviado aos tecidos e utilizado na respiração celular aeróbia.

$$\text{glicose} + \text{oxigênio} + \text{água} \longrightarrow \text{gás carbônico} + \text{água} + \text{energia}$$
$$C_6H_{12}O_6 \quad 6\,O_2 \quad 6\,H_2O \quad\quad 6\,CO_2 \quad 12\,H_2O$$

**Figura 8-1.** Equação da respiração aeróbia.

Na fermentação, a "quebra" da glicose é parcial, não há participação do oxigênio, libera-se pequena quantidade de energia e também são produzidos alguns resíduos. Na fermentação alcoólica, por exemplo, os resíduos produzidos são o álcool etílico (etanol) e o gás carbônico. Veja a Figura 8-2.

$$\text{glicose} \longrightarrow \text{álcool etílico} + \text{gás carbônico} + \text{energia}$$
$$C_6H_{12}O_6 \quad 2\,C_2H_5OH \quad\quad 2\,CO_2$$

**Figura 8-2.** Equação da fermentação alcoólica.

## Como os seres vivos conseguem a glicose

Muitos seres vivos conseguem fabricar a glicose que utilizam nos processos de liberação de energia. Entre eles se destacam desde seres simples, como algumas bactérias e algas, até alguns mais complexos, como as samambaias, os pinheiros e os eucaliptos. Esses organismos são produtores de glicose por meio de um processo chamado de **fotossíntese**.

Seres vivos que conseguem sintetizar glicose a partir da fotossíntese são chamados de **autótrofos** (*trofos* significa *nutrição*; *auto* possui o significado de *a si mesmo* – *autótrofos*, portanto, são os seres que nutrem a si mesmos, isto é, produzem seu próprio alimento).

Todos os demais seres vivos precisam consumir a glicose contida nos alimentos extraídos de algum outro ser vivo.

Os seres vivos que não conseguem produzir glicose, devendo obtê-la pronta a partir de outra fonte, são chamados de **heterótrofos** (*hetero*, termo grego que significa *outro, diferente*), isto é, que se nutrem de outro.

> **Anote!**
> A fermentação, devido à sua simplicidade, é considerada o mecanismo mais primitivo de obtenção da energia armazenada nos combustíveis biológicos. Na Terra atual, os seres vivos que fazem respiração aeróbia podem também fermentar, se faltar oxigênio. São poucos os organismos exclusivamente fermentadores, como, por exemplo, a bactéria do tétano.

CAPÍTULO 8 – Metabolismo energético **175**

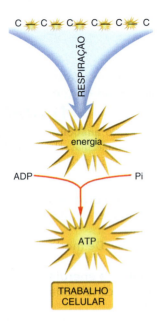

**Figura 8-3.** A energia que une os átomos de carbono é liberada na respiração aeróbia e armazenada em moléculas de ATP. (Cores-fantasia.)

## Energia sob a forma de ATP

Cada vez que ocorre a desmontagem da molécula de glicose, a energia não é simplesmente liberada para o meio.

A energia é transferida para outras moléculas (chamadas de **ATP**), que servirão de reservatórios temporários de energia, "bateriazinhas" que poderão liberar "pílulas" de energia nos locais em que estiverem.

No citoplasma das células é comum a existência de uma substância solúvel conhecida como **adenosina difosfato**, **ADP**. É comum também a existência de radicais solúveis livres de **fosfato inorgânico** (que vamos simbolizar por **Pi**), ânions monovalentes do ácido ortofosfórico. Cada vez que ocorre a liberação de energia na respiração aeróbia, essa energia é utilizada para a união de ADP + Pi. Essa combinação resulta em moléculas de **ATP**, **adenosina trifosfato** (veja a Figura 8-3). Como o ATP também é solúvel, ele se difunde por toda a célula.

A ligação do ADP com o fosfato é reversível. Então, toda vez que é necessária energia para a realização de qualquer trabalho na célula, ocorre a conversão de algumas moléculas de ATP em ADP + Pi e a energia liberada é utilizada pela célula (veja a Figura 8-4). A recarga dos ADP acontece toda vez que há liberação de energia na desmontagem da glicose, o que ocorre na respiração aeróbia ou na fermentação.

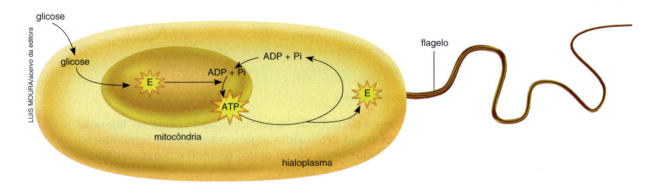

**Figura 8-4.** A energia para movimentar um flagelo de uma célula, por exemplo, vem da transformação de moléculas de ATP em ADP + Pi. (Cores-fantasia. Ilustração fora de escala.)

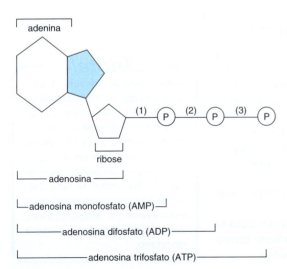

## A estrutura do ATP

O ATP é um composto derivado de nucleotídeo em que a adenina é a base e o açúcar é a ribose. O conjunto adenina mais ribose é chamado de *adenosina*. A união da adenosina com três radicais fosfato leva ao composto *adenosina trifosfato*, ATP (veja a Figura 8-5). As ligações que mantêm o segundo e o terceiro radicais fosfato presos no ATP são altamente energéticas (liberam cerca de 7 kcal/mol de substância).

Assim, cada vez que o terceiro grupo fosfato se desliga do conjunto, ocorre a liberação da energia que o mantinha unido ao ATP. É essa energia que é utilizada quando andamos, falamos, pensamos ou realizamos qualquer trabalho celular.

**Figura 8-5.** Quando se rompe a ligação (1) com o radical fosfato, são liberados 2 kcal/mol de substância. Já as ligações (2) e (3) são mais energéticas, pois a quebra de cada uma delas libera cerca de 7 kcal/mol de substância.

## 8-2. RESPIRAÇÃO AERÓBIA

A vida depende da ocorrência constante de transformações energéticas. Na fotossíntese, a energia do Sol é transformada em energia química armazenada nas ligações que unem, por exemplo, os átomos da molécula de glicose. Na respiração aeróbia, a energia das ligações químicas é liberada e uma porção dela é transferida a moléculas de ATP para que possa ser aproveitada pela célula. A energia não é criada, mas se transforma de uma modalidade em outra.

A respiração aeróbia envolve várias etapas, sendo que a primeira ocorre no hialoplasma e é conhecida como **glicólise** (*lysis* é um termo grego que significa *dissolução, destruição, quebra*); as outras acontecem inteiramente no interior das mitocôndrias.

### Glicólise

Nessa fase, em que não ocorre a participação de moléculas de $O_2$, a glicose é desmontada em duas moléculas de ácido pirúvico, ao final de uma longa sequência de reações químicas, e o saldo energético resultante da glicólise é de duas moléculas de ATP.

Como resultado da oxidação da molécula de glicose, elétrons e hidrogênios são captados por uma substância chamada NAD, que se reduz em $NADH_2$. Essa substância participará, posteriormente, de uma das subfases que acontecerão na mitocôndria (veja a Figura 8-6).

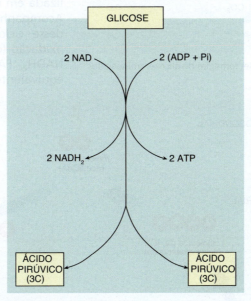

**Figura 8-6.** A glicólise.

> **Anote!**
> NAD é a sigla de Nicotinamida Adenina Dinucleotídeo, substância que atua como coenzima. Da sua estrutura constam dois nucleotídeos, em um dos quais entra a base nitrogenada adenina e no outro entra a substância nicotinamida, que é derivada de uma vitamina do complexo B, a niacina. O modo quimicamente correto de representar o NAD oxidado é $NAD^+$ e o NAD reduzido é $NADH^+ + H^+$. Para as finalidades deste livro, porém, vamos representá-los simplesmente como NAD e $NADH_2$.

### Oxidação do ácido pirúvico

Na matriz da mitocôndria, ocorre a seguinte sequência de acontecimentos, que resultarão em muitas moléculas de ATP:

- *ingresso do ácido pirúvico na mitocôndria*. Cada molécula de ácido pirúvico, contendo três átomos de carbono, entra na mitocôndria;
- *transformação do ácido pirúvico em ácido acético*. O ácido pirúvico perde uma molécula de $CO_2$ (em um processo conhecido como *descarboxilação*) e se converte em ácido acético, contendo dois átomos de carbono;
- *formação de acetilcoenzima A*. O ácido acético se une a uma substância chamada coenzima A (CoA) e se transforma em *acetilcoenzima A* (*acetilCoA*). Há, também, a produção de um $NADH_2$ a partir de hidrogênios liberados na oxidação do ácido pirúvico (veja a Figura 8-7).

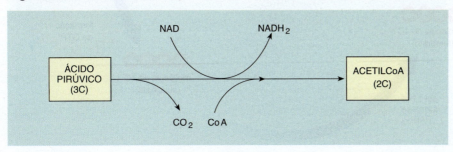

**Figura 8-7.** Cada molécula de ácido pirúvico, formada no hialoplasma, entra na mitocôndria e sofre modificação, levando à formação de moléculas de acetilcoenzima A.

CAPÍTULO 8 – Metabolismo energético **177**

## Ciclo de Krebs

A molécula de acetilCoA, formada a partir de cada molécula de ácido pirúvico, é o ponto de partida do ciclo de Krebs. Além da glicose, vários aminoácidos podem gerar moléculas de ácido pirúvico e, portanto, de acetilCoA, ao serem degradados. Já os ácidos graxos formam moléculas de acetilCoA diretamente, sem passar pelo estágio intermediário de ácido pirúvico (veja a Figura 8-8).

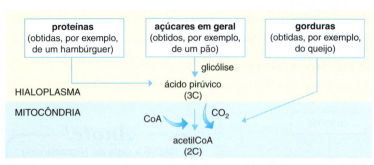

**Figura 8-8.** Moléculas de acetilCoA podem ser formadas de glicose, aminoácidos e, até mesmo, de ácidos graxos.

Na etapa inicial do ciclo, há a reação entre acetilCoA e ácido oxalacético (molécula de 4C), resultando na formação do ácido cítrico (molécula de 6C) – daí este ciclo ser conhecido também como ciclo do ácido cítrico. Após várias reações, a molécula de ácido oxalacético é recuperada para ser utilizada em nova sequência do ciclo de Krebs. Acompanhe pela Figura 8-9 alguns detalhes desse ciclo. Observe as várias reações de oxidação (com saída de H) e a formação de $NADH_2$, $FADH_2$, $CO_2$ e GTP (uma molécula equivalente, energeticamente, ao ATP).

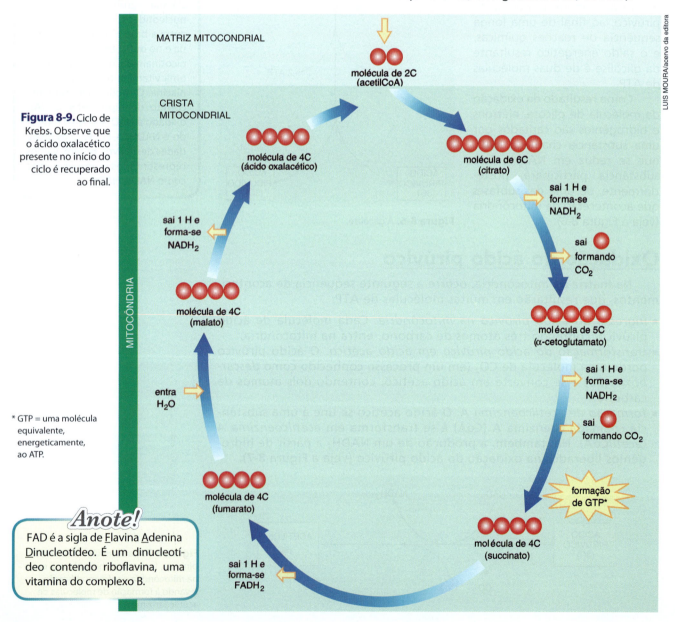

**Figura 8-9.** Ciclo de Krebs. Observe que o ácido oxalacético presente no início do ciclo é recuperado ao final.

\* GTP = uma molécula equivalente, energeticamente, ao ATP.

**Anote!**
FAD é a sigla de Flavina Adenina Dinucleotídeo. É um dinucleotídeo contendo riboflavina, uma vitamina do complexo B.

## Cadeia respiratória e fosforilação oxidativa

Mas o que acontece com os NADH$_2$ e o FADH$_2$ que foram formados no longo processo respiratório?

Essas substâncias sofrem **oxidação**, ou seja, liberam H$^+$. Além deles, são liberados elétrons com alto nível energético, que são captados por moléculas transportadoras, conhecidas como **citocromos** – em geral, proteínas transportadoras que se encontram nas membranas das cristas mitocondriais.

Por meio, então, de uma sequência desses transportadores, que atuam como uma cadeia (daí o nome **cadeia respiratória**), há a transferência gradativa de elétrons de um nível de maior energia para outro de menor energia. A cada passagem para outro nível, é liberada energia que é canalizada para a produção de ATP, o que ocorre por uma reação de fosforilação (adição de fosfato inorgânico, Pi) do ADP.

Já os H$^+$ liberados das moléculas de NADH$_2$ e FADH$_2$ unem-se ao oxigênio e formam água ao final do processo (veja a Figura 8-10).

Portanto, na respiração aeróbia, o oxigênio atua como *aceptor final* de hidrogênio, formando, como resultado, moléculas de H$_2$O.

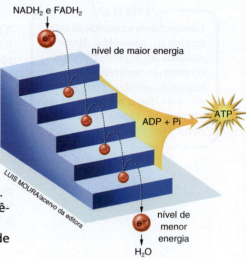

**Figura 8-10.** Cadeia respiratória e fosforilação oxidativa: nelas, ocorre a produção de ATP e H$_2$O. (Cores-fantasia.)

## Saldo energético da respiração aeróbia

- Na glicólise, para cada molécula de glicose resultam 2 ATP e 2 NADH$_2$.
- Na mitocôndria, os 2 ácidos pirúvicos formados na glicólise são transformados em 2 acetilCoA e 2 NADH$_2$.
- No ciclo de Krebs são produzidos 6 NADH$_2$, 2 FADH$_2$ e 2 ATP livres.
- Cada NADH$_2$ é capaz de gerar, na cadeia respiratória, 3 ATP. Como são formados 10 NADH$_2$, no total são gerados 30 ATP.
- Cada FADH$_2$ é capaz de gerar, na cadeia respiratória, 2 ATP. Como são formados 2 FADH$_2$, então são gerados mais 4 ATP.

Acompanhe pela Tabela 8-1 as várias etapas da quebra da glicose e o saldo energético de todo o processo. O ATP gerado nesse processo atravessa as membranas das mitocôndrias e difunde-se pelo citoplasma, podendo ser utilizado pela célula.

Dados compilados pelos autores.

**TABELA 8-1.** Quantidade de moléculas de ATP produzidas por molécula de glicose utilizada.

| FASE | ONDE OCORRE | MOLÉCULAS DE ATP FORMADAS |
|---|---|---|
| glicólise | hialoplasma | 2 |
| ciclo de Krebs | matriz mitocondrial | 2 |
| cadeia respiratória NADH$_2$ FADH$_2$ | membrana da crista mitocondrial | 30 4 |
| total de moléculas de ATP por molécula de glicose utilizada | | 38 |

### *Anote!*

Quando o oxigênio atua como aceptor final de hidrogênios, a respiração é *aeróbia*. Se o aceptor final de hidrogênios for outra molécula ou íon inorgânico (por exemplo, o íon nitrato, NO$^{-3}$), a respiração é *anaeróbia*. Se uma molécula orgânica for o aceptor de hidrogênios, então trata-se de *fermentação*.

### *Saiba mais*

**Célula sem mitocôndria pode respirar?**

Pode. Nas bactérias, organismos procariotos, não há organoides membranosos. As reações correspondentes à glicólise e ao ciclo de Krebs ocorrem no hialoplasma, e as relacionadas à cadeia respiratória (e à fosforilação oxidativa a ela associada) são efetuadas nos *mesossomos*, que correspondem a dobras existentes em certos locais da membrana plasmática.

Ali, as substâncias envolvidas na ocorrência dessas duas últimas fases estão organizadas de modo semelhante ao que ocorre nas cristas mitocondriais das células dos eucariotos, e a respiração aeróbia se processa normalmente.

## O papel da mitocôndria

O ciclo de Krebs e a cadeia respiratória (e a fosforilação oxidativa a ela associada) poderiam acontecer no hialoplasma? Sim, poderiam. Mas, então, qual a vantagem de se realizarem dentro das mitocôndrias? A grande vantagem é a rapidez da ocorrência das reações químicas em um "recinto" fechado. No hialoplasma, os reagentes estariam espalhados, o seu encontro seria dificultado e, como consequência, o processo da respiração aeróbia seria muito lento.

O número de mitocôndrias por célula é muito variável, sendo maior naquelas que apresentam intensa atividade de liberação de energia para o trabalho celular, como é o caso das células musculares e das células nervosas.

### *Anote!*

O ciclo de Krebs ocorre na matriz mitocondrial e a cadeia respiratória, nas cristas da mitocôndria.

CAPÍTULO 8 – Metabolismo energético **179**

## 8-3. FERMENTAÇÃO

**Anote!**
Não confunda fermentação com respiração anaeróbia. Nesta – realizada por algumas bactérias – ocorrem as mesmas etapas da respiração aeróbia, com a diferença de que o aceptor final de elétrons na cadeia respiratória não é o oxigênio.

A fermentação é um processo de liberação de energia que ocorre **sem a participação do oxigênio**. É importante perceber que as reações químicas da fermentação são equivalentes às da glicólise. A desmontagem da glicose é parcial, são produzidos resíduos de tamanho molecular maior que os produzidos na respiração e o rendimento em ATP é pequeno.

Nos seres vivos, dois tipos de fermentação são mais comuns, a **fermentação alcoólica** e a **fermentação láctica**.

### Fermentação alcoólica

Na fermentação alcoólica, as duas moléculas de ácido pirúvico produzidas são convertidas em álcool etílico (também chamado *etanol*), com liberação de duas moléculas de $CO_2$ e formação de 2 moléculas de ATP (veja a Figura 8-11).

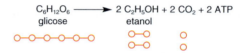

$$C_6H_{12}O_6 \longrightarrow 2\ C_2H_5OH + 2\ CO_2 + 2\ ATP$$

**Figura 8-11.** Esquema de fermentação alcoólica. Note que, ao final, os 6 átomos de carbono (representados por ○) da molécula de glicose estão distribuídos nas duas moléculas de etanol (de 2 carbonos cada) e nas duas moléculas de gás carbônico (de 1 átomo de carbono cada).

Esse tipo de fermentação é realizado por diversos organismos, destacando-se os chamados "fungos de cerveja", da espécie *Saccharomyces cerevisiae*. O homem há tempos aproveita a atividade fermentadora desses fungos para a produção de bebidas (cerveja, vinho, cachaça) e pão. Mais recentemente, tem-se utilizado esses fungos para a produção industrial de álcool combustível.

Os fungos que fermentam são também capazes de respirar aerobicamente, no caso de haver oxigênio no meio de vida. Com isso, a glicose por eles utilizada é mais profundamente transformada e o saldo em energia é maior (38 ATP) do que os 2 ATP obtidos na fermentação.

## Questão socioambiental

### Energéticos, a falsa sensação de estar sóbrio

Algumas vezes consumidos nas vésperas de provas para "ajudar a ficar acordado", outras por atletas que vão participar de provas de resistência, os energéticos vêm ganhando espaço nas prateleiras e na mídia.

Longe de representarem um problema à saúde quando consumidos esporadicamente e em quantidades razoáveis (o consumo intenso e por períodos prolongados pode, por exemplo, aumentar a chance de osteoporose), os energéticos são compostos, fundamentalmente, de grande quantidade de carboidratos, cafeína e taurina.

Atualmente, a maior parte dos consumidores de energéticos, entretanto, é formada pelos "baladeiros" que perceberam que os carboidratos são responsáveis por uma dose extra de energia, e, principalmente, que a cafeína atua ligando-se aos receptores de adenosina (que controla a atividade cerebral) gerando com isso um aumento de excitação nos neurônios. Quando a hipófise percebe a variação, acredita que o corpo está sendo submetido a uma emergência, e libera adrenalina que coloca o corpo em estado de alerta. Daí vem a taurina, que aumenta o ritmo cardíaco e, combinada à cafeína, passa a sensação de enorme aumento da energia do corpo.

Mas é aí que mora o perigo. Nas baladas, os energéticos são tomados em combinação com drinques alcoólicos, pois diminuem o efeito depressivo do álcool. Sem sentir a sonolência e lentidão impostas pelo álcool, o "baladeiro" ingere uma quantidade de álcool muito superior à que normalmente faria. Mas o energético não corta o efeito do álcool, apenas disfarça... E o "baladeiro", apesar de ter ultrapassado o seu limite, acredita que está em plena condição para dirigir. Está "aceso", fala muito, mas seus reflexos estão "derrubados" pelo álcool.

- O que você faria se um amigo seu tivesse ingerido bebida alcoólica e decidisse dirigir um veículo automotivo?

# Fermentação láctica

A fermentação láctica é executada por diversos organismos, entre eles lactobacilos (bactérias), que transformam o leite em coalhada. Nesse processo, o açúcar do leite, a lactose, é inicialmente desdobrado, por ação enzimática que ocorre fora das células bacterianas, em glicose e galactose. A seguir, os monossacarídeos entram nas células, onde ocorre a fermentação. Cada molécula de ácido pirúvico é convertida em ácido láctico, que também contém três átomos de carbono.

> **Anote!**
> Durante a fermentação láctica, não há produção de gás carbônico (lembre-se de que na produção de coalhada não há formação de bolhas gasosas, como na cerveja). Nos vinhos "maduros" e na aguardente, o $CO_2$ já se desprendeu totalmente. Na água ou nos refrigerantes gaseificados, o $CO_2$ é adicionado pelo fabricante.

A acidez decorrente da produção de ácido láctico aumenta e isso provoca a alteração da forma das proteínas do leite que, precipitando-se no meio, acarretam o aumento de consistência, característico da coalhada. O soro que fica na parte superior é água, que existia no leite, com alguns sais minerais e outras substâncias dissolvidas (veja a Figura 8-12).

$$C_6H_{12}O_6 \longrightarrow 2\ C_3H_5O_3 + 2\ ATP$$
glicose → ácido láctico

**Figura 8-12.** Esquema de fermentação láctica, em que, ao final do processo de degradação da glicose, temos a formação de duas moléculas de ácido láctico (de 3 átomos de carbonos cada, representados por ○ ) e 2 ATP.

## Leitura

### Você tem cãibra ou fadiga muscular?

Provavelmente, em algum momento da sua vida, você já teve *cãibra*. E, com certeza, também teve *fadiga muscular*. Como diferenciar essas duas situações?

*Cãibra* é a **contração** repentina de um músculo ou grupo muscular, sendo, de modo geral, acompanhada de dor. É de curta duração (alguns minutos) e pode acontecer ao ficar parado na mesma posição por muito tempo, dormindo, andando, digitando ou mesmo durante a realização de exercício físico. *Fadiga muscular*, que geralmente também é acompanhada de dor, é a **impossibilidade de manter um músculo ou grupo muscular contraído**.

De modo geral, acontece após a realização de exercícios físicos extenuantes, de longa duração (corridas, maratonas, jogos de futebol etc.).

Os fatores que provocam cãibra são muito discutidos e, entre eles, podemos citar: frio intenso, deficiências na circulação de sangue no músculo e exercícios continuados, realizados principalmente em elevada temperatura ambiente, com sudorese intensa, o que provoca perda de água e de nutrientes minerais (notadamente sódio e potássio).

Os fatores que conduzem à fadiga muscular são, ainda, pouco compreendidos. Pelo menos uma certeza parece existir: ela não é causada pelo acúmulo de ácido láctico (ou o íon lactato) como se acreditou por muito tempo. Supõe-se que o ácido láctico (ou o íon lactato) produzido durante a contração muscular em condições anaeróbias seja prontamente removido pela circulação e enviado ao fígado para reutilização. Assim, entre as causas sugeridas para a ocorrência de fadiga muscular, a mais valorizada, hoje, é a diminuição do pH (aumento da acidez) do hialoplasma da célula muscular, devido à grande produção de íons hidrogênio ($H^+$) provenientes de algumas fontes (entre elas a derivada do ácido láctico, que se ioniza em lactato e $H^+$). Algumas hipóteses foram sugeridas para explicar a ocorrência de fadiga muscular causada pela diminuição do pH (aumento da acidez): inibição da atuação de certas enzimas, interferência na liberação de íons $Ca^{2+}$ necessários para a ocorrência de contração, inibição da liberação da energia contida em moléculas de ATP e, por último, alteração do processo de transmissão dos impulsos nervosos necessários para a ocorrência de contração da célula muscular.

De qualquer modo, uma coisa é certa: a realização de exercícios físicos depende de um bom condicionamento muscular, de uma dieta equilibrada e da reposição constante de líquidos e de nutrientes minerais.

- Cite a principal diferença entre cãibra e fadiga muscular.

## 8-4. FOTOSSÍNTESE

A **fotossíntese** é um processo de conversão de energia solar em energia química armazenada em alimentos orgânicos.

Por esse processo, todos os dias as plantas fotossintetizantes absorvem a luz do Sol e, utilizando substâncias simples do meio, como o gás carbônico e a água, produzem a matéria orgânica que serve como reservatório de energia, liberando, como subproduto, oxigênio para o ar.

As plantas retiram o gás carbônico do ar, e a água, de modo geral, é retirada do solo pelas raízes. Para absorver a luz do Sol, todas as plantas fotossintetizantes, sem exceção, possuem o pigmento clorofila, de cor verde, que funciona como uma verdadeira "antena" captadora de energia solar. Mesmo nas plantas cuja cor não é verde, há considerável quantidade de clorofila. É que outros pigmentos, de diferentes colorações, por existirem em maior quantidade, mascaram a cor verde da clorofila.

O armazenamento de substâncias orgânicas é muito importante para a planta, principalmente em ocasiões em que ela não pode fazer fotossíntese, o que acontece à noite e em dias muito nublados, em que a quantidade de luz é insuficiente. Assim, a reserva energética contida na matéria orgânica por elas produzida durante o dia é vital para sua sobrevivência. Por outro lado, a produção de matéria orgânica na fotossíntese é fundamental para a sobrevivência dos demais seres vivos que, direta ou indiretamente, dependem das plantas para sobreviver.

Ao fazerem fotossíntese, as plantas renovam o ar que respiramos. Cada vez que elas retiram certo volume de $CO_2$ do ar, igual volume de $O_2$ é liberado, renovando continuamente os estoques de oxigênio necessários para a respiração aeróbia das próprias plantas e da maioria dos demais seres vivos do planeta.

A fotossíntese é um complexo processo no qual estão envolvidas várias reações químicas, cada qual contando com a participação de diversas enzimas (veja a Figura 8-13).

gás carbônico + água + luz $\xrightarrow{\text{clorofila}}$ glicose + água + oxigênio

$6\ CO_2 \quad\quad 12\ H_2O \quad\quad\quad\quad\quad\quad C_6H_{12}O_6 \quad 6\ H_2O \quad 6\ O_2$

**Figura 8-13.** Equação geral da fotossíntese.

Se você tiver em casa um vaso com *Tradescantia*, pode estar certo de que essa planta está fazendo fotossíntese.

### Onde ocorre a fotossíntese?

Nos organismos mais simples, como as cianobactérias, a fotossíntese ocorre no **hialoplasma**, que é onde se encontram dispersas as moléculas de clorofila, associadas a uma rede interna de membranas, que são extensões da membrana plasmática. Recorde que cianobactérias são procariontes e não possuem organelas dotadas de membranas. Por outro lado, nos organismos autótrofos eucariontes a fotossíntese ocorre totalmente no interior dos **cloroplastos**.

*Anote!*
Plantas, algas e inúmeras bactérias fazem fotossíntese.

# A estrutura dos cloroplastos

Os cloroplastos são verdadeiras "fábricas" – são os locais de síntese de matéria orgânica durante a fotossíntese. Nas plantas, são pequenos, com diâmetro médio da ordem de 3 a 10 μm e comprimento de 3 a 8 μm.

Há cerca de 50 cloroplastos por célula. Cada um possui envoltório formado por duas capas membranosas de constituição química lipoproteica, de modo idêntico à membrana plasmática ou à de qualquer organoide membranoso da célula. A observação dessa organela ao microscópio eletrônico revela que a membrana interna é preguada e origina uma rede que se estende para o interior do cloroplasto, constituindo um sistema de **lamelas**.

De intervalo a intervalo, em certos pontos das lamelas, surgem bolsinhas com formato achatado, conhecidas como **tilacoides**, que são os locais em que se situam os pigmentos responsáveis pela captação da energia solar.

Os tilacoides costumam aparecer empilhados, formando um conjunto que lembra moedas colocadas uma em cima da outra. Esse conjunto é chamado de **granum**. Verifique na Figura 8-14 a grande quantidade de *grana* (plural de *granum*) presente no cloroplasto representado.

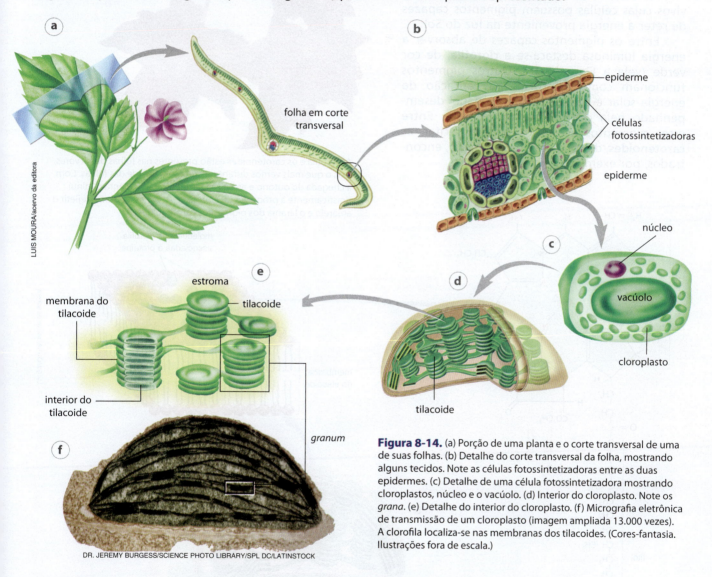

**Figura 8-14.** (a) Porção de uma planta e o corte transversal de uma de suas folhas. (b) Detalhe do corte transversal da folha, mostrando alguns tecidos. Note as células fotossintetizadoras entre as duas epidermes. (c) Detalhe de uma célula fotossintetizadora mostrando cloroplastos, núcleo e o vacúolo. (d) Interior do cloroplasto. Note os *grana*. (e) Detalhe do interior do cloroplasto. (f) Micrografia eletrônica de transmissão de um cloroplasto (imagem ampliada 13.000 vezes). A clorofila localiza-se nas membranas dos tilacoides. (Cores-fantasia. Ilustrações fora de escala.)

O espaço entre as lamelas é preenchido por um material semelhante ao existente no hialoplasma, e que é conhecido como **estroma**. Nos tilacoides estão arranjados os "pigmentos-antenas", verdadeiros coletores de energia solar. No estroma, ficam as enzimas necessárias para a realização das reações químicas típicas de uma das fases da fotossíntese e que levarão à síntese de carboidratos.

É importante citar que moléculas de clorofila, isoladas do cloroplasto, não conseguem efetuar sozinhas a fotossíntese.

## O papel da clorofila e de outros pigmentos

A fotossíntese só pode ocorrer em seres vivos cujas células possuam pigmentos capazes de reter a energia proveniente da luz do Sol.

Entre os pigmentos capazes de absorver a energia luminosa destaca-se a **clorofila**, de cor verde (veja a Figura 8-15). Outros pigmentos funcionam como acessórios na captação da energia solar e complementam o papel desempenhado pela clorofila na fotossíntese. Entre esses pigmentos acessórios podemos citar os **carotenoides**, de cor amarelo-alaranjado, encontrados, por exemplo, na cenoura.

A clorofila e os carotenoides estão presentes nas folhas das árvores, mas o que mais vemos durante o ano é a cor verde das folhas. Com a chegada do outono e as baixas temperaturas, a planta diminui drasticamente a produção de clorofila e as folhas passam a refletir o amarelo e o laranja dos pigmentos carotenoides.

**Figura 8-15.** (a) A molécula de clorofila aqui representada é a do tipo **a**, encontrada em praticamente todos os seres autótrofos fotossintetizantes. Na clorofila do tipo **b**, existente em muitos vegetais, a modificação é a substituição do radical $CH_3$ por um CHO. Note a porção alcoólica (fitol) e o anel porfirínico, contendo, no centro, um átomo de magnésio. (b) Observe que, nos tilacoides, a molécula de clorofila se encontra inserida na dupla camada lipoproteica da membrana. (Cores-fantasia. Ilustrações fora de escala.)

**184** UNIDADE 2 – O estudo da célula

## Estabelecendo conexões

### Luz, componente indispensável da fotossíntese

A luz que banha a Terra é componente do amplo espectro de radiações eletromagnéticas provenientes do Sol, e que se propagam como **ondas**. O modo como essas ondas se propagam depende da energia: quanto mais energia uma onda tiver, menor será seu comprimento.

Dentro do amplo espectro de radiações eletromagnéticas, apenas uma pequena parte é visível aos nossos olhos – são as radiações cujos comprimentos de onda vão de 380 a 760 nanômetros. Essa estreita faixa de comprimentos de onda da luz visível corresponde às diferentes cores que são observadas quando se faz passar a luz por um prisma, o que provoca a dispersão (separação) dessas diferentes radiações (veja a figura abaixo).

**Anote!**
A distância entre duas cristas da onda é chamada de comprimento de onda.

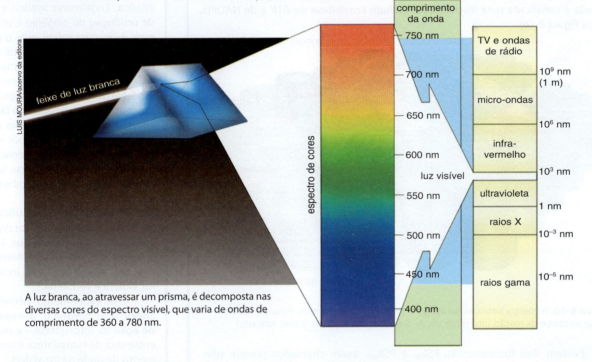

A luz branca, ao atravessar um prisma, é decomposta nas diversas cores do espectro visível, que varia de ondas de comprimento de 360 a 780 nm.

Outra característica importante da luz é sua **natureza corpuscular**, ou seja, a luz é caracterizada por incidir na forma de corpúsculos, conhecidos como **fótons**. Os fótons são considerados "pacotes" de energia associados a cada comprimento de onda particular. Luz de pequeno comprimento de onda, como a luz violeta, possui fótons altamente energéticos. Luz de grande comprimento de onda, como a vermelha e a laranja, possui fótons pouco energéticos. Assim, cada radiação luminosa, cada comprimento de onda luminosa, é portadora de certa energia. E o fato notável é que as plantas aproveitam essa energia para a produção de matéria orgânica na fotossíntese.

- Na figura acima, a unidade de medida dos comprimentos de onda da luz é o nanômetro (nm). Com base em seu conhecimento, nanômetro é um múltiplo ou submúltiplo do metro?

## A interação luz e pigmentos fotossintetizantes

No processo de fotossíntese, por quem é coletada a energia luminosa? Lembre-se de que dissemos que diversos tipos de pigmento, entre eles a clorofila, funcionam como verdadeiras "antenas" coletoras da energia contida na luz do Sol, e que pigmentos são moléculas formadas por diversos átomos. Quando a luz atinge os pigmentos, ocorrem a absorção de energia e um aumento de teor energético dos átomos. Dizemos que os átomos assim energizados ficam "excitados".

Nos átomos excitados, certos elétrons tendem a saltar para níveis mais elevados de energia, mas imediatamente tendem a voltar para os níveis anteriores que ocupavam antes de serem excitados. Nesse retorno, liberam a energia absorvida sob a forma de calor ou de uma radiação visível.

CAPÍTULO 8 – Metabolismo energético **185**

## Saiba mais

### Fotossistema: antena captadora de energia

Na membrana dos tilacoides, o *complexo de pigmentos* (formado pelas clorofilas *a* e *b*, além de carotenoides), que funciona como uma *antena*, encontra-se associado a uma cadeia *transportadora de elétrons*. Esse conjunto forma o que se denomina de **fotossistema**. Como funciona todo esse complexo fotossistema? A energia luminosa captada pela *antena* é transferida de um pigmento a outro, até chegar a determinada molécula de clorofila *a*, chamada de "centro de reação", localizada próximo da cadeia transportadora de elétrons. Quando o centro de reação da clorofila *a* recebe energia, um dos seus elétrons é energizado (absorve essa energia), deixa a clorofila e salta para a cadeia transportadora de elétrons. Assim energizado, esse elétron passa de um carregador para outro e, ao longo desse trajeto, a energia liberada é canalizada para reações que resultam em síntese de ATP e de NADPH$_2$ (veja a Figura 8-16).

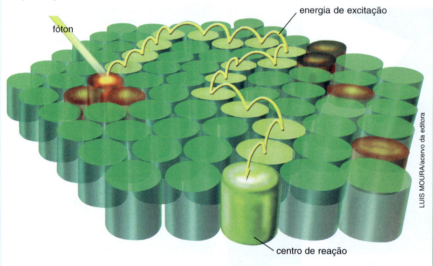

**Figura 8-16.** A energia luminosa, ao atingir o complexo de pigmentos, é transferida até chegar ao centro de reação, uma molécula de clorofila *a* diferenciada. (Cores-fantasia.)

Existem dois fotossistemas, PSI$_{700}$ e PSII$_{680}$, assim chamados porque suas moléculas de clorofila *a* dos centros de reação absorvem o máximo de luz nos comprimentos de onda, respectivamente, de 700 nm e 680 nm (veja a Figura 8-17).

**Figura 8-17.** Esquema ilustrando a disposição dos fotossistemas I e II na membrana do tilacoide. Note que é no fotossistema II que ocorre a fotólise da água e a liberação do oxigênio que respiramos. (Cores-fantasia.)

## Leitura

### Um experimento revelador

Até meados do século XIX não se sabia ao certo como era a interação entre a clorofila e a luz. Foi a partir dos experimentos realizados em 1882 por T. W. Engelmann, pesquisador alemão, que se pôde conhecer melhor esse processo.

Utilizando bactérias aeróbias e a alga filamentosa *Spirogyra*, cujo cloroplasto tem a forma de uma fita elíptica, Engelmann avaliou a taxa de produção de oxigênio e utilizou esse dado para inferir qual o comprimento de onda da luz que favorece a ocorrência de fotossíntese.

Com um prisma, ele decompôs um feixe de luz branca e dirigiu esse espectro luminoso para uma lâmina em que estavam as bactérias aeróbias e a alga *Spirogyra*. Dispôs a alga de tal forma que cada pedaço de um filamento dela recebesse luz de determinado comprimento de onda (de determinada cor).

Passado tempo suficiente para que ocorresse a fotossíntese, Engelmann constatou que havia acúmulo de bactérias em torno da alga nos pontos em que incidiam luz violeta e vermelha.

Esse experimento permitiu a Engelmann constatar o **espectro de ação** da fotossíntese – a relação entre taxa de fotossíntese e comprimento de onda da luz visível.

- Com base nas figuras ao lado, qual(is) é(são) o(s) comprimento(s) de onda da luz visível que mais favorece(m) a fotossíntese?

O experimento de Engelmann. (a) A luz branca é decomposta por um prisma de cristal segundo seus comprimentos de onda e ilumina (b) a lâmina em que se encontram a alga e as bactérias aeróbias. Decorrido tempo suficiente para a fotossíntese, observa-se acúmulo de bactérias nas partes do filamento da alga onde incidiam os comprimentos de onda correspondentes ao violeta e ao vermelho. (c) Cada pigmento tem seu espectro de absorção próprio. Em (d), espectro de ação da fotossíntese.

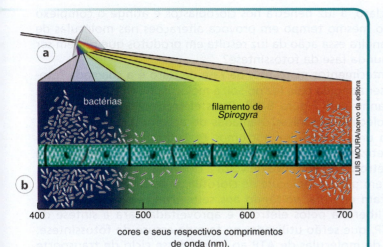
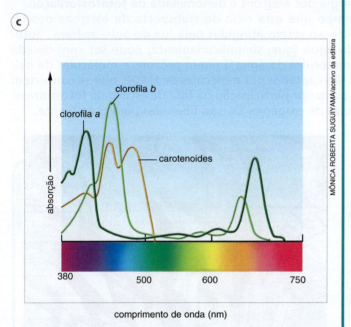
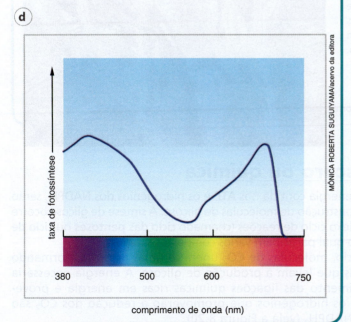

## 8-5. AS ETAPAS DA FOTOSSÍNTESE

A fotossíntese ocorre em duas grandes etapas, que envolvem várias reações químicas: a primeira é a **fase de claro** (também chamada de fase fotoquímica) e a segunda é a **fase de escuro** (também conhecida como fase química).

### Anote!

A fase de escuro da fotossíntese não precisa ocorrer no escuro. O que o nome quer indicar é que ela ocorre mesmo na ausência de luz – ela só precisa de ATP e NADPH$_2$ para ocorrer.

Em linhas gerais, os eventos principais da fotossíntese são a **absorção** da energia da luz pela clorofila ❶; a **redução** de um aceptor de elétrons chamado NADP, que passa a NADPH$_2$ ❷; a formação de **ATP** ❸ e a **síntese** de glicose ❹ (veja a Figura 8-18).

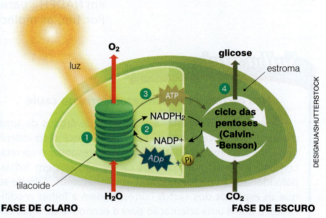

**Figura 8-18.** As fases da fotossíntese. Na fase de claro, que ocorre nos tilacoides, participam a água e a clorofila. Ocorre produção de oxigênio (que é liberado para o meio), além de ATP e NADPH$_2$, que serão utilizados na fase de escuro. Nessa fase, que ocorre no estroma do cloroplasto, participa o gás carbônico, com produção de glicose no ciclo de Calvin-Benson.

## Fase de claro ou fotoquímica

Essa fase ocorre na membrana dos tilacoides e dela participam um complexo de pigmentos existente nos *grana*, aceptores de elétrons, moléculas de água e a luz. Como resultado dessa fase temos a produção de oxigênio, ATP (a partir de ADP + Pi) e também a formação de uma substância chamada NADPH$_2$. Tanto o ATP quanto o NADPH$_2$ serão utilizados na fase de escuro.

### Anote!

NADP é uma substância derivada da vitamina do complexo B, a niacina, também chamada de nicotinamida. A diferença em relação ao NAD, visto na respiração, é que no NADP existe um grupo fosfato a mais.

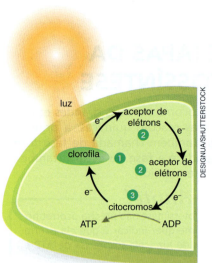

**Figura 8-19.** Representação simplificada da etapa de fotofosforilação cíclica.

Na fase de claro, a luz penetra nos cloroplastos e atinge o complexo de pigmentos, ao mesmo tempo em provoca alterações nas moléculas de água. De que maneira essa ação da luz resulta em produtos que podem ser utilizados na segunda fase da fotossíntese?

Um dos acontecimentos marcantes da fase de claro é a chamada **fotofosforilação**. Ao ser atingida pela luz do Sol, a molécula de clorofila ❶ libera elétrons (acompanhe pela Figura 8-19). Esses elétrons são recolhidos por determinadas moléculas orgânicas chamadas de *aceptores de elétrons* ❷, que os enviam a uma cadeia de citocromos ❸ (substâncias associadas ao sistema fotossintetizante e que são assim chamadas por possuírem cor). Dos citocromos, os elétrons são enviados de volta à clorofila.

Ao retornarem para a molécula de clorofila, a partir dos citocromos, os elétrons liberam energia, voltando aos seus níveis energéticos originais. A energia liberada pelos elétrons é aproveitada para a síntese de moléculas de ATP, que serão utilizadas na fase de escuro da fotossíntese. Assim, a síntese de moléculas de ATP ao longo desse ciclo de transporte e liberação de energia dos elétrons é denominada de **fotofosforilação**.

Ao mesmo tempo que este ciclo de transporte de elétrons ocorre, moléculas de água – ao serem atingidas pela luz do Sol – sofrem "fotólise". A **fotólise** da água (que, simplificadamente, pode ser considerada uma "quebra de moléculas de água") libera prótons e moléculas de oxigênio. Os prótons são captados por moléculas de NADP, que se convertem em $NADPH_2$, para posterior participação na fase de escuro da fotossíntese. Por fim, as moléculas de oxigênio, $O_2$, são liberadas para o ambiente.

### Saiba mais

**Nos cactos, a fotossíntese ocorre no caule**

Se alguém perguntar a você em que órgãos de uma planta a fotossíntese ocorre, certamente você responderá: nas folhas. Na maioria das plantas, essa resposta é correta. Lembre-se, porém, de que nos cactos não existem folhas, pelo menos não da forma como as conhecemos. Admite-se que os espinhos dos cactos correspondam a folhas modificadas, o que é uma adaptação para a economia de água em regiões extremamente secas. Nessas plantas, é no caule que a fotossíntese ocorre. É nele que existem as células fotossintetizantes (de modo geral, a coloração do caule é verde) e é através do seu revestimento que se dá o ingresso do gás carbônico necessário para a realização da fotossíntese, bem como a liberação do oxigênio produzido naquele processo. É o que acontece, por exemplo, no mandacaru (*Cereus peruvianus*), um cacto abundante na Região Nordeste do Brasil.

Mandacaru na caatinga de Caicó, Rio Grande do Norte.

### Anote!

O ciclo de Calvin-Benson também é chamado de **ciclo das pentoses**, porque é iniciado com uma reação química de uma molécula de gás carbônico com uma molécula de 5 átomos de carbono, a ribulose difosfato (uma pentose).

## Fase de escuro ou química

Nessa fase, a energia contida nos ATP e os hidrogênios dos $NADPH_2$ serão utilizados para a construção de moléculas de glicose. A síntese de glicose ocorre durante um complexo ciclo de reações (chamado **ciclo das pentoses** ou **ciclo de Calvin-Benson**), do qual participam vários compostos simples.

Durante o ciclo, moléculas de $CO_2$ unem-se umas às outras formando cadeias carbônicas que levam à produção de glicose. A energia necessária para o estabelecimento das ligações químicas ricas em energia é proveniente do ATP, e os hidrogênios que promoverão a redução dos $CO_2$ são fornecidos pelos $NADPH_2$ (veja a Figura 8-20).

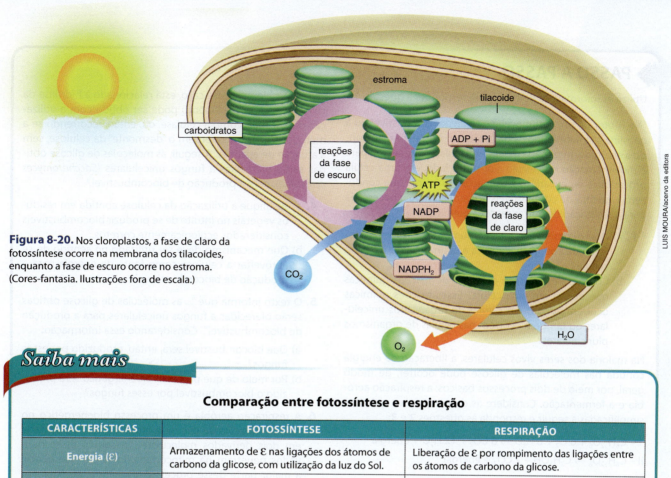

**Figura 8-20.** Nos cloroplastos, a fase de claro da fotossíntese ocorre na membrana dos tilacoides, enquanto a fase de escuro ocorre no estroma. (Cores-fantasia. Ilustrações fora de escala.)

## Saiba mais

**Comparação entre fotossíntese e respiração**

| CARACTERÍSTICAS | FOTOSSÍNTESE | RESPIRAÇÃO |
|---|---|---|
| Energia (ε) | Armazenamento de ε nas ligações dos átomos de carbono da glicose, com utilização da luz do Sol. | Liberação de ε por rompimento das ligações entre os átomos de carbono da glicose. |
| Substâncias consumidas | $CO_2$ e $H_2O$ | glicose e $O_2$ |
| Substâncias liberadas | $O_2$ e glicose | $CO_2$ e $H_2O$ |

A Figura 8-21 relaciona as atividades da mitocôndria na respiração e do cloroplasto na fotossíntese.

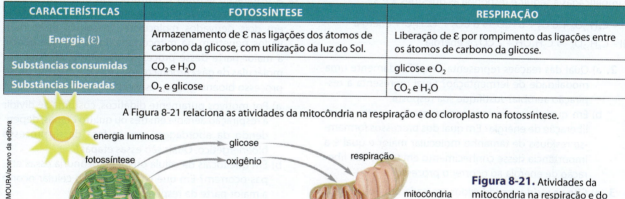

**Figura 8-21.** Atividades da mitocôndria na respiração e do cloroplasto na fotossíntese. Os autótrofos clorofilados realizam os dois processos. E os heterótrofos?

## 8-6. FOTOSSÍNTESE E QUIMIOSSÍNTESE EM BACTÉRIAS

Os seres autótrofos, como as plantas, as algas e as bactérias denominadas de cianobactérias, realizam a fotossíntese que acabamos de descrever e que pode, simplificadamente, ser representada pela equação química

$$CO_2 + 2\ H_2O + luz \xrightarrow{clorofila} (CH_2O) + H_2O + O_2$$

em que $(CH_2O)$ representa o carboidrato produzido. Outra modalidade de fotossíntese é a realizada por algumas espécies de bactérias, em que a água não é a fonte doadora de hidrogênios. A bactéria *Chlorobium*, por exemplo, utiliza $H_2S$ (sulfeto de hidrogênio) e a clorofila é a *bacterioclorofila*, um pigmento diferente em relação ao existente nas plantas.

Esse tipo de fotossíntese não resulta em oxigênio, mas em enxofre, conforme se pode conferir na equação

$$CO_2 + 2\ H_2S + luz \xrightarrow{bacterioclorofila} (CH_2O) + H_2O + 2\ S$$

Outra modalidade de autotrofismo é a **quimiossíntese**, também realizada por bactérias, em que a fonte de energia não é a luz do Sol, mas a liberada em uma reação química inorgânica. É o que ocorre na bactéria *Nitrosomonas*. Ao efetuar a oxidação da amônia, segundo a reação química

$$2\ NH_3 + 3\ O_2 \rightarrow 2\ NO_2^- + 2\ H_2O + energia,$$

essa bactéria utiliza a energia liberada para a síntese de matéria orgânica.

CAPÍTULO 8 – Metabolismo energético **189**

# ▶ PASSO A PASSO

Utilize as informações do texto para responder à questão **1**.

"No motor de um automóvel *flex*, o álcool combustível ou a gasolina são submetidos a um processo de 'quebra', liberando a energia armazenada nessas moléculas e que servirá para a movimentação do veículo. Por outro lado, em uma célula procariótica ou eucariótica, as reações químicas que conduzem à 'quebra' de combustíveis liberam a energia necessária para a realização de outras reações químicas."

**1.** a) Qual o combustível mais comumente utilizado na liberação da energia necessária à ocorrência do trabalho celular?

b) Como é designado o conjunto de reações químicas que ocorre em uma célula? Essas reações químicas ocorrem apenas em células de organismos unicelulares ou também ocorrem nas células de organismos pluricelulares?

Na maioria dos seres vivos celulares, a liberação da energia contida nas moléculas de glicose pode ocorrer, de modo geral, por meio de dois processos básicos: a respiração aeróbia e a fermentação. Considere as duas equações químicas simplificadas a seguir e responda às questões **2** e **3**:

I – $C_6H_{12}O_6 + 6\ O_2 + 6\ H_2O \rightarrow 6\ CO_2 + 12\ H_2O + energia$

II – $C_6H_{12}O_6 \rightarrow C_2H_5OH + 2\ CO_2 + energia$

**2.** a) Qual das reações representa simplificadamente uma modalidade de fermentação? Qual representa a respiração aeróbia? Justifique sua resposta.

b) Em qual dos processos representados ocorre maior liberação de energia? Em qual dos processos formam-se resíduos de tamanho molecular maior e qual é a importância desse conhecimento em termos da liberação de energia ao ocorrer o processo?

**3.** a) Cite os resíduos produzidos em cada um dos processos representados pelas equações acima destacadas. Qual será a utilidade da energia liberada nessas reações químicas?

b) Em alguns seres procarióticos (bactérias) existe outra modalidade, anaeróbia, de liberação de energia, na qual se costuma dizer que o "aceptor final de elétrons não é o oxigênio, podendo ser, por exemplo, o íon nitrato". Qual é essa modalidade bioenergética de liberação de energia nesses seres?

Utilize as informações do texto para responder às questões **4** e **5**.

"Esta é uma época de preocupações quanto à acentuação do aquecimento global gerado pela crescente emissão de gases de estufa, como o gás carbônico. Aumentam as pesquisas que visam à produção de biocombustíveis, considerados ecologicamente corretos. Há décadas o Brasil saiu na frente, com a utilização do açúcar de cana para a geração de energia considerada limpa. Atualmente, as pesquisas dirigem-se à utilização de restos de vegetação – madeira, folhas e outros resíduos – para a mesma finalidade. A ideia é aproveitar a celulose existente nesses restos e, por meio dela, extrair moléculas de glicose que sirvam à produção de combustí-

veis. O problema, nesse caso, está relacionado à hidrólise da celulose. Esse procedimento pode ser obtido com a utilização de enzimas, como a celulase, ou, então, recorrendo-se a métodos físicos que efetuem o "desmonte" da celulose, sem a atuação de enzimas. A seguir, as moléculas de glicose obtidas serão oferecidas a fungos unicelulares (*Saccharomyces cerevisiae*), para a produção de biocombustível."

**4.** a) Justifique a utilização da celulose contida em resíduos vegetais no intuito de se produzir biocombustíveis considerados ecologicamente corretos.

b) Que mecanismo deve ser utilizado no sentido de se aproveitar a celulose como fonte de energia para a produção de biocombustíveis?

**5.** O texto informa que "... as moléculas de glicose obtidas serão oferecidas a fungos unicelulares para a produção de biocombustível". Considerando essa informação:

a) Que biocombustível será, então, produzido por esses fungos?

b) Por meio de que processo bioenergético será produzido o biocombustível por esses fungos?

**6.** A respiração aeróbia é um processo bioenergético no qual a molécula de glicose é inicialmente fragmentada em dois derivados moleculares. A seguir, esses derivados penetram na mitocôndria, local em que ocorre a maior parte desse processo, resultando, ao final, em moléculas de gás carbônico, água e ATP. A respeito desse processo bioenergético, responda:

a) Por motivos puramente didáticos, costuma-se dividir a respiração aeróbia em três ou quatro etapas, dependendo da abordagem que se faça desse processo bioenergético. Quais são essas etapas?

b) Em que locais da célula ou da mitocôndria essas etapas ocorrem? Em que compartimento celular ocorre a maior parte da respiração aeróbia?

**7.** Seres procarióticos, como inúmeras bactérias, por exemplo, também são capazes de realizar a respiração aeróbia. Ao estudar esse tópico do assunto, dois estudantes, Mariana e Felipe, estabeleceram o diálogo a seguir.

Mariana: na célula bacteriana, as fases da respiração aeróbia ocorrem em locais correspondentes aos da célula eucariótica.

Felipe: nada disso, na célula bacteriana, que é procariótica, apenas o ciclo de Krebs ocorre em dobras mitocondriais da membrana plasmática, denominadas de mesossomos, enquanto as demais fases ocorrem no hialoplasma.

Marcelo, que ouvia atentamente o diálogo, interferiu e disse que os dois colegas estavam errados. Justifique a interferência de Marcelo e relate o que ele deve ter dito aos colegas, no sentido de corrigir as afirmações incorretas que fizeram.

**8.** Uma importante diferença entre a fermentação alcoólica e a fermentação láctica é que, nesta, não ocorre a liberação de gás carbônico, além de o resíduo molecular produzido não ser o álcool etílico. Com relação a esse processo bioenergético, responda:

**190** UNIDADE 2 – O estudo da célula

a) Que organismos microscópicos procarióticos a realizam? Cite o nome do resíduo molecular por eles produzido e o uso industrial (alimentar) decorrente dessa produção.

b) Na espécie humana também ocorre fermentação láctica. Em que ocasiões esse processo bioenergético ocorre no ser humano? Qual a consequência fisiológica dessa situação, notadamente quanto ao acúmulo do resíduo molecular citado na musculatura?

Utilize as informações do texto para responder às questões **9** e **10**.

"A fotossíntese é um processo de *transformação* de energia solar em energia química, armazenada em alimentos orgânicos. Cada vez que as plantas fazem fotossíntese, elas retiram certo volume de $CO_2$ do ar, devolvendo igual volume de $O_2$ para o ar, renovando continuamente os estoques desse gás, necessário para a respiração aeróbia das próprias plantas e da maioria dos seres vivos do planeta."

9. a) Escreva a equação geral da fotossíntese. Que pigmento funciona como "antena" ao captar a energia necessária à realização do processo?

   b) Que outra substância inorgânica é essencial para a realização da fotossíntese? Que importante carboidrato é produzido por meio desse processo? Qual a fonte de energia utilizada pelas plantas na realização da fotossíntese?

10. Bactérias, cianobactérias, algas e plantas executam fotossíntese.

    a) Nos seres citados, em que local da célula ocorre a fotossíntese?

    b) Qual a importância da fotossíntese para os demais seres vivos?

11. As ilustrações representam, em I, a micrografia eletrônica de um cloroplasto e, em II, esquemas dessa organela, com os seus componentes.

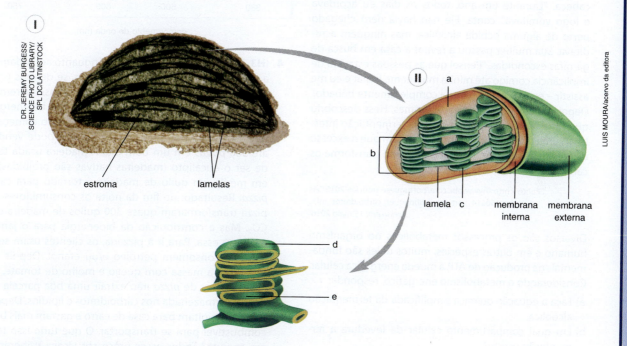

a) Reconheça as estruturas apontadas pelas setas *a* a *e*.
b) Em qual das estruturas do esquema II localizam-se moléculas de clorofila?

12. O cientista Van Helmont achava que a massa de uma planta era decorrente da água absorvida do solo. Outro cientista, Joseph Priestley, sugeriu que as plantas renovam o ar que respiramos. Coube a Jan Ingenhousz, no entanto, repetindo experimentos de outro famoso cientista, Antoine Lavoisier, a brilhante conclusão de que durante o dia as plantas absorvem gás carbônico e liberam oxigênio. E, ao realizarem esse processo, acumulam carbono na forma de alimento. Então, considerando a evolução do pensamento científico referente ao processo de fotossíntese:

    a) A que conclusão se pode chegar, relativamente à massa de uma planta?
    b) Que outros componentes foram considerados indispensáveis para a realização da fotossíntese?

13. Na fase de escuro da fotossíntese ocorre a síntese de moléculas de glicose. A respeito dessa fase, responda:

    a) Quais são as duas substâncias produzidas na fase de claro que participarão dessa fase?
    b) Como é denominado o ciclo de reações na qual ocorrerá, ao final, a produção de moléculas de glicose?
    c) Qual a origem dos átomos de carbono presentes nas moléculas de glicose produzidas nessa fase?

CAPÍTULO 8 – Metabolismo energético

# A CAMINHO DO ENEM

1. **(H14, H15, H17, H24, H25)** A respiração celular aeróbia é um processo de extração de energia de moléculas orgânicas na presença de oxigênio. A glicose possui átomos de hidrogênio energizados na fotossíntese. A combustão da glicose consiste na desmontagem gradual de sua molécula, com transferência, para moléculas de ATP, de parte da energia dos átomos de hidrogênio. Sobre esse processo, responda:

    a) Qual é a função do $NAD^+$ e do $O_2$ na respiração celular aeróbia?
    b) O que é ATP e qual a sua importância para os seres vivos?
    c) Espera-se encontrar maior número de mitocôndrias em células musculares ou em células epiteliais? Por quê?
    d) Qual é a diferença da respiração celular aeróbia entre procariotos e eucariotos?

2. **(H14, H17, H24, H25)** Inexplicavelmente, Hess começava a se sentir enjoado, com dores de estômago e de cabeça. "Durante um ano, todos os dias eu acordava e logo vomitava", conta. Ele não havia nem chegado perto de alguma bebida alcoólica, mas ninguém acreditava. Sua mulher passou a revirar a casa em busca de garrafas escondidas. "Pensei que as pessoas estavam de implicância comigo até minha mulher me filmar e eu me assistir – eu realmente parecia completamente bêbado." Depois de anos de consultas e exames, Hess descobriu que sofre da chamada "síndrome da fermentação intestinal", uma doença muito rara que faz com que o excesso de leveduras (tipo de fungo) no intestino transforme os carboidratos dos alimentos em álcool.

    *Fonte: <http://www.bbc.com/portuguese/noticias/2015/04/150414_vert_fut_embriaguez_carboidratos_ml>.*
    *Acesso em: 15 maio 2016.*

    Diversos são os processos metabólicos no organismo humano e em outras espécies, muitos deles são fundamentais na produção de ATP, a moeda energética celular. Considerando o metabolismo energético, responda:

    a) Faça a equação química simplificada da fermentação alcoólica.
    b) Em qual compartimento celular da levedura a fermentação ocorre?
    c) O corpo humano realiza naturalmente algum tipo de fermentação? Qual seria a finalidade?

3. **(H1, H14, H15, H17, H24, H25)** No interior dos cloroplastos, organelas encontradas nas células vegetais e de algas, existe clorofila, que é um pigmento fundamental à ocorrência de fotossíntese. Graças a ela, a energia luminosa é captada e convertida em energia química, contida nas moléculas de glicose, as quais podem ser empregadas como fonte de energia ou como matéria-prima na síntese de outras moléculas orgânicas.

    a) Cite onde ocorre cada etapa da fotossíntese e os seus principais produtos.
    b) Em qual etapa da fotossíntese o $CO_2$ participa?
    c) Analise o espectro de absorção luminosa dos pigmentos fotossintéticos a seguir e responda quais as faixas onde ocorre maior taxa de fotossíntese. Qual é a razão das folhas serem verdes?

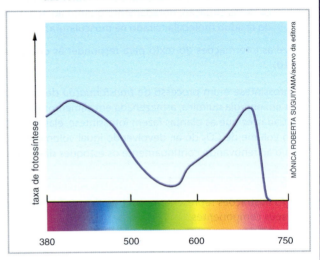

4. **(H3, H14, H15, H17, H24, H25)** Enquanto aguardamos a preparação de uma suculenta *pizza*, se dermos uma olhada para o forno com a lenha em brasa, veremos uma das cenas mais antigas do uso de bioenergia. Uma pizzaria de porte médio em São Paulo começa a queimar lenha por volta das 17 horas e pode vender até 300 *pizzas* em um bom dia. A madeira usada tem de ser o eucalipto (madeiras nativas são proibidas) e em média um quilo de madeira é torrado para cada *pizza*. Resultado: no fim da noite os consumidores de pizza transformaram quase 300 quilos de madeira em $CO_2$. Mas a contribuição da bioenergia para o jantar não é só essa. Para ir à pizzaria, os clientes usam seus carros e consomem petróleo e/ou etanol. Depois de ingirirem a massa com queijo e molho de tomate, os apreciadores de *pizza* irão extrair uma boa parcela da energia armazenada nos carboidratos e lipídios. Depois de comer, voltam para casa de carro e gastam mais biocombustível para se transportar. O que tudo isso tem em comum? Todos esses processos visam à liberação da energia presa na ligação entre moléculas de carbono, que vieram, sem exceção, da fotossíntese.

    *Disponível em: <http://revistapesquisa.fapesp.br/2008/06/13/uma-pizza-de-fotossintese-por-favor/>.*
    *Acesso em: 15 maio 2016.*

    A fotossíntese representa o processo inicial de captação de energia luminosa, que pode ser armazenada em tecidos vegetais e, em última estância, servir de alimento para os seres heterótrofos.

    a) Cite três grupos de organismos que realizam fotossíntese.
    b) Em qual fase da fotossíntese ocorre a produção de oxigênio? Como isso ocorre?

**5. (H14, H15, H17, H29) Novos materiais realizam fotossíntese artificial**

A capacidade de fotossíntese das plantas tem servido de inspiração para cientistas de diferentes áreas tentarem produzir em laboratório materiais artificiais com propriedades semelhantes. Um grupo de pesquisadores do Instituto de Química (IQ) da Universidade Estadual de Campinas (Unicamp), por exemplo, desenvolve materiais com estrutura em escala nanométrica (bilionésima parte do metro) capazes de realizar fotossíntese artificialmente para a produção de energia. (...) O projeto, contudo, só começou a se tornar possível nos últimos anos em razão de importantes avanços na área (...).

Alguns desses avanços foram o desenvolvimento de materiais catalisadores (que aceleram uma reação) que, ao serem ativados pela energia solar, quebram as moléculas de água em hidrogênio e oxigênio.

*Agência Fapesp*, fevereiro 2014.

O destino final dos átomos de oxigênio resultantes da fotólise da água, em uma planta íntegra, são moléculas de:

a) glicose.
b) oxigênio gasoso.
c) gás carbônico.
d) água.
e) clorofila.

---

**6. (H2, H3, H8, H15, H11, H17)** Observe os gráficos ao lado. Com base exclusivamente nas informações neles contidas, é correto dizer que:

a) o processamento de cana, em milhões de toneladas, vem diminuindo a cada ano no país, de acordo com os dados do gráfico à esquerda.
b) a produção brasileira de etanol, em bilhões de litros, apresentou várias quedas no período 2000-2013.
c) houve crescimento na produção brasileira de açúcar, em milhões de toneladas, no período considerado, à exceção do período 2004-2008, em que houve ligeira queda na produção.
d) nos gráficos, a única queda observada foi a referente à produção brasileira de etanol, no período de 2008 a 2012.
e) no período 2000-2008, houve crescimento no processamento de cana no país, bem como na produção brasileira de etanol e na de açúcar.

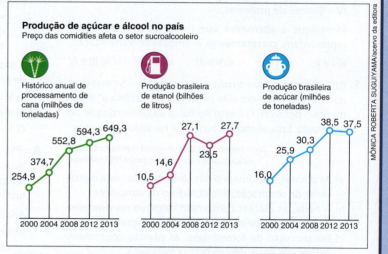

PEDRINI, J. A., Crise leva usinas a diversificar produção. *Folha de S.Paulo*, São Paulo, 26 jun. 2014. Caderno O Brasil que dá Certo, Sudeste, p. 8.

---

## TESTE SEUS CONHECIMENTOS

**1. (UECE)** As reações metabólicas consistem em intricados e elegantes mecanismos os quais são responsáveis pela manutenção e pelo equilíbrio da dinâmica da vida. A estrutura celular que tem responsabilidade pelo elegante mecanismo da síntese de moléculas de ATP, um trabalho indispensável à manutenção dos seres vivos, já que essa área se responsabiliza por energia, é denominada

a) Complexo de Golgi.
b) Lisossomos.
c) DNA
d) Mitocôndrias.

**2. (UFRN)** Diariamente "gastamos" energia em tudo o que fazemos – correndo, nadando, dançando, caminhando, pensando e até dormindo. Sobre o processo de obtenção da energia que utilizamos para essas e outras atividades, é correto afirmar:

a) O dióxido de carbono e a água se originam durante a glicólise, etapa que ocorre no citoplasma da célula.
b) Na respiração celular, o oxigênio e a glicose são utilizados para a produção de ADP pelas células do corpo.
c) A glicose utilizada na respiração celular provém da digestão dos carboidratos pelo sistema digestório.
d) Nesse processo metabólico, o gás carbônico é gerado em menor quantidade quando a "produção" de energia é elevada.

**3. (UFT – TO)** Biodigestores são constituídos por recipientes fechados, dentro dos quais microrganismos realizam a decomposição de restos de matéria orgânica, formando biogás (metano e dióxido de carbono, principalmente) e, também, uma parte sólida. Sobre os biodigestores é INCORRETO afirmar que:

a) O biogás formado é resultado da fermentação aeróbica da matéria orgânica.

b) A produção de biogás se apresenta como uma fonte de energia barata e ecologicamente viável.

c) Os gases liberados podem ser utilizados como forma de combustível residencial, industrial e automotivo.

d) A parte sólida produzida pela decomposição da matéria orgânica pode ser utilizada como biofertilizante na agricultura.

e) Temperatura, acidez e umidade do meio são fatores que interferem na produção do biogás e necessitam de controle no processo de biodigestão.

**4.** (PISM – UFJF – MG) A fermentação é um processo de liberação de energia que ocorre na ausência de oxigênio. Considere os processos abaixo:

I – Conversão de $CO_2$ a glicose.

II – Produção de cerveja.

III – Produção de iogurtes.

IV – Síntese de proteínas.

Identifique a alternativa que indica os processos que representam, **corretamente**, exemplos de fermentação.

a) I e II    b) I e III    c) II e III    d) II e IV    e) III e IV

**5.** (UPE) "Planta no quarto não mata ninguém: – Se matasse, não haveria um índio vivo na Floresta Amazônica", argumenta o botânico Gilberto Kerbauy, da Universidade de São Paulo. Essa afirmativa baseia-se na seguinte crença:

*Disponível em: <http://super.abril.com.br/cotidiano/planta-quarto-nao-mata-ningue,-437671.shtml>.*

a) As plantas consomem o gás carbônico durante o processo de respiração, diminuindo-o da atmosfera.

b) À noite, as plantas consomem oxigênio no processo de respiração, deixando-o rarefeito no quarto.

c) No processo de fotossíntese, as plantas consomem oxigênio e água, deixando o ar mais seco.

d) As plantas produzem gases e toxinas à noite para repelir insetos predadores, intoxicando o ambiente.

e) No processo de respiração, as plantas consomem gás carbônico e eliminam oxigênio que, em excesso, pode causar danos ao sistema nervoso.

**6.** (UEL – PR) O químico estadunidense Daniel Nocera anunciou o desenvolvimento de um dispositivo conhecido como "folha artificial", capaz de produzir energia elétrica a partir de luz solar e água sem gerar poluentes. A "folha artificial" utiliza a luz solar para quebrar moléculas de água ($H_2O$), de forma semelhante ao que ocorre nas plantas durante o processo de fotossíntese. Entretanto, na "folha artificial", os átomos de hidrogênio e de oxigênio são armazenados em uma célula combustível que poderá produzir energia elétrica imediatamente ou ser utilizada mais tarde. Nunca uma fonte de energia limpa esteve tão associada ao termo "verde".

*Adaptado de: Ciência Hoje, Rio de Janeiro, abr. 2011. Disponível em: <http://cienciahoje.uol.com.br/noticias/2011/04/fotossintese-sintetica>. Acesso em: 18 maio 2013.*

a) No processo realizado pela "folha artificial", são formados átomos de hidrogênio e de oxigênio. Cite os produtos formados ao final da fase fotoquímica (fase clara) da fotossíntese vegetal.

b) O principal objetivo do desenvolvimento da "folha artificial" é a produção de energia elétrica. Qual é a principal utilização da energia armazenada ao final da fase fotoquímica, no caso da fotossíntese vegetal?

**7.** (UFRGS – RS) O bloco superior, abaixo, apresenta quatro tipos de organismos primitivos, classificados de acordo com seu metabolismo; o inferior, características de dois desses organismos.

Associe adequadamente o bloco inferior ao superior.

1 – fermentadores heterótrofos

2 – aeróbios heterótrofos

3 – quimiossintetizantes autótrofos

4 – fotossintetizadores autótrofos

(   ) Na ausência de luz, em ambientes com temperatura elevada, obtinham energia para sintetizar seus materiais orgânicos essenciais a partir de reações envolvendo sulfeto de hidrogênio e compostos de ferro.

(   ) Na ausência de oxigênio, degradavam o alimento absorvido do meio para liberar etanol, gás carbônico e energia, aproveitada para realizar seus processos vitais.

A sequência correta de preenchimento dos parênteses, de cima para baixo, é

a) 1 – 2.            d) 3 – 1.

b) 4 – 2.            e) 2 – 3.

c) 1 – 4.

**8.** (PSS – UFS – SE) Os constituintes das células procarióticas e eucarióticas podem realizar diferentes funções, todas importantes para a manutenção da vida dos organismos.

Analise as proposições abaixo.

(0) Uma célula mantém concentração elevada de determinado íon no seu interior, apesar da concentração desse íon no meio exterior ser muito baixa, através de um processo denominado osmose.

(1) Os ribossomos estão presentes tanto nas células procarióticas como nas eucarióticas.

(2) Durante a metamorfose de um sapo ocorre regressão da cauda do girino. A organela celular responsável por esse processo é o lisossomo.

(3) Considere as seguintes funções atribuídas a uma organela celular:

– secreção celular;

– modificação de proteínas;

– formação de lisossomos.

A organela em questão é o complexo golgiense.

(4) Para verificar se o oxigênio liberado na fotossíntese provém da água ou do dióxido de carbono, foram preparados quatro frascos contendo algas unicelulares e as substâncias abaixo descritas:

I – $H_2O$ com $O^{16}$ e $CO_2$ com $O^{16}$

II – $H_2O$ com $O^{18}$ e $CO_2$ com $O^{16}$

III – $H_2O$ com $O^{16}$ e $CO_2$ com $O^{18}$

IV – $H_2O$ com $O^{18}$ e $CO_2$ com $O^{18}$

Ao fim de certo tempo verificou-se que oxigênio com $O^{16}$ foi produzido nos frascos I e III, enquanto oxigênio com $O^{18}$ foi produzido nos frascos II e IV. Os frascos que comprovam que o oxigênio liberado provém da água são SOMENTE I e IV.

UNIDADE 2 – O estudo da célula

# METABOLISMO DE CONTROLE

## 9

YOTKA FOTOALOJA/SHUTTERSTOCK

Obesidade, certos tipos de câncer e distúrbios psiquiátricos, entre outros, estão na mira dos estudos dos cientistas que acreditam que a ação de certas substâncias pode estar envolvida no silenciamento ou na liberação de genes em muitos animais e, inclusive, na espécie humana.

Pesquisas recentes sugerem que o funcionamento dos genes pode ser modificado por meio da ação de substâncias químicas, e, mais importante, sem alterar a sequência de bases, ou seja, sem causar mutações no material genético. Essa é a base do que hoje é denominado de **epigênese** ou **epigenética** (do grego *epi* = = sobre, em cima de).

Quanto ao mecanismo dessa ação, discute-se, hoje, a participação de substâncias relacionadas à dieta humana. Por exemplo, trabalhos realizados pela geneticista Emma Whitelaw evidenciaram que ratas prenhes alimentadas com uma dieta rica em vitamina $B_{12}$ (presente em carnes, ovos e laticínios), ácido fólico e soja tiveram filhotes não obesos, muito embora possuíssem o gene para obesidade. Sabe-se, também, que o principal mecanismo envolvido no silenciamento ou na liberação do trabalho gênico reside na ação de grupos metil. São pequenas moléculas que, ligando-se a determinada sequência de bases de DNA, podem promover o seu silenciamento, enquanto a remoção dessas moléculas libera o gene, que pode, então, voltar a funcionar normalmente. O mais curioso nesses trabalhos é que esse tipo de ação pode ser herdado, ou seja, transmitido de geração a geração.

# 9-1. ÁCIDOS NUCLEICOS

Os ácidos nucleicos são macromoléculas formadas por unidades menores chamadas nucleotídeos. Cada nucleotídeo, por sua vez, é formado por outras 3 unidades: um açúcar (ribose ou desoxirribose), um radical "fosfato" e uma base nitrogenada (Figura 9-1).

Sequências de desoxirribonucleotídeos são constituintes do DNA, **ácido desoxirribonucleico**. Ribonucleotídeos em sequência formam o RNA, **ácido ribonucleico**.

O DNA se diferencia do RNA por possuir o açúcar desoxirribose e os nucleotídeos adenina, citosina, guanina e timina. No RNA, o açúcar é a ribose e os nucleotídeos são adenina, citosina, guanina e uracila (a uracila entra no lugar da timina). Veja a Figura 9-2.

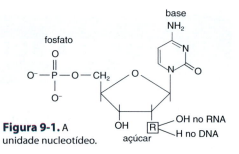

**Figura 9-1.** A unidade nucleotídeo.

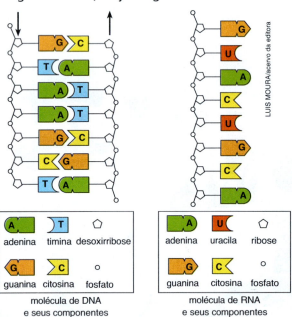

**Figura 9-2.** Na molécula de DNA, o açúcar é a desoxirribose e existe a base timina. No RNA, o açúcar é a ribose e no lugar da timina entra a uracila. (Cores-fantasia.)

## DNA

A partir de experimentos feitos por vários pesquisadores e utilizando os resultados da complexa técnica de *difração com raios X*, Watson e Crick concluíram que, no DNA, as cadeias complementares são helicoidais, sugerindo a ideia de uma escada retorcida.

> **Anote!**
> O DNA é o constituinte químico dos genes, os determinantes das características hereditárias de todos os seres vivos.

Nessa "escada", os corrimãos são formados por fosfatos e desoxirribose, enquanto os degraus são constituídos pelos pares de bases nitrogenadas (veja a Figura 9-3).

As duas cadeias de nucleotídeos do DNA são unidas uma à outra por ligações chamadas de *pontes* (ou *ligações*) *de hidrogênio*, que se formam entre as bases nitrogenadas de cada fita.

O pareamento de bases ocorre de maneira precisa: *uma base púrica se liga a uma pirimídica* – adenina (A) de uma cadeia pareia com timina (T) da outra e guanina (G) pareia com citosina (C).

O DNA *controla toda a atividade celular*. Ele possui a "receita" para o funcionamento de uma célula. Toda vez que uma célula se divide, a "receita" deve ser passada para as células-filhas. Todo o "arquivo" contendo as informações sobre o funcionamento celular precisa ser duplicado para que cada célula-filha receba o mesmo tipo de informação que existia na célula-mãe. Para que isso ocorra, é fundamental que o DNA sofra "autoduplicação".

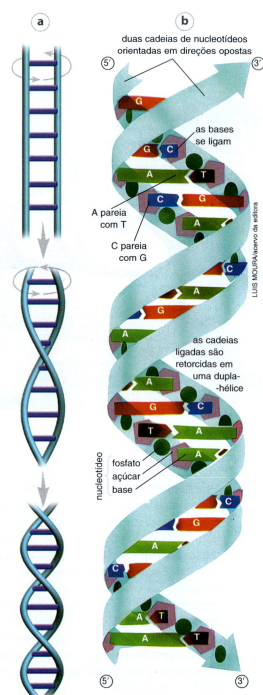

**Figura 9-3.** (a) A "escada" retorcida representativa da molécula de DNA. (b) Pareamento das bases nitrogenadas, formando a dupla-hélice da molécula de DNA. (Cores-fantasia.)

## A autoduplicação (replicação) do DNA

O esclarecimento da estrutura da molécula de DNA levou à compreensão do seu mecanismo de duplicação. Veja como isso ocorre:

- O primeiro passo para a autoduplicação (replicação) do DNA é o "desenrolamento" da dupla-hélice, separando-se os pares de bases complementares de cada fita. Isso é feito com a participação de enzimas denominadas *helicases*, que promovem a quebra das pontes de hidrogênio que unem os pares de bases.

- Cada fita separada funciona, agora, como molde para a produção de uma fita complementar. Nos eucariontes, com o auxílio de enzimas conhecidas como DNA *polimerases*, e iniciando-se em certo ponto, nucleotídeos em solução no nucleoplasma vão sendo encaminhados para o pareamento com nucleotídeos complementares nas fitas-moldes: nucleotídeos de *adenina* são encaminhados para o pareamento com os de *timina*. Nucleotídeos de *timina* são levados para o pareamento com os de *adenina* da fita-molde. O mesmo acontece com nucleotídeos de *citosina*, que são levados para o pareamento com os de *guanina*. E nucleotídeos de *guanina* são conduzidos para o pareamento com os de *citosina* da fita-molde. Isso acontece até que para cada fita-molde original uma nova fita complementar seja construída (veja a Figura 9-4).

- Terminado o processo de pareamento de bases, duas novas moléculas de DNA se formaram, com uma importante particularidade: em cada uma das moléculas, *uma das fitas é inteiramente nova, a outra é a original que serviu de molde* (veja a Figura 9-5).

- A duplicação do DNA é, portanto, *semiconservativa*, ou seja, em cada nova molécula formada, um filamento é velho e o outro é novo.

- Completada a autoduplicação, cada molécula de DNA contendo a "receita" de funcionamento de toda a atividade celular é encaminhada, como parte integrante de cromossomos, para uma célula-filha que está sendo formada no processo de divisão celular.

**Figura 9-4.** Duplicação da molécula de DNA. Em (a), separação das fitas complementares. Em (b), pareamento dos nucleotídeos com as fitas-moldes. Note que as novas moléculas de DNA formadas são exatamente iguais à molécula original. (Cores-fantasia.)

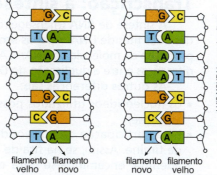

**Figura 9-5.** A duplicação do DNA é semiconservativa. De cada molécula formada, um dos filamentos é velho e o outro é novo. (Cores-fantasia.)

## A mensagem do DNA é passada para o RNA

O material genético representado pelo DNA contém uma mensagem em código que precisa ser decifrada e traduzida em proteínas, muitas das quais atuarão nas reações metabólicas da célula. A mensagem contida no DNA deve, inicialmente, ser passada para moléculas de RNA que, por sua vez, orientarão a síntese de proteínas. O *controle* da atividade celular pelo DNA, portanto, é indireto e ocorre por meio da fabricação de moléculas de RNA, em um processo conhecido como **transcrição**.

> **Anote!**
> O processo de síntese de RNA a partir de DNA é chamado de **transcrição**.

### RNA

As moléculas de RNA são constituídas por uma sequência de *ribonucleotídeos*, formando uma cadeia (fita) simples (veja a Figura 9-6).

Existem três tipos básicos de RNA, que diferem um do outro no peso molecular: o **RNA ribossômico**, representado por RNAr (ou rRNA), o **RNA mensageiro**, representado por RNAm (ou mRNA), e o **RNA transportador**, representado por RNAt (ou tRNA).

**Figura 9-6.** O RNA é ácido nucleico de fita (cadeia) simples. (Cores-fantasia.)

CAPÍTULO 9 – Metabolismo de controle

O **RNA ribossômico** é o de maior peso molecular e constituinte majoritário do ribossomo, organoide relacionado à síntese de proteínas na célula. O **RNA mensageiro** é o de peso molecular intermediário e atua conjuntamente com os ribossomos na síntese proteica. O **RNA transportador** é o mais leve dos três e encarregado de transportar os aminoácidos que serão utilizados na síntese de proteínas.

### Saiba mais

O funcionamento de uma célula depende de uma série de reações químicas

↓

as reações químicas dependem de enzimas

↓

enzimas são proteínas

↓

as proteínas têm sua síntese orientada por moléculas de RNA

↓

moléculas de RNA são produzidas sob orientação do DNA

↓

então, o funcionamento de uma célula depende do DNA.

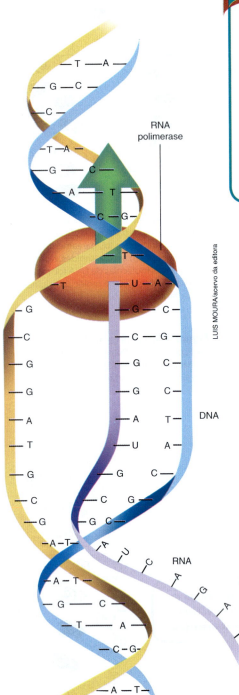

## Transcrição: a síntese de RNA

A síntese de RNA (mensageiro, por exemplo) se inicia com a separação das duas fitas de DNA. Apenas uma das fitas do DNA serve de molde para a produção da molécula de RNAm. A outra fita não é transcrita. Essa é uma das diferenças entre a duplicação do DNA e a produção do RNA.

As outras diferenças são:

- os nucleotídeos utilizados possuem o açúcar *ribose* no lugar da desoxirribose;
- há a participação de nucleotídeos de *uracila* no lugar de nucleotídeos de timina. Assim, se na fita de DNA que está sendo transcrita aparecer adenina, encaminha-se para ela um nucleotídeo complementar contendo uracila;
- se no DNA aparecer citosina, o nucleotídeo complementar do RNA será guanina. Caso seja guanina, o nucleotídeo do RNA será citosina. Finalmente, a base timina, exclusiva do DNA, terá como base complementar a adenina no RNA;
- a enzima que intervém no processo de polimerização de RNAm é a RNA *polimerase* (veja a Figura 9-7);
- a produção de RNA ribossômico e a de RNA transportador é feita com a participação de outras duas RNA polimerases.

Em uma célula eucariótica, o RNAm produzido destaca-se de seu molde e, após passar por um processamento, atravessa a carioteca e se dirige para o citoplasma, onde se dará a síntese proteica. Com o fim da transcrição, as duas fitas de DNA se unem novamente, refazendo-se a dupla-hélice.

## 9-2. O CÓDIGO GENÉTICO

A mensagem genética contida no DNA é formada por um alfabeto de quatro letras que correspondem aos quatro nucleotídeos: A, T, C e G. Com essas quatro letras é preciso formar "palavras" que possuam o significado de "aminoácidos". Cada proteína corresponde a uma "frase" formada pelas "palavras", que são os aminoácidos. De que maneira apenas quatro letras do alfabeto do DNA poderiam ser combinadas para corresponder a cada uma das vinte "palavras" representadas pelos vinte aminoácidos diferentes que ocorrem nos seres vivos?

**Figura 9-7.** Produção de RNA: só uma das fitas de DNA participa. (Cores-fantasia. Ilustrações fora de escala.)

Uma proposta brilhantemente sugerida por vários pesquisadores, e depois confirmada por métodos experimentais, foi a de que a cada três letras (uma trinca de bases) do DNA corresponderia uma "palavra", isto é, um aminoácido. Nesse caso, haveria 64 combinações possíveis de três letras, o que seria mais do que suficiente para codificar os vinte tipos diferentes de aminoácidos (matematicamente, utilizando o método das combinações, seriam, então, 4 letras combinadas 3 a 3, ou seja, $4^3 = 64$ combinações possíveis).

O código genético do DNA se expressa por *trincas* de bases, que foram denominadas **códons**. Cada códon, formado por três letras, corresponde a certo aminoácido.

No entanto, surge um problema. Como são vinte os diferentes aminoácidos, há mais códons do que tipos de aminoácidos! Deve-se concluir, então, que há aminoácidos que são especificados por mais de um códon, o que foi confirmado. A Tabela 9-1 a seguir especifica os códons de RNAm que podem ser formados e os correspondentes aminoácidos que especificam.

> ## Anote!
> Um códon equivale a uma trinca de bases do DNA ou do RNA mensageiro. Por exemplo: o códon AAA corresponde à colocação do aminoácido lisina na proteína.

> ## Anote!
> A correspondência existente entre o trio de bases do DNA, o trio de bases do RNA e os aminoácidos por eles especificados constitui uma mensagem em código que passou a ser conhecida como "código genético".

**Tabela 9-1.** Os códons de RNAm e os aminoácidos que especificam.

| | | SEGUNDA LETRA | | | |
|---|---|---|---|---|---|
| **PRIMEIRA LETRA** | | **U** | **C** | **A** | **G** |
| **U** | | UUU ⎤ Phe / UUC ⎦ / UUA ⎤ Leu / UUG ⎦ | UCU / UCC / UCA / UCG ⎦ Ser | UAU ⎤ Tyr / UAC ⎦ / UAA Parada / UAG Parada | UGU ⎤ Cys / UGC ⎦ / UGA Parada / UGG ⎤ Trp | U C A G |
| **C** | | CUU / CUC / CUA Leu / CUG | CCU / CCC / CCA Pro / CCG | CAU ⎤ His / CAC ⎦ / CAA ⎤ Gln / CAG ⎦ | CGU / CGC / CGA Arg / CGG | U C A G |
| **A** | | AUU / AUC Ile / AUA / AUG ⎤ Met (Início) | ACU / ACC / ACA Thr / ACG | AAU ⎤ Asn / AAC ⎦ / AAA ⎤ Lys / AAG ⎦ | AGU ⎤ Ser / AGC ⎦ / AGA ⎤ Arg / AGG ⎦ | U C A G |
| **G** | | GUU / GUC / GUA Val / GUG | GCU / GCC / GCA Ala / GCG | GAU ⎤ Asp / GAC ⎦ / GAA ⎤ Glu / GAG ⎦ | GGU / GGC / GGA Gly / GGG | U C A G |
| | | | | | **TERCEIRA LETRA** |

Abreviações dos aminoácidos:

| | | | | |
|---|---|---|---|---|
| Ala – alanina | Cys – cisteína | His – histidina | Met – metionina | Thr – treonina |
| Arg – arginina | Gln – glutamina | Ile – isoleucina | Phe – fenilalanina | Trp – triptofano |
| Asn – asparagina | Glu – ácido glutâmico | Leu – leucina | Pro – prolina | Tyr – tirosina |
| Asp – ácido aspártico | Gly – glicina | Lys – lisina | Ser – serina | Val – valina |

O códon AUG, que codifica para o aminoácido metionina, também significa **início de leitura**, ou seja, é um códon que indica aos ribossomos que é por esse trio de bases que deve ser iniciada a leitura do RNAm.

> ## Anote!
> Para cada aminoácido pode haver mais de um códon correspondente.

> ## Anote!
> Dizemos que o código genético é **universal**, pois em todos os organismos da Terra atual ele funciona da mesma maneira, quer seja em bactérias, quer seja em um abacateiro, quer seja no homem.

Note que três códons não especificam nenhum aminoácido. São os códons UAA, UAG e UGA, chamados **códons de ponto final** (parada) durante a "leitura" do RNA pelos ribossomos, na síntese proteica.

Diz-se que o código genético é **degenerado** porque cada "palavra" (entenda-se aminoácido) pode ser especificada por mais de uma trinca.

CAPÍTULO 9 – Metabolismo de controle **199**

## Questão socioambiental

**Fenilcetonúria –
uma doença cujos efeitos podem ser evitados**

Por um erro genético, alguns bebês nascem com uma doença chamada fenilcetonúria, que não é sintomática inicialmente, mostrando seus primeiros efeitos por volta dos 4 meses de vida.

Essa doença é caracterizada por um problema no metabolismo do aminoácido fenilalanina (Phe). Os portadores de fenilcetonúria, à medida que recebem leite materno e outros alimentos que contenham o aminoácido Phe, gradativamente apresentam um atraso irreversível em seu desenvolvimento. Se não tratada a tempo, a fenilcetonúria traz como graves consequências retardo mental, distúrbios de comportamento e complicações neurológicas.

A boa notícia é que o indivíduo pode ter desenvolvimento normal se a doença for diagnosticada logo após o nascimento e se ele ingerir uma dieta pobre em fenilalanina. O diagnóstico é feito por meio da análise de uma simples amostra de sangue colhida do pezinho do recém-nascido (conhecido como "Teste do Pezinho").

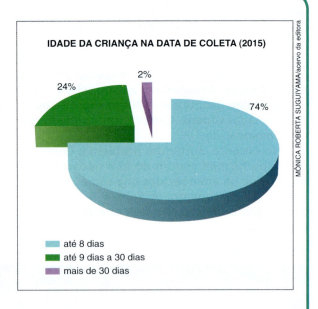

- Dados do Portal do Ministério da Saúde indicam que, em 2015, aproximadamente 2,5 milhões de crianças realizaram o Teste do Pezinho. Desse total, somente 74,4% teve acesso aos serviços de saúde para coleta sanguínea no período de até 8 dias de nascido.

Levando-se em conta as informações acima e sabendo da obrigatoriedade do teste, que ações você sugere para que maior percentual de crianças realize esse exame dentro da primeira semana de vida?

## 9-3. TRADUÇÃO: SÍNTESE DE PROTEÍNAS

**Tradução** é o nome utilizado para designar o processo de síntese de proteínas. Ocorre no citoplasma com a participação, entre outros, de RNA e de aminoácidos.

### Quem participa da síntese de proteínas?

O RNA produzido que contém uma sequência de bases nitrogenadas transcrita do DNA é um RNA mensageiro. No citoplasma, ele será um dos participantes da síntese de proteínas, juntamente com outros dois tipos de RNA, todos de fita simples e produzidos segundo o mesmo processo descrito para o RNA mensageiro:

**Anote!**
Cístron (gene) é o segmento de DNA que contém as informações para a síntese de um polipeptídio ou proteína.

- RNA ribossômico, RNAr. Associando-se a proteínas, as fitas de RNAr formarão os *ribossomos*, orgânulos responsáveis pela leitura da mensagem contida no RNA mensageiro;
- RNAs transportadores, RNAt. Assim chamados porque serão os responsáveis pelo transporte de aminoácidos até o local onde se dará a síntese de proteínas junto aos ribossomos. São moléculas de RNA de fita simples, de pequeno tamanho, contendo, cada uma, cerca de 75 a 85 nucleotídeos. Cada fita de RNAt torce-se sobre si mesma, adquirindo o aspecto indicado na Figura 9-8.

Duas regiões se destacam em cada transportador: uma é o local em que se ligará o aminoácido a ser transportado e a outra corresponde ao *trio de bases complementares* (chamado **anticódon**) do RNAt, que se encaixará no códon correspondente do RNAm.

**Figura 9-8.** Modelo esquemático de uma molécula de RNA transportador. (Cores-fantasia.)

## A tradução passo a passo

A **tradução** é um processo no qual haverá a leitura da mensagem contida na molécula de RNAm pelos ribossomos, decodificando a linguagem de ácido nucleico para a linguagem de proteína.

Cada RNAt em solução liga-se a determinado aminoácido, formando-se uma molécula chamada *aminoacil-RNAt*, que conterá, na extremidade correspondente ao anticódon, um trio de bases que se encaixará ao respectivo códon do RNAm. Para entendermos bem esse processo, vamos admitir que ocorra a síntese de um peptídio contendo apenas sete aminoácidos, o que se dará a partir da leitura de um RNAm contendo sete códons (21 bases nitrogenadas). A leitura (tradução) será efetuada por um ribossomo que se deslocará ao longo do RNAm.

Esquematicamente, na síntese proteica teríamos (acompanhe pelo quadro abaixo):

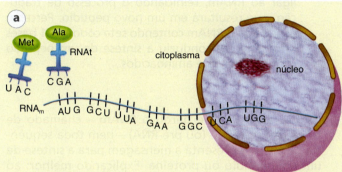

a) Um RNAm, processado no núcleo, contendo sete códons (21 bases nitrogenadas) se dirige ao citoplasma.

b) No citoplasma, um ribossomo se liga ao RNAm na extremidade correspondente ao início da leitura. Dois RNAt, carregando seus respectivos aminoácidos (*metionina* e *alanina*), prendem-se ao ribossomo. Cada RNAt liga seu trio de bases (anticódon) ao trio de bases correspondentes ao códon do RNAm. Uma ligação peptídica une a *metionina* à *alanina*.

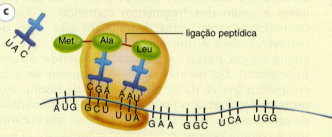
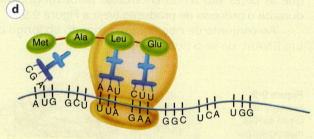

c) O ribossomo se desloca ao longo do RNAm. O RNAt que carregava a metionina se desliga do ribossomo e fica livre no citoplasma, podendo ligar-se a outra metionina. Um terceiro RNAt, carregando o aminoácido *leucina*, une seu anticódon ao códon correspondente do RNAm. Uma ligação peptídica é feita entre a *leucina* e a *alanina*.

d) O ribossomo novamente se desloca. O RNAt que carregava alanina se desliga do ribossomo. O quarto RNAt, transportando o aminoácido *ácido glutâmico*, encaixa-se no ribossomo. Ocorre a união do anticódon desse RNAt com o códon correspondente do RNAm. Uma ligação peptídica une o *ácido glutâmico* à *leucina*.

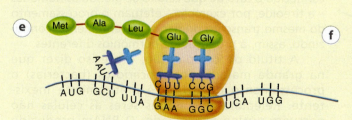
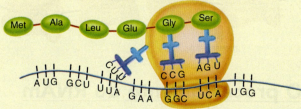

e) Novo deslocamento do ribossomo. O quinto RNAt, carregando o aminoácido *glicina*, se encaixa no ribossomo. Ocorre a ligação peptídica da *glicina* com o *ácido glutâmico*.

f) Segue o deslocamento do ribossomo ao longo do RNAm. O sexto RNAt, carregando o aminoácido *serina*, se encaixa no ribossomo. Uma ligação peptídica une a *serina* à *glicina*.

CAPÍTULO 9 – Metabolismo de controle

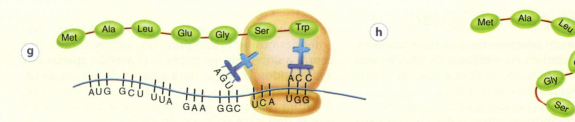

g) Fim do deslocamento do ribossomo. O último transportador, carregando o aminoácido *triptofano*, encaixa-se no ribossomo. Ocorre a ligação peptídica do *triptofano* com a *serina*. O RNAt que carregava o triptofano se separa do ribossomo. O mesmo ocorre com o transportador que portava a serina.

h) O peptídio contendo sete aminoácidos fica livre no citoplasma. Claro que outro ribossomo pode se ligar ao RNAm, reiniciando o processo de tradução, que resultará em um novo peptídio. Perceba, assim, que o RNAm contendo sete códons (21 bases nitrogenadas) conduziu a síntese de um peptídio formado por sete aminoácidos.

## Os polirribossomos

Em algumas células, certas proteínas são produzidas em grande quantidade. Por exemplo, a observação de glândulas secretoras de certos hormônios de natureza proteica (que são liberados para o sangue, indo atuar em outros órgãos do mesmo organismo) mostra, em certos locais, uma fileira de ribossomos efetuando a leitura do mesmo RNA mensageiro. Assim, grandes quantidades da mesma proteína são produzidas.

Esse processo lembra muito o que acontece em uma fábrica de televisores em que uma série de aparelhos é produzida ao longo de uma esteira rolante, à medida que as peças vão sendo encaixadas pelos funcionários durante o processo de produção (veja a Figura 9-9).

Ao conjunto de ribossomos, atuando ao longo de um RNAm, dá-se o nome de **polirribossomos**.

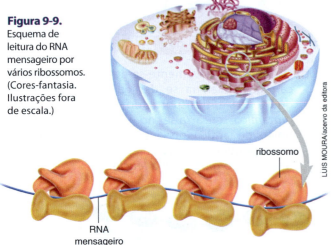

**Figura 9-9.** Esquema de leitura do RNA mensageiro por vários ribossomos. (Cores-fantasia. Ilustrações fora de escala.)

## O processamento do RNAm em eucariotos: introns e exons

Nos eucariotos, o RNAm, antes de ser enviado ao citoplasma para participar da síntese proteica, passa por um *processamento*. Isso ocorre porque, ao longo da fita de DNA que gerou o RNAm – chamado de transcrito primário (ou pré-RNA) – nem toda sequência de bases representa a mensagem para a síntese de um polipeptídio ou proteína. Explicando melhor: ao longo da fita de DNA a ser transcrita existem algumas sequências de bases, conhecidas como **introns**, que representam sequências não codificantes, e outras, os **exons**, que são as sequências realmente codificantes e que resultarão em uma proteína (ou polipeptídio).

Assim, depois que o RNAm (o transcrito primário) é produzido, ele passa por um processamento em que os introns são removidos, por ação de um complexo de natureza enzimática, que, ao mesmo tempo, promove a união dos fragmentos contendo os exons. Os biólogos moleculares denominam essa ação de remover introns e unir exons de *"splicing"* (que, na língua inglesa, possui o significado de *emendar ou unir fragmentos*). Do mesmo modo, o complexo de ação enzimática (na verdade, uma reunião de ribonucleoproteínas) que atua no processamento é denominado de *spliceossomo*. Agora, um fato notável: nos eucariotos, é comum ocorrer o *"splicing" alternativo*. O que significa isso? Na verdade, a junção dos exons, após a remoção dos introns, pode ser feita em diferentes combinações, cada uma delas resultando em polipeptídios (ou proteínas) diferentes. Por meio desse mecanismo alternativo, os cerca de 30.000 genes humanos, por exemplo, poderiam codificar a síntese de cerca de 120.000 tipos diferentes de RNAm processados! É conhecido o fato de que células de glândulas humanas – a tireoide, por exemplo – efetuam o processamento do mesmo transcrito primário diferentemente, conduzindo, assim, à produção de hormônios diferentes.

A título de comparação, é preciso dizer que na grande maioria dos procariotos (bactérias) o processamento do RNAm é praticamente inexistente. Relembre que nesses seres as células não possuem núcleo organizado. O RNAm produzido (o transcrito primário) contém em sua sequência a informação para a síntese de várias proteínas. Outra importante diferença reside no fato de que, à medida que a transcrição vai acontecendo, ao mesmo tempo ocorre a síntese proteica. Os ribossomos aderem ao RNAm e promovem a tradução da mensagem, o que conduz à síntese de várias proteínas em série. A Figura 9-10 resume o que ocorre em células de eucariotos e procariotos em termos da produção de RNAm e síntese de proteínas.

Fonte: RAVEN. P. H. et al. Biology. 7. ed. New York: McGraw-Hill, 2005.

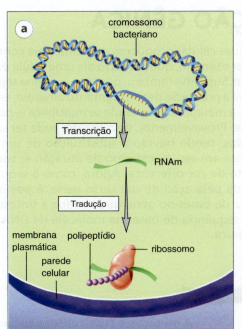
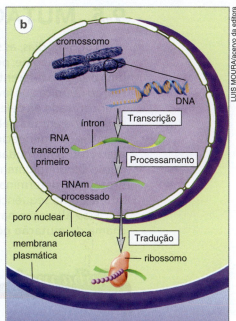

**Figura 9-10.** (a) Transcrição e tradução em procariotos: não há processamento de RNAm. (b) Processamento de RNAm em eucariotos. (Cores-fantasia. Ilustrações fora de escala.)

## 9-4. MUNDO DO RNA

Quem veio antes, o ovo ou a galinha? Do mesmo modo, cabe a pergunta: quem veio antes, proteínas, DNA ou RNA?

Em termos de origem da vida, a sopa primordial de moléculas orgânicas que poderia ter existido nos mares primitivos propicia várias hipóteses. De início, proteínas – a reunião de aminoácidos supostamente existentes teria originado as primeiras proteínas. Por meio das primeiras moléculas proteicas originadas teriam surgido as enzimas, que atuaram na síntese de diversas outras moléculas.

E a informação genética? Qual teria sido a primeira molécula informacional, DNA ou RNA? A hipótese clássica sugere que teria sido DNA. No entanto, ao se considerar a complexidade estrutural desse ácido nucleico, ou seja, sua dupla-hélice, e sua estabilidade, alguns cientistas inverteram a equação. Para esses cientistas, a primeira molécula informacional teria sido o RNA, hipótese que passou a ser conhecida como **mundo do RNA**. E, mais importante, o RNA não somente teria papel informacional, mas, também, atuaria como enzima.

A atuação enzimática do RNA justifica o termo *ribozima* utilizado para o papel autorreplicante dessa molécula de ácido nucleico. A título de exemplo, pensemos no RNA componente do ribossomo. Estudos revelam que o componente RNA do ribossomo atua como enzima na união de aminoácidos ao longo da síntese proteica. Isso significa dizer que não é necessária a existência de uma enzima de natureza proteica que atue nessa síntese intermediada pelo ribossomo. Por outro lado, a própria primitiva molécula de RNA, capaz de se autorreplicar, teria sido capaz de atuar como molde na síntese de uma hélice complementar, conforme se pode observar na Figura 9-11.

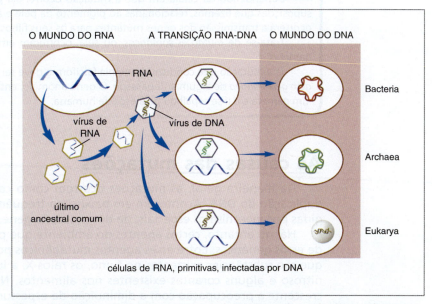

**Figura 9-11.** Do *mundo do RNA* para o *mundo do DNA*. Segundo essa hipótese, todos os seres vivos atuais compartilham um ancestral comum cujo material genético era o RNA. Desses organismos, teriam se originado os vírus de RNA. Alguns desses vírus, posteriormente, teriam gerado vírus de DNA, que permaneceram em suas células hospedeiras. Ao longo do tempo, esse processo favoreceu a origem dos seres vivos componentes dos três domínios atuais.

# 9-5. MUTAÇÃO GÊNICA

Todos os dias, as suas células produzem proteínas que contêm aminoácidos em uma certa sequência. Imagine, por exemplo, que em certo dia uma célula da epiderme de sua pele produza uma proteína diferente. Suponha também que essa proteína seja uma enzima que atue em uma reação química que leva à produção de um pigmento amarelo, em vez do pigmento normalmente encontrado na pele, a melanina. Essa célula se multiplica e, de repente, aparece uma mancha amarelada em sua pele. Provavelmente, essa enzima pode ter sofrido uma alteração em sua sequência de aminoácidos, tendo havido a substituição de um aminoácido por outro, o que acarretou uma mudança em seu mecanismo de atuação e, como consequência, levou à produção de um pigmento de cor diferente. Agora, como a sequência de aminoácidos em uma proteína é determinada pela ação de um certo gene, é possível que tenha acontecido uma alteração na sequência de bases no gene que conduz à síntese do pigmento.

Essa alteração na sequência de bases na molécula de DNA constituinte do gene é que se chama de **mutação gênica**.

## Saiba mais

### A mutação e suas consequências

Se a alteração na sequência de aminoácidos na proteína não afetar o funcionamento da molécula e não prejudicar o organismo, de modo geral ela passa despercebida, é indiferente.

Outras vezes, a alteração leva a um favorecimento. Imagine, por exemplo, que certa célula do seu intestino passe a produzir uma enzima chamada celulase, capaz de digerir a celulose dos vegetais que você come. Provavelmente, a mutação que levou a esse erro será vantajosa para você, que poderá eventualmente até alimentar-se de papel picado!

Muitas vezes, porém, a mutação pode ser prejudicial. Na anemia falciforme, a substituição do aminoácido ácido glutâmico pelo aminoácido valina, em uma das cadeias da hemoglobina, conduz a uma alteração na forma da proteína toda. Essa alteração muda o formato do glóbulo vermelho, que passa a ser incapaz de transportar oxigênio. Outra consequência, grave, é que hemácias com formato de foice grudam umas nas outras nos capilares sanguíneos, o que pode provocar obstruções no trajeto para os tecidos.

### As mutações são hereditárias

Dependendo da célula em que a mutação ocorre, ela pode ser transmitida à descendência. Nas suposições que fizemos, relacionadas ao pigmento da pele e à enzima celulase, evidentemente que não ocorrerá a transmissão dos genes mutantes para os seus filhos.

Trata-se de *mutações somáticas*, ou seja, ocorreram em células não envolvidas na confecção de gametas.

Já a mutação que conduziu à anemia falciforme deve ter ocorrido, no passado, em células da *linhagem germinativa* de algum antepassado. O gene anômalo, então surgido, deve ter sido transportado por um gameta e daí se espalhou pela espécie humana.

## As causas das mutações

De maneira geral, as mutações ocorrem como consequência de erros no processo de duplicação do DNA. Acontecem em baixíssima frequência. Muitas delas, inclusive, são corrigidas por mecanismos especiais, de determinado gene.

Há, no entanto, certos agentes do ambiente que podem aumentar a taxa de ocorrência de erros genéticos. Entre esses agentes mutagênicos podemos citar: benzopireno e alcatrão, que são substâncias existentes no fumo, os raios X, a luz ultravioleta, o gás mostarda, ácido nitroso e alguns corantes existentes nos alimentos. Não é à toa que, em muitos países, é crescente a preocupação com a diminuição da espessura da camada do gás ozônio ($O_3$), que circunda a atmosfera terrestre. Esse gás atua como filtro de luz ultravioleta proveniente do Sol. Com a diminuição da sua espessura, aumenta a incidência desse tipo de radiação, o que pode afetar a pele das pessoas. Ocorrem lesões no material genético, que podem levar a certos tipos de câncer de pele.

**204** UNIDADE 2 – O estudo da célula

# PASSO A PASSO

1. Utilize os esquemas abaixo para responder ao que se pede:

   a) Ao se basear na estrutura das moléculas de ácidos nucleicos esquematizadas, um estudante afirmou, corretamente, que em (a) está representado um trecho de molécula de DNA e, em (b), um trecho de molécula de RNA. Cite a característica estrutural dessas moléculas que foi fundamental para esse reconhecimento.

   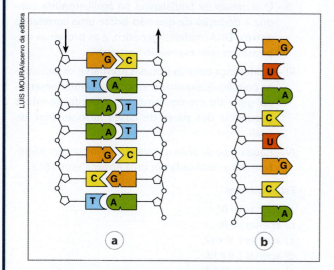

   b) Ácidos nucleicos são macromoléculas constituídas de "tijolos" básicos conhecidos como nucleotídeos. Cite os três componentes de um nucleotídeo.

   c) Cite as quatro bases nitrogenadas que podem estar presentes em um nucleotídeo de DNA. Quais são bases púricas e quais são pirimídicas?

   d) Indique as quatro bases nitrogenadas que podem estar presentes em um nucleotídeo de RNA. Quais são bases púricas e quais são pirimídicas?

2. Na dupla-hélice típica da molécula de DNA os filamentos são complementares, ocorrendo uniões entre as bases nitrogenadas.

   a) Como são unidas as duas cadeias de nucleotídeos nos filamentos complementares da molécula de DNA?

   b) Como ocorre o pareamento de bases nessa molécula, ou seja, que bases participam do pareamento?

   c) Em quais pareamentos se formam duas pontes de hidrogênio e em quais se formam três pontes de hidrogênio?

3. O DNA é uma molécula informacional cujos arquivos devem ser duplicados toda vez que uma célula se divide. Cada uma das células deve receber uma cópia exata da molécula original. Com relação a esse processo:

   a) Explique em poucas palavras como ocorre a autoduplicação (replicação) da molécula de DNA.

   b) Por que a autoduplicação do DNA é considerada *semiconservativa*? Cite o experimento conclusivo idealizado pela dupla de pesquisadores que demonstrou que a duplicação do DNA é *semiconservativa*.

4. A produção de RNA mensageiro com base em determinado trecho de molécula de DNA ocorre em uma série de etapas. A respeito desse assunto, responda:

   a) Como se inicia o processo de síntese dessa molécula de RNA?

   b) Ambas as fitas de DNA servem de molde para a síntese da molécula de RNA?

   c) Que tipos de nucleotídeos participam da síntese da molécula de RNA, quanto ao açúcar pentose?

   d) Que complexo enzimático atua na síntese do RNA?

   e) Considere que o trecho da fita de DNA a ser transcrito possui a seguinte sequência de bases: ATCGACTAACCTAAATTT. Qual será a sequência de bases na molécula de RNA produzida?

   f) Com o fim da transcrição, o que ocorre com a molécula de RNA produzida? E com a molécula de DNA que serviu de molde para a transcrição?

5. Entender a ação do material genético no controle das atividades celulares depende da compreensão de alguns conceitos básicos. Com relação a esses conceitos:

   a) O que significa códon? Cite um exemplo.

   b) Cite três dos códons da Tabela 9-1 conhecidos como códons de parada. Eles especificam algum aminoácido?

   c) O códon AUG é denominado *de início* de leitura, além de especificar um aminoácido. Qual é o aminoácido por ele especificado?

   d) Qual o significado de código genético? Por que se diz que o código genético é universal? Por que se diz que o código genético é degenerado? Cite um exemplo.

   e) Por outro lado, alguns códons diferentes podem especificar o mesmo aminoácido. Cite um exemplo.

6. O que é tradução? Onde ocorre esse processo? Quais são seus participantes? O que significa anticódon e em qual molécula de RNA está presente? O que significa cístron?

7. Com relação ao processo de síntese proteica, responda:

   a) Que organela celular participa do processo? Como essa organela atua ao longo do processo?

   b) Como participam as moléculas de RNA transportador no processo?

   c) Qual o significado de polirribossomos? Como atuam no processo de síntese proteica?

8. Acidentes nucleares como os que ocorreram em Goiânia em 1989 e em Fukushima, no Japão, em 2011, liberaram grande quantidade de radiação e material radioativo. Impactos no ambiente e na saúde das pessoas são preocupantes devido à possibilidade de a radioatividade poder induzir a ocorrência de mutações no material genético dos seres vivos.
Em poucas palavras, diga o que você entende por *mutações gênicas* e o que elas podem representar quanto à alteração na sequência de bases nitrogenadas do DNA.

CAPÍTULO 9 – Metabolismo de controle **205**

# A CAMINHO DO ENEM

**1. (H14, H15, H17)** A longa molécula de DNA armazena uma enorme quantidade de informações; ao comandar a produção de proteínas, controla a estrutura e o funcionamento das células; pode duplicar-se, gerando cópias de si mesmo, mas sofre, ocasionalmente, alterações na sua sequência de nucleotídeos (mutações), que determinam a síntese de proteínas modificadas. Referente ao processo de replicação:

a) Qual enzima é responsável pela adição de novos nucleotídeos no processo de replicação do DNA? E qual o sentido da adição desses nucleotídeos?

b) Como é classificado o modelo para a replicação do DNA e como esse processo ocorre?

c) Explique como é a estrutura da molécula de DNA?

**2. (H14, H15, H17)** Ao contrário da molécula de DNA, que é uma fita dupla, o RNA é formado com uma fita única. Tanto o mRNA, o tRNA e o rRNA são fabricados da mesma forma. Com relação ao RNA:

a) Cite e explique a função dos tipos de RNA mostrados na imagem.

b) A que corresponde um códon?

**3. (H14, H15, H17)** O processo de transcrição em células eucarióticas consiste na síntese de RNA no núcleo. Ela é realizada por um complexo enzimático em que a enzima-chave é a RNA polimerase, que catalisa a polimerização do mRNA a partir de um molde de DNA. No citoplasma, o mRNA liga-se a ribossomos, que dão início à tradução, que consiste na produção de proteínas a partir da leitura da mensagem codificada no mRNA.

Dada a sequência UAC UAA CCG GGA AUA, que corresponde aos anticódons:

a) Qual seria o gene correspondente e o mRNA?

b) Qual seria a proporção de timina desse gene?

c) Por que podem ocorrer alterações nas proteínas quando o gene sofre mutação?

**4. (H13, H14, H17)** A fenilcetonúria é uma doença cujos sintomas mais característicos são uma severa deficiência mental e uma excreção de cerca de um grama diário de ácido fenilpirúvico na urina.

A fenilalanina é um aminoácido essencial ao metabolismo humano, pois é convertida em tirosina que, entre outras funções, é usada na produção de melanina, de neurotransmissores, como a dopamina, por exemplo, fundamentais para o funcionamento do sistema nervoso.

A transformação da fenilalanina em tirosina ocorre na presença da fenilalanina hidroxilase, que é sintetizada a partir da atividade do gene localizado no cromossomo 12 do homem.

Quando a substância fenilalanina hidroxilase falta ou é deficiente, acumula-se na corrente sanguínea a fenilalanina e os produtos anormais de sua quebra (ácido fenilpirúvico, que é excretado na urina).

A acumulação de fenilalanina danifica o funcionamento das células cerebrais em desenvolvimento, resultando em retardo mental.

Analise as afirmativas abaixo:

I – O que é herdado não é a fenilcetonúria e sim a incapacidade orgânica de produzir determinada enzima, cuja ausência resulta na fenilcetonúria.

II – O acúmulo de fenilalanina na fenilcetonúria conduz à dedução de que não existe uma correlação entre o DNA, material genético, e as proteínas responsáveis pela expressão hereditária.

III – A diferença entre as pessoas normais e os indivíduos com fenilcetonúria é atribuída, primariamente, ao gene do cromossomo 12, especificamente à sequência dos pares de bases nitrogenadas do DNA.

IV – Cada etapa da série reativa que se inicia com a fenilalanina é catalisada por uma enzima específica.

Estão corretas

a) apenas I e IV.

b) apenas I e III.

c) apenas I, III e IV.

d) apenas I, II e IV.

e) apenas II, III e IV.

**5. (H14, H15, H17, H19)** Os dois tipos de moléculas primariamente envolvidos no controle das atividades químicas das células são os ácidos nucleicos e as proteínas. O esquema abaixo representa um modelo presente nos sistemas biológicos que possibilita às células produzirem as proteínas.

$$DNA \longrightarrow RNA \longrightarrow \text{proteínas}$$

Ocorre que o DNA, segundo o modelo de Watson-Crick, possui os mesmos componentes essenciais dispostos no mesmo padrão estrutural fundamental. Então, que estrutura determina a produção de proteínas tão diferentes como a insulina e a queratina?

a) Os ribossomos, pois são formados por RNA ribossômico e proteínas (insulina, queratina ou qualquer outra proteína.

b) Os RNAs transportadores, pois atuam como ponte entre os aminoácidos e o RNA mensageiro.

c) Os RNA mensageiros produzidos pelo processo de transcrição no citoplasma e traduzidos nos ribossomos, também presentes no citoplasma.

d) O fato de que cada tipo de célula usa um "dicionário" próprio do código genético. Dessa forma, a célula da pele produz a queratina, a célula pancreática, a insulina.

e) A sequência de bases nitrogenadas do RNA mensageiro, que é formado a partir de uma hélice do DNA, por meio de um processo chamado de transcrição.

**206** UNIDADE 2 – O estudo da célula

# TESTE SEUS CONHECIMENTOS

1. (UNICAMP – SP) Em um experimento, um segmento de DNA que contém a região codificadora de uma proteína humana foi introduzido em um plasmídeo e passou a ser expresso em uma bactéria. Considere que o 50º códon do RNA mensageiro produzido na bactéria a partir desse segmento seja um códon de parada da tradução. Nesse caso, é correto afirmar que:

   a) a proteína resultante da tradução desse RNA mensageiro possui 50 aminoácidos.
   b) a proteína resultante da tradução desse RNA mensageiro possui 49 aminoácidos.
   c) a proteína resultante da tradução desse RNA mensageiro possui 150 aminoácidos.
   d) nenhuma proteína é formada, pois esse RNA mensageiro apresenta um códon de parada.

2. (UEL – PR) Em uma população, foi identificado um indivíduo que possui resistência genética a um vírus que provoca uma importante doença. Em um estudo comparativo, verificou-se que esse indivíduo produz uma proteína que confere tal resistência, com a seguinte sequência de aminoácidos: serina-tirosina-cisteína-valina-arginina. A partir da tabela de código genético, ao lado: e considerando que o RNA mensageiro deste gene contém: 46,7% de uracila; 33,3% de guanina; 20% de adenina e 0% de citosina, assinale a alternativa que apresenta a sequência correta de bases de fita-molde deste gene.

   | AGU – serina | AGC – serina |
   |---|---|
   | UAC – tirosina | UAU – tirosina |
   | UGC – cisteína | UGU – cisteína |
   | GUA – valina | GUU – valina |
   | AGG – arginina | CGA – arginina |

   a) TCA – ATA – ACA – CAA – TCC
   b) TCA – ATA – ACG – CAT – TCC
   c) TCA – ATG – ACA – CAT – TGG
   d) AGU – UAU – UGU – GUU – AGG
   e) AGC – UAC – UGC – CAA – CGA

3. (UERJ) Em uma pesquisa, cientistas extraíram amostras de DNA de três espécies diferentes e determinaram suas relações $\left(\dfrac{G+C}{A+T}\right)$, apresentadas na tabela abaixo.

   | AMOSTRA | $\left(\dfrac{G+C}{A+T}\right)$ |
   |---|---|
   | 1 | 0,82 |
   | 2 | 1,05 |
   | 3 | 1,21 |

   Em seguida, aqueceram-se as amostras e mediu-se a temperatura de desnaturação de cada uma delas. Sabe-se que, na temperatura de desnaturação, todas as pontes de hidrogênio entre as bases nitrogenadas estão rompidas.

   Identifique a amostra com maior temperatura de desnaturação. Justifique sua resposta.

4. (UFPR) A partir de apenas 20 tipos diferentes de aminoácidos, uma célula pode produzir aproximadamente 20.000 diferentes tipos de proteínas, como, por exemplo, hemoglobina, colágeno e miosina. Essa produção acontece pela ligação dos aminoácidos em sequências específicas, que são diferentes para cada proteína. Entretanto, a mesma proteína (por exemplo, hemoglobina) tem exatamente a mesma sequência de aminoácidos todas as vezes que é produzida em uma mesma célula. Explique como a célula controla essa produção, para que todas as hemoglobinas sejam iguais.

5. (SSA – UPE) Na natureza, existem dois tipos celulares básicos: procarióticos e eucarióticos. Entre os eucariontes, temos células animais e vegetais. Sobre a estrutura química do material genético dos referidos tipos celulares, analise as afirmativas a seguir:

   I – Nos procariontes, o DNA (material genético) é composto por unidades chamadas nucleotídeos, constituídos de um açúcar de cinco carbonos, a desoxirribose, uma base nitrogenada e um radical fosfato. No entanto, nos eucariontes, o açúcar é a ribose.
   II – Em todos os tipos celulares, o DNA (material genético) é composto de um açúcar, a desoxirribose, uma base nitrogenada (púrica ou pirimídica) e um radical fosfato, formando uma molécula dupla-hélice (modelo de Watson e Crick).
   III – Em todos os tipos celulares, o DNA (material genético) é formado por duas cadeias de nucleotídeos, compostos de um açúcar de cinco carbonos, a desoxirribose, um radical fosfato e uma base nitrogenada cujas quantidades de adenina e guanina são iguais, bem como as de citosina e timina.
   IV – Nos procariontes, seres unicelulares mais simples, o DNA (material genético) é um polinucleotídeo de fita simples, enquanto, nos eucariontes, é um polinucleotídeo do tipo dupla-hélice (modelo de Watson e Crick).
   V – Em todos os tipos celulares, o DNA (material genético) é uma dupla-hélice resultante de dois polinucleotídeos paralelos, ligados entre si por suas bases, através de pontes de hidrogênio entre pares de bases específicas: a adenina emparelha-se com a timina, e a guanina, com a citosina.

   Estão CORRETAS
   a) I e III.
   b) II, IV e V.
   c) II e V
   d) III e V.
   e) IV e V.

# GABARITO DAS QUESTÕES OBJETIVAS – PARTE I

**INTRODUÇÃO**
Teste seus conhecimentos: **1.** c  **2.** d  **3.** b  **4.** a  **5.** c  **6.** e
**7.** 01 + 08 + 64 = 73  **8.** a

**CAPÍTULO 1**
A caminho do ENEM: **7.** d  **8.** d  **9.** c
Teste seus conhecimentos: **1.** d  **2.** d  **3.** b  **5.** d  **6.** e  **7.** a

**CAPÍTULO 2**
A caminho do ENEM: **1.** b  **2.** c
Teste seus conhecimentos: **1.** e  **2.** VFVVF  **3.** d  **4.** d
**5.** d  **6.** e  **8.** e  **9.** VFVVF  **11.** c

**CAPÍTULO 3**
A caminho do ENEM: **2.** b  **4.** b  **7.** d  **9.** a
Teste seus conhecimentos: **1.** c  **3.** c  **4.** b  **5.** a  **6.** b  **7.** FFFVV
**9.** d

**CAPÍTULO 4**
A caminho do ENEM: **1.** b  **2.** d  **3.** e
Teste seus conhecimentos: **1.** a  **2.** a  **3.** c  **4.** a  **5.** d

**CAPÍTULO 5**
A caminho do ENEM: **4.** d  **5.** a  **6.** e
Teste seus conhecimentos: **1.** b  **2.** b  **3.** a  **5.** VVVVF  **6.** e
**7.** b  **9.** a  **11.** a

**CAPÍTULO 6**
A caminho do ENEM: **1.** c
Teste seus conhecimentos: **1.** a  **3.** d  **4.** d  **5.** e  **6.** c  **7.** b

**CAPÍTULO 7**
Teste seus conhecimentos: **1.** c  **4.** VFFF  **5.** b  **7.** c  **10.** c
**11.** d

**CAPÍTULO 8**
A caminho do ENEM: **5.** b  **6.** e
Teste seus conhecimentos: **1.** d  **2.** c  **3.** a  **4.** c  **5.** b  **7.** d
**8.** FVVVF

**CAPÍTULO 9**
A caminho do ENEM: **4.** c  **5.** e
Teste seus conhecimentos: **1.** b  **2.** a  **5.** c